KB145152

부사관/ROTC/사관학교'

이제 AI가 사람을 채용하는 시대

WIN시대로

모바일 AI면접
캠이 없어도 OK

준비하고 연습해서
실제 면접처럼~

다양한 게임으로
실전 완벽 대비

AI가 분석하는
면접 평가서

※ 윈시대로는 PC/모바일웹에서 가능합니다.

실제 'AI 면접'에
가장 가까운 체험

동영상으로 보는
셀프 모니터링

단계별 질문 및
AI 게임 트레이닝

면접별 분석 및
피드백 제공

1회 AI면접 무료 사용 쿠폰
www.sdedu.co.kr/winsidaero

OPE3 - 00000 - D091D

(기간 : ~2020.12.31)

[쿠폰 사용 안내]
1. 윈시대로(www.sdedu.co.kr/winsidaero) 접속
2. 로그인 또는 회원가입 후 이벤트 페이지 이동
3. 도서에 안내된 쿠폰번호 확인 후 입력
4. [마이페이지]에서 AI면접 실시

※ 무료 쿠폰으로 응시한 면접은 일부 제한된 리포트 제공

WIN시대로 | www.sdedu.co.kr/winsidaero [문의 전화] 1600-3600 평일 9~18시 | 토 공휴일 휴무

✓ 맞춤형 온라인 모의고사
무료이용권
지금 바로 등록하세요!

1회 무료 이용권

COUPON

합격시대

현대오일뱅크 [온라인 모의고사 무료쿠폰]

OSL - **00000** - **0301A**

(기간 : ~2020.12.31)

| 합격시대
(www.sidaegosi.com/pass_sidae)
홈페이지 접속 | ▶ | 홈페이지 상단
'1회 무료 이용권' 클릭
→ 쿠폰번호 등록 | ▶ | 내강의실 > 모의고사 클릭 후
응시하기 |

 합격시대 맞춤형 온라인 테스트　　 www.sidaegosi.com/pass_sidae　　[문의 전화] 1600-3600 평일 9~18시 | 토·공휴일 휴무

현대오일뱅크

현대케미칼 단기완성

최신기출유형 + 모의고사 2회

사람이 길에서 우연하게 만나거나 함께 살아가는 것만이 인연은 아니라고 생각합니다.
책을 펴내는 출판사와 그 책을 읽는 독자의 만남도 소중한 인연입니다.
(주)시대고시기획은 항상 독자의 마음을 헤아리기 위해 노력하고 있습니다.
늘 독자와 함께하겠습니다.

Preface

머리말

현대오일뱅크는 국내 최초 민간 정유회사로 1964년 창사 이래 반세기 가까이 국가 에너지산업 발전의 역사와 함께해 왔다. 특히, 현대오일뱅크는 지난 2010년 세계 최고의 종합중공업회사 현대중공업 가족이 되면서 최고의 경쟁력을 갖춘 기업으로 발돋움 하고 있다. 전세계 20여 개국에 친환경 고품질 원유를 수출하고 국내 최고 수준의 고도화 설비와 각종 사업을 통해 세계적으로 경쟁력을 갖추기 위해 끊임없이 매진하고 있다.

이에 현대오일뱅크는 채용절차에서 취업 준비생들이 업무에 적합한 역량과 지식을 갖추고 있는지 평가하기 위해 필기전형을 통해 인재를 선발하고 있다. 현대오일뱅크는 인성검사와 적성검사뿐만 아니라 인문계는 경제 · 경영 · 상식, 이공계는 공학기초에 대한 지식을 묻는 검사를 실시하고 있다. 특히, 현대오일뱅크 인 · 적성검사는 시간이 부족해 풀지 못하는 수험생의 비율이 높은 편이다.

따라서 (주)시대고시기획에서는 현대오일뱅크 필기전형을 준비하는 데 있어 가장 중요하면서 기본이 되는 영역별 핵심이론과 실전 모의고사를 정리하여 현대오일뱅크에 입사하고자 하는 수험생들에게 좋은 길잡이가 되어주고 도움을 주고자 본서를 출간하게 되었다.

도서의 특징

첫 째, 각 파트별로 적성검사, 계열검사, 인성검사를 수록하여 수험생들이 부족한 부분을 체계적으로 공부할 수 있도록 하였다.

둘 째, 현대오일뱅크의 인재상과의 적합 여부를 판별할 수 있는 인성검사를 분석·수록하였다.

셋 째, 실제 시험과 유사하게 구성한 실전 모의고사를 제공하여 충분한 연습이 가능하도록 하였다.

넷 째, 면접에 관한 실전 대책과 기출 면접을 수록하여 현대오일뱅크 필기전형 합격 후 별도의 면접용 도서가 필요하지 않도록 하였다.

끝으로 이 책으로 현대오일뱅크 필기전형을 준비하는 여러분 모두에게 합격의 기쁨이 있기를 진심으로 기원한다.

SD적성검사연구소 씀

현대오일뱅크 이야기

경영이념

⚙ 이해관계자 가치 증진

➡ 고객과 주주, 회사와 임직원, 지역사회를 존중하는 마음으로 각 이해관계자의 가치를 증진하기 위해 노력한다. 삶의 터전인 회사의 명예와 가치를 높이고, 임직원 스스로가 회사의 소중한 자산임을 인식하고 창의성을 발휘할 수 있도록 기업의 역량을 높여 나가고 있다. 고객 만족이 사업의 근간임을 명심하고 정직하고 성실한 자세로 고객 가치를 창조하며 주주가치를 극대화하기 위해 효율적인 경영을 실천한다.

⚙ 신뢰 받는 기업이 되기 위한 경영

➡ 신뢰와 존경을 받는 기업이 되기 위해 투명한 경영, 열린 경영을 지향한다. 높은 윤리 기준으로 사회 규범과 질서를 준수하고 모든 경영활동은 투명성과 공정성을 바탕으로 한다. 회사 경영과 관련된 정보를 적극적으로 공개하고 임직원이 자유롭게 참여할 수 있는 기회를 제공한다. 핵심 역량을 강화해 최상의 제품과 서비스를 제공하는 믿을 수 있는 기업이 된다.

비전2020

세계적인 경쟁력을 갖춘 글로벌 에너지 기업

최고의 생산성을 갖춘 **에너지기업**	해외 사업 확장을 통한 **글로벌 기업**	사회적 책임을 다하는 **존경 받는 기업**

인재상

조직이 추구하는 가치를 창출할 수 있는
역량을 소유하고 실현하는 창조적 실천인

최고에 도전하는 열정적인 인재
- 일에 대한 열정과 최고를 향한 도전으로 자신과 회사의 발전을 이끄는 사람이다.
- 담대한 개척자 정신, 고객만족에 대한 열정, 철저한 프로의식과 책임감, 강인한 추진력으로 자신과 회사의 가치를 만들어간다.

세상을 바꿔가는 혁신적인 인재
- 즐거운 상상과 창의적 실천으로 긍정적 변화와 더 좋은 내일을 만드는 사람이다.
- 폭넓은 경험과 학습, 남보다 앞선 통찰력과 열린 사고, 함께 하는 사람들을 북돋우는 용기로 혁신을 이끌고 더 나은 미래를 준비한다.

정직을 실천하는 신뢰받는 인재
- 상대에 대한 존중과 배려, 열린 소통, 바르고 정직한 행동으로 든든한 믿음을 주는 사람이다.
- 편견 없는 마음으로 다양성을 수용하고 공정하게 행동하며, 정직함과 청렴성을 바탕으로 동료, 이웃, 사회의 탄탄한 신뢰를 쌓아간다.

현대오일뱅크 이야기

대졸 신입사원 채용안내

서류전형 ▶ 필기전형(인적성검사) ▶ 실무 · 임원 면접 ▶ 최종면접 ▶ 최종합격

⚙ 모집시기

연 2회 공개채용을 실시한다. 상반기는 3~6월경 진행되며, 하반기의 경우 10~11월경 진행된다. (지원 분야별, 기간별 상이할 수 있음)

⚙ 전형절차

01 ••• 서류전형
지원자격 및 자기소개서 기반의 심층평가 진행

02 ••• 필기전형(인적성검사)
직무 수행 상 요구되는 기본 소양 검증

03 ••• 면접전형
1차 실무면접, 2차 임원면접, 3차 최종면접으로 진행(2차 임원면접은 1차와 함께 진행으로 생략할 수 있음)

04 ••• 최종합격
신체검사 진행 후 최종 입사

⚙ 지원자격

❶ 4년제 대학 졸업자
❷ 영어 공인 어학성적(최근 2년 이내 서적에 한함) 보유자
❸ 병역필 또는 군면제자로 해외여행에 결격사유가 없는 자

⚙ 기 타

❶ 취업지원대상자는 관계법에 의거 우대함
❷ 허위 기재 사실이 있는 경우 합격이 취소될 수 있음

※ 채용절차는 채용유형, 채용직무, 채용시기 등에 따라 변동될 수 있으므로 반드시 발표되는 채용공고를 확인하시기 바랍니다

합격후기

『 합격 선배들이 알려주는
현대오일뱅크 필기전형 합격기 』

✎ 유형에 익숙해지면 할 수 있습니다!

현대오일뱅크 필기전형을 준비하면서 제일 걱정됐던 점 중 하나는 바로 유형이었습니다. 다른 대기업 인적성검사의 경우 GSAT를 중심으로 조금씩 변형이 되기 때문에 상대적으로 준비하는 데 드는 노력이 덜했지만, 현대오일뱅크의 필기전형 유형은 다른 대기업 인적성검사와 달라 별도로 준비할 필요가 있었기 때문입니다.

그래서 다소의 지출을 감수하고 시대고시의 도서를 구해 풀기로 했는데 문제해결이나 집중력은 다른 인적성검사에서 자주 보지 못했던 영역이라 푸는데 고생했던 기억이 납니다. 아마 GSAT만으로 준비해서 시험에 임했다면 익숙지 못한 유형에 당황에 문제를 많이 풀지 못했을 거라고 생각합니다.

앞선 직무능력검사 1 외에도 다른 부분에 대해서는 별다른 준비를 해야겠다는 생각을 하지 못했었는데, 시대고시의 책에 실려 있는 경제·경영 상식 문제들은 물론 인성검사나 면접 기출 문제들을 통해 많은 도움을 받았다고 생각합니다.

※ 본 독자 후기는 실제 (주)시대고시기획의 도서를 통해 공부하여 합격한 독자들께서 보내주신 후기를 재구성한 것입니다.

시험장 TIP

⚙ 필수 준비물

➜ 신분증

주민등록증, 외국인등록증, 여권, 운전면허증 중 하나

⚙ 유의사항

❶ 전자제품 사용 및 휴대는 금지이므로 가방에 넣어 시험관에게 제출하도록 한다.

❷ 시험 시간에는 연필과 펜을 사용할 수 없으므로 유의하도록 한다.

❸ 시험 중에는 모자와 손목시계를 착용할 수 없다.

❹ 오답 시 감점이 존재하지 않는다.

⚙ 시험 진행

구 분	영 역	문항 수	제한 시간
인성검사		450문항	45분
직무능력검사 Ⅰ	언어이해	30문항	25분
	수리력	30문항	25분
	문제해결	30문항	25분
	집중력	30문항	10분
직무능력검사 Ⅱ (선택 직무별)	경제 · 경영 상식	40문항	50분
	공학기초	50문항	50분

⚙ 알아두면 좋은 Tip

❶ 각 교실의 시험 감독관과 방송에 의해 시험이 진행되므로 안내되는 지시 사항을 잘 준수한다.

❷ 수험장에 도착해서는 화장실에 사람이 몰릴 수 있으므로 미리미리 간다.

❸ 정답을 시험지에 표시하고 답안지에 옮겨 적을 만큼 충분한 시간을 주는 시험이 아니므로 답안지에 바로바로 마킹한다.

시험전 CHECK LIST

체 크	리스트
☐	수험표를 출력하고 자신의 수험번호를 확인하였는가?
☐	수험표나 공지사항에 안내된 입실 시간 및 주의사항을 확인하였는가?
☐	신분증을 준비하였는가?
☐	컴퓨터용 사인펜과 수정테이프를 준비하였는가?
☐	여분의 필기구를 준비하였는가?
☐	시험시간에 늦지 않도록 알람을 설정해 놓았는가?
☐	시험 전에 섭취할 물이나 간식을 준비하였는가?
☐	수험장 위치를 파악하고 교통편을 확인하였는가?
☐	시험을 보는 날의 날씨를 확인하였는가?
☐	시험장에서 볼 수 있는 자료집을 준비하였는가?
☐	인성검사에 대비하여 지원한 회사의 인재상을 확인하였는가?
☐	자신이 지원한 회사와 계열사를 정확히 인지하고 있는가?
☐	확인 체크표의 △, × 표시한 문제를 한 번 더 확인하였는가?
☐	자신이 취약한 영역을 두 번 이상 학습하였는가?
☐	도서의 모의고사를 통해 자신의 실력을 확인하였는가?

※ 최소 시험 이틀 전에 위의 리스트를 확인하시면 좋습니다.

시험후 CHECK LIST

체 크	리스트
☐	인적성 시험 후기를 작성하였는가?
☐	상하의와 구두를 포함한 면접복장이 준비되었는가?
☐	지원한 직무의 직무분석을 하였는가?
☐	단정한 헤어와 손톱 등 용모관리를 깔끔하게 하였는가?
☐	자신의 자소서를 다시 한 번 읽어보았는가?
☐	1분 자기소개를 준비하였는가?
☐	도서 내의 기출 질문을 확인하였는가?
☐	자신이 지원한 산업의 최신 이슈를 정리하였는가?

※ 시험 다음 날부터 위의 리스트를 확인하며 면접 준비를 미리 하시면 좋습니다.

주요기업 적중문제

••• GSAT •••

수리논리

● 소금물의 농도(섞이기 전 농도 구하기)

대표유형 Ⅱ **농 도**

설탕물 500g이 있다. 이 설탕물에 3%의 설탕물 200g을 온전히 섞었더니 설탕물의 농도는 7%가 되었다. 500g의 설탕물에 녹아 있던 설탕은 몇 g인가?

① 31g
② 37g
③ 43g
④ 49g
⑤ 55g

❖ 2019 GSAT 삼성3급 직무적성검사 단기완성 p.70_대표유형

시각적사고

● 찾을 수 없는 조각을 고르는 문제

※ 다음 제시된 그림에서 찾을 수 없는 도형을 고르시오. [14~15]

14

☑ 확인
Check!
○
△
X

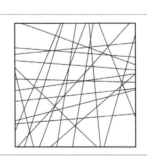

①
②
③
④
⑤

❖ 2019 기출이 답이다 GSAT 삼성3급 직무적성검사 p.356_14번

··· SKCT ···

인지역량 Ⅰ – 수리(검사 B)

● 같은 조에 배치될 확률 구하기

02 직원 A ~ P 16명이 야유회에 가서 4명씩 4개의 조로 행사를 한다. 첫 번째 이벤트에서 같은 조였던 사람은 두 번째 이벤트에서 같은 조가 될 수 없다. 두 번째 이벤트에서 1, 4조가 보기처럼 주어졌을 때, 두 번째 이벤트에서 나머지 두개 조의 가능한 경우의 수는?

┌─────── 〈보 기〉 ───────┐
• 1조 : I, J, K, L
• 4조 : M, N, O, P
└─────────────────────────┘

① 8가지   ② 10가지
③ 12가지   ④ 14가지
⑤ 16가지

❖ 2019 상반기 SKCT 봉투모의고사 1회 p.2_02번

인지역량 Ⅱ – 언어(검사 C)

● 언어 추론

03 다음 내용으로부터 도출할 수 있는 사실을 〈보기〉에서 고르면?

> 뉴턴 역학은 갈릴레오나 뉴턴의 근대 과학 이전 중세를 지배했던 아리스토텔레스의 역학관에 정면으로 반대된다. 아리스토텔레스에 의하면 물체가 똑같은 운동 상태를 유지하기 위해서는 외부에서 끊임없이 힘이 제공되어야만 한다. 이렇게 물체에 힘을 제공하는 기동자가 물체에 직접적으로 접촉해야 운동이 일어난다. 기동자가 없어지거나 물체와의 접촉이 중단되면 물체는 자신의 운동 상태를 유지할 수 있다. 그러나 관성의 법칙에 의하면 외력이 없는 물체도 자신의 원래 운동 상태를 유지할 수 있다. 아리스토텔레스는 기본적으로 물체의 운동을 하나의 정지 상태에서 다른 정지 상태로의 변화로 이해했다. 즉, 아리스토텔레스에게는 물체의 정지 상태가 물체의 운동 상태와는 아무런 상관이 없었다. 그러나 뉴턴 혹은 근대 과학의 시대를 열었던 갈릴레오에 의하면 물체가 정지한 상태는 운동하는 상태의 특수한 경우이다. 운동 상태가 바뀌는 것은 물체의 외부에서 힘이 가해지는 경우이다. 즉, 힘은 운동의 상태를 바꾸는 요인이다. 지금 우리는 뉴턴 역학이 옳다고 쉽게 생각하고 있지만 이론적인 선입견을 배제하고 일상적인 경험만 떠올리면 언뜻 아리스토텔레스의 논리가 더 그럴 듯하게 보일 수도 있다.

┌─ 보기 ─
ⓐ 뉴턴 역학은 올바르지 않으므로, 아리스토텔레스의 역학관을 따라야 한다.
ⓑ 아리스토텔레스는 "외부에서 힘이 작용하지 않으면 운동하는 물체는 계속 그 상태로 운동하려 하고, 정지한 물체는 계속 정지해 있으려고 한다."고 주장했다.
ⓒ 뉴턴이나 갈릴레오 또한 처음에는 아리스토텔레스의 논리가 옳다고 판단했다.
ⓓ 아리스토텔레스는 정지와 운동을 별개로 봤다.

① ⓑ   ② ⓓ
③ ⓐ, ⓒ   ④ ⓑ, ⓓ
⑤ ⓐ, ⓑ, ⓒ

❖ 2019 상반기 SKCT SK그룹 종합역량검사 단기완성 p.81_03번

주요기업 적중문제

••• KT그룹 •••

인문계 실제업무력

● 업무상 발생 비용 계산하기

19 상반기 적중

※ D사원은 해외에서 열리는 세미나 참석을 위해 호텔을 예약하였다. 다음 상황을 보고 이어지는 질문에 답하시오. [16 ~17]

• 출장일 : 2016년 5월 11일(수) ~ 15일(일)

〈호텔 숙박가격〉

구 분	평일(일~목)	주말(금~토)
가 격	USD 120	USD 150

〈유의사항〉

• 호텔 숙박을 원하실 경우 총 숙박비의 20%에 해당하는 금액을 예치금으로 지불하셔야 합니다.
• 개인사정으로 호텔 예약을 취소 또는 변경하실 때는 숙박 예정일 4일 전까지는 전액 환불이 가능하지만, 그 이후로는 하루에 20%씩 취소 수수료가 부과됩니다. 노 쇼(No - Show)의 경우와 체크인 당일 취소를 하실 경우에는 환불이 불가하오니, 이 점 유의해주시기 바랍니다.

16 D사원이 호텔에 지불한 예치금은 얼마인가?

① USD 105
② USD 108
③ USD 110
④ USD 120
⑤ USD 132

❖ 2019 KT그룹 종합인적성검사 봉투모의고사 3회 p.47_16번

이공계 수추리력

● 규칙 찾기

19 상반기 적중 확인 CHECK! **19 하반기 적중**

05

$$2 \quad -4 \quad 8 \quad -16 \quad 32 \quad -64 \quad 128 \quad (\ )$$

① 192
② -192
③ -256
④ 256
⑤ 314

❖ 2019 KT그룹 종합인적성검사 기출이 답이다 2회 p.283_05번

❶ 내용일치

고난도

13 다음 '철학의 여인'의 논지를 따를 때, ㉠으로 올바른 것만을 〈보기〉에서 모두 고른 것은?

> 다음은 철학의 여인이 비탄에 잠긴 보에티우스에게 건네는 말이다.
> "나는 이제 네 병의 원인을 알겠구나. 이제 네 병의 원인을 알게 되었으니 ㉠ 너의 건강을 회복할 방법을 찾을 수 있게 되었다. 그 방법은 병의 원인이 되는 잘못된 생각을 바로잡아 주는 것이다. 너는 너의 모든 소유물을 박탈당했다고, 사악한 자들이 행복을 누리게 되었다고, 네 운명의 결과가 불의하게도 제멋대로 바뀌었다는 생각으로 비탄에 빠져 있다. 그런데 그런 생각은 잘못된 전제에서 비롯된 것이다. 네가 눈물을 흘리며 너 자신이 추방당하고 너의 모든 소유물을 박탈당했다고 생각하는 것은 행운이 네게서 떠났다고 슬퍼하는 것과 다름없는데, 그것은 네가 운명의 본모습을 모르기 때문이다. 그리고 사악한 자들이 행복을 가졌다고 생각하는 것이나 사악한 자가 선한 자보다 더 행복을 누린다고 한탄하는 것은 네가 실로 만물의 목적이 무엇인지 모르고 있기 때문이다. 다시 말해 만물의 궁극적인 목적이 선을 지향하는 데 있다는 것을 모르고 있기 때문이다. 또한, 너는 세상이 어떤 통치 원리에 의해 다스려지는지 잊어버렸기 때문에 제멋대로 흘러가는 것이라고 믿고 있다. 그러나 만물의 목적에 따르면 악은 결코 선을 이길 수 없으며 사악한 자들이 행복할 수는 없다. 따라서 세상은 결국에는 불의가 아닌 정의에 의해 다스려지게 된다. 그럼에도 불구하고 너는 세상의 통치 원리가 정의와는 거리가 멀다고 믿고 있다. 이는 그저 병의 원인일 뿐 아니라 죽음에 이르는 원인이 되기도 한다. 그러나 다행스럽게도 자연은 너를 완전히 버리지는 않았다. 이제 너의 건강을 회복할 작은 불씨가 생명의 불길로 타올랐으니 너는 조금도 두려워할 필요가 없다."

> **보기**
>
> ㄱ. 만물의 궁극적인 목적이 선을 지향하는 데 있다는 것을 아는 것
> ㄴ. 세상이 제멋대로 흘러가는 것이 아니라 정의에 의해 다스려진다는 것을 깨닫는 것
> ㄷ. 자신이 박탈당했다고 여기는 모든 것, 즉 재산, 품위, 권좌, 명성 등을 되찾을 방도를 아는 것

① ㄱ   ② ㄴ
③ ㄱ, ㄴ   ④ ㄴ, ㄷ
⑤ ㄱ, ㄴ, ㄷ

❖ 2019 CAT · CJAT CJ그룹 종합적성검사 단기완성 본문 p.37_13번

❷ 명제추리

02

> 저축을 하지 않으면 이자가 생기지 않는다.
> _____
> 소비를 줄이지 않으면 저축을 하지 않는다.
> 그러므로 소비를 줄이지 않았다는 것은 용돈을 합리적으로 쓰지 않은 것이다.

① 용돈을 합리적으로 쓰지 않으면 이자가 생기지 않는다.
② 이자가 생기면 저축을 하지 않는다.
③ 저축을 하지 않으면 소비를 줄이지 않는다.
④ 용돈을 합리적으로 쓰면 이자가 생긴다.
⑤ 용돈을 합리적으로 써도 소비를 줄이지 않는다.

❖ 2019 CAT · CJAT CJ그룹 종합적성검사 단기완성 본문 p.21_02번

학습플래너

⚙ TIME TABLE 활용법

➔ 날짜와 자신이 계획한 학습량을 작성한 후 실천 정도에 따라 **CHECK**란에 다음과 같이 표시한다. 자신의 진도, 계획 수행 정도와 시험까지 남은 기간을 한눈에 확인할 수 있어 효율적인 자기 주도 학습이 가능하다.

표 시	의 미
☑	완 료
⊟	연 기
⊡	진행중
☒	중 단

Date	D-day	PART	CHAPTER	Page	CHECK
4월/5일	D-20	1	1	p.013~021	⊡
4월/6일	D-19				☒
4월/8일	D-17	1	1	p.018~030	⊟
4월/9일	D-16	1	1	p.028~030	☑

STUDY PLANNER

Date			D-day	PART	CHAPTER	Page	CHECK
( )월/(	)일		D-				☐
( )월/(	)일		D-				☐
( )월/(	)일		D-				☐
( )월/(	)일		D-				☐
( )월/(	)일		D-				☐
( )월/(	)일		D-				☐
( )월/(	)일		D-				☐
( )월/(	)일		D-				☐
( )월/(	)일		D-				☐
( )월/(	)일		D-				☐
( )월/(	)일		D-				☐
( )월/(	)일		D-				☐
( )월/(	)일		D-				☐
( )월/(	)일		D-				☐
( )월/(	)일		D-				☐
( )월/(	)일		D-				☐
( )월/	)일		D-				☐
( )월/(	)일		D-				☐
( )월/(	)일		D-				☐
( )월/(	)일		D-				☐

⚙ 1주 완성 **학습플랜**

➡ 본서에 수록된 전 영역을 단기간에 끝낼 수 있도록 구성한 학습 플랜입니다. 한 번에 전 영역을 공부하지 않고, 한 영역을 집중적으로 공부할 수 있도록 하였습니다. 인적성검사 및 필기시험에 대한 기초 학습은 되어 있으나, 학습 계획 세우기에 자신이 없는 분들이나 미리 시험에 대비하지 못해 단시간에 많은 분량을 봐야 하는 수험생에게 추천합니다.

ONE WEEK STUDY PLAN

	1일차	2일차	3일차
	____월____일	____월____일	____월____일
Start!	최신기출문제	제1장 언어이해 제2장 수리력	제3장 문제해결 제4장 집중력

4일차	5일차	6일차	7일차
____월____일	____월____일	____월____일	____월____일
제2편 계열검사	제4편 실전 모의고사	온라인 모의고사	오답 체크 및 복습

이 책의 차례 CONTENTS

최신기출문제

※ 최신기출문제는 수험생들의 후기를 통해 ㈜시대고시기획에서 복원한 문제로 실제 문제와 다소 차이가 있을 수 있으며, 본 저작물의 무단전재 및 복제를 금합니다.
※ 정답 및 해설은 최신기출문제 뒤 p.16에 있습니다.

| 언어이해 |

※ 다음 제시된 단어와 같거나 유사한 의미를 가진 단어를 고르시오[1~2].

01

구속

① 도전　　　　　　　　② 검열
③ 속박　　　　　　　　④ 반대

02

낭비

① 장비　　　　　　　　② 절약
③ 허비　　　　　　　　④ 검소

※ 다음 제시된 단어와 반대되는 의미를 가진 단어를 고르시오[3~4].

03

꿉꿉하다

① 강샘하다　　　　　　② 꽁꽁하다
③ 강마르다　　　　　　④ 눅눅하다

04

풍만하다

① 납신하다　　　　　　　　② 궁핍하다
③ 농단하다　　　　　　　　④ 몽매하다

05　다음 중 글의 내용과 일치하지 않는 것은?

사람의 눈이 원래 하나였다면 세계를 입체적으로 지각할 수 있었을까? 입체 지각은 대상까지의 거리를 인식하여 세계를 3차원으로 파악하는 과정을 말한다. 입체 지각은 눈으로 들어오는 시각 정보로부터 다양한 단서를 얻어 이루어지는데 이를 양안 단서와 단안 단서로 구분할 수 있다.

양안 단서는 양쪽 눈이 함께 작용하여 얻어지는 것으로, 양쪽 눈에서 보내오는 시차(視差)가 있는 유사한 상이 대표적이다. 단안 단서는 한쪽 눈으로 얻을 수 있는 것인데, 사람은 단안 단서만으로도 이전의 경험으로부터 추론에 의하여 세계를 3차원으로 인식할 수 있다. 망막에 맺히는 상은 2차원이지만 그 상들 사이의 깊이의 차이를 인식하게 해주는 다양한 실마리들을 통해 입체 지각이 이루어진다.

동일한 물체가 크기가 다르게 시야에 들어오면 우리는 더 큰 시각(視角)을 가진 쪽이 더 가까이 있다고 인식한다. 이렇게 물체의 상대적 크기는 대표적인 단안 단서이다. 또 다른 단안 단서로는 '직선 원근'이 있다. 우리는 앞으로 뻗은 길이나 레일이 만들어 내는 평행선의 폭이 좁은 쪽이 넓은 쪽보다 멀리 있다고 인식한다. 또 하나의 단안 단서인 '결 기울기'는 같은 대상이 집단적으로 어떤 면에 분포할 때, 시야에 동시에 나타나는 대상들의 연속적인 크기 변화로 얻어진다. 예를 들면 들판에 만발한 꽃을 보면 앞쪽은 꽃이 크고 뒤로 가면서 서서히 꽃이 작아지는 것으로 보이는데 이러한 시각적 단서가 쉽게 원근감을 일으킨다.

어떤 경우에는 운동으로부터 단안 단서를 얻을 수 있다. '운동 시차'는 관찰자가 운동할 때 정지한 물체들이 얼마나 빠르게 움직이는 것처럼 보이는지가 물체들까지의 상대적 거리에 대한 실마리를 제공하는 것이다. 예를 들어 기차를 타고 가다 창밖을 보면 가까이에 있는 나무는 빨리 지나가고 멀리 있는 산은 거의 정지해 있는 것처럼 보인다.

① 세계를 입체적으로 지각하기 위해서는 단서가 되는 다양한 시각 정보가 필요하다.
② 단안 단서에는 물체의 상대적 크기, 직선 원근, 결 기울기, 운동 시차 등이 있다.
③ 대상까지의 거리를 인식할 수 있어야 세계를 입체적으로 지각할 수 있다.
④ 사고로 한쪽 눈의 시력을 잃은 사람은 입체 지각이 불가능하다.

06 다음 문장을 논리적 순서대로 알맞게 배열한 것은?

(A) 그런데 '의사, 변호사, 사장' 등은 그 직업이나 직책에 있는 모든 사람을 가리키는 것이어야 함에도 불구하고, 실제로는 남성을 가리키는 데 주로 사용되고, 여성을 가리킬 때는 '여의사, 여변호사, 여사장' 등이 따로 사용되고 있다. 즉, 여성을 예외적인 경우로 취급함으로써 남녀차별의 가치관을 이 말들에 반영하고 있는 것이다.

(B) 언어에는 사회상의 다양한 측면이 반영되어 있다. 그렇기 때문에 남성과 여성의 차이도 언어에 반영되어 있다. 한편 우리 사회는 꾸준히 양성평등을 향해서 변화하고 있지만, 언어의 변화 속도는 사회의 변화 속도를 따라가지 못한다. 따라서 국어에는 남녀차별의 사회상을 알게 해 주는 증거들이 있다.

(C) 오늘날 남녀의 사회적 위치는 과거와 다르며 지금 이 순간에도 계속 변하고 있다. 여성의 사회적 지위 향상의 결과가 앞으로 언어에 반영되겠지만, 현재 언어에 남아 있는 과거의 흔적은 우리 스스로의 노력으로 지워감으로써 남녀의 '차이'가 더 이상 '차별'이 되지 않도록 노력을 기울여야 하겠다.

(D) 우리말에는 그 자체에 성별을 구분해 주는 문법적 요소가 없다. 따라서 남성을 지칭하는 말과 여성을 지칭하는 말, 통틀어 지칭하는 말이 따로 존재해야 하지만, 국어에는 그런 경우도 있고 그렇지 않은 경우도 있다. 예를 들어 '아버지'와 '어머니'는 서로 대등하게 사용되고, '어린이'도 남녀를 구별하지 않고 가리킬 때 쓰인다.

① (B) - (A) - (D) - (C) ② (B) - (D) - (A) - (C)
③ (C) - (A) - (D) - (B) ④ (C) - (B) - (D) - (A)

※ 다음 글을 읽고 물음에 답하시오[7~8].

근자에 인터넷이나 이런저런 관련 통신으로 많은 문제가 발생한다. 자녀의 전화 사용으로 부모가 배달된 전화 요금 청구서를 보고 너무나 큰 액수에 놀란다는 이야기는 ㉠ 보통의 현상이 되고 있다. 그 배경으로 청소년의 대인 관계에 대한 기피 현상 등이 지적되고 있다.

문제점으로 인식될 정도로 청소년 자녀들이 전화를 사용하는 시간은 늘어나고 직접적인 대면 시간은 줄어드는지 그 이유를 알기 위해서는 먼저 전화라는 매체가 심리적으로 어떠한 작용을 하는지에 대하여 간파할 필요가 있을 것이다. 전화가 직접적인 대면과는 어떠한 차이가 있는가?

먼저 전화는 심리적으로 자기의 공간을 유지하면서 이야기를 할 수 있기 때문에 남에게 방해를 받지 않는 비밀성이 있다. 또 상대와 직접 대면하는 것과는 달리 상대방이 보이지 않기 때문에 상대방의 비언어적 표현 등을 읽을 수 없고, 동시에 상대방이 보이지 않으므로 오히려 상대방의 반응을 걱정할 필요 없이 자기가 하고 싶은 말을 할 수 있는 특징을 들 수 있다. 또한 전화는 현실성에서 떨어져 자유로울 수 있고 때로는 자기를 위장 표현할 수 있는 가면성(假面性)이라는 특징도 있다. 따라서 평소에 별로 감정을 드러내지 않는 사람이 전화에서는 솔직한 감정을 표현할 수 있고 혹은 얌전한 사람이 과감하게 공격적인 발언을 할 수도 있다는 장점이 있다. 어떠한 내용을 어떠한 사람에게 전하느냐에 따라서도 달라지지만 전화 다이얼은 비대면적 환경 아래에서 전화라는 매체가 심리적으로 주는 특징이 노현(露顯)으로 구현화된 사회 현상이며 현대 사회를 가장 단적으로 표현한 수단이 되고 있다.

07 윗글의 설명 방식으로 적절하지 않은 것은?

① 스스로 묻고 그것에 대해 답변하는 방식으로 논의를 전개하고 있다.
② 일상에서 일어나고 있는 일을 예로 들고 있다.
③ 논의 대상 간의 차이점에 착안하여 논의를 전개하고 있다.
④ 제시된 기준에 따라 논제를 나누거나 묶어서 전개하고 있다.

08 다음 중 ㉠과 같은 상황을 표현한 사자성어로 가장 적절한 것은?

① 비일비재(非一非再)
② 우공이산(愚公移山)
③ 새옹지마(塞翁之馬)
④ 권토중래(捲土重來)

| 수리력 |

01 총무팀은 다과회 준비를 위해 인터넷으로 사과와 배, 귤을 주문했는데, 한 개당 사과는 120원, 배는 260원, 귤은 40원으로 구입하였다. 예산은 총 20,000원이었으며, 예산금액을 모두 맞춰 사용하여 각각 20개 이상씩 구입하였다. 이때, 배를 가장 많이 구입하였을 경우, 구입한 배의 최소 개수는?

① 47개   ② 48개
③ 49개   ④ 50개

02 A는 혼자 6일 만에 끝내고, B는 혼자 8일 만에 끝내는 일이 있다. 같은 일을 A가 먼저 혼자 1일 하였고, 그 다음날부터 A와 B가 이틀 동안 함께 일을 하였다. 나머지 일을 B 혼자 끝내려고 할 때, B에게 필요한 기간은 며칠인가?

① 1일   ② 2일
③ 3일   ④ 4일

03 사과 1개를 정가대로 판매하면 개당 600원의 이익을 얻는다. 정가의 20%를 할인하여 6개 판매한 매출액은 정가에서 400원씩 할인하여 8개를 판매한 것과 같다고 할 때, 사과의 정가는 얼마인가?

① 500원   ② 700원
③ 900원   ④ 1,000원

04 총 20명의 선수들이 테니스 대회에 참여하려고 한다. 우선 4명씩 5개의 조를 짜서 각 조 내에서는 리그전으로 각각 2명씩 선발을 하고, 뽑힌 사람들은 토너먼트 방식으로 경기를 진행하여 최종 우승자를 뽑는다. 이때, 테니스 대회에서 진행된 총 경기 수는 몇 번인가?(단, 리그전은 대회에 참가한 모든 팀과 서로 한 번씩 겨루는 방식이고, 부전승은 주최 측에서 임의로 선정한다)

① 39경기   ② 40경기
③ 41경기   ④ 42경기

※ 일정한 규칙으로 수를 나열할 때, 괄호 안에 들어갈 알맞은 숫자를 고르시오[5~6].

05

10   8   16   13   39   35   (   )

① 90   ② 100
③ 120   ④ 140

06

1   2   (   )   11   20   34   57   94   154

① 4   ② 5
③ 6   ④ 8

07 다음은 임차인 A~E의 전·월세 전환 현황에 대한 자료이다. 이에 대한 〈보기〉의 설명 중 옳은 것만 모두 고르면?

〈임차인 A~E의 전·월세 전환 현황〉

(단위 : 만 원)

임차인	전세금	월세보증금	월 세
A	( )	25,000	50
B	42,000	30,000	60
C	60,000	( )	70
D	38,000	30,000	80
E	58,000	53,000	( )

$$※ \ [전 \cdot 월세 \ 전환율(\%)] = \frac{(월세) \times 12}{(전세금) - (월세보증금)} \times 100$$

보기

ㄱ. A의 전·월세 전환율이 6%라면, 전세금은 3억 5천만 원이다.
ㄴ. B의 전·월세 전환율은 10%이다.
ㄷ. C의 전·월세 전환율이 3%라면, 월세보증금은 3억 6천만 원이다.
ㄹ. E의 전·월세 전환율이 12%라면, 월세는 50만 원이다.

① ㄱ, ㄴ 　　　　　② ㄱ, ㄷ
③ ㄱ, ㄹ 　　　　　④ ㄴ, ㄹ

01 다음을 읽고 영업팀 A사원에게 해 줄 수 있는 조언으로 가장 적절한 것을 고르면?

> 제약회사의 영업팀에 근무 중인 A사원은 성장세를 보이고 있는 타사에 비해 자사의 수익과 성과가 지나치게 적다는 것을 알았다. 그 이유에 대해 알아보기 위해 타사에 근무하고 있는 친구에게 물어본 결과 친구의 회사에서는 영업사원을 대상으로 판매 교육을 진행한다는 것을 알게 되었다. A사원은 이를 바탕으로 개선 방향에 대한 보고서를 제출하였으나, A사원의 상사는 구체적인 문제해결방법이 될 수 없다며 A사원의 보고서를 반려하였다.

① 문제와 해결방안이 상위 시스템과 어떻게 연결되어 있는지 생각하는 전략적 사고가 필요합니다.

② 전체를 각각의 요소로 나누어 각 요소마다 의미를 도출한 후 구체적인 문제해결방법을 실행하는 분석적 사고가 필요합니다.

③ 기존에 가지고 있는 인식의 틀을 전환하여 새로운 관점에서 세상과 사물을 바라보는 발상의 전환이 필요합니다.

④ 문제해결에 필요한 기술, 재료, 방법 등 필요한 자원 확보 계획을 수립하고, 내·외부자원을 효과적으로 활용해야 합니다.

※ A회사는 생산된 제품의 품번을 다음과 같은 규칙으로 정한다. 이어지는 질문에 답하시오[2~4].

> 〈규 칙〉
> I. 알파벳 a~z을 숫자 1, 2, 3, …으로 변환하여 계산한다.
> II. 제품에 설정된 임의의 영단어를 숫자로 변환한 값의 합을 구한다.
> III. 임의의 단어 속 모음의 합의 제곱 값을 모음의 개수로 나누어 II의 값에 더한다.
> IV. III의 값이 정수가 아닐 경우, 소수점 첫째 자리 이하에서 버림한 값을 II의 값에 더한다.

02 제품에 설정된 임의의 영단어가 'abroad'일 경우, 이 제품의 품번을 올바르게 구한 것은?

① 110

② 137

③ 311

④ 330

03 제품에 설정된 임의의 영단어가 'positivity'일 경우, 이 제품의 품번을 올바르게 구한 것은?

① 605 ② 819
③ 1764 ④ 1928

04 제품에 설정된 임의의 영단어가 'endeavor'일 경우, 이 제품의 품번을 올바르게 구한 것은?

① 110 ② 169
③ 253 ④ 676

| 집중력 |

※ 다음 제시된 좌우의 문자 또는 기호를 비교하여 같으면 ①을, 다르면 ②를 고르시오[1~4].

01

12LJIAGPOQI;HN [　] 12LJIAGPOQI:HN

① 같음 ② 다름

02

EUIOLLSHSIJP213 [　] EUIOLLSHSIJP213

① 같음 ② 다름

03

연구개발총괄팀장 [　] 연구개발총팔팀장

① 같음 ② 다름

04

eiilabdwo:pqp [　] eillabdwo:pqp

① 같음　　　　　　　　　　② 다름

05　다음 제시된 좌우의 문자를 비교하여, 같은 문자의 개수를 구하면?

라넵튠퓨떠션촵 ― 라넾툰퓨떠션촵

① 1개　　　　　　　　　　② 2개
③ 3개　　　　　　　　　　④ 4개

06　다음 중 좌우가 서로 다른 것을 고르면?

① 73893424 ― 73892424
② 自家者歌嶇波 ― 自家者歌嶇波
③ PBOCVUDG ― PBOCVUDG
④ 뷸믈溥몰블물 ― 뷸믈溥몰블물

※ 다음 중 제시된 문자의 배열에서 찾을 수 없는 것을 고르시오[7~8].

07

GVnVkOEbLUArTQyu

① b　　　　　　　　　　② s
③ n　　　　　　　　　　④ r

08

1278226-11832110-9973461

① 2　　　　　　　　　　② 3
③ 4　　　　　　　　　　④ 5

01 다음 중 M&A의 특징이 아닌 것은?

① 경쟁사의 반발이 심해진다.
② 경영환경변화에 전략적으로 대응할 수 있다.
③ 분산투자 효과를 얻을 수 있다.
④ 인수 비용이 적게 든다.

02 다음의 내용과 관계가 깊은 것은?

> 환율이 1달러당 1,250원일 때 ○○날드 ○○버거가 미국에서는 2.5달러에 판매되고, 한국에서는 2,500원에 판매된다.

① 원화의 평가절하로 우리나라의 햄버거 구매력 지수가 미국보다 상대적으로 낮다.
② 원화의 평가절상으로 우리나라의 햄버거 구매력 지수가 미국보다 상대적으로 높다.
③ 미국의 2.5달러를 기준으로 한국에서 판매할 경우 최소한 3천 원에 팔아야 한다.
④ 위 조건이라면 한국보다 미국은 대일(對日) 수입이 유리하다.

03 다음 사례에 대한 설명으로 적절한 것은?

> 맞벌이 부부인 A씨와 B씨는 회사 일이 바빠 대부분의 식료품을 온라인으로 주문한다. 이들은 온라인 사이트에서 판매하는 제품의 금액이 오르든 말든 별로 상관하지 않고 구매하는 편이다.

① 가격탄력성이 높다.
② 가격탄력성이 낮다.
③ 소득탄력성이 높다.
④ 소득탄력성이 낮다.

04 다음 중 전쟁 등의 돌발사태가 없음에도 느린 속도로 물가가 지속적으로 상승하는 현상을 일컫는 용어는?

① 갤러핑인플레이션(Galloping Inflation)
② 코스트인플레이션(Cost Inflation)
③ 크리핑인플레이션(Creeping Inflation)
④ 하이퍼인플레이션(Hyper Inflation)

05 다음 낱말 퍼즐의 (가), (나), (다)로 만들 수 있는 단어는?

					1.(다)	
		2.		4.	(가)	
	3.	(나)				
			4.			

〈가 로〉
1. 고려 광종 때 처음 시행된 제도로 일정한 시험을 거쳐 관리를 등용하는 제도
2. 조선 시대의 기본법전으로 성종(1485) 때 반포된 법전
3. 신라 지증왕(509) 때 설치된 시장
4. 선을 건국하는 데 공을 세운 학자로 '불씨잡변', '조선경국전' 등을 저술하였고, 북벌을 준비하다 왕자의 난 때 처형당했다.

〈세 로〉
1. 고려 말 이성계와 신진 사대부가 제정한 토지제도로 조선 초기 양반관료사회의 경제 기반을 이루었다.
2. 고려 · 조선 시대 시전을 관리 · 감독하거나 국역의 부과 등을 맡아 본 관청
3. 조선 후기 안정복이 고조선부터 고려 말까지 역사를 다룬 강목체 사서
4. 조선 후기 지리학자인 김정호가 그린 전국지도로 대축척을 사용하였다.

① 전시과
② 탕평비
③ 대동법
④ 수신사

06 다음 중 고대의 대표 과학자인 아르키메데스(Archimedes)의 업적이 아닌 것은?

① 지레의 원리를 설명
② 정역학과 유체정역학연구
③ 포물선으로 둘러싸인 도형의 넓이 계산
④ 자와 컴퍼스를 가지고 정17각형 작도의 증명

07 다음 그림에 나타난 화학 결합에 대한 설명으로 〈보기〉에서 옳은 것을 모두 고른 것은?

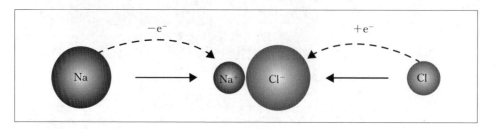

> **보기**
>
> ㄱ. 이온 간의 정전기적 인력이 작용하여 결합한다.
> ㄴ. 금속과 금속의 결합이다.
> ㄷ. 양이온과 음이온의 결합이다.
> ㄹ. 이온결합이다.

① ㄱ, ㄴ　　　　　　　　　② ㄴ, ㄷ, ㄹ
③ ㄷ, ㄹ　　　　　　　　　④ ㄱ, ㄷ, ㄹ

08 다음 고체 염화나트륨을 이용한 실험에서 알 수 있는 내용으로 옳은 것을 〈보기〉에서 모두 고른 것은?

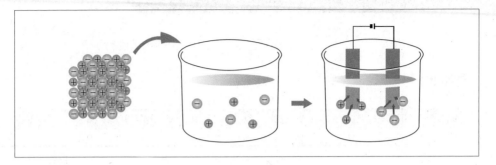

보기

ㄱ. 염화나트륨은 고체 상태에서는 전류가 흐르지 않는다.
ㄴ. 염화나트륨은 수용액 상태에서 전류가 흐르므로 전해질이다.
ㄷ. 수용액 상태에서 염화나트륨은 이온 상태이다.
ㄹ. 설탕도 염화나트륨과 같은 전해질이다.

① ㄱ, ㄴ
② ㄷ, ㄹ
③ ㄱ, ㄴ, ㄷ
④ ㄴ, ㄹ

| 언어이해 |

01	02	03	04	05	06	07	08		
③	③	③	②	④	②	④	①		

01 정답 ③

• 구속 : 행동이나 의사의 자유를 제한하거나 속박함
③ 속박 : 어떤 행위나 권리의 행사를 자유로이 하지 못하도록 강압적으로 얽어매거나 제한함

오답분석
① 도전 : 정면으로 맞서 싸움을 걺
② 검열 : 어떤 행위나 사업 따위를 살펴 조사하는 일
④ 반대 : 어떤 행동이나 견해, 제안 따위에 따르지 아니하고 맞서 거스름

02 정답 ③

• 낭비 : 시간이나 재물 따위를 헛되이 헤프게 씀
③ 허비 : 헛되이 씀. 또는 그렇게 쓰는 비용

오답분석
① 장비 : 갖추어 차림. 또는 그 장치와 설비
② 절약 : 함부로 쓰지 아니하고 꼭 필요한 데에만 써서 아낌
④ 검소 : 사치하지 않고 꾸밈없이 수수함

03 정답 ③

• 꿉꿉하다 : 조금 축축하다(≒눅눅하다).
③ 강마르다 : 물기가 없이 바싹 메마르다. 성미가 부드럽지 못하고 메마르다. 또는 살이 없이 몹시 수척하다.

오답분석
① 강샘하다 : 부부 사이나 사랑하는 이성(異性) 사이에서 상대되는 이성이 다른 이성을 좋아할 경우에 지나치게 시기하다
(≒질투하다).
② 꽁꽁하다 : 아프거나 괴로워 앓는 소리를 내다. 강아지가 짖다. 또는 작고 가벼운 물건이 자꾸 바닥이나 물체 위에 떨어
지거나 부딪쳐 소리가 나다.
④ 눅눅하다 : 축축한 기운이 약간 있다. 또는 물기나 기름기가 있어 딱딱하지 않고 무르며 부드럽다.

04 정답 ②

• 풍만(豊滿)하다 : 풍족하여 그득하다. 또는 몸에 살이 탐스럽게 많다.
② 궁핍(窮乏)하다 : 몹시 가난하다.

오답분석
① 납신하다 : 윗몸을 가볍고 빠르게 구부리다. 또는 입을 빠르고 경망스럽게 놀려 말하다.

③ 농단(壟斷)하다 : 이익이나 권리를 독차지하다.
④ 몽매(蒙昧)하다 : 어리석고 사리에 어둡다.

05 정답 ④

사람은 한쪽 눈으로 얻을 수 있는 단안 단서만으로도 이전의 경험으로부터 추론에 의하여 세계를 3차원으로 인식할 수 있다. 즉, 사고로 한쪽 눈의 시력을 잃어도 남은 한쪽 눈에 맺히는 2차원의 상들은 다양한 실마리를 통해 입체 지각이 가능하다.

06 정답 ②

제시문은 언어는 사회를 반영하지만 사회의 변화 속도를 따라가지 못하는 언어의 변화 속도에 대한 문제를 제기하고, 우리말은 원래 남녀를 구분하는 문법적 요소가 없다는 점을 보이며, 생활 속에서 남성과 여성을 차별하는 언어를 사용하고 있음을 예시로 이를 시정할 것을 촉구하는 내용의 글이다.
따라서 (B) 사회의 변화 속도를 따라가지 못하고 있는 언어의 실정 → (D) 성별을 구분하는 문법적 요소가 없는 우리말 → (A) 성별을 구분하여 사용하는 단어들의 예시 → (C) 언어의 남녀 차별에 대한 시정노력 촉구의 순서로 연결되어야 한다.

07 정답 ④

제시된 기준에 따라 논제를 나누거나 묶은 부분은 제시되어 있지 않다.

오답분석
① '전화와 직접적인 대면과는 어떠한 차이가 있는가.'라는 물음에 대해 답변하는 방식으로 논의를 전개하고 있다.
② 자녀의 전화사용과 관련된 일상의 예가 나타난다.
③ 전화가 직접적인 대면과 어떠한 차이가 있는지에 대해 논의를 전개하고 있다.

08 정답 ①

제시문에서 '보통의 현상이 되고 있다.'는 '같은 현상이나 일이 한두 번이나 한둘이 아니고 많음'을 나타내는 문장으로, 사자성어로는 '비일비재(非一非再)'로 표현할 수 있다.

오답분석
② 우공이산(愚公移山) : 쉬지 않고 꾸준하게 한 가지 일만 열심히 하면 마침내 큰일을 이룰 수 있음을 비유한 말
③ 새옹지마(塞翁之馬) : 인생에 있어서 길흉화복은 항상 바뀌어 미리 헤아릴 수 없다는 뜻
④ 권토중래(捲土重來) : 한번 싸움에 패하였다가 다시 힘을 길러 쳐들어오는 일. 또는 어떤 일에 실패한 뒤 다시 힘을 쌓아 그 일에 재차 착수하는 일

| 수리력 |

01	02	03	04	05	06	07			
②	②	④	①	④	③	③			

01 정답 ②

각각 20개씩 구입할 때 금액은 사과는 $120 \times 20 = 2,400$원, 배는 $260 \times 20 = 5,200$원, 귤은 $40 \times 20 = 800$원이며 총예산에서 이 금액을 제외하면 $20,000 - (2,400 + 5,200 + 800) = 11,600$원이 남는다.

$11,600 \div (120 + 260 + 40) = 27.6 \cdots$개이므로 남은 돈에서 사과, 배, 귤을 똑같은 개수로 더 구입한다면 27개씩 구입이 가능하다.

추가로 사과, 배, 귤을 27개씩 사면 $27 \times (120 + 260 + 40) = 11,340$원이며, 총예산에서 $20 + 27 = 47$개씩 구입하고 남은 금액은 $11,600 - 11,340 = 260$원이 된다.

따라서 남은 금액이 배 한 개를 구입할 수 있는 금액이므로 배를 가장 많이 구입했을 때 배의 최소 개수는 $20 + 27 + 1 = 48$개이다.

02 정답 ②

일의 양을 1이라고 하면, A는 하루에 $\frac{1}{6}$, B는 하루에 $\frac{1}{8}$만큼 일을 한다. B 혼자 일한 기간을 x일이라 하고 방정식을 세우면 다음과 같다.

$$\frac{1}{6} + \left(\frac{1}{6} + \frac{1}{8}\right) \times 2 + \frac{1}{8}x = 1 \rightarrow \frac{3}{4} + \frac{x}{8} = 1 \rightarrow \frac{6+x}{8} = 1 \rightarrow x = 2$$

따라서 B가 남은 일을 혼자 끝내기 위해 필요한 기간은 2일이다.

03 정답 ④

사과의 정가를 x원이라고 하자.

$0.8x \times 6 = 8(x - 400) \rightarrow 4.8x = 8x - 3,200 \rightarrow 3.2x = 3,200 \rightarrow x = 1,000$

따라서 사과의 정가는 1,000원임을 알 수 있다.

04 정답 ①

20명을 4명씩 묶어서 리그전으로 진행하면 총 5개의 리그가 만들어지고, 한 리그에 속한 4명이 서로 한 번씩 경기를 진행하면 $3 + 2 + 1 = 6$회의 경기가 진행된다. 따라서 리그전으로 진행되는 경기 수는 $6 \times 5 = 30$회이다.

이후 리그전에서 선발된 인원들로 토너먼트 경기를 진행하면 $2 \times 5 = 10$명의 사람이 토너먼트에 참가하게 된다. 토너먼트 경기 수는 참가 팀이 n팀이라고 했을 때 $(n-1)$번이므로 총 $10 - 1 = 9$회의 경기가 진행된다.

따라서 최종 우승자가 나올 때까지의 대회 경기 수는 $30 + 9 = 39$회이다.

05 정답 ④

-2, $\times 2$, -3, $\times 3$, -4, $\times 4$ $\cdots$인 규칙으로 이루어진 수열이다.

따라서 빈칸에 들어갈 수는 $35 \times 4 = 140$이다.

06 정답 ③

수를 앞에서부터 3개씩 묶어서 그 다음 항을 보면, $A \ B \ C \rightarrow (A + B) + 3 = C$가 성립하는 수열이다.

$1 \ 2 \ (\quad) \rightarrow (1 + 2) + 3 = 6$

따라서 $(\quad) = 6$이다.

07 정답 ③

ㄱ. $6 = \dfrac{50 \times 12}{x - 25,000} \times 100$

$x = 35,000$만 원

ㄹ. $12 = \dfrac{x \times 12}{58{,}000 - 53{,}000} \times 100$

$x = 50$만 원

오답분석

ㄴ. $\dfrac{60 \times 12}{42{,}000 \times 30{,}000} \times 100 ≒ 6\%$

ㄷ. $3 = \dfrac{70 \times 12}{60{,}000 - x} \times 100$

$x = 32{,}000$만 원

| 문제해결 |

01	02	03	04						
②	②	①	③						

01 정답 ②

A사원은 자사의 수익과 성과가 적은 이유를 단순히 영업에서의 문제로 판단하고, 타사의 근무하는 친구의 경험만을 바탕으로 이에 대한 해결 방안을 제시하였다. 따라서 문제를 각각의 요소로 나누어 판단하는 분석적 사고가 부족한 사례로 볼 수 있다. A사원은 먼저 문제를 각각의 요소로 나누고, 그 요소의 의미를 도출한 후 우선순위를 부여하여 구체적인 문제해결방법을 실행해야 한다.

02 정답 ②

알파벳을 순서에 따라 숫자로 변환하면 다음과 같다.

a	b	c	d	e	f	g	h	i	j	k	l	m
1	2	3	4	5	6	7	8	9	10	11	12	13

n	o	p	q	r	s	t	u	v	w	x	y	z
14	15	16	17	18	19	20	21	22	23	24	25	26

- abroad의 품번
  - 1단계 : $1 + 2 + 18 + 15 + 1 + 4 = 41$
  - 2단계 : $1 + 15 + 1 = 17 \rightarrow 17^2 = 289$
  - 3단계 : $289 \div 3 ≒ 96$(∵ 소수점 첫째 자리 이하 버림)

∴ $41 + 96 = 137$

03 정답 ①

- positivity의 품번
  - 1단계 : $16 + 15 + 19 + 9 + 20 + 9 + 22 + 9 + 20 + 25 = 164$
  - 2단계 : $15 + 9 + 9 + 9 = 42 \rightarrow 42^2 = 1{,}764$
  - 3단계 : $1{,}764 \div 4 = 441$

∴ $164 + 441 = 605$

04 정답 ③

- endeavor의 품번
  - 1단계 : $5+14+4+5+1+22+15+18=84$
  - 2단계 : $5+5+1+15=26 \rightarrow 26^2=676$
  - 3단계 : $676 \div 4 = 169$
  ∴ $84+169=253$

| 집중력 |

01	02	03	04	05	06	07	08		
②	①	②	②	④	①	②	④		

01 정답 ②

12LJIAGPOQlːHN - 12LJIAGPOQlːHN

02 정답 ①

제시된 문자열 같음

03 정답 ②

연구개발총괄팀장 - 연구개발총팔팀장

04 정답 ②

eiilabdwoːpqp - eillabdwoːpqp

05 정답 ④

라넵튠퓨떠션챱 - 라넵튠퓨떠션챱

06 정답 ①

73893424 - 73892424

07 정답 ②

GVnVkOEbLUArTQyu

08 정답 ④

1278226－11832110－9973461

01	02	03	04	05	06	07	08		
④	①	②	③	①	④	④	③		

01 정답 ④

시스템 통합으로 인해 운영비용은 절감되지만 피인수기업의 재정불량상태가 그대로 들어오므로 인수기업의 재무상태가 불량해질 수 있으며 빚을 내서 인수할 경우 재무상의 빚이 증가할 수 있다.

02 정답 ①

우리나라의 ㅇㅇ버거 가격 2,500원을 시장 환율 1,250원으로 나누면 2달러가 나온다. 이는 우리나라의 ㅇㅇ버거 가격이 미국의 ㅇㅇ버거 가격보다 0.5달러 싸다는 것, 즉 원화가 저평가되어 있음을 의미한다.

03 정답 ②

가격탄력성이란 소비자가 가격 변화에 얼마나 민감하게 반응하는지를 확인하기 위한 지표로 사례에 나타난 부분은 제품의 가격 변화에 둔감하므로 가격탄력성이 낮다는 ②가 사례에 대한 설명으로 적절하다.

오답분석
③ · ④ 소득탄력성 : 소득이 1% 증가하였을 때 수요는 몇 % 증가하는가를 나타내는 수치

04 정답 ③

크리핑인플레이션(Creeping Inflation)은 전쟁 등의 돌발사태가 없음에도 불구하고 매년 수%의 느린 속도로 물가가 계속 상승하는 현상으로, 마일드 인플레이션(Mild Inflation)이라고도 부른다. 제2차 세계대전 후 대부분의 선진 자본주의국가에서 경험한 새로운 현상으로, 특히 1950년대의 미국에서 현저하게 나타났다.

오답분석
① 갤러핑인플레이션(Galloping Inflation) : 물가의 상승속도가 아주 빠른 상태
② 코스트인플레이션(Cost Inflation) : 임금이나 가격 등의 상승으로 생산비가 올라가서 생기는 물가의 상승
④ 하이퍼인플레이션(Hyper Inflation) : 급격하게 발생한 인플레이션으로 물가상승이 통제를 벗어난 상태

05 정답 ①

					1. 과	거
		2. 경	국	4. 대	전	
	3. 동	시		동	법	
	사	서		여		
	강			지		
	목		4. 정	도	전	

<가 로> 1. 과거, 2. 경국대전, 3. 동시, 4. 정도전
<세 로> 1. 과전법, 2. 경시서, 3. 동사강목, 4. 대동여지도
(가) : 전, (나) : 시, (다) : 과

전시과 : 고려 시대에 관리, 공신, 관청, 기타 신분 등에 지급하던 종합적인 토지제도

06 정답 ④

④는 가우스(Gauss)의 업적이다. 가우스는 독일의 수학자이자 과학자로 정수론, 통계학, 해석학, 미분기하학, 측지학, 전자기학, 천문학, 광학 등의 다양한 분야에 크게 기여하였다. 특히 그는 정다각형을 자와 컴퍼스만으로 작도가 가능하다는 것을 증명해 보였다.

07 정답 ④

그림에서 나타난 결합은 이온결합으로 양이온과 음이온 간의 정전기적 인력이 작용하여 생성된 결합이다. 금속은 양이온, 비금속은 음이온이 되려는 경향이 강하여, 대부분 금속과 비금속의 결합이다.

08 정답 ③

염화나트륨(소금)은 고체 상태에서는 전류가 흐르지 않는 부도체이고, 물에 녹아 수용액 상태에서는 전류가 흐르는 전해질이다. 전해질은 고체 상태에서 전류가 흐르지 않고 수용액 상태에서는 이온화되어 전류가 흐르는 물질을 말한다. 수산화나트륨, 아세트산, 질산칼륨 등이 이에 속한다.

오답분석
ㄹ. 설탕은 부도체이고, 물에 녹아도 전류가 흐르지 않는 비전해질이다.

MEMO ·· I wish you the best of luck!

MEMO

I wish you the best of luck!

시대면접은 win 시대로 www.sdedu.co.kr/winsidaero

1 편

편

적성검사

I wish you the best of luck!

㈜시대고시기획
㈜시대교육

www.**sidaegosi**.com

시험정보·자료실·이벤트
합격을 위한 최고의 선택

시대에듀

www.**sdedu**.co.kr

자격증·공무원·취업까지
BEST 온라인 강의 제공

1장

언어이해

》》 유형분석

구 분	출제유형
언어이해	• 주제 파악하기 • 본문 내용과 일치/불일치

주제 파악하기

제시문에서 주제 또는 주제를 뒷받침할 수 있는 근거 찾는 문제 유형이 출제된다. 평소에 비문학 지문을 꼼꼼하게 분석하고, 각 문단의 요지와 글 전체의 구조를 파악한 다음, 글의 중심 주제를 뽑아내고 문제와 제시문 사이의 논리적 연결고리를 보는 눈을 키우는 훈련이 필요하다.

본문 내용과 일치/불일치

제시문의 내용을 읽고, 선택지가 제시문에 나와 있는지 아닌지를 묻는 유형으로, 이는 내용의 이해를 묻는 문제이다. 이는 객관적인 독해력을 측정하고자 하는 것으로, 선택지를 먼저 확인하고 제시문을 읽는다면 어렵지 않게 해결할 수 있다.

1. 논리구조

논리구조에서는 주로 문장과 문장 간의 관계나 글 전체의 논리적 구조를 정확히 파악했는지를 묻는다. 글의 순서를 바르게 배열하는 유형이 출제되므로 제시문의 전체적인 흐름을 바탕으로 각 문단의 특징, 문단 간의 역할 등을 논리적으로 구조화할 수 있는 능력을 길러야 한다.

(1) 문장의 관계와 연결 방식

　① 문장과 문장 간의 관계

　　㉠ 상세화 관계 : 주지 → 구체적 설명(비교, 대조, 유추, 분류, 분석, 인용, 예시, 비유, 부연, 상술 등)

　　㉡ 문제(제기)와 해결 : 한 문장이 문제를 제기하고, 다른 문장이 그 해결책을 제시하는 관계(과제 제시 → 해결 방안, 문제 제기 → 해답 제시)

　　㉢ 선후 관계 : 한 문장이 먼저 발생한 내용을 담고, 다음 문장이 나중에 발생한 내용을 담고 있는 관계

　　㉣ 원인과 결과 : 한 문장이 원인이 되고, 다른 문장이 그 결과가 되는 관계(원인 제시 → 결과 제시, 결과 제시 → 원인 제시)

　　㉤ 주장과 근거 : 한 문장이 필자가 말하고자 하는 바(주장)가 되고, 다른 문장이 그 문장의 증거(근거)가 되는 관계(주장 제시 → 근거 제시, 의견 제안 → 의견 설명)

　　㉥ 전제와 결론 관계 : 앞문장에서 조건이나 가정을 제시하고, 뒷문장에서 이에 따른 결론을 제시하는 관계

　② 문장의 연결 방식

　　㉠ 순접 : 원인과 결과, 부연 설명 등의 문장 연결에 쓰임 **예** 그래서, 그리고, 그러므로 등

　　㉡ 역접 : 앞글의 내용을 전면적 또는 부분적으로 부정 **예** 그러나, 그렇지만, 그래도, 하지만 등

　　㉢ 대등 · 병렬 : 앞뒤 문장의 대비와 반복에 의한 접속 **예** 및, 혹은, 또는, 이에 반하여 등

　　㉣ 보충 · 첨가 : 앞글의 내용을 보다 강조하거나 부족한 부분을 보충하기 위해 다른 말을 덧붙이는 문맥 **예** 단, 곧, 즉, 더욱이, 게다가, 왜냐하면 등

　　㉤ 화제 전환 : 앞글과는 다른 새로운 내용을 이야기하기 위한 문맥 **예** 그런데, 그러면, 다음에는, 이제, 각설하고 등

　　㉥ 비유 · 예시 : 앞글에 대해 비유적으로 다시 말하거나 구체적인 예를 보임 **예** 예를 들면, 예컨대, 마치 등

(2) 논리구조의 원리 접근법

앞뒤 문장의 중심 의미 파악		앞뒤 문장의 중심 내용이 어떤 관계인지 파악		문장 간의 접속어, 지시어의 의미와 기능 파악		문장의 의미와 관계성 파악
각 문장의 의미를 어떤 관계로 연결해서 글을 전개하는지 파악해야 한다.	➡	지문 안의 모든 문장은 서로 논리적 관계성이 있다.	➡	접속어와 지시어를 음미하는 것은 독해의 길잡이 역할을 한다.	➡	문단의 중심 내용을 알기 위한 기본 분석 과정이다.

문장을 바르게 배열한 것은?

> ㉠ 마르시아스가 그 피리를 부니 사람의 마음을 빼앗는 듯 아름다운 소리가 났다.
> ㉡ 아테나는 피리를 발명하고, 피리를 불어 하늘에 있는 모든 청중을 즐겁게 하였다.
> ㉢ 장난꾸러기인 에로스가 여신이 기묘한 얼굴로 피리 부는 것을 보고 무례하게 웃자 아테나는 노하여 피리를 내던졌다.
> ㉣ 피리는 땅으로 떨어졌고, 마르시아스가 그것을 줍게 되었다.
> ㉤ 마르시아스는 자만한 나머지 아폴론과 음악 경쟁을 했다.

① ㉠ - ㉤ - ㉣ - ㉡ - ㉢
② ㉡ - ㉢ - ㉣ - ㉠ - ㉤
③ ㉡ - ㉠ - ㉤ - ㉢ - ㉣
④ ㉠ - ㉡ - ㉢ - ㉤ - ㉣

해설 제시된 문장의 내용을 순서대로 정리하면 다음과 같다.
㉡ 아테나가 피리를 불었다. → ㉢ 에로스가 피리 부는 여신을 비웃었다. 아테나가 피리를 내던졌다. → ㉣ 피리가 땅에 떨어졌다, 마르시아스가 주웠다 → ㉠ 마르시아스가 그 피리를 불었다. 아름다운 소리가 났다. → ㉤ 마르시아스는 아폴론과 음악 경쟁을 했다.
따라서 ㉡ - ㉢ - ㉣ - ㉠ - ㉤이 정답이다.   **답** ②

2. 논리적 이해

(1) 분석적 이해

글의 내용을 분석적으로 파악하는 것으로, 분석적 이해의 핵심은 글의 세부 내용을 파악하고, 이를 바탕으로 글의 중심 내용을 파악하는 것이다.

① 글을 구성하는 각 단위의 내용 관계 파악하기 : 글은 단어, 문장, 문단 등의 단위가 모여 이루어진다. 글을 이해하기 위해서는 개개의 단어와 단어들이 모여 이루어진 문장, 문장들이 모여 이루어진 문단의 내용을 정확하게 파악하고 각각의 의미 관계를 이해하는 것이 필요하다.

② 글의 중심 내용 파악하기 : 글의 작은 단위를 분석하여 부분적인 내용을 파악했더라도 글 전체의 중심 내용을 파악했다고 할 수 없다. 글의 중심 내용을 파악하는 데는 글을 구성하고 있는 각 단위, 특히 문단의 중심 내용이 중요하다. 따라서 글의 전체적인 맥락을 고려해야 하고, 중심 내용을 파악해 내는 기술이 필요하다.

③ 글의 전개 방식과 구조적 특징 파악하기 : 모든 글은 종류에 따라 다양한 전개 방식을 활용하고 있다. 대표적인 전개 방식은 서사, 비교, 대조, 열거, 인과, 논증 등이 있다. 이와 같은 전개 방식을 이해하면 글의 내용을 이해하는 데 큰 도움이 된다.

핵심예제

다음 글에 관련된 내용을 바르게 이해한 것은?

> 국회의원들의 천박한 언어 사용은 여야가 다르지 않고, 어제오늘의 일도 아니다. '잔대가리', '양아치', '졸개' 같은 단어가 예사로 입에서 나온다. 막말에 대한 무신경, 그릇된 인식과 태도가 원인이다. 막말이 부끄러운 언어 습관과 인격을 드러낸다고 여기기보다 오히려 투쟁성과 선명성을 상징한다고 착각한다.

① 모든 국회의원은 막말 쓰기를 좋아한다.
② 국회의원들의 천박한 언어 사용은 아주 오래되었다.
③ '잔대가리', '양아치', '졸개' 등은 은어(隱語)에 속한다.
④ 국회의원들은 고운 말과 막말을 전혀 구분할 줄 모른다.

해설 첫 번째 문장 '어제오늘의 일도 아니다.'에서 ②와 같은 내용을 이해할 수 있다.
　　① '모든' 국회의원이 막말을 사용한다는 내용은 없다.
　　③ '잔대가리', '양아치', '졸개'가 은어라는 내용은 없다.
　　④ 국회의원들이 고운 말과 막말을 구분하지 못한다는 내용은 없다.
　　　　　　　　　　　　　　　　　　　　　　　　　　　　　　　달 ②

(2) 추론적 이해

제시문에 나와 있는 정보들의 관계를 파악하거나 글에서 명시되지 않은 생략된 내용을 상상하며 글을 읽고 내용을 파악하는 것이다. 제시문의 정보를 근거로 하여 글에 드러나 있지 않은 정보를 추리해 낼 수 있어야 한다.

① **내용의 추론** : 제시문의 정보를 바탕으로 숨겨진 의미를 찾거나 생략된 의미를 앞뒤 내용의 흐름 및 내용 정보의 관계를 통해서 짐작한 다음, 다른 상황에 적용할 수 있어야 한다.

  ㉠ 숨겨진 정보를 추리하기

  ㉡ 제시되지 않은 부분의 내용을 추리하기

  ㉢ 문맥 속의 의미나 함축적 의미를 추리하기

  ㉣ 알고 있는 지식을 다른 상황에 적용하기

② **과정의 추론** : 제시문에 설명된 정보에 대한 가정이나 그것의 전체 또는 대상을 보는 관점, 태도나 입장을 파악하는 것이다.

  ㉠ 정보의 가정이나 전제

  ㉡ 글을 쓰는 관점 추리하기

  ㉢ 글 속에 나타나는 대상 또는 정서·심리 상태, 어조 추리하기

  ㉣ 글을 쓰게 된 동기나 목적 추리하기

③ **구조의 추론**

  ㉠ 구성 방식 : 전체 글의 짜임새 및 단락의 짜임새

  ㉡ 구성 원리 : 정확한 의미 전달을 위한 통일성, 완결성, 일관성

핵심예제

다음 문장을 통해 추론할 수 있는 것은?

> 8월의 비정규직 근로자 수는 지난해에 비해 30만 9천 명(5.7%) 증가했지만, 이들이 받는 임금은 평균 7.3% 감소한 것으로 나타났다.

① 비정규직 근로자가 해마다 계속 증가하였다.
② 비정규직 근로자의 임금은 계속 감소하였다.
③ 어떤 비정규직 근로자의 임금은 증가하였다.
④ 어떤 비정규직 근로자의 임금은 감소하였다.

해설 ④ 비정규직 근로자의 임금이 평균 7.3% 감소했다는 것을 통해 추론할 수 있다.
  ① 비정규직 근로자 수는 '지난해에 비해' 증가하였다.
  ②·③은 확인할 수 없다.

답 ④

(3) 비판적 이해

제시문의 주요 논지에 대한 비판의 여지를 탐색하고 따져보거나 글이나 자료의 생성 과정 및 그것을 구성한 관점, 태도 등을 파악하는 등 글의 내용으로부터 객관적인 거리를 두고 판단하거나 평가함으로써 도달하는 것이다.

① **핵심어 이해** : 제시문이 객관적인지, 또는 현실과 어떤 연관성이 있는지 등을 판단해 본다. 그리고 핵심 개념을 정의하는 부분에 비논리적 내용이나 주제를 강조하기 위한 의도에서 오류는 없는지를 파악해 본다.

② **쟁점 파악** : 제시문의 핵심 내용을 파악했다면, 주장이 무엇인지, 그리고 타당한지를 비판적으로 고려해 보아야 한다.

③ **주장과 근거** : 제시문의 주제를 비판적으로 고려했다면, 그 주장이 어떤 근거에 바탕을 두고 있는지, 그리고 근거와 주장 사이에 논리적 오류가 없는지 비판적으로 생각해 본다.

핵 심 예 제

다음 관점에서 볼 때, 가장 긍정적으로 볼 수 있는 대상은?

> 근대 산업 문명은 사람들의 정신을 병들게 하고, 끊임없이 이기심을 자극하며, 금전과 물건의 노예로 타락시킬 뿐만 아니라 내면적인 평화와 명상의 생활을 불가능하게 만든다. 그로 인하여 유럽의 노동 계급과 빈민에게 사회는 지옥이 되고, 비서구 지역의 수많은 민중은 제국주의의 침탈의 밑에서 허덕이게 되었다. 여기에서 간디는 모든 인도 사람들이 매일 한두 시간만이라도 물레질을 할 것을 권유하였다. 물레질의 가치는 경제적 필요 이상의 것이라고 생각한 것이다.
>
> – 김종철, 「간디의 물레」

① 일에 쫓겨 살아가고 있지만, 생계에 불편함을 겪지 않는 사람
② 내면의 여유를 잃지 않으면서 자신의 일에서 보람을 찾는 사람
③ 단순하고 반복적인 일을 하므로 정신적인 노동을 하지 않아도 되는 사람
④ 사회의 발전을 위하여 자신의 몸을 아끼지 않고 혼신의 노력을 다하는 사람

해설 첫 문장에서 '내면적인 평화와 명상의 생활을 불가능하게 만든다'라고 문제점을 지적하고 있는 점에 착안하고, 마지막 문장에서 '물레질의 가치는 경제적 필요 이상의 것'이란 구절을 연결해 보면, 필자가 말하는 간디의 생각은 '경제적 필요를 넘어 정신적·내면적 평화와 명상의 생활을 하는 삶'을 강조하고 있음을 알 수 있다.

답 ②

유형 맛보기

다음 문장을 논리적 순서대로 알맞게 배열한 것을 고르시오.

(A) 이번에 개소한 은퇴연구소는 연구조사팀, 퇴직연금팀 등 5개팀 외에 학계 인사와 전문가로 구성된 10명 내외의 외부 자문위원단도 포함된다.

(B) 은퇴연구소를 통해 일반인들의 안정된 노후준비를 돕는 지식 기반으로서, 은퇴 이후의 건강한 삶에 대한 다양한 정보를 제공하는 쌍방향의 소통 채널로 적극 활용할 계획이다.

(C) A회사는 10일, 우리나라의 급격한 고령화 진전상황에 따라 범사회적으로 바람직한 은퇴준비의 필요성을 부각하고, 선진형 은퇴설계 모델의 개발과 전파를 위한 국내 최대 규모의 '은퇴연구소'를 개소했다.

(D) 마지막으로 은퇴연구소는 은퇴 이후의 생활에 대한 의식과 준비 수준이 아직 선진국에 비해 크게 취약한 우리의 인식 변화를 위해 사회적 관심과 참여를 유도할 계획이다.

① (C) - (A) - (B) - (D)
② (C) - (B) - (D) - (A)
③ (B) - (A) - (D) - (C)
④ (D) - (C) - (A) - (B)

해설 제시문은 A회사가 국내 최대 규모의 은퇴연구소를 개소했고, 은퇴 이후 안정된 노후준비를 돕고 다양한 정보를 제공하는 소통의 채널로 이용하며 은퇴 이후의 생활이 취약한 우리의 인식 변화를 위해 노력할 것이라는 내용의 글이다. (C) A회사가 국내 최대 규모의 은퇴연구소를 개소 → (A) 은퇴연구소는 체계화된 팀을 구성 → (B) 일반인들의 안정된 노후준비를 돕고, 다양한 정보를 제공할 것 → (D) 선진국에 비해 취약한 우리의 인식을 변화하기 위한 노력 순으로 연결되어야 한다. **답** ①

※ 다음 문장을 논리적 순서대로 알맞게 배열한 것을 고르시오[1~20].

01

(A) 하지만 몇몇 전문가들은 유기 농업이 몇 가지 결점을 안고 있다고 말한다.

(B) 유기 농가들의 작물 수확량이 전통적인 농가보다 훨씬 낮으며, 유기농 경작지가 전통적인 경작지보다 잡초와 벌레로 인해 많은 피해를 입고 있다는 점이다.

(C) 최근 많은 소비자들이 지구에 도움을 되는 일을 하고 있고, 건강에 좀 더 좋은 음식을 먹고 있다고 확신하면서 유기농 식품 생산이 급속도로 증가하고 있다.

(D) 또한 유기 농업이 틈새시장의 부유한 소비자들에게 먹을거리를 제공하지만, 전 세계 수십억의 굶주리는 사람을 먹여 살릴 수 없다는 점이다.

① (B) - (C) - (D) - (A)
② (C) - (B) - (D) - (A)
③ (C) - (A) - (B) - (D)
④ (B) - (A) - (C) - (D)

02

(A) 이번 조사에서 '친환경 활동을 긍정적으로 생각한다.'는 소비자가 78.3%에 이르렀지만, 대한민국 소비자들은 친환경 인식에 비해 친환경 활동 참여는 부진한 것으로 나타났다.

(B) S기획 연구소는 이번 조사 결과를 바탕으로 소비자들의 참여를 유도할 수 있는 구체적인 실체를 제시하고, 친환경 제품 구매를 촉진시킬 것이라고 발표했다.

(C) 주요 원인으로는 '가격요인'과 '친환경 제품에 대한 신뢰 부족'이 지적됐다.

(D) S기획 연구소는 3월 서울과 수도권의 남녀 300명을 대상으로 조사·분석한 '소비자의 인식과 소비행태에 대한 조사 결과'를 발표했다.

① (D) - (A) - (C) - (B)
② (D) - (C) - (B) - (A)
③ (B) - (C) - (D) - (A)
④ (B) - (D) - (C) - (A)

03

(A) 이 보육시설은 지상 2층에 4개의 보육실, 식당, 놀이터, 잔디밭 마당 등을 갖추고 있으며, 영양사 · 조리사 등이 상시 근무하는 최신 시설을 갖췄다.

(B) J기획이 직장 내 보육시설을 지난달 개원했다.

(C) 보육시설의 개원으로 인해 직원들의 요구가 증대되고 있는 상황에서, 여성인재를 확보하고 유지하는 데 큰 역할을 할 것으로 기대되고 있다.

(D) 내부 인테리어 역시 창의적이고 안전한 어린이집을 지향해 아이의 따뜻한 감성과 창의력을 키울 수 있도록 다양한 동물들의 재미난 캐릭터로 벽면을 장식하였다.

① (A) − (D) − (B) − (C)
② (A) − (C) − (B) − (D)
③ (B) − (D) − (A) − (C)
④ (B) − (A) − (D) − (C)

04

(A) 장인들은 옹기에 다른 사람의 무늬와 구별되는 무늬를 새겨 넣음으로써 자신의 개성을 나타낸다.

(B) 몸체를 만든 후에 장인은 옹기를 전체적으로 살펴 울퉁불퉁한 곳을 매끄럽게 손질한다.

(C) 옹기 장인은 먼저 무엇을 위해 옹기를 만드는지를 정하고 이에 따라 적절한 흙을 골라 채취한다.

(D) 그 다음에는 흙을 매만지고 반죽하여 흙가래를 만들고, 이 흙가래들을 쌓아 올려 서로 연결되도록 두드리며 몸체를 만든다.

① (B) − (C) − (A) − (D)
② (C) − (D) − (B) − (A)
③ (B) − (A) − (D) − (C)
④ (C) − (B) − (D) − (A)

05

> (A) 이 제품은 영하 15도의 강추위에도 40도 이상의 난방을 제공하는 한랭지향으로 설계되었고, 또한 에어컨, 전기히터, 공기청정기, 제습기의 기능을 모두 갖춰 활용도도 높다.
> (B) A전자가 초절전 가정용 난방 에어컨 신제품을 이달 말 출시한다.
> (C) A전자 상무는 "앞으로도 A전자는 세계 최고 수준의 고효율 난방 에어컨을 지속 출시해 시장을 선도해 나갈 것"이라고 강조했다.
> (D) 신제품은 한층 개선된 고효율 압축기를 이용한 절전 기술로 여름철 냉방 비용뿐만 아니라 겨울철 난방비도 줄여준다.

① (B) − (D) − (A) − (C)

② (A) − (B) − (D) − (C)

③ (B) − (A) − (C) − (D)

④ (D) − (C) − (A) − (B)

06

> (A) 하지만 예를 들면, 얼룩말은 큰 고양이와 전시장 옆에 살고 있는 사자의 냄새를 매일 맡으면서도 도망갈 수 없기 때문에 항상 두려움 속에 산다.
> (B) 이러한 문제 때문에 동물원 생활은 동물들의 가장 깊이 뿌리박혀 있는 생존 본능과 완전히 맞지 않는다.
> (C) 1980년대 이래로 동물원들은 콘크리트 바닥과 쇠창살을 풀, 나무, 물웅덩이로 대체하면서 동물들의 자연 서식지를 재현해 주려고 노력해 왔다.
> (D) 이런 환경들은 야생을 흉내 낸 것일 수 있지만, 동물들은 먹이와 잠자리, 포식동물로부터의 안전에 대해 걱정할 필요가 없게 되었다.

① (B) − (D) − (C) − (A)

② (C) − (D) − (A) − (B)

③ (D) − (C) − (B) − (A)

④ (C) − (A) − (D) − (B)

07

(A) 또한 내과 교수팀은 "이번에 발표된 치료성적은 치료 중인 많은 난치성 결핵환자들에게 큰 희망을 줄 수 있을 것"이라며 발표했다.

(B) A병원 내과 교수팀은 결핵 및 호흡기학회에서 그동안 치료가 매우 어려운 것으로 알려진 난치성 결핵의 치료 성공률을 세계 최고 수준인 80%로 높였다고 발표했다.

(C) 완치가 거의 불가능한 난치성 결핵균에 대한 치료성적이 우리나라가 세계 최고 수준인 것으로 발표되어 치료 중인 환자와 가족들에게 희소식이 되고 있다.

(D) 내과 교수팀은 지난 10년간 A병원에서 치료한 결핵 환자 155명의 치료성적을 분석한 결과, 치료 성공률이 49%에서 현재는 80%에 이르렀다고 발표했다.

① (A) – (B) – (C) – (D)

② (C) – (B) – (D) – (A)

③ (C) – (A) – (D) – (B)

④ (A) – (D) – (C) – (B)

08

(A) 환경 영향 평가 제도는 각종 개발 사업이 환경에 끼치는 영향을 예측하고 분석하여 환경에 부정적인 영향을 줄이는 방안을 마련하는 수단이다.

(B) 그리하여 각종 개발 계획의 추진 단계에서부터 환경을 고려하는 환경 영향 평가 제도가 도입되었다.

(C) 개발로 인해 환경오염이 심각해지고 자연 생태계가 파괴됨에 따라 오염 물질의 처리 시설 설치와 같은 사후 대책만으로는 환경 문제에 대한 해결이 어려워졌다.

(D) 그 결과 환경 영향 평가 제도는 환경 훼손을 최소화하고 환경 보전에 대한 사회적 인식을 제고하는 등 개발과 보전 사이의 균형추 역할을 수행해 왔다.

① (A) – (C) – (B) – (D)

② (A) – (C) – (D) – (B)

③ (D) – (C) – (B) – (A)

④ (B) – (D) – (C) – (A)

09

(A) 이번 행사에는 대학생 약 200여 명과 함께 소극장에서, 자연스럽게 회사를 알릴 수 있는 내용의 연극 공연, 현재 재직 중인 선배 신입사원 및 임원과의 대화로 구성돼 재미와 정보를 동시에 제공했다는 평가다.

(B) 연극 공연 이후에는 S물산에 먼저 입사한 신입사원들이 직접 나서 회사생활 적응기, 관련 업무 등에 대한 내용을 들려줬고, 예비 지원자의 다양한 질문에 답하는 토크쇼 형식의 자유로운 설명회로 진행됐다.

(C) S물산은 지난 3일 우수 인재를 채용하기 위해 연극 공연과 비보이 공연을 곁들인 이색 채용 설명회를 개최해 예비 지원자의 높은 호응을 받았다.

(D) 연극 공연은 건설업 사무실을 배경으로 일어날 수 있는 다양한 에피소드에 S물산을 이해할 수 있는 여러 소재를 접목해 예비 지원자의 큰 호응을 받았다.

① (A) − (D) − (B) − (C)

② (C) − (B) − (A) − (D)

③ (C) − (A) − (D) − (B)

④ (B) − (A) − (C) − (D)

10

(A) H회사 임직원들은 '문화 도우미'가 되어 평소 이동이 불편해 문화공연 관람이 어려웠던 장애인들을 위해 이동 수단을 제공하는 한편, 직접 공연을 안내하고 함께 관람할 예정이다.

(B) 이번 초청은 H회사와 사회복지협의회가 함께 전개하는 사회 공헌활동의 일환으로 이루어지며, 앞으로도 매월 문화공연 무료 관람 기회를 지속적으로 제공할 계획이다.

(C) 특히, 휠체어를 이용하는 장애인의 편리한 이동을 돕고, 보다 쾌적한 공연 관람을 위해 공연장 전체를 대관했다.

(D) H회사가 장애인의 날과 사회복지사의 날을 맞아 장애인과 사회복지사 1천 2백여 명을 초청, 문화공연 무료 관람 기회를 제공한다.

① (B) − (A) − (C) − (D)

② (D) − (B) − (C) − (A)

③ (B) − (D) − (A) − (C)

④ (D) − (C) − (A) − (B)

11

(A) 메주가 잘 뜨면 이것을 짚에 매달아 햇볕에 바짝 말리는데 이러한 과정을 거쳐 비로소 간장과 된장의 재료로 완성되는 것이다.

(B) 그 다음 메주를 더운 방에다 짚을 깔고 드문드문 놓아 볏짚과 공기로부터 미생물들이 메주로 들어가게 하는데 이 과정은 메주를 발효시키고 숙성시키는 데 매우 중요하다.

(C) 메주는 콩을 삶아 절구에 으깬 것을 둥글거나 네모나게 빚어 단단하게 만든다.

(D) 이러한 숙성 과정에서 야생의 여러 이로운 균들이 들어와 번식하기 때문에 메주마다 특유의 향과 맛을 내게 되는 것이다.

① (C) - (A) - (B) - (D)
② (C) - (B) - (D) - (A)
③ (B) - (A) - (D) - (C)
④ (D) - (C) - (A) - (B)

12

(A) S병원은 자기 수준에 맞는 슬로프에서 겨울 스포츠를 즐기고, 안전 규칙을 지키며, 평소 체력 단련을 하면 초보자라도 부상의 위험을 크게 낮출 수 있다고 강조했다.

(B) S병원이 국내 스키장 이용자들의 부상률을 조사한 결과 스노보드를 즐기는 사람들의 부상률이 스키어들보다 높은 것으로 조사됐다.

(C) 또한 조사 결과 부상의 70%는 인대 손상이었으며, 골절사고 위험성은 스노보드가 스키보다 1.6배가량 높은 것으로 조사됐다.

(D) S병원 정형외과팀은 스키장 의무실을 이용한 부상자를 조사한 결과 스노보드 이용자는 1,000명당 3.4명, 스키는 3.0명으로 나타나 스노보드의 부상률이 좀 더 높은 것으로 조사됐다고 밝혔다.

(E) 이는 넘어질 때 손, 어깨 등 온몸으로 쓰러져야 하는 종목의 특성상 부상에 쉽게 노출되기 때문인 것으로 풀이된다.

① (B) - (D) - (C) - (E) - (A)
② (B) - (C) - (D) - (E) - (A)
③ (D) - (C) - (B) - (A) - (E)
④ (D) - (C) - (E) - (B) - (A)

13

(A) 예후가 좋지 못한 암으로 여겨져 왔던 식도암도 정기적 내시경검사로 조기에 발견하여 수술 등 적절한 치료를 받을 경우 치료 성공률을 높일 수 있는 것으로 밝혀졌다.

(B) 이처럼 조기에 발견해 수술을 받을수록 치료 효과가 높음에도 불구하고 실제로 아산병원에서 식도암 수술을 받은 환자 중 초기에 수술을 받은 환자는 25%에 불과했으며, 어느 정도 식도암이 진행된 경우 60%가 수술을 받은 것으로 조사됐다.

(C) 식도암을 치료하기 위해서는 50세 이상의 남자라면 매년 정기적으로 내시경검사, 식도조영술, CT 촬영 등 검사를 통해 식도암을 조기에 발견하는 것이 중요하다.

(D) 서구화된 식습관으로 인해 식도암은 남성 중 6번째로 많이 발생하고 있으며, 전체 인구 10만 명당 3명이 사망하는 것으로 나타났다.

(E) 아산병원 교수팀이 식도암 진단 후 수술을 받은 808명을 대상으로 추적 조사한 결과, 발견 당시 초기에 치료할 경우 생존율이 높았지만, 반대로 말기에 치료할 경우 치료 성공률과 생존율 모두 크게 떨어지는 것으로 나타났다고 밝혔다.

① (C) – (D) – (B) – (E) – (A)

② (C) – (B) – (D) – (E) – (A)

③ (D) – (A) – (E) – (B) – (C)

④ (D) – (C) – (E) – (B) – (A)

14

(A) 창은 소리꾼이 가락에 맞추어 부르는 노랫소리이며, 아니리는 창을 하는 중간마다 소리꾼이 가락을 붙이지 않고 이야기하듯 엮어 나가는 사설을 일컫는다.

(B) 고수는 북으로 장단을 맞추어 줄 뿐만 아니라 '얼쑤', '좋구나'와 같은 추임새를 넣어 흥을 돋우는 중요한 역할을 한다.

(C) '창', '아니리', '발림'은 흔히 판소리의 3요소로 불린다.

(D) 그리고 발림은 소리의 극적인 전개를 돕기 위하여 소리꾼이 몸짓이나 손짓으로 하는 동작을 의미한다.

(E) 또한 판소리 공연에는 소리꾼뿐만 아니라 북을 치는 사람인 고수가 있어야 한다.

① (C) – (D) – (A) – (E) – (B)

② (C) – (A) – (D) – (E) – (B)

③ (A) – (C) – (B) – (D) – (E)

④ (A) – (C) – (D) – (B) – (E)

15

(A) 이글루가 따뜻해질 수 있는 원리를 과정에 따라 살펴보면 눈 벽돌로 이글루를 만든 후에, 이글루 안에서 불을 피워 온도를 높인다.

(B) 에스키모하면 연상되는 것 중의 하나가 이글루이다.

(C) 이 과정을 반복하면서 눈 벽돌집은 얼음집으로 변하게 되며, 눈 사이에 들어 있던 공기는 빠져나가지 못하고 얼음 속에 갇히게 되면서 내부가 따뜻해진다.

(D) 이글루는 눈을 벽돌 모양으로 잘라 만든 집임에도 불구하고 사람이 거주할 수 있을 정도로 따뜻하다.

(E) 온도가 올라가면 눈이 녹으면서 벽의 빈틈을 메워 주고 어느 정도 눈이 녹으면 출입구를 열어 물이 얼도록 한다.

① (D) - (B) - (C) - (E) - (A)

② (B) - (D) - (C) - (E) - (A)

③ (D) - (C) - (B) - (A) - (E)

④ (B) - (D) - (A) - (E) - (C)

16

(A) 여름에는 찬 음식을 많이 먹거나 냉방기를 과도하게 사용하는 경우가 많은데, 그렇게 되면 체온이 떨어져 면역력이 약해지기 때문이다.

(B) 만약 감기에 걸렸다면 탈수로 인한 탈진을 방지하기 위해 수분을 충분히 섭취해야 한다.

(C) 특히 감기로 인해 열이 나거나 기침을 할 때에는 따뜻한 물을 여러 번에 나누어 먹는 것이 좋다.

(D) 여름철 감기를 예방하기 위해서는 찬 음식은 적당히 먹어야 하고 냉방기에 장시간 노출되는 것을 피해야 하며, 충분한 휴식을 취하고, 집에 돌아온 후에는 손발을 꼭 씻어야 한다.

(E) 일반적으로 감기는 겨울에 걸린다고 생각하지만 의외로 여름에도 감기에 걸린다.

① (A) - (D) - (C) - (E) - (B)

② (E) - (C) - (D) - (B) - (A)

③ (A) - (C) - (B) - (D) - (E)

④ (E) - (A) - (D) - (B) - (C)

17

(A) 로마의 지배가 시작될 때 이탈리아는 숲이 빽빽하였지만, 로마의 통치 말기에는 이탈리아를 덮고 있던 산림이 벌채되었다.

(B) 산림 벌채는 토양이 거친 날씨에 노출되게 하였고, 지나친 가축의 방목은 토질을 더욱 악화시켰다.

(C) 그 결과, 로마의 농업 생산은 로마의 사회 기반과 시민들의 복지를 유지할 만큼 충분한 자원을 제공할 수 없었다.

(D) 로마 제국의 멸망에 대한 수많은 설명들이 있지만, 더 깊은 원인은 토양의 비옥함이 줄어들고 농작물의 산출이 감소한 데 있다.

(E) 목재가 일반 시장에서 판매되었고, 산림이 벌채되었던 땅은 농경지와 목초지로 바뀌었다.

① (D) - (A) - (E) - (B) - (C)
② (B) - (C) - (D) - (E) - (A)
③ (D) - (A) - (B) - (C) - (E)
④ (B) - (C) - (E) - (D) - (A)

18

(A) 이 현상은 20세기의 전환기에 발생했는데, 그 시기에 손으로 만든 선물들이 기계로 만들어져 상점에서 구입되는 선물들에게 자리를 내주고 있었다.

(B) 이러한 과정을 통해 선물을 포장하는 현상이 생겨났다.

(C) 크리스마스 선물을 포장하는 것은 미국인의 생활에서 유래된 최근 현상이다.

(D) 따라서 개인적인 손길이 들어간 느낌을 더하기 위해 상점 주인들은 손님들에게 선물을 포장할 것을 권했다.

(E) 기계로 만들어진 제품에는 손으로 만든 물건보다 주는 사람의 개인적인 세심함이 덜 드러나 있었기 때문에 친밀감이 덜 했다.

① (A) - (D) - (C) - (E) - (B)
② (A) - (C) - (B) - (E) - (D)
③ (C) - (A) - (E) - (D) - (B)
④ (C) - (E) - (A) - (D) - (B)

19

(A) 또한 해야 할 일들은 더욱 쌓이게 되고, 스트레스는 점점 커진다. 이렇게 우리는 시간의 노예가 되어 간다.

(B) 우리는 스트레스를 받으면 집중력이 떨어지며, 마음이 흐려져 안절부절못하게 된다.

(C) 만약 스트레스를 받는다면 잠시 일손을 멈추고 산책을 하거나 가벼운 운동을 해 보자.

(D) 이러다 보면 심리적 압박감에 시달리면서 일을 하게 되어 오히려 시간이 더 소요되고, 잦은 실수를 범하며, 이를 수습하기 위해 더욱더 많은 시간을 쏟아붓지 않을 수 없게 된다.

(E) 그러면 스트레스 호르몬의 수치가 낮아져 집중력이 개선되고 심리적 여유도 얻게 될 것이다.

① (B) - (D) - (C) - (E) - (A)
② (D) - (C) - (B) - (E) - (A)
③ (B) - (D) - (A) - (C) - (E)
④ (D) - (C) - (E) - (B) - (A)

20

(A) 코를 고는 것은 인간관계의 사회적 · 신체적 친밀도에 영향을 끼칠 수 있다는 연구가 발표되었다.

(B) 그 결과 심하게 코를 고는 사람과 함께 잠을 자는 사람은 한 시간에 스무 번 이상 잠에서 깨어나며 이는 그 사람의 수면의 질과 양을 심각하게 감소시킨다.

(C) 때문에 코를 고는 사람들은 종종 고립되고 다른 사람과 같이 잠을 자면서 느낄 수 있는 신체적 친밀도를 느낄 수 없게 된다.

(D) 코골이가 자신의 수면은 방해하지 않는다 할지라도 같이 잠자는 사람의 단잠을 방해할 수 있다.

(E) 그러면 코를 고는 사람과 함께 잠을 자는 사람들은 서로 다른 방에서 잠을 자기로 결정하게 된다.

① (D) - (B) - (C) - (E) - (A)
② (A) - (D) - (B) - (E) - (C)
③ (D) - (C) - (B) - (A) - (E)
④ (A) - (D) - (C) - (B) - (E)

01 다음 글의 논지를 이끌 수 있는 문장으로 빈칸에 적절한 것은?

> (   ) 사람과 사람이 직접 얼굴을 맞대고 하는 접촉이 라디오나 텔레비전 등의 매체를 통한 접촉보다 결정적인 영향력을 미친다는 것이 일반적인 견해로 알려져 있다. 매체는 어떤 마음의 자세를 준비하게 하는 구실을 하여 나중에 직접 어떤 사람에게서 새 어형을 접했을 때 그것이 텔레비전에서 자주 듣던 것이면 더 쉽게 그쪽으로 마음의 문을 열게 하는 면에서 영향력을 행사하기는 하지만, 새 어형이 전파되는 것은 매체를 통해서보다 상면하는 사람과의 직접적인 접촉에 의해서라는 것이 더 일반화된 견해이다. 사람들은 한두 사람의 말만 듣고 언어 변화에 가담하지는 않는다고 한다. 주위의 여러 사람들이 다 같은 새 어형을 쓸 때 비로소 그것을 받아들이게 된다고 한다. 매체를 통해서보다 자주 접촉하는 사람들을 통해 언어변화가 진전된다는 사실은 언어 변화의 여러 면을 바로 이해하는 한 핵심적인 내용이라 해도 좋을 것이다.

① 접촉의 형식도 언어 변화에 영향을 미치는 요소로 지적되고 있다.
② 연령층으로 보면 대개 젊은 층이 언어 변화를 주도한다.
③ 언어 변화는 결국 접촉에 의해 진행되는 현상이다.
④ 매체의 발달이 언어 변화에 중요한 영향을 미치는 것으로 알려져 있다.

> **해설** 지문은 '얼굴을 맞대고 하는 접촉이 매체를 통한 접촉보다 결정적인 영향력을 미친다.', '새 어형이 전파되는 것은 매체를 통해서보다 사람과의 직접적인 접촉에 의해서라는 것이 더 일반화된 견해이다.'를 통해 접촉의 형식을 크게 두 가지로 제시하고 비교하고 있다는 것을 알 수 있다. 또한 마지막 문장에서 '언어 변화의 여러 면을 이해할 수 있다.'라고 언급하므로 맨 앞에 나오는 문장은 일반적인 상위 진술 ① '접촉의 형식도 언어 변화에 영향을 미치는 요소로 지적되고 있다.'가 가장 적합함을 알 수 있다. **탑** ①

02 다음 글에 대한 설명으로 적절하지 않은 것은?

> 16세기 철학자 이이는 사람이 내는 소리 가운데 뜻을 가지고, 글로 적히고, 쾌감을 주고, 도리에 합당한 것을 문학이라고 했다.

① 유학자 특유의 교훈주의적 사고방식이 드러난다.
② 구비 문학을 문학에 포함시켰다.
③ 문학의 기본 요건으로 의미를 설정하였다.
④ 문학이 무엇인가를 간략하면서 명확하게 밝히고 있다.

> **해설** 지문에서는 구비 문학을 포함시키지 않았다.
> **구비 문학**
> 입에서 입으로 전하여 오는 문학으로, 설화·민요·무가·판소리·민속극 따위가 있다. ≒ 공동 문학, 구승 문학, 구전 문학, 유동 문학, 적층 문학, 전승 문학, 표박 문학 **탑** ②

21 다음 글의 '이반 일리치'의 분석으로부터 도출할 수 있는 결론과 어긋나는 내용은?

> 자동차나 비행기 덕분에 우리 삶이 얼마나 이동 시간을 줄일 수 있었는가 하는 문제에 대해 이반 일리치라는 학자는 흥미로운 분석을 한 바 있다. 그는 자신의 집에서 어디에 가는 데 몇 시간이 걸리는지를 알고자 수십 개의 미개 사회를 분석하였다. 미개인들은 대략 시속 4.5km로 이동하며, 이동에 사용하는 시간은 하루 활동 시간의 5% 정도이다. 이에 비해 근대 산업 사회의 문명인들은 하루 활동 시간 중 약 22%를 이동하는 데 소비한다. 그리고 차까지 걸어가는 시간, 차 안에 앉아 있는 시간, 자동차 세금 내러 가는 시간, 차를 수리하는 데 드는 시간, 차표나 비행기표를 사러 가는 시간, 교통사고로 소비하는 시간, 자동차를 움직이는 데 드는 비용을 버는 시간 등을 모두 포함하면 문명인들은 대략 시속 6km로 움직인다는 것이 그의 분석이다.

① 현대 문명은 미개 문명보다 시간당 1.5km 더 빨리 움직인다.
② 현대 문명은 미개 문명보다 이동하는 데 4배 이상의 시간을 소비한다.
③ 현대인의 삶은 미개인의 그것보다 더 많은 시간을 낭비한다.
④ 빠른 교통수단으로 우리의 삶은 더 빨라졌다.

22 다음 글에 이어질 부분의 내용의 핵심어로 적절한 것은?

> 제1차 세계대전의 원인은 산업 혁명 이후, 제국주의 국가들의 패권주의 성향 속에서 발생하였다. 구체적으로 말하면 영국과 독일의 대립(영국의 3C 정책과 독일의 3B 정책), 프랑스와 독일의 전통적 적대 관계, 범슬라브주의와 범게르만주의의 대립, 발칸 문제를 둘러싼 세르비아와 오스트리아의 대립 등을 들 수 있을 것이다. 이러한 국가와 종족 간의 대립 속에서, 1914년 6월 28일 보스니아에서 행해지던 육군 대연습에 임석차 사라예보를 방문한 오스트리아 황태자 페르디난드 대공 부처가 세르비아의 반(反)오스트리아 비밀 결사 소속의 한 청년에게 암살당하는 사건이 발생했다. 제1차 세계대전은 제국주의 국가들의 이해관계 속에서 일어날 수밖에 없었다 하더라도, 세르비아 청년에 의해 오스트리아 황태자 부처가 암살되는 돌발적 사건이 발생하지 않았더라면, 아마도 제1차 세계대전의 발생은 또 다른 측면에서 다른 양상으로 전개되었을 가능성을 배제하기 어려울 것이다.

① 전쟁과 민족의 관계
② 역사의 필연성과 우연성
③ 제국주의와 식민지
④ 발칸 반도의 민족 구성

23 다음 글의 주장에 부합하는 다문화 관련 정책으로 가장 적절한 것은?

> 다문화 사회는 다양한 재료의 특성을 간직하되 전체적인 조화를 이루는 '샐러드 볼 (Salad Bowl)'을 지향해야 한다. 인종, 언어, 풍습 등이 다른 사람들이 각자 특성을 지닌 채 조화를 이루어야 한다.

① 다문화 가정을 우선 지원하는 사회보장 정책을 시행한다.
② 이주 외국인의 한국어 교육 지원을 강화한다.
③ 한국 음식 만드는 방법을 교육한다.
④ 문화상대주의 교육을 강화한다.

24 다음 글의 내용과 일치하는 것은?

> 극의 진행과 등장인물의 대사 및 감정 등을 관객에게 설명했던 변사가 등장한 것은 1900년대이다. 미국이나 유럽에서도 변사가 있었지만 그 역할은 미미했을 뿐더러 그마저도 자막과 반주 음악이 등장하면서 점차 소멸하였다. 하지만 주로 동양권, 특히 한국과 일본에서는 변사의 존재가 두드러졌다. 한국에서 변사가 본격적으로 등장한 것은 극장가가 형성된 1910년부터인데, 한국 최초의 변사는 우정식으로, 단성사를 운영하던 박승필이 내세운 인물이었다. 그 후 김덕경, 서상호, 김영환, 박응면, 성동호 등이 변사로 활약했으며 당시 영화 흥행의 성패를 좌우할 정도로 그 비중이 컸다. 단성사, 우미관, 조선 극장 등은 대개 5명 정도의 변사를 전속으로 두었으며 2명 내지 3명이 교대로 무대에 올라 한 영화를 담당하였다. 4명 내지 8명의 변사가 한 무대에 등장하여 영화의 대사를 교환하는 일본과는 달리, 한국에서는 한 명의 변사가 영화를 설명하는 방식을 취하였으며, 영화가 점점 장편화되면서부터는 2명 내지 4명이 번갈아 무대에 등장하는 방식으로 바뀌었다. 변사는 악단의 행진곡을 신호로 무대에 등장하였으며, 소위 전설 (前說)을 하였는데 전설이란 활동사진을 상영하기 전에 그 개요를 앞서 설명하는 것이었다. 전설이 끝나면 활동사진을 상영하고 해설을 시작하였다. 변사는 전설과 해설 이외에도 막간극을 공연하기도 했는데 당시 영화관에는 영사기가 대체로 한 대밖에 없었기 때문에 필름을 교체하는 시간을 이용하여 코믹한 내용을 공연하였다.

① 한국과는 달리 일본에서는 변사가 막간극을 공연했다.
② 한국에 극장가가 형성되기 시작한 것은 1900년경이었다.
③ 한국은 영화의 장편화로 무대에 서는 변사의 수가 늘어났다.
④ 자막과 반주 음악의 등장으로 변사의 중요성이 더욱 높아졌다.

25 다음 주장의 전제로 가장 적절한 것은?

> 우리말을 가꾸기 위해서 무엇보다 중요한 것은 국어에 대한 우리의 관심과 의식이다. 지도자의 위치에 있는 사람들이 외국어를 함부로 사용하는 모습, 외국어 투성이인 상품 이름이나 거리의 간판, 문법과 규범을 지키지 않은 문장 등을 손쉽게 접할 수 있는 우리의 언어 현실, 이러한 모두는 우리말을 사랑하는 정신이 아직도 제대로 뿌리를 내리지 못하는 데서 비롯된 것이다.

① 언어는 의사소통의 도구이다.
② 언어는 언중 간의 사회적 약속이다.
③ 언어에는 그 민족의 정신이 담겨 있다.
④ 언어는 내용과 형식을 담고 있는 체계이다.

26 다음 글의 내용과 부합하지 않는 것은?

> 김정호는 조선 후기에 발달했던 군현지도, 방안지도, 목판 지도, 칠첩식 지도, 휴대용지도 등의 성과를 독자적으로 종합하고, 각각의 장점을 취하여 대동여지도를 만들었다. 대동여지도의 가장 뛰어난 점은 조선 후기에 발달했던 대축척지도의 두 계열, 즉 정상기의 동국지도 이후 민간에서 활발하게 전사되었던 전국지도·도별지도와 국가와 관아가 중심이 되어 제작했던 상세한 군현지도를 결합하여 군현지도 수준의 상세한 내용을 겸비한 일목요연한 대축척 전국지도를 만든 것이다.
> 대동여지도가 많은 사람에게 애호를 받았던 가장 큰 이유는 목판본 지도이기 때문에 일반에게 널리 보급될 수 있었으며, 개인적으로 소장·휴대·열람하기에 편리한 데에 있었다. 국가적 차원에서는 18세기에 상세한 지도가 만들어졌다. 그러나 그 지도는 일반인들은 볼 수도, 이용할 수도 없는 지도였다. 김정호는 정밀한 지도의 보급이라는 사회적 욕구와 변화를 인식하고 그것을 실현하였던 측면에서 더욱 빛을 발한다. 그러나 흔히 생각하듯이 아무런 기반이 없는 데에서 혼자의 독자적인 노력으로 대동여지도와 같은 훌륭한 지도를 만들었던 것은 아니다. 비변사와 규장각 등에 소장된 이전 시기에 작성된 수많은 지도들을 검토하고 종합한 결과인 것이다.

① 대동여지도는 일반 대중이 보기 쉽고 가지고 다니기 편하게 만들었다.
② 대동여지도가 만들어진 토대에는 이전 시기에 만들어진 갖가지 지도가 있었다.
③ 대동여지도는 목판본으로 만들어진 지도여서 다량으로 제작·배포될 수 있었다.
④ 대동여지도는 정밀한 지도 제작이라는 국가 과제를 김정호가 충실히 수행해 만들었다.

27 다음 글의 제목으로 가장 적절한 것은?

우리는 비극을 즐긴다. 비극적인 희곡과 소설을 즐기고, 비극적인 그림과 영화 그리고 비극적인 음악과 유행가도 즐긴다. 슬픔, 애절, 우수의 심연에 빠질 것을 알면서도 소포클레스의 「안티고네」, 셰익스피어의 「햄릿」을 찾고, 베토벤의 '운명', 차이코프스키의 '비창', 피카소의 '우는 여인'을 즐긴다. 아니면 텔레비전의 멜로드라마를 보고 값싼 눈물이라도 흘린다. 이를 동정과 측은과 충격에 의한 '카타르시스', 즉 마음의 세척으로 설명한 아리스토텔레스의 주장은 유명하다. 그것은 마치 눈물로 스스로의 불안, 고민, 고통을 씻어내는 역할을 한다는 것이다.

니체는 좀 더 심각한 견해를 갖는다. 그는 "비극은 언제나 삶에 아주 긴요한 기능을 하고 있다. 비극은 사람들에게 그들을 싸고도는 생명 파멸의 비운을 똑바로 인식해야 할 부담을 덜어주고, 동시에 비극 자체의 암울하고 음침한 원류에서 벗어나게 해서 그들의 삶의 흥취를 다시 돋우어 준다."라고 하였다. 그런 비운을 직접 전면적으로 목격하는 일, 또 더구나 스스로 직접 그것을 겪는 일이라는 것은 너무나 끔찍한 일이기에, 그것을 간접경험으로 희석한 비극을 봄으로써 '비운'이란 그런 것이라는 이해와 측은지심을 갖게 되고, 동시에 실제 비극이 아닌 그 가상적인 환영(幻影) 속에서 비극에 대한 어떤 안도감도 맛보게 된다.

① 비극의 현대적 의의
② 비극을 즐기는 이유
③ 비극의 기원과 역사
④ 비극에 반영된 삶

28 다음 글에서 사용된 서술 기법이 아닌 것은?

아리랑이란 민요는 지방에 따라 여러 가지가 있는데, 지금까지 발굴된 것은 약 30종 가까이 된다. 그중 대표적인 것으로는 서울의 본조 아리랑을 비롯하여 강원도 아리랑, 정선 아리랑, 밀양 아리랑, 진도 아리랑, 해주 아리랑, 원산 아리랑 등을 들 수 있다. 거의 도마다 대표적인 아리랑이 있으나 평안도와 제주도가 없을 뿐인데, 그것은 발굴하지 못했기 때문이고, 최근에는 울릉도 아리랑까지 발견하였을 정도이니 실제로 더 있었던 것으로 보인다.

그런데 이들 민요는 가락과 가사의 차이는 물론 후렴의 차이까지 있는데, 그중 정선 아리랑이 느리고 구성진 데 비해, 밀양 아리랑은 흥겹고 힘차며, 진도 아리랑은 서글프면서도 해학적인 멋이 있다. 서울 아리랑은 이들의 공통점이 응집되어 구성지거나 서글프지 않으며, 또한 흥겹지도 않은 중간적인 은근한 느낌을 주는 것이 특징이다. 그러므로 서울 아리랑은 그 형성 시기도 지방의 어느 것보다도 늦게 이루어진 것으로 짐작된다.

① 대상을 분류하여 설명한다.
② 대상의 특성을 파악하여 비교 설명한다.
③ 대상의 개념을 명확하게 정의한다.
④ 구체적인 예시를 통해서 설명한다.

29 다음 글의 내용에 부합되지 않는 것은?

> 1960년대 중반 생물학계에는 조지 윌리엄스와 윌리엄 해밀턴이 주도한 일대 혁명이 일어났다. 리처드 도킨스의 '이기적 유전자'라는 개념으로 널리 알려지게 된 이 혁명의 골자는, 어떤 개체의 행동을 결정하는 일관된 기준은 그 소속 집단이나 가족의 이익도 아니고 그 개체 자신의 이익도 아니고, 오로지 유전자의 이익이라는 것이다. 이 주장은 많은 사람들에게 충격으로 다가왔다. 인간은 또 하나의 동물일 뿐 아니라, 자신의 이익을 추구하는 유전자들로 구성된 협의체의 도구이자 일회용 노리개에 불과하다는 주장으로 이해되었기 때문이다. 그러나 '이기적 유전자' 혁명이 전하는 메시지는 인간이 철저하게 냉혹한 이기주의자라는 것이 아니다. 사실은 정반대이다. 그것은 오히려 인간이 왜 때로 이타적이고 다른 사람들과 잘 협력하는가를 잘 설명해 준다. 인간의 이타성과 협력이 유전자의 이익에도 도움이 되기 때문이다.

① 인간은 유전자의 이익에 따라 행동한다.
② 인간은 때로 이타적인 행동을 하기도 하고, 다른 사람과 협력을 하기도 한다.
③ '이기적 유전자' 혁명은 인간이 유전자 때문에 철저하게 이기적으로 행동한다고 주장한다.
④ 유전자의 이익이라는 관점에서 인간의 이타적인 행동을 설명할 수 있다.

30 다음 글의 중심 내용으로 가장 적절한 것은?

> 분노는 공격과 복수의 행동을 유발한다. 분노 감정의 처리에는 '눈에는 눈, 이에는 이'라는 탈리오 법칙이 적용된다. 분노의 감정을 느끼게 되면 상대방에 대해 공격적인 행동을 하고 싶은 공격 충동이 일어난다. 동물의 경우, 분노를 느끼면 이빨을 드러내게 되고 발톱을 세우는 등 공격을 위한 준비 행동을 나타내게 된다. 사람의 경우에도 분노를 느끼면 자율신경계가 활성화되고 눈매가 사나워지며 이를 꽉 깨물고 주먹을 불끈 쥐는 등 공격 행위와 관련된 행동들이 나타나게 된다. 특히 분노 감정이 강하고 상대방이 약할수록 공격 충동은 행동화되는 경향이 있다.

① 공격을 유발하게 되는 원인
② 분노가 야기하는 행동의 변화
③ 탈리오 법칙의 정의와 실제 사례
④ 동물과 인간의 분노 감정의 차이

31 다음 글의 중심 생각으로 가장 적절한 것은?

진(秦)나라 재상인 상앙에게는 유명한 일화가 있지요. 진나라 재상으로 부임한 상앙은 나라의 기강이 서지 않음을 걱정했습니다. 그는 대궐 남문 앞에 나무를 세우고 방문 (榜文)을 붙였지요. '이 나무를 옮기는 사람에게는 백금(百金)을 하사한다.' 그러나 나무를 옮기는 사람이 아무도 없었습니다. 그래서 다시 상금을 만금(萬金)으로 인상했습니다. 어떤 사람이 상금을 기대하지도 않고 믿질 것도 없다 하며 장난삼아 옮겼습니다. 그랬더니 방문에 적힌 대로 만금을 하사하였습니다. 그 이후 백성들이 나라의 정책을 잘 따르게 되고 진나라는 부국강병을 이루었습니다.

① 신뢰의 중요성　　　　　② 부국강병의 가치
③ 우민화 정책의 폐해　　　④ 명분을 내세운 정치의 효과

32 다음 글의 내용과 일치하지 않는 것은?

인간 사유의 결정적이고도 독창적인 비약은 시각적인 표시의 코드 체계의 발명에 의해서 이루어졌다. 시각적인 표시의 코드 체계에 의해 인간은 정확한 말을 결정하여 텍스트를 마련하고, 또 이해할 수 있게 된 것이다. 이것이 바로 진정한 의미에서의 '쓰기 (Writing)'이다.
이러한 '쓰기'에 의해 코드화된 시각적인 표시는 말을 사로잡게 되고, 그 결과 그때까지 소리 속에서 발전해 온 정밀하고 복잡한 구조나 지시 체계의 특수한 복잡성이 그대로 시각적으로 기록될 수 있게 되고, 나아가서는 그러한 시각적인 기록으로 인해 그보다 훨씬 정교한 구조나 지시 체계가 산출될 수 있게 된다. 그러한 정교함은 구술적인 발화가 지니는 잠재력으로써는 도저히 이룩할 수 없는 정도의 것이다. 이렇듯 '쓰기' 는 인간의 모든 기술적 발명 속에서도 가장 영향력이 큰 것이었으며, 지금도 그러하다. 쓰기는 말하기에 단순히 첨가된 것이 아니다. 왜냐하면 쓰기는 말하기를 구술－청각의 세계에서 새로운 감각의 세계, 즉 시각의 세계로 이동시킴으로써 말하기와 사고를 함께 변화시키기 때문이다.

① 인간은 시각적 코드 체계를 사용함으로써 말하기를 한층 정교한 구조로 만들었다.

② 인간은 쓰기를 통해서 정확한 말을 사용한 텍스트의 생산과 소통이 가능하게 되었다.

③ 인간은 쓰기를 통해 지시 체계의 복잡성을 기록함으로써 말하기와 사고의 변화를 일으킨다.

④ 인간은 시각적 코드 체계를 사용함으로써 비로소 정밀하고 복잡한 구조의 지시 체계를 마련할 수 있었다.

33 다음 글에 나타난 인간의 행동 양식과 거리가 가장 먼 것은?

> 우리는 무엇이 옳은가를 결정하기 위해 다른 사람들이 옳다고 생각하는 것이 무엇인지를 알아보기도 한다. 이것을 '사회적 증거의 법칙'이라고 한다. 이 법칙에 따르면 주어진 상황에서 어떤 행동이 옳고 그른가는 얼마나 많은 사람들이 같은 행동을 하느냐에 의해 결정된다고 한다.
> 다른 사람들이 하는 대로 행동하는 경향은 여러모로 매우 유용하다. 일반적으로 다른 사람들이 하는 대로 행동하게 되면, 즉 사회적 증거에 따라 행동하면, 실수할 확률이 그만큼 줄어든다. 왜냐하면 다수의 행동이 올바르다고 인정되는 경우가 많기 때문이다. 그러나 이러한 사회적 증거의 특성은 장점인 동시에 약점이 될 수도 있다. 이런 태도는 우리가 주어진 상황에서 어떻게 행동해야 할 것인가를 결정하는 지름길로 사용될 수 있지만, 맹목적으로 이를 따르게 되면 그 지름길에 숨어서 기다리고 있는 불로소득자들에 의해 이용당할 수도 있기 때문이다.

① 영희는 고속도로에서 주변의 차들과 같은 속도로 달리다가 속도위반으로 범칙금을 냈다.

② 철수는 검색 우선순위에 따라 인터넷 뉴스를 본다.

③ 순이는 밥품을 팔아 값이 가장 싼 곳에서 물건을 산다.

④ 명수는 여행을 가서 밥을 먹을 때 구석진 곳이라도 주차장에 차가 가장 많은 식당에서 밥을 먹는다.

34 다음 기사에 나타난 통계를 통해 추론할 수 없는 것은?

> 일본에서 나이가 들어서도 부모 곁을 떠나지 않고 붙어사는 '캥거루족'이 증가하고 있는 것으로 나타났다. 일본 국립 사회보장인구문제 연구소가 전국 1만 711가구를 대상으로 조사해 21일 발표한 가구 동태 조사를 보면, 가구당 인구수는 평균 2.8명으로 최저치를 기록했다. 2인 가구는 28.7%로 5년 전 조사 때보다 조금 증가한 반면, 4인 가구는 18.1%로 조금 줄었다.
> 부모와 함께 사는 자녀의 비율은 크게 증가했다. 30~34살 남성의 45.4%가 부모와 동거하는 것으로 나타났다. 같은 연령층 여성의 부모 동거 비율은 33.1%였다. 5년 전에 비해 남성은 6.4%, 여성은 10.2% 증가한 수치다. 25~29살 남성의 부모 동거 비율은 64%, 여성은 56.1%로 조사됐다. 부모를 모시고 사는 기혼자들도 있지만, 상당수는 독신으로 부모로부터 주거와 가사 지원을 받는 캥거루족으로 추정된다.

① 25~34살의 남성 중 대략 반 정도가 부모와 동거한다.
② 현대사회에서 남녀를 막론하고 만혼 현상이 널리 퍼져 있다.
③ 30~34살의 경우 부모 동거 비율은 5년 전에도 여성이 남성보다 높지 않았다.
④ '캥거루족'이 늘어난 것은 젊은이들이 직장을 구하기가 점점 어려워지고 있기 때문이다.

35 다음 글의 요지로 가장 적절한 것은?

> 신문이 진실을 보도해야 한다는 것은 새삼스러운 설명이 필요 없는 당연한 이야기이다. 정확한 보도를 하기 위해서는 문제를 전체적으로 보아야 하고, 역사적으로 새로운 가치의 편에서 봐야 하며, 무엇이 근거이고, 무엇이 조건인가를 명확히 해야 한다. 그런데 이러한 준칙을 강조하는 것은 기자들의 기사 작성 기술이 미숙하기 때문이 아니라, 이해관계에 따라 특정 보도의 내용이 달라지기 때문이다. 자신들에게 유리하도록 기사가 보도되게 하려는 외부 세력이 있으므로 진실 보도는 일반적으로 수난의 길을 걷게 마련이다. 신문은 스스로 자신들의 임무가 '사실 보도'라고 말한다.
> 그 임무를 다하기 위해 신문은 자신들의 이해관계에 따라 진실을 왜곡하려는 권력과 이익 집단, 그 구속과 억압의 논리로부터 자유로워야 한다.

① 진실 보도를 위하여 구속과 억압의 논리로부터 자유로워야 한다.
② 자신들에게 유리하도록 기사가 보도되게 하는 외부 세력이 있다.
③ 신문의 임무는 '사실 보도'이나, 진실 보도는 수난의 길을 걷는다.
④ 정확한 보도를 하기 위하여 전체적 시각을 가져야 한다.

36 다음 글에서 필자가 말하고자 하는 중심 내용은?

> 통계는 다양한 분야에서 사용되며 막강한 위력을 발휘하고 있다. 그러나 모든 도구나 방법이 그렇듯이, 통계 수치에도 함정이 있다. 함정에 빠지지 않으려면 통계 수치의 의미를 정확히 이해하고, 도구와 방법을 올바르게 사용해야 한다. 친구 5명이 만나서 이야기를 나누다가 연봉이 화제가 되었다. 2천만 원이 4명, 7천만 원이 1명이었는데, 평균을 내면 3천만 원이다. 이 숫자에 대해 4명은 "나는 봉급이 왜 이렇게 적을까?"하며 한숨을 내쉬었다. 그러나 이 평균값 3천만 원이 5명의 집단을 대표하는 데에 아무 문제가 없을까? 물론 계산 과정에는 하자가 없지만, 평균을 집단의 대푯값으로 사용하는 데에 어떤 한계가 있을 수 있는지 깊이 생각해 보지 않는다면, 우리는 잘못된 생각에 빠질 수도 있다. 평균은 극단적으로 아웃라이어(Outlier, 비정상적인 수치)에 민감하다. 집단 내에 아웃라이어가 하나만 있어도 평균이 크게 바뀐다는 것이다. 위의 예에서 1명의 연봉이 7천만 원이 아니라 100억 원이었다고 하자. 그러면 평균은 20억 원이 넘게 된다. 나머지 4명은 자신의 연봉이 평균치의 100분의 1밖에 안 된다며 슬퍼해야 할까? 연봉 100억 원인 사람이 아웃라이어이듯이 처음의 예에서 연봉 7천만 원인 사람도 아웃라이어인 것이다. 두드러진 아웃라이어가 있는 경우에는 평균보다는 최빈값이나 중앙값이 대푯값으로서 더 나을 수 있다.

① 평균은 집단을 대표하는 수치로서는 매우 부적당하다.
② 통계는 숫자 놀음에 불과하므로 통계 수치에 일희일비할 필요가 없다.
③ 평균보다는 최빈값이나 중앙값이 대푯값으로서 더 적당하다.
④ 통계 수치의 의미와 한계를 정확히 인식하고 사용할 필요가 있다.

37 다음 글의 중심생각으로 가장 적절한 것은?

> 역사교육의 형식과 내용을 개선하려는 논의가 본격화됐다. 역사학자와 교사 20명으로 구성된 '역사교육과정개발 추진위원회(역사추진위)'가 어제 역사교육 강화 방안을 마련하기 위한 첫 공청회를 열었다. 초·중·고 역사교육의 틀을 새롭게 짜는 게 정부 공식기구인 역사추진위의 역할이다. 여기서 내놓는 방안이 8월 교육과학기술부 장관이 고시하는 새 역사 교육과정의 근간이 된다. 홀대받는 역사교육을 살리는 막중한 임무를 맡은 역사추진위에 거는 기대가 큰 이유다.
> 어제 공청회에선 한국사 필수화 문제가 집중 논의됐다. 사회과목군에 포함돼 있는 역사를 독립과목으로 하거나 수능과 공직자 시험에 한국사를 필수로 하는 등의 다양한 방안이 제시됐다. 고교 교육과정 자체가 선택형인 데다 수능 탐구과목이 2개로 줄어든 상황에서 한국사 필수과목 지정이 간단한 문제는 아니다. 그렇다고 고교 3년 동안 한국사를 전혀 배우지 않고도 졸업할 수 있게 해 고교 역사교육을 고사(枯死)시키는 건 말이 안 된다. 더욱 중요한 건 교육 내용과 방법이다. 자라나는 미래세대에게 올바른

역사인식을 심어주기 위해 역사 교과서의 내용을 검토해야 한다. 이를 위해 역사추진위가 역사 교과서 집필기준과 검정기준을 바로 세워 학생들이 역사에 대한 정확한 이해와 자긍심, 미래를 내다보는 힘을 기를 수 있도록 해야 한다. 역사교육 방법도 쉽고 재미있게 배울 수 있도록 바뀌어야 한다. 교실을 떠나 현장 인물과 함께하는, 살아있는 역사교육이 되도록 해야 한다. 민족과 국가의 미래를 설계하는 게 바로 역사교육이다. 역사교육이 바로 서야 하는 이유다. 역사추진위와 정부는 이번에야말로 역사교육의 틀을 제대로 짜는 데 한 치 소홀함이 없어야 한다.

① 역사교육을 강화하기 위해서는 한국사를 필수과목으로 지정해야 한다.
② 역사교육을 강화하기 위해서는 역사 교과서의 집필 및 검정기준을 재정립해야 한다.
③ 역사교육을 강화하기 위해서는 교육 내용과 방법의 개선이 중요하다.
④ 역사교육을 강화하기 위해서는 역사학자, 교사, 정부의 협력이 중요하다.

38 다음 글에서 설명하고 있는 장르의 속성으로 옳지 않은 것은?

한 줄의 역사적 사실을 중심으로 가상의 이야기를 만드는 팩션(Faction)은 연극이나 영화, 드라마, 소설 등의 창작 방식으로 최근 각광을 받고 있다. 하지만 팩션의 등장 배경을 보면 이러한 붐이 그리 달가운 것은 아니다.
1960년대 미국의 문단에 등장한 팩션은 당시의 불안정한 시대상과 문학의 위기 등을 탈출하기 위한 돌파구로서 제시되었다. 만들어진 이야기보다 더 급박하게 돌아갔던 사회적 흐름을 반영하기 위해 작가들은 논픽션과 다큐멘터리 등을 통해 텍스트의 현실성을 강조하는 저널리즘의 경향을 작품에 부각시키게 된 것이다.
팩션은 실재를 바탕에 둔 허구의 이야기이지만 '있음직한'에 대한 비중이 실리면서 고정된 기존 인식에 대한 유연성과 새로운 가능성을 제시하게 된다. 예를 들어 종교나 역사적 비밀을 다룬 팩션들이 세계적으로 유행하게 된 배경을 살펴보면, 이 이야기들이 종교적 도그마나 기성 권위를 비판하기보다는 현실의 숨은 맥락을 찾는 데 주안점을 두고 있기 때문임을 알 수 있다. 그런 점에서 팩션에 대한 역사적 진위 여부를 문제 삼는 것은 팩션의 의미론상 다른 차원의 문제라고 본다. 이는 역사적 사실 기록과 본질이 늘 일치되는 것만은 아니기 때문이다.

① 텍스트의 현실성을 강조한다.
② 실재와 허구의 경계적 장르이다.
③ 현실에 대한 비판을 전제로 한다.
④ 등장 배경에는 문학의 위기가 깔려 있다.

39 다음 글의 사례로 인용하기에 가장 적절한 것은?

> 아리스토텔레스가 말한 완전한 사랑의 요소 중 가장 중요한 것은 유사성이다. 아리스토텔레스는 이 유사성에 대해 길고 상세한 설명을 덧붙이고 있다. 요약하자면 마음을 다해 사랑하는 두 사람의 관계는 차이성에서 동일성으로 향하는 줄기찬 노력의 과정이어야 한다는 것이다.
>
> 여기서 그는 동일성이 목표가 아니라 방향이라는 점을 강조한다. 완전히 같아진다는 것은 가능한 일도 아니거니와 가능하다 하더라도 그것은 완전한 사랑에 모순된다. 하나만으로는 사랑이 불가능하기 때문이다.
>
> 그러므로 완전한 동일성은 사랑의 완성이 아니라 파국이다. 비록 사랑이 두 사람 사이의 차이에서 비롯된 동화에 대한 열정이고 다름 속에서 같음을 만들어가는 긴장 넘치는 과정이기는 하나, 차이를 모두 제거해 버린 동일화는 마침내 사랑마저 제거해 버릴 것이다.

① 사랑은 분신을 만드는 일이다. 자기 자신을 대하듯이 사랑을 베풀어야 한다.

② 사랑은 두 사람이 서로 마주 보는 것이 아니라 두 사람이 함께 한 곳을 바라보는 것이다.

③ 그 사람의 미덕과 인품에 이끌려 자신도 모르게 가까이 다가갈 때, 비로소 사랑은 시작된다.

④ 사랑은 우리들을 행복하게 하기 위해서 존재하는 것이 아니라, 우리들이 고뇌와 인내에서 얼마만큼 견딜 수 있는가를 보기 위해서 존재한다.

40 다음 글의 내용과 관련이 가장 적은 것은?

> 해방 직후 문단에는 일제 강점기 시대 문학의 청산과 새로운 민족 문학의 건설이라는 두 가지 과제가 제기되고 있었다. 문단의 정비를 이루면서 대부분의 문학인들이 일제 강점기 시대의 문화적 체험에 대한 반성과 함께 민족 문학으로서의 한국 문학의 새로운 진로를 모색하는 데에 관심을 집중하게 된 것이다. 문학인들은 누구보다도 먼저 일제 강점기 시대 문학의 청산을 강조하면서 일본의 강압적인 통치 아래 이루어진 민족 정신의 위축을 벗어나 민족 문학의 방향을 바로잡고자 노력한다. 일본 제국주의 문화의 모든 잔재를 청산하기 위해서는 철저한 자기반성과 비판에 근거하여 민족 주체를 확립하지 않으면 안 된다는 주장도 등장한다. 이 같은 움직임은 일제 강점기 정책에 의해 강요된 민족 문화의 왜곡을 바로잡지 않고는 새로운 민족 문화의 건설을 생각할 수 없다는 인식이 당시 문단에 널리 일반화되고 있음을 말해 주는 것이다.

① 해방 직후 문단의 과제는 식민지 문학의 청산과 새로운 민족 문학의 건설이었다.
② 식민지 문학의 청산은 식민지 시대의 문화적 체험에 대한 자기반성에서 비롯되었다.
③ 새로운 민족 문학 건설은 민중 문학으로서의 특성에 대한 진로 모색에 관심을 집중했다.
④ 민족 문화의 왜곡은 바로잡아야 한다는 것이 당시 문단의 일반적 인식이었다.

41 다음 글의 논지를 뒷받침할 수 있는 논거로 가장 적절한 것은?

> 그들은 또 한국 민족이 선천적으로 혹은 숙명적으로 당파적 민족성을 가지고 있으며, 이것이 민족적 단결을 파괴하여 독립을 유지할 수가 없게 되었다고 주장하였다. 그러나 근본적으로 말한다면 민족성이 역사의 산물인 것이지 역사가 민족성의 산물인 것은 아니다. 그러니까 그들의 주장은 거꾸로 되어 있는 것이다. 게다가 국내의 대립 항쟁이 없는 민족이란 어디에서도 찾아볼 수가 없을 것이며, 한때 지방분권적이었던 일본에서 이 점은 더욱 심하였다. 그리고 흔히 조선 시대의 붕당(朋黨)을 말하자면, 그것이 선천적인 민족성의 소산이었다면 한국사의 시초부터 있었어야 옳았을 것이다. 그런데 붕당은 16세기에 이르러서야 발생하였다. 이것은 붕당의 발생이 역사적 산물이었음을 말해 주는 것이다.

① 사상이나 신앙은 바뀌는 것이지만, 혈통적인 민족만은 공동체의 인연에 얽힌 한 몸으로서 이 땅 위에 살게 되는 것이다.
② 민족성이란 문화적 상호작용의 결과로서, 어떤 민족이 생성·발전하는 중에 고유한 특징으로 나타나는 것이다.
③ 나라마다 자연환경이 다르듯이 민족성은 자연환경에 적응하며 살아가는 과정에서 얻어진 것이다.
④ 개인마다 성격이 다르듯이 민족마다 지닌 고유의 기질이 독특한 문화를 만들어낸다.

42 다음 글의 요지로 알맞은 것은?

> 일반적인 정책 과정은 정책의 입안 · 결정 · 집행 · 평가 등 4개 단계로 구분할 수 있는데 이를 주민 참여의 관점에서 살펴보면, 과거에는 주민참여가 주로 정책의 집행 과정에서 이루어졌지만 오늘날에는 주민의 참여 범위가 날로 확대되어 전반적인 정책 과정이 참여의 대상이 되고 있다. Peters(1996)는 참여형 정부 모형에서 대의민주주의 제도는 주민의 요구를 정책으로 전환하는데 불완전하다고 보고 있다. 따라서 직접민주주의에 근접하면 할수록 복잡한 현대사회가 더 잘 작동될 수 있을 것이라고 가정한다. 즉, 정책 의제를 도출하고, 반응을 형성하고, 그리고 결정된 정책을 집행하는 데 있어서 더 광범위한 주민 참여가 필요하며 정부는 정책 전문가와 관료들의 시각이 아닌 보다 많은 견해를 수용할 수 있도록 보다 개방되어야 하는 것이다.

① 주민의 정책 참여는 정책 과정 전반에 걸쳐 확대될 필요가 있다.
② 정책의 과정 중 가장 중요한 정책 집행의 과정에 주민 참여가 확대되어야 한다.
③ 정책 집행에서의 비효율을 감소시키기 위한 방법은 직접민주주의의 도입이 유일하다.
④ 정부가 정책 전문가에 정책 과정을 일임하는 것은 민주성을 손상시킬 수 있다.

43 다음 글의 흐름으로 보아 결론으로 적당한 것은?

> 오늘날 정보 통신의 중심에 놓이는 인터넷에는 수천만 명에서 수억 명에 이르는 사용자들이 매일 서로 다른 정보들에 접속하지만, 이들 가운데 거의 대부분은 주요한 국제 정보 통신망을 사용하고 있으며, 적은 수의 정보 서비스에 가입해 있다고 한다. 대표적인 예로 MSN을 운영하는 마이크로소프트사는 CNN과 정보를 독점적으로 공유하고, 미디어 대국의 구축을 목표로 기업 간 통합에 앞장선다. 이들이 제공하는 상업 광고로부터 자유로운 정보 사용자는 없으며, 이들이 제공하는 뉴스의 사실성이나 공정성 여부를 검증할 수 있는 정보 사용자 역시 극히 적은 실정이다.

① 정보 사회는 경직된 사회적 관계를 인간적인 관계로 변모시킨다.
② 정보 사회는 정보를 원하는 시간, 원하는 장소에 공급한다.
③ 정보 사회는 육체노동의 구속으로부터 사람들을 해방시킨다.
④ 정보 사회는 정보의 질과 소통 방식이 불균등하게 이루어진다.

44 다음에 이어질 내용으로 적절한 것은?

> 노자는 '성(聖)을 절(絶)하고 지(智)를 버리면 민리(民利)가 백배(百倍)하리라.'라고 하여 지식이니 학문이니 하는 것의 불필요함을 말하였다, 그러나 딱한 것은 지식이 불필요하다고 아는 것도 하나의 '앎'이요, 후세 사람들이 '도덕경'이라는 책을 읽음으로써 이 노자의 사상을 알 수 있게 마련이니 오히려 지(知)의 지(知)라고 하겠다. 소크라테스는 자기의 무지(無知)조차 알지 못하는 다른 사람과 다름직도 하다고 하였거니와, 노자(老子)는 지(知)의 불필요를 아는 지(知)를 가지고 있었던 것이다.

① 학문의 본질
② 학문의 목적
③ 학문의 방법
④ 학문의 가치

45 다음 내용으로부터 추론할 수 없는 것은?

> 1994년 미국의 한 과학자는 흥미로운 실험 결과를 발표하였다. 정상 유전자를 가진 쥐에게 콜레라 독소를 주입하자 심한 설사로 죽었다. 그러나 낭포성 섬유증 유전자를 한 개 가진 쥐에게 독소를 주입하자 설사 증상은 보였지만 그 정도는 반감했다. 낭포성 섬유증 유전자를 두 개 가진 쥐는 독소를 주입해도 전혀 증상을 보이지 않았다. 낭포성 섬유증 증세를 보이는 사람은 장과 폐로부터 염소 이온을 밖으로 퍼내는 작용을 정상적으로 하지 못한다. 그 과학자는 이에 따라 1800년대 유럽을 강타했던 콜레라 대유행에서 살아남은 사람은 낭포성 섬유증 유전자를 가졌을 것이라고 추측하였다.

① 낭포성 섬유증 유전자는 콜레라 독소가 과도한 설사를 일으키는 것을 방지한다.
② 콜레라 독소는 장으로부터 염소 이온을 비롯한 염분을 과다하게 분비하게 한다.
③ 염소 이온을 과다하게 분비하게 하면 설사를 일으킨다.
④ 장과 폐로부터 염소 이온을 밖으로 퍼내는 작용을 하지 못하면 생명이 위험하다.

46 다음 글의 논지를 뒷받침할 수 있는 논거로 가장 적절한 것은?

> 서울시내 대형 병원 한 곳이 고용하는 인원은 의사와 같은 전문 인력부터 식당이나 청소용역과 같은 서비스 인력을 합해 8,000~1만 명에 이른다. 한국은행은 영리 병원 도입으로 의료 서비스산업 비중이 선진국 수준에 이르면 약 24조 원의 경제적 부가가치와 약 21만 명의 중장기적 고용 창출 효과가 있을 것으로 분석했다. 건강보험제도와 같은 공적 의료보험의 근간을 흔들지 않는 범위 내에서 영리 병원을 통해 의료 서비스산업을 선진화하는 해법을 찾아낸다면 국가 경제에도 큰 보탬이 될 것이다. 이념 논쟁에 갇혀 변화 자체를 거부하다 보면 성장과 일자리 창출의 기회가 싱가포르와 같은 의료 서비스산업 선진국으로 넘어가고 말 것이다.

① 영리 병원 허용으로 인해 의료 시설이 다변화되면 고용 창출 효과가 상승할 것이다.
② 영리 병원 도입으로 인한 효과는 빠르게 나타날 것이다.
③ 공적 의료보험은 일자리 창출 효과가 낮다.
④ 싱가포르의 선진화된 의료 서비스산업은 영리 병원의 도입으로부터 시작되었다.

47 다음 중 조직시민행동에 해당되는 것이 아닌 것은?

> 조직시민행동은 개인 본연의 직무는 아니지만 전반적인 조직성과를 제고하는 데 기여하는 직무 외 행동을 일컫는 개념이다. 이는 직무기술서에 명시돼 있지는 않지만 양심적인 시민으로서 타인에 대한 배려와 조직에 대한 애정에 시민의식의 자발적 발현을 통해 협력적인 분위기를 고취하는 행동을 말한다.

① 규정된 출근시간보다 일찍 출근하여 사무실을 정리 · 정돈하였다.
② 점심시간을 아껴서 능력 개발을 위해 학원을 다녔다.
③ 퇴근하기 전에 사무실을 돌아다니며 불필요한 전등을 껐다.
④ 회사에서 비윤리적 행동을 하는 사람을 상사에게 알렸다.

48 다음 글에서 추론할 수 있는 내용으로 적절한 것은?

> 선량한 부부가 이혼을 했다. 남자는 곧 재혼을 했는데, 불행하게도 악한 여자를 만났다. 그는 새 아내와 마찬가지로 악한 남자가 되었다. 이혼한 아내 역시 공교롭게도 악한 남자와 결혼했다. 그 악한 남자는 선한 남자가 되었다.

① 선량한 부부만 이혼을 한다.
② 남녀가 결혼을 하면 악하게 된다.
③ 여자는 남자를 잘 만나야 한다.
④ 남자는 여자에 의해 변화된다.

49 다음 글의 전개 방식에 대한 적절한 설명은?

> 제롬 바코우가 주장하는 진화 심리학의 가르침과 도킨스의 유전자 결정론이 둘 다 옳다면, 인간에게 자유 의지가 있다는 주장은 더 이상 근거가 없어 보인다. 그러나 인간에게 자유 의지가 없다는 말이 과연 성립할 수 있을까? 인간에게 자유 의지가 없다면 인간의 행위는 모두 마지못해 한 행위에 불과할 것이다. 하지만 인류사는 이것이 진실이 아님을 보여준다. 따라서 우리는 현대 생물학의 몇몇 이론을 신뢰할 수 없다.

① 권위 있는 학자들의 이론을 제시하며 논증을 전개하고 있다.
② 구체적인 증거를 제시하며 문제가 있는 주장을 반박하고 있다.
③ 일반적인 사실을 근거로 어떤 이론의 문제점을 지적하고 있다.
④ 논리적 방법을 통해 두 이론 사이에 모순이 있음을 보여 주고 있다.

50 다음 글에 대한 설명으로 부적합한 것은?

> 현재의 특허법을 보면 생명체나 생명체의 일부분이라도 그것이 인위적으로 분리 · 확인된 것이라면 발명으로 간주하고 있다. 따라서 유전자도 자연으로부터 분리 · 정제되어 이용 가능한 상태가 된다면 화학 물질이나 미생물과 마찬가지로 특허의 대상으로 인정된다. 그러나 유전자 특허 반대론자들은 생명체 진화 과정에서 형성된 유전자를 분리하고 그 기능을 확인했다는 이유만으로 독점적 소유권을 인정하는 일은 마치 한 마을에서 수십 년 동안 함께 사용해 온 우물물의 독특한 성분을 확인했다는 이유로 특정한 개인에게 독점권을 준다는 논리만큼 부당하다고 주장한다.

① 현재의 특허법은 자연 자체에 대해서도 소유권을 인정한다.

② 유전자 특허 반대론자는 비유를 이용하여 주장을 펼치고 있다.

③ 유전자 특허 반대론자에 따르면 유전자는 특허의 대상이 아니다.

④ 현재의 특허법은 대상보다는 특허권 신청자의 인위적 행위의 결과에 중점을 둔다.

기출

다음은 '과소비의 문제점과 대책'이라는 제목으로 글을 쓰기 위해 작성한 개요이다. 괄호 안에 들어갈 내용으로 적절하지 않은 것은?

Ⅰ. 서론 : 현재의 과소비 실태 소개
  • 유명 상표 선호 현상
  • 고가 외제 물건 구매 현상
Ⅱ. 본론 : 과소비의 문제점과 억제 방안 제시
  가. 과소비의 문제점
    (   )
  나. 과소비의 억제 방안
    • 근검절약의 사회 기풍 진작
    • 과소비에 대한 무거운 세금 부과
    • 건전한 소비 생활 운동 전개
Ⅲ. 결론 : 건전한 소비문화의 정착 강조

① 소비재 산업의 기형적 발전

② 개방화에 따른 외국 상품의 범람

③ 충동구매로 인한 가계 부담의 가중

④ 외화 낭비 및 계층 간의 위화감 강조

해설 서론에서 제시한 과소비의 실태를 바탕으로 과소비의 문제점을 추리하면 되는데, ②의 '개방화에 따른 외국 상품의 범람'은 과소비를 부추기는 원인이나 사회 현상은 될 수 있으나 과소비의 문제점이라고 할 수는 없다.

답 ②

수리력

》 유형분석

구 분	출제유형
수리력	• 소금물의 농도, 나이, 일(작업시간), 가격, 거리, 속도, 비율 등과 관련된 방정식 유형 • 동전의 앞뒷면, 주사위 등과 관련된 경우의 수, 확률 유형

위의 유형 외에도 중학교 수준의 도형과 관련된 계산 문제, 최대공약수·최소공배수 문제, 제시되는 수치가 숫자가 아닌 a, b, c 등의 문자로도 출제될 수 있다.

문제의 조건에 따라 식을 세우고 계산하여 답을 구해도 되지만, 시간이 부족할 수도 있다. 문제의 난도는 일정하지 않고 무작위로 섞여 있으므로, 문제가 복잡해 보인다면 주어진 보기를 직접 대입해보거나, 다른 문제를 먼저 푼 후 시간이 남을 경우 나중에 다시 풀어보는 것도 좋은 방법이다.

01 방정식의 활용

1. 날짜·요일·시계에 관한 문제

(1) 날짜, 요일

① 1일＝24시간＝1,440분＝86,400초

② 날짜, 요일 관련 문제는 대부분 나머지를 이용해 계산한다.

핵심예제

8월 19일이 수요일이라면, 30일 후는 무슨 요일인가?

① 수요일　　　　　　　　　　　　② 목요일

③ 금요일　　　　　　　　　　　　④ 토요일

해설 일주일은 7일이므로, $30 \div 7 = 4 \cdots 2$
즉, 수요일에서 2일 후인 금요일이 된다.　　　　　　**답** ③

---

(2) 시 계

① 시침이 1시간 동안 이동하는 각도 : $30°$

② 시침이 1분 동안 이동하는 각도 : $0.5°$

③ 분침이 1분 동안 이동하는 각도 : $6°$

핵심예제

4시와 5시 사이에 시침과 분침이 일치하는 시각은 몇 시인가?

① 4시 20분　　　　　　　　　② 4시 $\dfrac{240}{11}$ 분

③ 4시 $\dfrac{260}{11}$ 분　　　　　　　④ 4시 30분

해설 4시 x분에 일치한다고 하면

시침이 움직인 각도 : $4 \times 30 + 0.5x$

분침이 움직인 각도 : $6x$

시침과 분침이 일치한다고 하였으므로, 움직인 각도는 서로 같다.

→ $4 \times 30 + 0.5x = 6x$

∴ $x = \dfrac{240}{11}$

답 ②

2. 시간 · 거리 · 속력에 관한 문제

$$(속력) = \frac{(거리)}{(시간)}, \ (시간) = \frac{(거리)}{(속력)}, \ (거리) = (속력) \times (시간)$$

 핵 심 예 제

거리가 **30km**인 **A, B** 두 지점 사이에 **P**지점이 있다. **A**에서 **P**지점까지 시속 **3km**의 속력으로, **P**지점에서 **B**지점까지 시속 **4km**의 속력으로 갔더니, 총 **9**시간이 걸렸다. **A**에서 **P**지점 사이의 거리는 몇 **km**인가?

① 12km   ② 15km   ③ 18km   ④ 21km

해설 A에서 P지점 사이의 거리를 x, P에서 B지점 사이의 거리를 $30-x$라 하면,

(A에서 P까지 가는 데 걸린 시간)+(P에서 B까지 가는 데 걸린 시간)=9시간이므로

$\dfrac{x}{3} + \dfrac{30-x}{4} = 9$

∴ $x = 18$

답 ③

3. 나이 · 개수에 관한 문제

구하고자 하는 것을 x로 놓고 식을 세운다. 동물의 경우 다리의 개수에 유의해야 한다.

핵 심 예 제

현재 아버지의 나이는 **35**세, 아들은 **10**세이다. 아버지 나이가 아들 나이의 **2**배가 되는 것은 몇 년 후인가?

① 5년 후   ② 10년 후
③ 15년 후   ④ 20년 후

해설 x년 후의 아버지, 아들의 나이는 각각 $35+x$, $10+x$이다.

→ $35+x = 2(10+x)$

∴ $x = 15$

답 ③

4. 원가 · 정가에 관한 문제

(1) (정가)＝(원가)＋(이익), (이익)＝(정가)－(원가)

(2) a원에서 $b\%$ 할인한 가격＝$a \times \left(1 - \dfrac{b}{100}\right)$

★ 핵 심 예 제

정가가 **2,000원**인 물건을 **10%** 할인하여 팔았더니, **300원**의 이익이 생겼다. 이 물건의 원가는 얼마인가?

① 1,000원   ② 1,300원
③ 1,500원   ④ 1,800원

해설   정가 : $2,000 \times \left(1 - \dfrac{10}{100}\right) = 1,800$원이고, 원가를 x라고 하면, (이익)＝(정가)－(원가)이므로

$\qquad 300 = 1,800 - x$

$\qquad \therefore 1,500$원

답 ③

5. 일 · 톱니바퀴에 관한 문제

(1) 일

전체 일의 양을 1로 놓고, 시간 동안 한 일의 양을 미지수로 놓고 식을 세운다.

★ 핵 심 예 제

A가 혼자 하면 **4일**, **B**가 혼자 하면 **6일** 걸리는 일이 있다. **A**가 먼저 **2일** 일을 하고, 남은 양을 **B**가 끝마치려 한다. **B**는 며칠 동안 일을 해야 하는가?

① 2일   ② 3일
③ 4일   ④ 5일

해설   A, B가 하루에 할 수 있는 일의 양은 각각 $\dfrac{1}{4}$, $\dfrac{1}{6}$이다. B가 x일 동안 일한다고 하면

$\qquad \dfrac{1}{4} \times 2 + \dfrac{1}{6} \times x = 1$

$\qquad \therefore x = 3$

답 ②

(2) 톱니바퀴

(톱니 수)×(회전수)=(총 톱니 수)

즉, A, B 두 톱니에 대하여, (A의 톱니 수)×(A의 회전수)=(B의 톱니 수)×(B의 회전수) 가 성립한다.

핵 심 예 제

A, B 두 개의 톱니가 서로 맞물려 있다. A의 톱니수는 30개, B의 톱니수는 20개이다. A가 4회 회전할 때, B는 몇 회 회전하는가?

① 4회   ② 5회

③ 6회   ④ 7회

해설 (A의 톱니 수)×(A의 회전수)=(B의 톱니 수)×(B의 회전수)이므로, B의 회전수를 x라고 하면

$$30 \times 4 = 20 \times x$$
$$\therefore x = 6$$

답 ③

6. 농도에 관한 문제

(1) $(농도) = \dfrac{(용질의 \ 양)}{(용액의 \ 양)} \times 100$

(2) $(용질의 \ 양) = \dfrac{(농도)}{100} \times (용액의 \ 양)$

핵 심 예 제

10%의 소금물 100g과 25%의 소금물 200g을 섞으면, 몇 %의 소금물이 되겠는가?

① 15%   ② 20%

③ 25%   ④ 30%

해설 x%의 소금물이 된다고 하면

$$\frac{10}{100} \times 100 + \frac{25}{100} \times 200 = \frac{x}{100} \times (100 + 200)$$
$$\therefore x = 20$$

답 ②

7. 수에 관한 문제(Ⅰ)

(1) 연속하는 세 자연수 : $x-1,\ x,\ x+1$

(2) 연속하는 세 짝수(홀수) : $x-2,\ x,\ x+2$

핵 심 예 제

연속하는 세 홀수에 대하여, 가장 큰 수는 나머지 두 수의 합보다 11만큼 작다. 이때 가장 작은 수는?

① 9   ② 13

③ 17   ④ 21

해설 연속하는 세 홀수를 $x-2,\ x,\ x+2$라고 하면

$$x+2=(x-2+x)-11$$

$$\therefore x=15$$

즉, 연속하는 세 홀수는 13, 15, 17이다.   **답** ②

8. 수에 관한 문제(Ⅱ)

(1) 십의 자릿수가 x, 일의 자릿수가 y인 두 자리 자연수 : $10x+y$

이 수에 대해, 십의 자리와 일의 자리를 바꾼 수 : $10y+x$

(2) 백의 자릿수가 x, 십의 자릿수가 y, 일의 자릿수가 z인 세 자리 자연수 : $100x+10y+z$

핵 심 예 제

각 자릿수의 합이 5인 두 자리 자연수가 있다. 이 수의 십의 자리와 일의 자리를 바꾼 수는 처음 수 보다 9만큼 더 크다. 처음 수는 얼마인가?

① 13   ② 14

③ 23   ④ 32

해설 x : 십의 자릿수, y : 일의 자릿수라고 하면

$$\begin{cases} x+y=5 \\ 10x+y=10y+x-9 \end{cases}$$

$$\rightarrow x=2,\ y=3$$

$$\therefore 23$$

   답 ③

9. 열차와 터널에 관한 문제

(열차가 이동한 거리)＝(터널의 길이)＋(열차의 길이)

길이가 **40m**인 열차가 **200m**의 터널을 통과하는 데 **10초**가 걸렸다. 이 열차가 **320m**인 터널을 통과하는 데 걸리는 시간은 몇 초인가?

① 15초   ② 16초

③ 18초   ④ 20초

해설   열차의 이동 거리는 $200+40=240$이고, $(속력)=\dfrac{(거리)}{(시간)}$이므로, 열차의 속력은 $\dfrac{240}{10}=24$이다.

길이가 320인 터널을 통과한다고 하였으므로, 총 이동 거리는 $320+40=360$이고, 속력은 24이므로,

$\dfrac{360}{24}=15$이다.

∴ 15초

답 ①

10. 증가 · 감소에 관한 문제

(1) x가 $a\%$ 증가하면, $\left(1+\dfrac{a}{100}\right)x$

(2) x가 $a\%$ 감소하면, $\left(1-\dfrac{a}{100}\right)x$

어느 중학교의 작년 학생 수는 500명이다. 올해는 남학생이 10% 증가하고, 여학생은 20% 감소하여, 작년보다 총 10명 감소하였다. 올해의 남학생 수는?

① 300명   ② 315명

③ 330명   ④ 350명

해설 x : 작년 남학생 수, y : 작년 여학생 수라고 하면

$$\begin{cases} x+y=500 \\ 1.1x+0.8y=490 \end{cases}$$

$\rightarrow x=300, \ y=200$

따라서 올해 남학생 수는 $1.1x=330$(명)이다.

답 ③

11. 그 외의 방정식 활용문제

 핵 심 예 제

윗변이 아랫변보다 5cm 더 길고, 높이가 8cm인 사다리꼴의 넓이는 60cm²이다. 윗변의 길이는 몇 cm인가?

① 6cm   ② 8cm
③ 10cm   ④ 12cm

해설 x : 윗변의 길이, $x-5$: 아랫변의 길이라고 하면
$(x-5+x) \times 8 \div 2 = 60$
$\therefore x = 10$

답 ③

02 부등식의 활용

문제에 '이상', '이하', '최대', '최소' 등이 들어간 경우로 방정식의 활용과 해법이 비슷하다.

핵 심 예 제

01 10,000원으로 사과와 배를 사려고 한다. 사과 한 개의 가격은 300원, 배 한 개의 가격은 500원이다. 배를 3개 사려고 할 때, 사과는 최대 몇 개까지 살 수 있는가?

① 27개   ② 28개   ③ 29개   ④ 30개

해설 x : 사과의 개수라고 하면
$300x + 500 \times 3 \le 10,000$
$\rightarrow x \le 28\frac{1}{3}$
$\therefore$ 28개

답 ②

02 어떤 정수의 3배에서 2를 더하면 12보다 작고, 이 정수의 2배에서 4를 빼면 1보다 크다. 이 정수는 얼마인가?

① 1   ② 2   ③ 3   ④ 4

해설 $\begin{cases} 3x+2 < 12 \\ 2x-4 > 1 \end{cases}$
$\rightarrow \frac{5}{2} < x < \frac{10}{3}$
$\therefore x = 3$

답 ③

03 경우의 수, 확률

1. 경우의 수

(1) 경우의 수

어떤 사건이 일어날 수 있는 모든 가짓수

예 주사위 한 개를 던졌을 때, 나올 수 있는 모든 경우의 수는 6가지이다.

(2) 합의 법칙

① 두 사건 A, B가 동시에 일어나지 않을 때, A가 일어나는 경우의 수를 m, B가 일어나는 경우의 수를 n이라고 하면, 사건 A 또는 B가 일어나는 경우의 수는 $m+n$이다.

② '또는', '~이거나' 라는 말이 나오면 합의 법칙을 사용한다.

예 한 식당의 점심 메뉴는 김밥 3종류, 라면 2종류, 우동 1종류가 있다. 이 중 한 가지의 메뉴를 고르는 경우의 수는 $3+2+1=6$가지

(3) 곱의 법칙

① A가 일어나는 경우의 수를 m, B가 일어나는 경우의 수를 n이라고 하면, 사건 A와 B가 동시에 일어나는 경우의 수는 $m \times n$이다.

② '그리고', '동시에' 라는 말이 나오면 곱의 법칙을 사용한다.

예 집에서 학교를 가는 방법 수는 2가지, 학교에서 집으로 오는 방법 수는 3가지이다. 집에서 학교까지 갔다가 오는 경우의 수는 $2 \times 3 = 6$가지

(4) 여러 가지 경우의 수

① 동전 n개를 던졌을 때, 경우의 수 : 2^n

② 주사위 n개를 던졌을 때, 경우의 수 : 6^n

③ 동전 n개와 주사위 m개를 던졌을 때, 경우의 수 : $2^n \times 6^m$

예 동전 3개와 주사위 2개를 던졌을 때, 경우의 수는 $2^3 \times 6^2 = 288$가지

④ n명을 한 줄로 세우는 경우의 수 : $n! = n \times (n-1) \times (n-2) \times \cdots \times 2 \times 1$

⑤ n명 중, m명을 뽑아 한 줄로 세우는 경우의 수 : $_n\mathrm{P}_m = n \times (n-1) \times \cdots \times (n-m+1)$

예 5명을 한 줄로 세우는 경우의 수는 $5 \times 4 \times 3 \times 2 \times 1 = 120$가지, 5명 중 3명을 뽑아 한 줄로 세우는 경우의 수는 $5 \times 4 \times 3 = 60$가지

⑥ n명을 한 줄로 세울 때, m명을 이웃하여 세우는 경우의 수 : $(n-m+1)! \times m!$

예 갑, 을, 병, 정, 무 5명을 한 줄로 세우는데, 을, 병이 이웃하여 서는 경우의 수는 $4! \times 2! = 4 \times 3 \times 2 \times 1 \times 2 \times 1 = 48$가지이다.

⑦ 0이 아닌 서로 다른 한 자리 숫자가 적힌 n장의 카드에서, m장을 뽑아 만들 수 있는 m자리 정수의 개수 : $_n\mathrm{P}_m$

　　예 0이 아닌 서로 다른 한 자리 숫자가 적힌 4장의 카드에서, 3장을 뽑아 만들 수 있는 3자리 정수의 개수 : $_4\mathrm{P}_3 = 4 \times 3 \times 2 = 24$가지

⑧ 0을 포함한 서로 다른 한 자리 숫자가 적힌 n장의 카드에서, m장을 뽑아 만들 수 있는 m자리 정수의 개수 : $(n-1) \times {_{n-1}\mathrm{P}_{m-1}}$

　　예 0을 포함한 서로 다른 한 자리 숫자가 적힌 6장의 카드에서, 3장을 뽑아 만들 수 있는 3자리 정수의 개수는 $5 \times {_5\mathrm{P}_2} = 5 \times 5 \times 4 = 100$가지

⑨ n명 중, 자격이 다른 m명을 뽑는 경우의 수 : $_n\mathrm{P}_m$

　　예 5명의 학생 중, 반장 1명, 부반장 1명을 뽑는 경우의 수는 $_5\mathrm{P}_2 = 5 \times 4 = 20$가지

⑩ n명 중, 자격이 같은 m명을 뽑는 경우의 수 : $_n\mathrm{C}_m = \dfrac{_n\mathrm{P}_m}{m!}$

　　예 5명의 학생 중, 부반장 2명을 뽑는 경우의 수는 $_5\mathrm{C}_2 = \dfrac{_5\mathrm{P}_2}{2!} = \dfrac{5 \times 4}{2 \times 1} = 10$가지

⑪ 원형 모양의 탁자에 n명을 앉히는 경우의 수 : $(n-1)!$

　　예 원형 모양의 탁자에 5명을 앉히는 경우의 수는 $4! = 4 \times 3 \times 2 \times 1 = 24$가지

(5) 최단거리 문제

A에서 B 사이에 P가 주어져 있다면, A와 P의 최단거리, B와 P의 최단거리를 각각 구하여 곱한다.

핵심예제

다음 그림과 같이 집에서 학교까지 가는 경우의 수는 3가지, 학교에서 도서관까지 가는 경우의 수는 5가지, 도서관에서 학교를 거치지 않고 집까지 가는 경우의 수는 1가지이다. 집에서 학교를 거쳐 도서관을 갔다가 다시 학교로 돌아오는 경우의 수는 몇 가지인가?

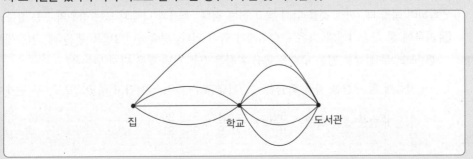

① 10가지   ② 13가지
③ 30가지   ④ 75가지

해설 집 → 학교 → 도서관 → 학교 순서이므로
     → $3 \times 5 \times 5 = 75$
     ∴ 75가지

답 ④

2. 확 률

(1) (사건 A가 일어날 확률)$=\dfrac{(사건\ A가\ 일어나는\ 경우의\ 수)}{(모든\ 경우의\ 수)}$

예 주사위 1개를 던졌을 때, 3 또는 5가 나올 확률은 $\dfrac{2}{6}=\dfrac{1}{3}$

(2) 여사건의 확률

① 사건 A가 일어날 확률이 p일 때, 사건 A가 일어나지 않을 확률은 $1-p$이다.
② '적어도' 라는 말이 나오면 주로 사용한다.

(3) 확률의 계산

① 확률의 덧셈

두 사건 A, B가 동시에 일어나지 않을 때, A가 일어날 확률을 p, B가 일어날 확률을 q라고 하면, 사건 A 또는 B가 일어날 확률은 $p+q$이다.
② 확률의 곱셈

A가 일어날 확률을 p, B가 일어날 확률을 q라고 하면, 사건 A와 B가 동시에 일어날 확률은 $p \times q$이다.

(4) 여러 가지 확률

① 연속하여 뽑을 때, 꺼낸 것을 다시 넣고 뽑는 경우 : 처음과 나중의 모든 경우의 수는 같다.
    예 자루에 흰 구슬 4개와 검은 구슬 5개가 들어 있다. 연속하여 2번을 뽑을 때, 처음에는 흰 구슬, 두 번째는 검은 구슬을 뽑을 확률은?(단, 꺼낸 것은 다시 넣는다)
         → 처음에 흰 구슬을 뽑을 확률은 $\dfrac{4}{9}$, 꺼낸 것은 다시 넣는다고 하였으므로, 두 번째에

검은 구슬을 뽑을 확률은 $\dfrac{5}{9}$이다. 즉, $\dfrac{4}{9} \times \dfrac{5}{9} = \dfrac{20}{81}$

② **연속하여 뽑을 때, 꺼낸 것을 다시 넣지 않고 뽑는 경우** : 나중의 모든 경우의 수는 처음의 모든 경우의 수보다 1만큼 작다.

예 자루에 흰 구슬 4개와 검은 구슬 5개가 들어 있다. 연속하여 2번을 뽑을 때, 처음에는 흰 구슬, 두 번째는 검은 구슬을 뽑을 확률은?(단, 꺼낸 것은 다시 넣지 않는다)

→ 처음에 흰 구슬을 뽑을 확률은 $\frac{4}{9}$, 꺼낸 것은 다시 넣지 않는다고 하였으므로, 자루에는 흰 구슬 3개, 검은 구슬 5개가 남아 있다. 따라서 두 번째에 검은 구슬을 뽑을 확률은 $\frac{5}{8}$이므로, $\frac{4}{9} \times \frac{5}{8} = \frac{5}{18}$

③ (도형에서의 확률) $= \dfrac{(해당하는 부분의 넓이)}{(전체 넓이)}$

핵 심 예 제

A, B 주사위 2개를 동시에 던졌을 때, A에서는 짝수의 눈이 나오고, B에서는 3 또는 5의 눈이 나올 확률은?

① $\frac{1}{6}$ 　　　　　　　　　② $\frac{1}{3}$

③ $\frac{1}{2}$ 　　　　　　　　　④ $\frac{2}{3}$

해설 A에서 짝수의 눈이 나올 확률은 $\frac{3}{6}$, B에서 3 또는 5의 눈이 나올 확률은 $\frac{2}{6}$이므로

→ $\frac{3}{6} \times \frac{2}{6} = \frac{1}{6}$

∴ $\frac{1}{6}$

답 ①

정답 및 해설 p. 330

01 방정식의 활용

기출 유형 맛보기

01 A는 자전거를 타고 $a$km/h로 공원을 출발하였고, B는 A가 출발한 후 30분 후에 $b$km/h로 공원을 출발하였다. B가 A를 만나는 데 걸리는 시간은?

① $\dfrac{b}{2(b-a)}$ 시간

② $\dfrac{a}{2(b-a)}$ 시간

③ $\dfrac{2(b-a)}{b}$ 시간

④ $\dfrac{2(b-a)}{a}$ 시간

해설 (거리)=(속력)×(시간)이므로, A, B가 만나는 데 x시간이 걸렸다고 하면

$ax = b\left(x - \dfrac{1}{2}\right)$

→ $2ax = 2bx - b$

→ $(2a - 2b)x = -b$

∴ $x = -\dfrac{b}{2a - 2b} = \dfrac{b}{2(b-a)}$

답 ①

02 A소금물 100g과 B소금물 150g을 섞으면, 8%의 소금물이 되고, A소금물 200g과 B소금물 50g을 섞으면, 6%의 소금물이 된다. A소금물의 농도는 몇 %인가?

① 5%

② 8%

③ 10%

④ 15%

해설 x : A소금물의 농도, y : B소금물의 농도라고 하면

$\begin{cases} \dfrac{x}{100} \times 100 + \dfrac{y}{100} \times 150 = \dfrac{8}{100} \times (100 + 150) \\ \dfrac{x}{100} \times 200 + \dfrac{y}{100} \times 50 = \dfrac{6}{100} \times (200 + 50) \end{cases}$

→ $x = 5$, $y = 10$

∴ 5%

답 ①

01 A지점에서 150km 떨어진 B지점까지 평균시속 75km로 왕복하였다. 갈 때는 시속 100km로 운전하였다면 올 때의 시속은 몇 km인가?

① 60km   ② 65km

③ 70km   ④ 75km

02 자동차로 두 지점 A에서 B까지 갈 때, 시속 60km로 달리는 것과 시속 70km로 달리는 것은 5분의 차가 생긴다고 한다. A와 B 사이의 거리는?

① 30km   ② 35km

③ 40km   ④ 45km

03 철수는 오후 3시에 집에서 출발하여 평지를 지나 언덕 꼭대기까지 갔다가 같은 길을 되돌아와 그날 저녁 9시에 집에 도착했다. 평지에서는 시속 4km로 걸었고, 언덕을 올라갈 때는 시속 3km, 언덕을 내려올 때는 시속 6km로 걸었다면 철수는 총 몇 km를 걸었는가?

① 6km   ② 12km

③ 18km   ④ 24km

04 둘레가 4km인 호수 주위를 두 사람이 같은 지점에서 동시에 출발하여 걷는다. 같은 방향으로 걸어가면 1시간 후에 다시 만나고, 반대 방향으로 걸어가면 30분 후에 만난다. 두 사람이 걷는 속도는?

① 4km/시, 3km/시   ② 5km/시, 2km/시

③ 6km/시, 2km/시   ④ 5km/시, 3km/시

05   영희는 집에서 50km 떨어진 할머니 댁에 가는데, 시속 90km로 버스를 타고 가다
가 내려서 시속 5km로 걸어갔더니, 총 1시간 30분이 걸렸다. 영희가 걸어간 거리는
몇 km인가?

     ① 5km   ② 10km
     ③ 13km   ④ 20km

06   철수가 집에서 학교까지 2m/s의 속도로 전체 거리의 반 만큼 가다가 준비물을 잊고
온 게 생각이 나서 다시 집으로 6m/s의 속도로 뛰어갔다가 같은 속도로 학교까지 가
는 데 총 1시간이 걸렸다. 집에서 학교까지의 거리는?

     ① 6,800m   ② 7,000m
     ③ 7,200m   ④ 7,400m

07   길이가 2km인 강이 있다. 배를 타고 강을 거슬러 오르는 데 40분, 다시 내려오는 데
20분이 걸린다면, 정지한 물에서 배의 속력은 분속 몇 m인가?

     ① 62m/분   ② 70m/분
     ③ 75m/분   ④ 80m/분

08   길이가 50m인 열차가 분속 250m의 속력으로, 터널을 통과하는 데 5분이 걸렸다. 터
널의 길이는 몇 m인가?

     ① 900m   ② 1,000m
     ③ 1,100m   ④ 1,200m

09 길이가 80m인 두 열차가 각각 시속 40km로 마주보며 달려오고 있다. 두 열차가 만나서 완전히 스치고 지나갈 때까지 걸리는 시간은?

① 4.5초   ② 5.6초

③ 6초   ④ 7.2초

10 현재 아버지와 아들의 나이의 차는 25세이고, 3년 후에 아버지 나이는 아들 나이의 2배보다 7살 더 많다. 현재 아버지의 나이는?

① 40세   ② 42세

③ 44세   ④ 46세

11 경수는 경진이보다 나이가 두 살 많고, 경수의 나이의 제곱은 경진이의 나이의 제곱에 세 배를 한 것보다 2가 작다. 이때 경수의 나이는?

① 5살   ② 6살

③ 7살   ④ 8살

12 A, B 두 개의 톱니가 서로 맞물려 있다. A톱니 수는 B톱니 수보다 20개 더 많고, A가 6회전할 때, B는 10회전 한다면, A의 톱니 수는 몇 개인가?

① 35개   ② 40개

③ 45개   ④ 50개

13   어떤 물건을 원가의 50% 이익을 붙여 팔았더니, 잘 팔리지 않아서 다시 20% 할인해
        서 팔았더니, 물건 1개당 1,000원의 이익을 얻었다. 이 물건의 원가는 얼마인가?

        ① 4,000원   ② 4,500원

        ③ 5,000원   ④ 6,000원

14   원래 가격에서 40% 할인하여 판매하던 제품을 재고 정리를 위해 할인된 가격의 10%
        를 추가로 할인하여 판매하였다. 이 제품은 원래 가격에서 얼마나 할인된 가격에 판매
        되는 것인가?

        ① 42%   ② 44%

        ③ 46%   ④ 50%

15   어떤 물건을 100개 구입하여, 사온 가격에 60%를 더한 가격 x로 40개를 팔았다.
        x에서 y%를 할인하여 나머지 60개를 팔았더니 본전이 되었다면 y는 얼마인가?

        ① 60   ② 62.5

        ③ 65   ④ 67.5

16   5% 소금물 400g이 있다. 여기에서 몇 g의 물을 증발시켜야 10%의 소금물을 얻을
        수 있는가?

        ① 100g   ② 200g

        ③ 300g   ④ 400g

17 4%의 소금물과 8%의 소금물 30g을 섞어서 5%의 소금물을 만들려고 할 때, 4%의 소금물은 몇 g인가?

① 80g   ② 90g

③ 100g   ④ 110g

18 농도 8%의 소금물 24g에 4% 소금물 몇 g을 넣으면 5% 소금물이 되겠는가?

① 24g   ② 48g

③ 72g   ④ 96g

19 농도 5%의 소금물 xg과 12%의 소금물 yg을 섞어서 10%의 소금물을 만들었다. $x:y$는?

① 2:5   ② 3:4

③ 4:7   ④ 5:8

20 9%의 소금물 xg과 18%의 소금물 yg을 섞어 12%의 소금물을 만들려고 했으나, 잘못하여 9%의 소금물 yg과 18% 소금물 xg을 섞었다. 이렇게 만들어진 소금물의 농도는?

① 13%   ② 14%

③ 15%   ④ 16%

21 물탱크에 A, B 두 수도관으로 물을 채우는 데 각각 128분, 64분이 걸린다. B수도관으로 32분 동안 물을 채운 후 두 수도관을 모두 열어서 나머지를 채웠다. 두 수도관으로 동시에 물을 채운 시간은?

① 16분　　　　　　　　　　② $\dfrac{64}{3}$분

③ 24분　　　　　　　　　　④ $\dfrac{74}{3}$분

22 어떤 일을 A가 혼자 하면 15일, B가 혼자 하면 10일, C가 혼자 하면 30일이 걸린다. A, B, C가 같이하면 며칠이 걸리겠는가?

① 5일　　　　　　　　　　② 6일

③ 7일　　　　　　　　　　④ 8일

23 철수와 민수는 피자를 먹었다. 철수는 피자의 3분의 1을 먹고, 민수는 철수가 먹고 남은 피자에 6분의 5를 먹었다. 민수가 먹고 남은 피자가 4조각일 때 피자의 총 조각은?

① 7조각　　　　　　　　　　② 12조각

③ 26조각　　　　　　　　　　④ 36조각

24 7시와 8시 사이에 시침과 분침이 서로 반대 방향으로 일직선을 이룰 때의 시각은?

① 7시 $\dfrac{30}{11}$분　　　　　　　② 7시 $\dfrac{45}{11}$분

③ 7시 $\dfrac{60}{11}$분　　　　　　　④ 7시 $\dfrac{75}{11}$분

25 A와 B는 가위바위보를 하여 이기면 2계단을 올라가고, 지면 1계단을 내려가는 게임을 하였다. 게임이 끝난 후, A는 11계단, B는 2계단을 올라가 있었다. A가 이긴 횟수는?(단, 비기는 경우는 생각하지 않는다)

① 5번   ② 8번

③ 12번   ④ 18번

26 어느 모임의 여자 회원의 수는 남자 회원의 80%이다. 남자 회원 5명이 모임을 탈퇴하고 여자 회원 1명이 새로 가입한다면 남자 회원과 여자 회원의 수가 같아진다. 이 모임의 회원 수는?

① 26명   ② 30명

③ 50명   ④ 54명

27 어느 고등학교의 2학년과 3학년 학생 수의 합이 350명이다. 2학년이 아닌 학생 수가 250명이고, 3학년이 아닌 학생 수가 260명이다. 1학년 학생은 총 몇 명인가?

① 80명   ② 90명

③ 100명   ④ 110명

28 어느 해의 3월 1일이 금요일이라면, 그 해의 5월 25일은 무슨 요일인가?

① 토요일   ② 일요일

③ 월요일   ④ 화요일

29 두 자릿수 AB와 한 자릿수 B의 합이 두 자릿수 BA가 될 때, B+A의 값은?(단, A, B는 1에서 9까지의 자연수이다)

① 15　　　　　　　　　　　② 16
③ 17　　　　　　　　　　　④ 18

30 아이들이 어떤 의자에 8명씩 앉을 경우, 남는 의자가 없이 2명의 아이가 남는다. 또한 9명씩 앉을 경우, 마지막 의자에는 4명의 아이가 앉을 수 있고, 의자 2개가 남는다. 아이들은 총 몇 명인가?

① 102명　　　　　　　　　② 152명
③ 202명　　　　　　　　　④ 252명

31 화장실에 정사각형 모양의 타일을 채우려고 하는데 벽면이 가로 360cm, 세로 648cm이다. 타일의 개수를 최소로 하여 붙이려 할 때, 타일은 몇 개가 필요한가?

① 30개　　　　　　　　　　② 35개
③ 40개　　　　　　　　　　④ 45개

32 철수가 아르바이트를 해서 원래 가지고 있던 돈의 3배를 벌었다. 그 후에 2만 원짜리 게임기를 사고 남은 돈의 70%를 저금하였는데 그 저금한 돈이 14,000원이었다. 그렇다면 철수가 원래 가지고 있던 돈은 얼마인가?

① 6,000원　　　　　　　　② 8,000원
③ 10,000원　　　　　　　　④ 12,000원

33 둘레의 길이가 24cm인 직사각형의 가로의 길이를 3cm 늘리고 세로의 길이를 3배 늘렸더니 둘레의 길이가 50cm가 되었다. 늘린 직사각형의 넓이는 몇 cm²인가?

① 150cm²   ② 200cm²

③ 250cm²   ④ 300cm²

34 성찬이는 여행을 갔는데 전체의 $\frac{1}{5}$은 잠을 자고, $\frac{1}{3}$은 관광을 했다. 그리고 8시간은 밥을 먹었고, 6시간은 쇼핑을 하였다. 여행 중 이외에는 시간을 쓰지 않았다면 총 몇 시간 동안 여행을 하였는가?

① 27시간   ② 30시간

③ 33시간   ④ 35시간

35 학생 5명과 어른 6명이 놀이공원에 가는 데 어른의 입장료는 학생의 입장료보다 1.5배 더 비싸다고 한다. 11명의 입장료를 합하여 42,000원을 지불했다면 어른 1명의 입장료는 얼마인가?

① 2,500원   ② 3,000원

③ 4,500원   ④ 5,000원

36 어느 고등학교의 작년 학생 수는 1,200명이었다. 올해는 남학생이 5% 감소하고, 여학생이 7% 증가하여 작년과 학생 수가 같았다. 작년 여학생 수는 몇 명인가?

① 400명   ② 500명

③ 600명   ④ 700명

37 강아지와 닭이 총 20마리가 있는데 다리 수를 더해보니 총 46개였다. 강아지는 몇 마리인가?

① 3마리   ② 4마리

③ 5마리   ④ 6마리

38 한 시간에 90개의 문제를 푸는 사람이 있다. 이 사람이 문제를 푸는 데 40분 풀고 10분 쉬는 식으로 총 3시간을 풀었다. 몇 문제를 풀었을까?

① 210문제   ② 225문제

③ 240문제   ④ 255문제

39 밑면의 가로가 10cm, 세로가 5cm, 높이가 20cm인 직육면체 모양의 물통이 있다. 이 물통은 바닥에 구멍이 나서 물이 100mL/s의 속도로 빠져나간다. 이 물통에 물을 150mL/s의 속도로 붓는다면 물은 몇 초 만에 다 차게 되는가?

① 10초   ② 15초

③ 20초   ④ 25초

40 정희네 마을의 총인구는 320명이다. 남자와 여자의 비율은 3:1이고, 기혼인 남자와 미혼인 남자의 비율은 2:3이라면 미혼인 남자는 몇 명인가?

① 144명   ② 192명

③ 240명   ④ 272명

41 한 장에 220원짜리 우표와 300원짜리 우표가 있다. 총 30장을 사는 데 7,400원이 들었다. 300원짜리 우표는 몇 장을 샀는가?

① 10장   ② 15장

③ 20장   ④ 30장

02 부등식의 활용

기출   **유형 맛보기**

어떤 자연수의 3배에서 1을 더하면 17보다 작고, 이 자연수의 2배에서 3을 빼면 6보다 크다고 한다. 이 자연수는?

① 3   ② 4

③ 5   ④ 6

해설 이 자연수를 x라고 하면

$$\begin{cases} 3x+1<17 \\ 2x-3>6 \end{cases}$$

$$\rightarrow \frac{9}{2} < x < \frac{16}{3}$$

$$\therefore x=5$$

답 ③

42 연속하는 세 짝수의 합이 10보다 크고 14보다 작을 때, 세 짝수 중 가장 큰 수는?

① 6   ② 8   ③ 10   ④ 12

43 집에서 2km 떨어진 서점에 시속 6km로 가서 책을 사고, 같은 속력으로 집까지 2시간 이내에 돌아오려고 한다. 책은 최대한 몇 분 내에 사야 하는가?

① 50분   ② 1시간

③ 1시간 10분   ④ 1시간 20분

44 가로, 세로의 길이가 각각 20cm, 15cm인 직사각형이 있다. 가로의 길이를 줄여서, 직사각형의 넓이를 반 이하로 줄이려 한다. 가로의 길이는 최소 몇 cm이상 줄여야 하는가?

① 8cm   ② 10cm

③ 12cm   ④ 14cm

45 철수는 기본급 80만 원에 차량 한 대당 3%의 성과급을 받는다. 차량 한 대의 금액이 1,200만 원이라면 월급을 240만 원 이상 받고자 할 때 최소 몇 대를 팔아야 하는가?

① 3대   ② 5대

③ 6대   ④ 10대

03   경우의 수, 확률

기출   유형 맛보기

세 자연수 a, b, c가 있다. $a+b+c=5$일 때, 순서쌍 (a, b, c)의 값이 될 수 있는 경우는 몇 가지인가?(단, a, b, c는 자연수)

① 1가지   ② 3가지

③ 4가지   ④ 6가지

해설 $a+b+c=5$

$a=1$일 경우 : $(1, 1, 3)$, $(1, 2, 2)$, $(1, 3, 1)$

$a=2$일 경우 : $(2, 1, 2)$, $(2, 2, 1)$

$a=3$일 경우 : $(3, 1, 1)$

∴ 6가지

답 ④

46 빨강, 노랑, 녹색의 신호등이 켜지는 경우의 수는?(단, 세 개가 동시에 꺼지는 것은 신호로 인정하지 않는다)

① 5가지　　　　　　　　　　② 6가지
③ 7가지　　　　　　　　　　④ 8가지

47 A~G의 7명의 사람이 일렬로 설 때, A와 G는 서로 맨 끝에 서고, C, D, E는 서로 이웃하여 서는 경우의 수는?

① 24가지　　　　　　　　　② 36가지
③ 48가지　　　　　　　　　④ 72가지

48 남자 5명, 여자 3명의 후보 중에서, 회장 한 명과 남녀 부회장을 각각 한 명씩 뽑는 경우의 수는?

① 90가지　　　　　　　　　② 124가지
③ 220가지　　　　　　　　④ 336가지

49 0에서 5까지 적힌 6장의 카드 중, 2장을 뽑아 2자리 자연수를 만들 때, 35 이상의 자연수의 개수는?

① 10가지　　　　　　　　　② 11가지
③ 12가지　　　　　　　　　④ 15가지

50 50원, 100원, 500원짜리 동전이 5개씩 있을 때, 1,200원을 지불하는 방법의 수는?

① 2가지　　　　　　　　　　② 3가지
③ 4가지　　　　　　　　　　④ 5가지

51 다음에서 임의의 세 점을 연결하여 만들 수 있는 삼각형의 가짓수는?

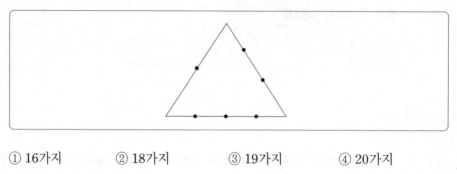

① 16가지   ② 18가지   ③ 19가지   ④ 20가지

52 빨강, 파랑, 노랑, 검정의 4가지 색으로, 다음 ㄱ, ㄴ, ㄷ, ㄹ에 칠하려고 한다. 같은 색을 여러 번 사용해도 상관없으나, 같은 색을 이웃하여 칠하면 안 된다. 칠하는 경우의 수는?

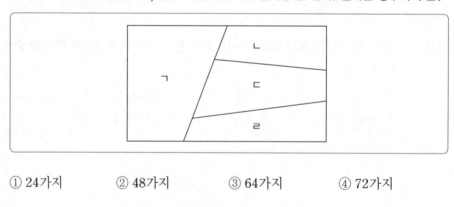

① 24가지   ② 48가지   ③ 64가지   ④ 72가지

53 다음에서 만들 수 있는 사각형의 가짓수는?

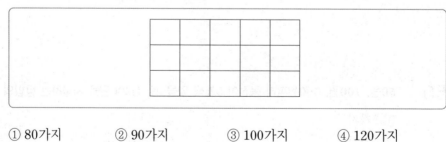

① 80가지   ② 90가지   ③ 100가지   ④ 120가지

54 8개의 축구팀이 토너먼트 방식으로 이긴 팀끼리 경기를 하여 우승팀을 결정하려고 한다. 총 몇 경기를 해야 하는가?

① 5경기　　　　② 6경기　　　　③ 7경기　　　　④ 8경기

55 6명의 사람이 서로 한 번씩 악수를 하려고 한다. 악수의 횟수는 총 몇 번인가?

① 14회　　　　② 15회　　　　③ 16회　　　　④ 17회

56 모서리를 따라 P에서 Q까지 최단거리로 이동하는 방법의 수는 몇 가지인가?

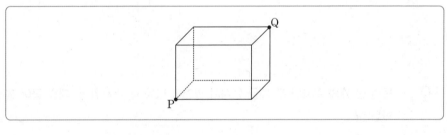

① 4가지　　　　② 5가지　　　　③ 6가지　　　　④ 8가지

57 A에서 P를 거쳐 B로 가는 최단거리는 몇 가지인가?

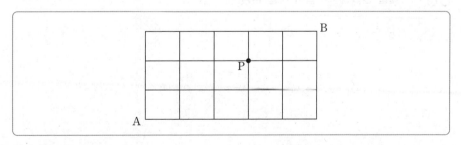

① 25가지　　　　② 28가지　　　　③ 30가지　　　　④ 32가지

기출

동전을 연속하여 3번 던졌을 때, 앞면이 2번 나올 확률은?

① $\dfrac{1}{4}$　　　　　　　　　　② $\dfrac{2}{3}$

③ $\dfrac{3}{8}$　　　　　　　　　　④ $\dfrac{1}{2}$

해설　앞면을 O, 뒷면을 ×라고 하면

(OO×), (O×O), (×OO) → 3가지

전체 경우의 수는 $2^3=8$가지

∴ $\dfrac{3}{8}$

답 ③

58 한 개의 주사위를 두 번 던질 때 짝수의 눈과 홀수의 눈이 한 번씩 나올 확률은?

① $\dfrac{1}{2}$　　　　　② $\dfrac{1}{3}$　　　　　③ $\dfrac{1}{4}$　　　　　④ $\dfrac{3}{4}$

59 동전 한 개와 주사위 두 개를 던져서 앞면이 나올 때 주사위 두 개의 곱이 홀수가 되는 확률은?

① $\dfrac{1}{8}$　　　　　② $\dfrac{1}{6}$　　　　　③ $\dfrac{1}{5}$　　　　　④ $\dfrac{1}{4}$

60 윷을 던졌을 때, 걸이 나올 확률은?

① $\dfrac{1}{8}$　　　　　② $\dfrac{1}{4}$　　　　　③ $\dfrac{3}{8}$　　　　　④ $\dfrac{1}{2}$

61 3개의 O, ×문항 중, 적어도 한 문항을 맞힐 확률은?

① $\frac{1}{2}$ ② $\frac{2}{3}$ ③ $\frac{3}{4}$ ④ $\frac{7}{8}$

62 나무에 새 1마리가 있다. 포수가 총 2발을 쏘았을 때, 새를 맞힐 확률은?(단, 포수의 명중률은 $\frac{2}{5}$이다)

① $\frac{4}{25}$ ② $\frac{2}{5}$ ③ $\frac{9}{25}$ ④ $\frac{16}{25}$

63 어떤 시험에서 A, B, C 세 사람이 합격할 확률은 각각 $\frac{1}{3}$, $\frac{1}{4}$, $\frac{1}{5}$이다. B만 합격할 확률은?

① $\frac{1}{60}$ ② $\frac{1}{4}$ ③ $\frac{2}{15}$ ④ $\frac{3}{5}$

64 내일 비가 올 확률은 $\frac{1}{3}$이다. 비가 온 다음 날 비가 올 확률은 $\frac{1}{4}$, 비가 안 온 다음 날 비가 올 확률은 $\frac{1}{5}$일 때, 내일 모레 비가 올 확률은?

① $\frac{13}{60}$ ② $\frac{9}{20}$ ③ $\frac{11}{20}$ ④ $\frac{29}{60}$

65 1, 2, 3, 4가 적힌 4장의 카드를 연속하여 2번 뽑을 때, 처음에 뽑은 숫자를 x, 나중에 뽑은 숫자를 y라고 할 때, $2x+y>8$이 될 확률은?(단, 뽑은 카드는 다시 넣지 않는다)

① $\frac{1}{4}$ ② $\frac{1}{3}$ ③ $\frac{5}{12}$ ④ $\frac{1}{2}$

66 흰 구슬 4개, 검은 구슬 6개가 들어 있는 주머니에서 연속으로 2개의 구슬을 꺼낼 때,
    흰 구슬, 검은 구슬을 각각 1개씩 뽑을 확률은?(단, 꺼낸 구슬은 다시 넣지 않는다)

① $\frac{6}{25}$ ② $\frac{4}{15}$

③ $\frac{1}{2}$ ④ $\frac{8}{15}$

67 효민이가 오늘 밥을 먹을 확률은 $\frac{4}{5}$, 밥을 먹었을 때 설거지를 할 확률은 $\frac{3}{7}$, 밥을 먹
    지 않았을 때 설거지를 할 확률은 $\frac{2}{7}$이다. 효민이가 오늘 설거지를 할 확률은?

① $\frac{11}{35}$ ② $\frac{12}{35}$

③ $\frac{13}{35}$ ④ $\frac{14}{35}$

68 진희는 남자친구 4명, 여자친구 2명과 함께 야구장에 갔다. 야구장에 입장하는 순서를
    임의로 정한다고 할 때, 첫 번째와 마지막에 남자친구가 입장할 확률은?(단, 진희는 여
    자이다)

① $\frac{2}{7}$ ② $\frac{3}{7}$

③ $\frac{4}{7}$ ④ $\frac{5}{7}$

69 A에서 시작하여, 주사위를 2번 던져서 나온 눈의 수의 합만큼 시계 반대 방향으로 이동하려 한다. 도착지점이 C가 될 확률은?

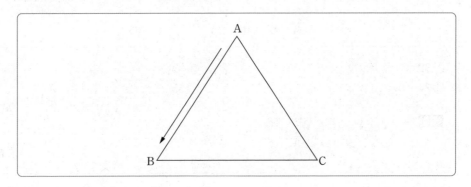

① $\dfrac{1}{6}$

② $\dfrac{1}{4}$

③ $\dfrac{1}{3}$

④ $\dfrac{1}{2}$

70 다음과 같은 표적지에 화살을 쏘았을 때, 색칠된 부분에 맞을 확률은?(단, 화살은 무조건 표적지 내에 맞는다고 가정한다)

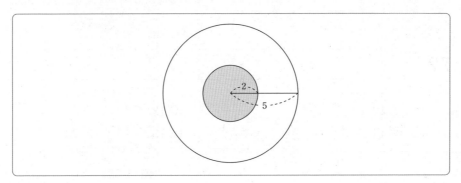

① $\dfrac{1}{5}$

② $\dfrac{2}{5}$

③ $\dfrac{2}{25}$

④ $\dfrac{4}{25}$

기출

일정한 규칙으로 수를 나열할 때, 괄호 안에 들어갈 알맞은 숫자는?

| | 4 | 6 | 10 | 18 | ( ) | 66 |

① 32   ② 33
③ 34   ④ 35

해설

$$4 \xrightarrow{+2} 6 \xrightarrow{+4} 10 \xrightarrow{+8} 18 \xrightarrow{+16} (34) \xrightarrow{+32} 66$$
$$\times 2 \quad \times 2 \quad \times 2 \quad \times 2$$

답 ③

※ 일정한 규칙으로 수를 나열할 때, 괄호 안에 들어갈 알맞은 숫자를 고르시오[71~85].

71

| 5 | 9 | 21 | 57 | 165 | 489 | ( ) |

① 1,355   ② 1,402
③ 1,438   ④ 1,461

72

| 0 | 3 | 8 | ( ) | 24 | 35 | 48 |

① 12   ② 13
③ 14   ④ 15

73

| 2 | −4 | 8 | −16 | 32 | −64 | 128 | ( ) |

① 192   ② −192
③ −256   ④ 256

74

2	12	32	72	152	312	632	( )

① 1,252
③ 1,264

② 1,262
④ 1,272

75

1	-1	3	-5	11	-21	43	( )

① -85
③ 129

② -86
④ -129

76

1	8	22	50	106	218	( )

① 430
③ 442

② 436
④ 448

77

4	6	3	8	0	13	-8	( )

① -3
③ 18

② 15
④ 26

78

$$1 \quad 6 \quad -4 \quad (\quad) \quad -9 \quad 16$$

① 5   ② 9
③ 11   ④ 13

79

$$3{,}125 \quad 625 \quad 125 \quad 25 \quad (\quad) \quad 1$$

① 20   ② 14
③ 8   ④ 5

80

$$2 \quad 5 \quad (\quad) \quad 8 \quad -4 \quad 11$$

① -1 ② 6
③ 9   ④ -12

81

$$\frac{1}{3} \quad \frac{6}{10} \quad (\quad) \quad \frac{16}{94} \quad \frac{21}{283}$$

① $\dfrac{10}{31}$ ② $\dfrac{11}{31}$
③ $\dfrac{11}{45}$ ④ $\dfrac{11}{47}$

82

$$\frac{7}{11} \qquad \frac{2}{22} \qquad -\frac{4}{44} \qquad -\frac{11}{77} \qquad -\frac{19}{121} \qquad (\quad)$$

① $-\dfrac{26}{150}$ ② $-\dfrac{28}{176}$

③ $-\dfrac{22}{154}$ ④ $-\dfrac{38}{242}$

83

$$\frac{1}{3} \qquad \frac{4}{3} \qquad \frac{11}{6} \qquad \frac{13}{6} \qquad \frac{29}{12} \qquad (\quad)$$

① $\dfrac{10}{3}$ ② $\dfrac{19}{6}$

③ $\dfrac{31}{12}$ ④ $\dfrac{157}{60}$

84

$$\frac{4}{3} \qquad \frac{4}{3} \qquad (\quad) \qquad 8 \qquad 32 \qquad 160$$

① $\dfrac{1}{3}$ ② $\dfrac{8}{3}$

③ 1 ④ 2

85

$$0.7 \qquad 0.9 \qquad 1.15 \qquad 1.45 \qquad 1.8 \qquad (\quad)$$

① 2.0 ② 2.1

③ 2.15 ④ 2.2

유형 맛보기

기출

일정한 규칙으로 수를 나열할 때, 괄호 안에 들어갈 알맞은 숫자는?

	4	96	8	48	16	24	(	)	12	64

① 12　　　　　　　　　　　　② 16
③ 32　　　　　　　　　　　　④ 128

해설 홀수 항은 2씩 곱하는 수열이고, 짝수 항은 2씩 나누는 수열이다.　　　　　**답** ③

※ 일정한 규칙으로 수를 나열할 때, 괄호 안에 들어갈 알맞은 숫자를 고르시오[86~100].

86

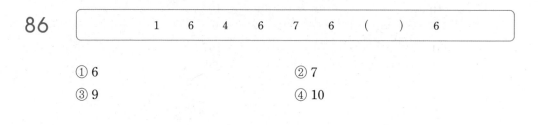

	1	6	4	6	7	6	(	)	6

① 6　　　　　　　　　　　　② 7
③ 9　　　　　　　　　　　　④ 10

87

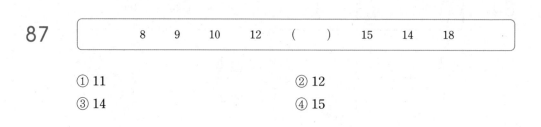

	8	9	10	12	(	)	15	14	18

① 11　　　　　　　　　　　　② 12
③ 14　　　　　　　　　　　　④ 15

88

	−23	1	$-\dfrac{13}{2}$	−10	$\dfrac{7}{4}$	100	(	)	−1,000

① −13　　　　　　　　　　　　② $\dfrac{1}{6}$

③ $\dfrac{47}{8}$　　　　　　　　　　　　④ −500

89

1	1	2	2	3	4	4	( )	5	11	

① 4 ② 5
③ 6 ④ 7

90

68	71	( )	70	73	68	82	65

① 6 ② 7
③ 69 ④ 34

91

61	729	120	243	238	81	( )	27

① 54 ② 81
③ 210 ④ 474

92

3	4	0	16	-5	36	-12	( )

① -36 ② 64
③ 72 ④ 121

93

( )	125	3	25	-9	5	27	1

① -3 ② -1
③ 5 ④ 17

94

| −7 | 3 | −2 | 4 | ( ) | 8 | 8 | 15 |

① 3
③ 9

② −5
④ −12

95

| 0 | 6 | 3 | 3 | 8 | −1 | 15 | ( ) |

① −3
③ 30

② −6
④ 72

96

| 2 | −8 | 3 | −6 | 4 | ( ) | 5 | −2 |

① −4
③ −1

② −3
④ 0

97

| 1 | 10 | 4 | 2 | 9 | 8 | 3 | ( ) | 12 | 4 | 7 | 16 |

① 5
③ 8

② 6
④ 9

98

| 2 | 3 | 4 | 4 | 9 | 16 | 16 | ( ) | 256 |

① 16
③ 81

② 32
④ 128

99

| 0.7 | 0.8 | 1.5 | 1.5 | 3.2 | 2.9 | 6.7 | ( ) |

① 5.4 ② 5.7

③ 12.9 ④ 13.4

100

$$\frac{1}{2} \quad -\frac{2}{3} \quad -\frac{5}{6} \quad -\frac{1}{2} \quad -\frac{23}{18} \quad -\frac{1}{3} \quad (\quad) \quad -\frac{1}{6}$$

① $-\dfrac{1}{4}$ ② $-\dfrac{23}{12}$

③ $-\dfrac{77}{54}$ ④ $-\dfrac{47}{72}$

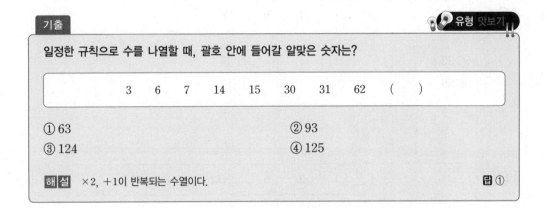

기출

유형 맛보기

일정한 규칙으로 수를 나열할 때, 괄호 안에 들어갈 알맞은 숫자는?

| 3 | 6 | 7 | 14 | 15 | 30 | 31 | 62 | ( ) |

① 63 ② 93

③ 124 ④ 125

해설 ×2, +1이 반복되는 수열이다. 답 ①

※ 일정한 규칙으로 수를 나열할 때, 괄호 안에 들어갈 알맞은 숫자를 고르시오[101~110].

101

| 4 | 7 | 3.5 | ( ) | 3.25 | 6.25 | 3.125 |

① 3.375 ② 6.5

③ 10 ④ 13

102

| | 0 | 1 | −2 | −1 | 2 | 3 | ( ) |

① 4   ② −5
③ −6   ④ 7

103

| | 1 | −3 | ( ) | −21 | −11 | 33 | 43 |

① 7   ② 12
③ −31   ④ −41

104

| | −3 | 1 | 1 | 9 | 17 | ( ) | 81 |

① 33   ② 35
③ 39   ④ 41

105

| | ( ) | 2 | 6 | −12 | −8 | 16 |

① −1   ② 0
③ 3   ④ 5

106

| | 2 | 4 | 7 | 21 | 42 | ( ) | 135 |

① 44   ② 45
③ 84   ④ 120

107

| −11 | −22 | −12 | −3 | −6 | ( ) | 1 |

① −9
② 2
③ 4
④ 6

108

| 77 | 80 | −40 | ( ) | 18.5 | 21.5 |

① −15.5
② −20
③ −37
④ 43

109

| 2 | −4 | 1 | −2 | 3 | ( ) |

① −6
② −4
③ 6
④ 9

110

| $\dfrac{3}{5}$ | $\dfrac{2}{5}$ | $-\dfrac{3}{5}$ | $-\dfrac{2}{5}$ | $-\dfrac{7}{5}$ | $-\dfrac{14}{15}$ | ( ) |

① $-\dfrac{29}{15}$
② $-\dfrac{18}{15}$
③ $-\dfrac{21}{15}$
④ $\dfrac{21}{15}$

기출

일정한 규칙으로 수를 나열할 때, 괄호 안에 들어갈 알맞은 숫자는?

1	2	3	5	8	(	)

① 9   ② 12

③ 13   ④ 16

해설 '(앞의 항)+(뒤의 항)=(다음 항)'이 되는 피보나치 수열이다.   답 ③

※ 일정한 규칙으로 수를 나열할 때, 괄호 안에 들어갈 알맞은 숫자를 고르시오[111~115].

111

−1	2	−2	−4	8	−32	(	)

① 64   ② −128

③ 256   ④ −256

112

25	24	8	23	−8	38	−39	(	)

① 78   ② 84

③ 121   ④ −121

113

−3	9	4	11	13	22	33	(	)

① 45   ② 53

③ 58   ④ 64

114

| 3 | 7 | −15 | 11 | −37 | 37 | −85 | ( ) |

① 85

② 111

③ 181

④ 183

115

| −5 | 7 | 2 | 9 | 11 | 20 | ( ) |

① 29

② 31

③ 33

④ 24

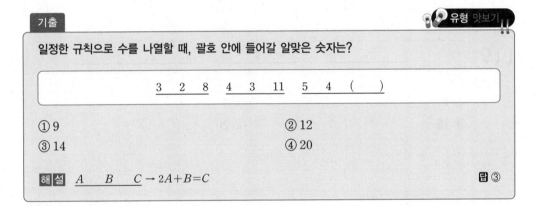

기출 **유형 맛보기**

일정한 규칙으로 수를 나열할 때, 괄호 안에 들어갈 알맞은 숫자는?

| 3 | 2 | 8 | 4 | 3 | 11 | 5 | 4 | ( ) |

① 9

② 12

③ 14

④ 20

해설 $\underline{A \quad B \quad C} \rightarrow 2A+B=C$ **답** ③

※ 일정한 규칙으로 수를 나열할 때, 괄호 안에 들어갈 알맞은 숫자를 고르시오[116~120].

116

| 2 | 3 | 6 | 3 | 4 | 12 | ( ) | 2 | 14 |

① 5

② 7

③ 10

④ 12

117

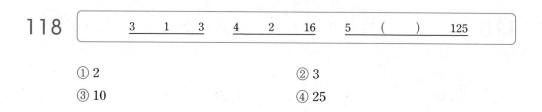

5   3   1   8   6   1   12   7   ( )

① 1   ② 4
③ 5   ④ 6

118

3   1   3   4   2   16   5   ( )   125

① 2   ② 3
③ 10   ④ 25

119

3   7   18   2   3   7   5   2   ( )

① 1   ② 3
③ 16   ④ 20

120

1   2   5   2   3   13   3   4   ( )

① 7   ② 12
③ 20   ④ 25

121 다음은 우리나라 정기간행물 등록현황에 관한 자료이다. 다음 자료를 변형했을 때 올바르게 나타낸 것은?

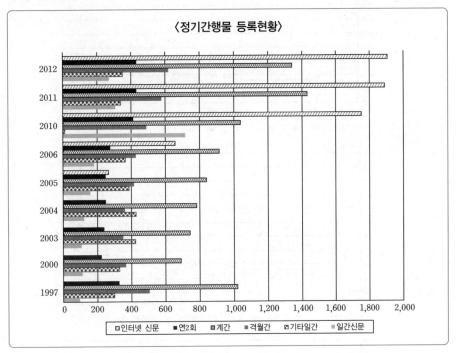

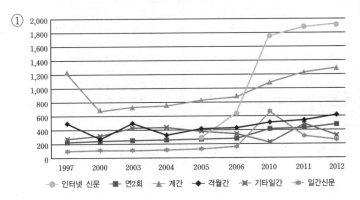

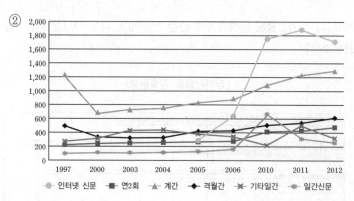

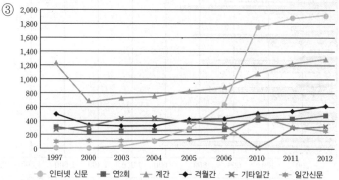

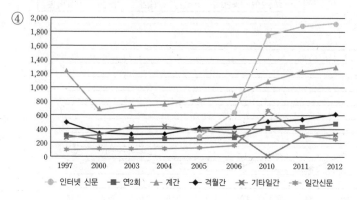

122 다음은 한국 · 미국 · 일본 3국 환율에 관한 자료이다. 다음 자료를 변형했을 때 올바르게 나타낸 것은?

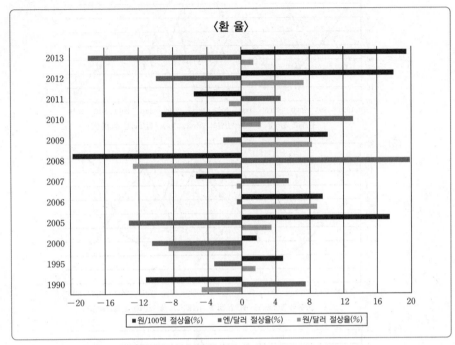

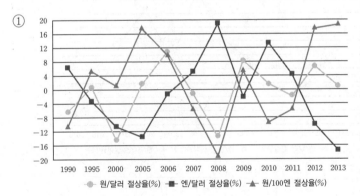

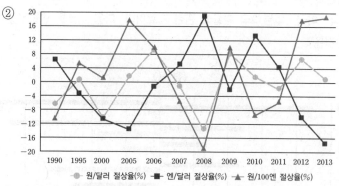

② 원/달러 절상율(%) ━■━ 엔/달러 절상율(%) ━▲━ 원/100엔 절상율(%)

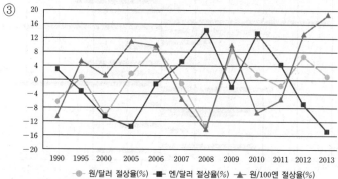

③ 원/달러 절상율(%) ━■━ 엔/달러 절상율(%) ━▲━ 원/100엔 절상율(%)

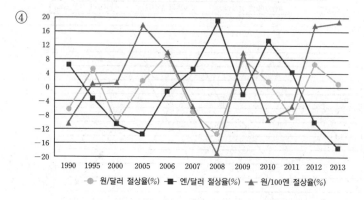

④ 원/달러 절상율(%) ━■━ 엔/달러 절상율(%) ━▲━ 원/100엔 절상율(%)

123 다음은 1998~2008년 매체별 광고비 현황이다. 다음 자료를 변형했을 때 올바르게 나타낸 것은?

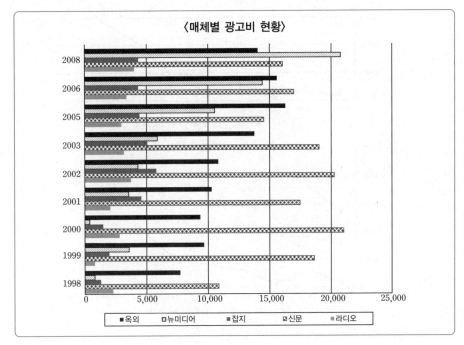

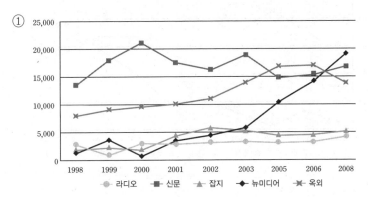

②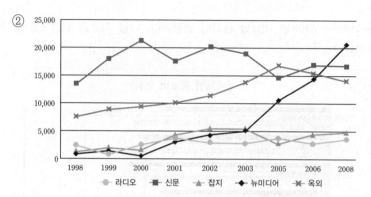

③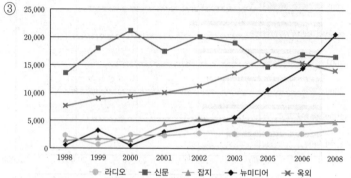

④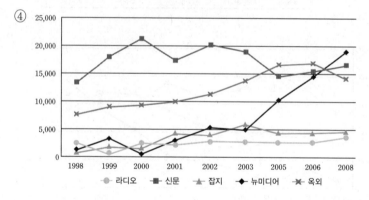

124 다음은 2003~2012년 펀드형 수탁액 관련 자료이다. 다음 자료를 변형했을 때 올바르게 나타낸 것은?

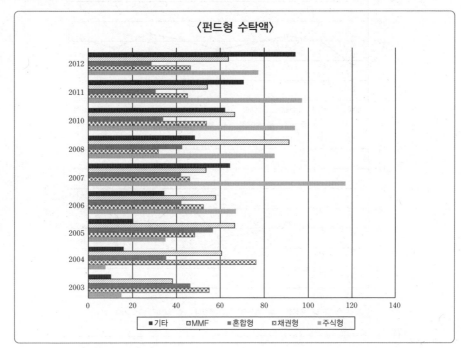

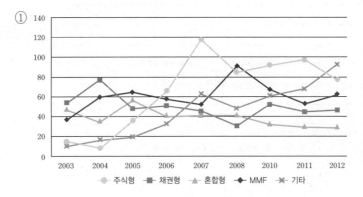

②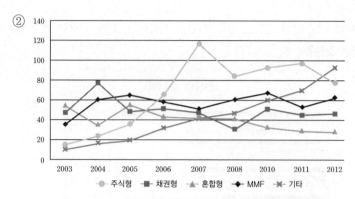

③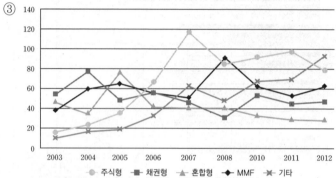

④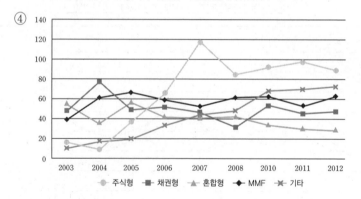

125 다음은 소비자 물가상승률에 관한 자료이다. 이 자료를 올바르게 나타낸 그래프는?

〈소비자 물가상승률〉

(단위 : %)

연 도	소비자 물가상승률	연 도	소비자 물가상승률
1993	4.8	1998	7.5
1994	6.3	1999	0.8
1995	4.5	2000	2.3
1996	4.9	2001	4.1
1997	4.4	2002	2.8

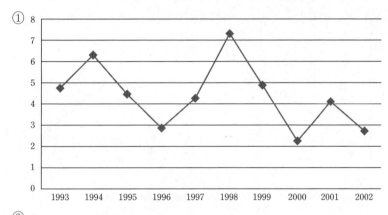

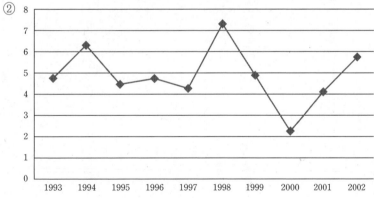

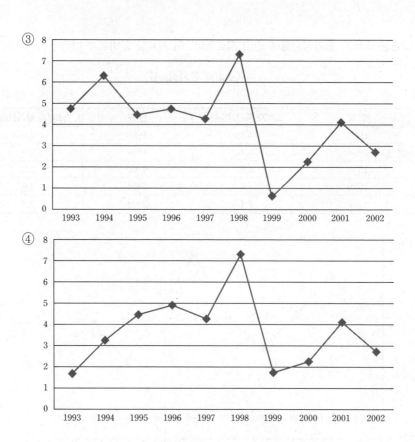

126 다음은 2004~2013년 우리나라 출생아 수에 관한 표이다. 이 자료를 올바르게 나타낸 그래프는?

〈출생아 수〉

(단위 : 천 명)

2004	2005	2006	2007	2008	2009	2010	2011	2012	2013
472.8	435	448.2	493.2	465.9	444.8	470.2	471.3	484.3	436.6

①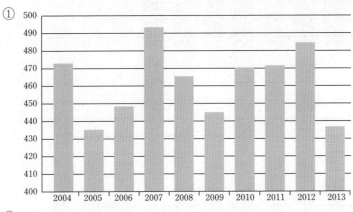

②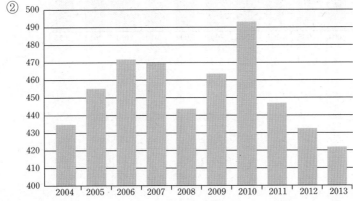

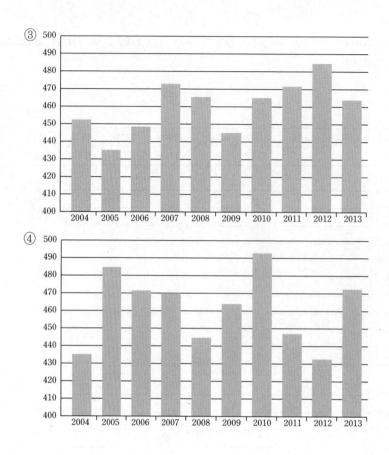

127 다음은 2003~2012년 우리나라 외화보유액 추이를 나타낸 것이다. 이 자료를 올바르게 나타낸 그래프는?

⟨외화보유액 추이⟩

(단위 : 억 불, %)

연 도	외화보유액	GDP 대비 외화보유액 비중	연 도	외화보유액	GDP 대비 외화보유액 비중
2012	3,270	28.2	2007	2,622	25.0
2011	3,064	27.5	2006	2,390	25.1
2010	2,916	28.7	2005	2,104	24.9
2009	2,700	32.4	2004	1,991	27.6
2008	2,012	21.6	2003	1,554	24.1

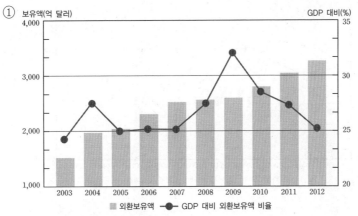

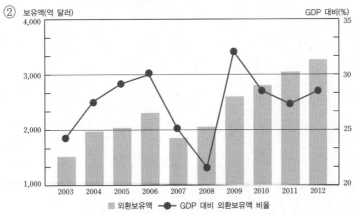

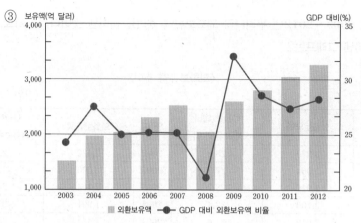

③ 보유액(억 달러) / GDP 대비(%)

외환보유액 ▬ GDP 대비 외환보유액 비율

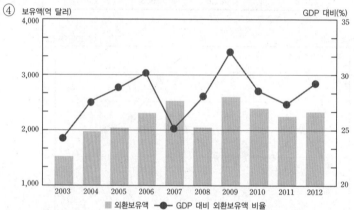

④ 보유액(억 달러) / GDP 대비(%)

외환보유액 ▬ GDP 대비 외환보유액 비율

128 다음 표는 우리나라 사업체 임금과 근로시간에 대한 자료이다. 이에 근거하여 정리한 것 중 옳지 않은 것은?

〈표 1〉 월평균 근로일수, 근로시간, 임금총액 현황

(단위 : 일, 시간, 천 원, %)

구 분	2006	2007	2008	2009	2010	2011	2012	2013
근로일수	22.7	22.3	21.5	21.5	21.5	21.5	21.3	21.1
근로시간	191.2	188.4	184.8	184.4	184.7	182.1	179.9	178.1
주당근로시간	44.1	43.4	42.6	42.5	42.5	41.9	41.4	41.0
전년 대비 근로시간 증감률	−2.0	−1.5	−1.9	−0.2	0.2	−1.4	−1.2	−1.0
임금총액	2,541	2,683	2,802	2,863	3,047	3,019	3,178	3,299
임금총액 상승률	5.7	5.6	4.4	2.2	6.4	−0.9	5.3	3.8

〈표 2〉 사업체 규모별 상용근로자의 근로시간 및 임금총액 현황

(단위 : 시간, 천 원)

구 분		전규모	5~9인	10~29인	30~99인	100~299인	300인 이상
2008	근로시간	184.8	187.0	188.5	187.2	183.8	177.2
	임금총액	2,802	2,055	2,385	2,593	2,928	3,921
2009	근로시간	184.4	187.3	187.6	185.8	185.1	177.0
	임금총액	2,863	2,115	2,442	2,682	2,957	3,934
2010	근로시간	184.7	186.9	187.1	187.0	187.9	175.9
	임금총액	3,047	2,212	2,561	2,837	3,126	4,291
2011	근로시간	182.1	182.9	182.9	184.7	184.3	176.3
	임금총액	3,019	2,186	2,562	2,864	3,113	4,273
2012	근로시간	179.9	180.8	180.2	183.3	182.8	173.6
	임금총액	3,178	2,295	2,711	3,046	3,355	4,424
2013	근로시간	178.1	178.9	178.8	180.8	180.3	172.5
	임금총액	3,299	2,389	2,815	3,145	3,484	4,583

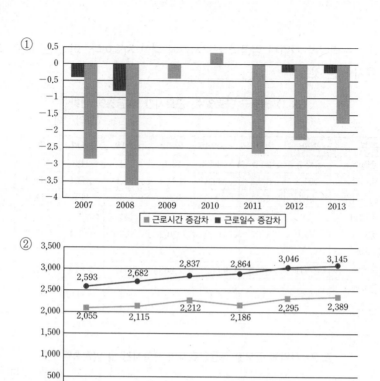

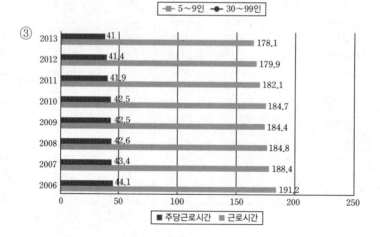

④

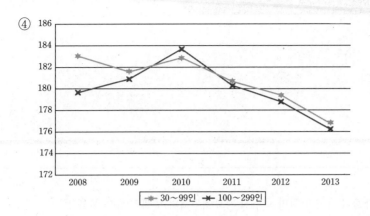

3장

문제해결

》 유형분석

문제해결은 자료가 2~3개 주어지며 주어진 자료에 5개의 문제가 있는 묶음 문제이다.

구 분	출제유형
문제해결	자료를 통해 상황 판단을 하는 유형

대체적으로 제시된 상황에서 원리를 추리하고 정보를 올바르게 해석·확장하여 해결하는 능력을 요구하는 문제 유형이다. 답이 있는 문제와 답이 없는 문제가 고루 섞여 있으며, 주어진 자료를 천천히 분석하면 어렵지 않게 해결할 수 있는 영역이다. 답이 없는 영역은 상황이 주어지고 자신이 그러한 상황에 있을 때 어떻게 문제해결을 할 것인지 물어보는 유형으로 인성검사와 비슷하다. 또한 기계의 설명서나 작동법이 자료로 제시된 뒤 간단히 옳고 그름을 판단하는 유형도 출제된다. 문제의 난이도는 높지 않으니 편안한 마음으로 정확하게 풀면 주어진 시간 안에 다 풀 수 있다.

※ 다음 제시된 자료를 통해 주어진 문제에 답하시오[1~5].

청소기가 제대로 작동하지 않을 경우 아래 사항들을 먼저 확인해보세요. 그래도 문제가 해결되지 않을 경우에는 가까운 서비스센터에 문의하세요.

1. 동작 관련

원 인	조 치
적외선 발신부가 몸에 가려져 있습니다.	적외선 발신부를 몸으로 가리지 말고 사용하세요.
손잡이 리모컨의 건전지 수명이 다하면 작동하지 않습니다.	손잡이 리모컨의 건전지를 교환해주세요.
전원 플러그가 콘센트에 바르게 꽂혀 있지 않습니다.	전원 플러그를 콘센트에 정확히 꽂아주세요.

2. 흡입력 약화 관련

원 인	조 치
출입구, 호스, 먼지통이 큰 이물질로 막혀 있거나 먼지통이 꽉 찼습니다.	막혀 있는 곳의 이물질을 제거해주세요.
필터가 더러워졌습니다.	본체에서 먼지통을 꺼낸 후 내부의 모터 보호필터를 청소용 솔로 청소해주세요.
배기필터가 더러워졌습니다.	본체에서 먼지통을 꺼낸 후 배기필터 윗단 손잡이를 잡고 들어 올려 배기필터를 꺼내주세요. 그리고 배기필터를 턴 뒤 본체에 밀어 넣은 후 먼지통을 삽입하세요.

3. 기타 문제 관련

증 상	원 인	조 치
사용 중에 갑자기 멈췄어요.	먼지통이 가득 찼을 때 청소기를 작동시키는 경우	제품 내부에 모터과열방지 장치가 있어 제품이 일시적으로 멈출 수 있습니다. 막힌 곳을 손질하시고 2시간 정도 기다렸다가 다시 사용하세요(단, 온도에 따라 달라질 수 있습니다).
	흡입구가 막힌 상태로 청소기를 작동시킨 경우	
	틈새용 흡입구를 장시간 작동시킨 경우	

먼지통에서 '딸그락' 거리는 소리가 나요.	먼지통에 모래, 구슬, 돌 등의 이물질이 있는지 확인하세요.	소음의 원인이 되므로 먼지통을 비워주세요.
청소기 배기구에서 냄새가 나요.	구입 후 초기 사용 3개월가량은 새제품이므로 냄새가 발생할 수 있습니다.	먼지통을 자주 비워 주시고 필터류를 자주 손질해 주세요.
	장기간 사용시 먼지통에 쌓인 이물질 및 필터류에 낀 먼지로 인해 냄새가 발생할 수 있습니다.	

위의 사항을 모두 확인했음에도 불구하고 고장 증상이 계속된다면 서비스센터에 고장 신고를 해주세요.

01 청소기 사용 중 흡입력이 약화됐다면 무엇을 먼저 확인해야 하는가?

① 청소기를 장기간 사용한 것이 아닌지 확인한다.
② 전원 플러그가 제대로 꽂혀 있는지 확인한다.
③ 먼지통이 꽉 찼는지 확인한다.
④ 청소기 전원코드가 꼬여있는지 확인한다.

답 ③

02 손잡이 리모컨의 건전지 수명이 다했을 때 어떤 조치를 취해야 하는가?

① 전원 플러그를 콘센트에 제대로 꽂는다.
② 건전지를 교체한다.
③ 건전지 정품 여부를 확인한다.
④ 리모컨을 교체한다.

답 ②

03 청소기 사용 중 작동이 멈췄을 때 원인과 관련 없는 것은?

① 먼지통에 먼지가 가득 찼을 경우
② 구입한 지 얼마 안됐을 경우
③ 전원 플러그가 뽑혔을 경우
④ 흡입구가 막혔을 경우

답 ②

04 배기필터가 더러워졌을 때 가장 먼저 해야 할 일은?

① 호스 입구의 먼지를 제거한다.
② 본체를 물로 닦는다.
③ 보호필터를 청소용 솔로 청소한다.
④ 본체에서 먼지통을 꺼낸다.

답 ④

05 배기구에서 냄새가 나서 먼지통을 비워도 같은 상황이 발생한다면 어떻게 해야 하는가?

① 적외선 발신부를 확인한다.
② 구입한 지 3개월이 지났다면 고장 신고를 한다.
③ 배기구 입구를 물로 세척한다.
④ 다시 먼지통을 비운다.

답 ②

※ 다음 조건을 읽고 주어진 물음에 답하시오[1~5].

〈조건1〉
• 부서원은 민지, 호영, 민서, 수현, 혜진 5명이다.
• 과장은 회식을 제의했고, 부서원 다섯 사람 모두 선약이 있다.
• 과장은 부서원 중 참석 희망자가 3명 이상이면 이들만을 대상으로 회식을 실시한다.
• 참석 희망 여부는 한 번 결정하면 변경이 불가능하고, 각 부서원은 다른 사람이 어떤 결정을 내릴 것인지 알지 못한다.
• 선약이 있을 때, 회식참석을 결정하면 선약을 미리 취소해야 하고, 회식불참을 결정하면 선약은 지켜진다.

〈조건2〉
– 회식과 선약 간 부서원의 편익 –

• 회식참석을 결정하고 회식이 실시되면, 편익은 (참석 부서원 수)×3이다. 그러나 회식참석을 결정했을지라도 회식이 취소되면, 편익은 0이다.
• 회식불참을 결정했으나 회식이 실시되면, 편익은 (선약의 편익)–(참석 부서원 수)이다. 그러나 회식불참을 결정하고 회식도 취소되면, 선약의 편익을 그대로 얻는다.

부서원의 행동 \ 회식 실시 여부	실 시	취 소
회식참석 · 선약취소	(참석 부서원 수)×3	0
회식불참 · 선약실행	(선약의 편익)–(참석 부서원 수)	선약의 편익

01 다음 중 조건에 따른 내용으로 적절하지 않은 것은?

① 회식참석 시에 얻을 수 있는 최대의 편익은 15이다.

② 회식참석을 선택했고, 회식이 실제로 실시되었을 때 얻을 수 있는 최소의 편익은 9이다.

③ 선약실행 시에 얻을 수 있는 최소의 편익은 선약의 편익에서 5를 뺀 만큼의 편익이다.

④ 부서원이 자신의 편익을 극대화하고자 할 때, 선약의 편익이 0이라면 그 부서원은 회식참석을 선택할 것이다.

02 민지의 선약은 12의 편익이 있다. 이때, 조건에 따른 내용으로 적절하지 않은 것은?

① 민지가 선약실행을 선택했을 때 얻을 수 있는 최대의 편익은 회식이 취소되었을 경우에 발생한다.

② 민지가 선약실행을 선택했을 때 얻을 수 있는 최소의 편익은 8이다.

③ 민지가 선약실행을 선택했을 때의 최대 편익은 회식참석을 선택했을 때의 최대 편익보다 크다.

④ 민지는 선약실행을 선택했고 회식에 참석하는 부서원의 수가 3명일 경우, 민지의 편익과 회식에 참석한 부서원 중 한 명의 편익은 동일하다.

03 호영의 선약은 15의 편익이 있다. 이때, 조건에 따른 내용으로 다음 중 적절하지 않은 것은?

① 호영이 회식참석을 선택한 경우에서의 최대 편익과 선약실행을 선택한 경우에서의 최대 편익은 같다.

② 만약 호영을 제외한 나머지 부서원 4명 모두가 회식에 참석한다면, 회식에 참석한 부서원 중 한 명의 편익은 호영의 편익보다 작다.

③ 호영이 선약실행을 선택했을 때 회식이 실시된 경우, 호영이 얻을 수 있는 최대 편익은 12이다.

④ 호영이 자신이 얻을 수 있는 편익의 최대치를 얻기 위한 확률을 높이기 위해서는 회식참석보다는 회식불참을 선택하여야 한다.

04 민서의 선약은 8의 편익이, 수현의 선약은 10의 편익이 있다. 다음 중 적절하지 않은 것은?

① 민서가 회식참석을 선택하고 회식이 실시되었을 때, 민서는 선약을 실행했을 때보다 무조건 더 큰 편익을 얻는다.

② 수현이 회식참석을 선택하고 회식이 실시되었을 때, 수현은 선약을 실행했을 때보다 작은 편익을 얻을 수도 있다.

③ 민서를 제외한 두 명의 부서원만이 회식참석을 선택했을 때, 민서는 회식참석을 선택한 부서원 중 한 명보다 더 높은 편익을 얻는다.

④ 수현을 제외한 세 명의 부서원만이 회식참석을 선택했을 때, 수현은 회식참석을 선택한 부서원 중 한 명보다 더 높은 편익을 얻는다.

05 혜진의 선약은 10 이상의 편익을 지닌다. 혜진이 선약을 실행할 경우의 최대 편익과 회식에 참석할 경우의 최소 편익의 차가 5일 때, 혜진이 선약을 실행할 경우 얻을 수 있는 편익 중 세 번째로 높은 것은?

① 10 ② 11
③ 12 ④ 13

※ 다음 자료를 읽고 주어진 물음에 답하시오[6~10].

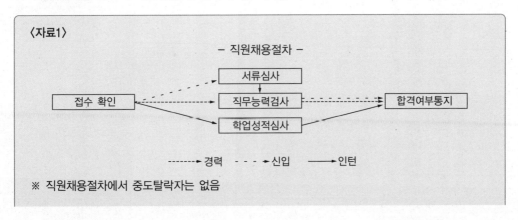

〈자료1〉
– 직원채용절차 –

접수 확인 → 서류심사 → 직무능력검사 → 합격여부통지
접수 확인 → 학업성적심사
직무능력검사 ↑ (서류심사에서 내려옴)

------- 경력 - - - 신입 ──→ 인턴

※ 직원채용절차에서 중도탈락자는 없음

〈자료2〉

- 지원유형별 접수건수 -

지원유형	접수(건)
신 입	20
경 력	18
인 턴	16

※ 지원유형은 신입, 경력, 인턴의 세 가지 유형이 전부임

〈자료3〉

- 업무단계별 1건당 처리비용 -

업무단계	처리비용(원)
접수확인	500
서류심사	2,000
직무능력검사	1,000
학업성적심사	1,500
합격여부통지	400

※ 업무단계별 1건당 처리비용은 지원유형에 관계없이 동일함

06 **직원채용에 관한 다음의 내용 중 옳지 않은 것을 고르시오.**

① 경력의 직원채용절차에는 직무능력검사가 포함되어 있다.

② 직원채용절차에서 신입유형만이 유일하게 서류심사가 있다.

③ 접수건수가 제일 높은 지원유형의 채용절차에는 학업성적심사가 포함되어 있다.

④ 1건당 가장 많은 처리비용이 드는 업무단계는 서류심사이다.

07 직원채용에 관한 다음의 내용 중 옳지 않은 것을 고르시오.

① 모든 지원유형의 직원채용절차는 업무단계별 1건당 처리비용이 가장 낮은 단계로 시작된다.

② 접수건수가 두 번째로 많은 지원유형은 접수건수가 제일 많은 지원유형보다 직원채용절차의 처리비용이 낮다.

③ 1건당 처리비용이 두 번째로 많이 드는 업무단계는 인턴의 직원채용절차에만 포함되어 있다.

④ 신입의 직원채용절차에는 1건당 처리비용이 제일 많이 드는 업무단계와 제일 적게 드는 업무단계가 모두 포함되어 있다.

08 태일은 신입직원채용에, 찬승은 경력직원채용에 접수하였다. 다음 중 적절하지 않은 것은?

① 태일이 접수한 유형의 직원채용절차를 처리하기 위해서는 3,900원의 비용이 필요하다.

② 찬승이 접수한 유형의 직원채용절차를 처리하기 위해서는 2,900원의 비용이 필요하다.

③ 태일이 접수한 유형의 직원채용절차에는 찬승이 접수한 유형의 직원채용절차에 없는 절차가 있다.

④ 만약 유형별 모집 인원이 동일하다면, 태일이 접수한 유형의 경쟁률이 더 높다.

09 접수자들 가운데에서 지원유형별로 신입직원 5명, 경력직원 3명, 인턴직원 2명을 선발한다고 할 때, 다음 중 적절하지 않은 것은?

① 신입유형 지원자의 합격률은 25%이다.

② 인턴유형 지원자의 합격률은 신입유형 지원자의 합격률의 절반이다.

③ 경력유형 지원자 중 불합격되는 사람의 비율은 6명 중 5명꼴이다.

④ 지원유형 중 가장 합격률이 낮은 유형은 경력유형이다.

10 연호는 인턴직원채용에 접수하였다. 그런데 도중에 문제가 생겨 연호의 학업성적이 잘못 기입되고 말았다. 직원채용절차가 모두 끝나고 나서야 이 사실이 밝혀졌고, 인턴유형에 지원한 모든 접수자들의 직원채용절차를 문제가 생긴 단계에서부터 다시 처리하기로 하였다. 이때 재처리비용까지 감안하여 인턴직원채용절차를 처리하는 데에는 얼마의 비용이 사용되었겠는가?

① 67,200원   ② 68,800원
③ 70,400원   ④ 72,000원

※ 다음의 법 규정을 읽고 주어진 질문의 답을 고르시오[11~15].

제○○조 특허출원 관련 수수료는 다음 각 호와 같다.
1. 특허출원료
   가. 출원서를 서면으로 제출하는 경우 : 매건 5만 8천 원(단, 출원서의 첨부서류 중 명세서, 도면 및 요약서의 합이 20면을 초과하는 경우 초과하는 1면마다 1천 원을 가산한다)
   나. 출원서를 전자문서로 제출하는 경우 : 매건 3만 8천 원
2. 출원인 변경신고료
   가. 상속에 의한 경우 : 매건 6천 5백 원
   나. 법인의 분할 · 합병에 의한 경우 : 매건 6천 5백 원
   다. 기업구조조정 촉진법 제15조 제1항의 규정에 따른 약정을 체결한 기업이 경영정상화계획의 이행을 위하여 행하는 영업양도의 경우 : 매건 6천 5백 원
   라. '가' 목 내지 '다' 목 외의 사유에 의한 경우 : 매건 1만 3천 원

제○○조 특허권 관련 수수료는 다음 각 호와 같다.
1. 특허권의 실시권 설정 또는 그 보존등록료
   가. 전용실시권 : 매건 7만 2천 원
   나. 통상실시권 : 매건 4만 3천 원
2. 특허권의 이전등록료
   가. 상속에 의한 경우 : 매건 1만 4천 원
   나. 법인의 분할 · 합병에 의한 경우 : 매건 1만 4천 원
   다. 기업구조조정 촉진법 제15조 제1항의 규정에 따른 약정을 체결한 기업이 경영정상화계획의 이행을 위하여 행하는 영업양도의 경우 : 매건 1만 4천 원
   라. '가' 목 내지 '다' 목 외의 사유에 의한 경우 : 매건 5만 3천 원
3. 등록사항의 경정 · 변경(행정구역 또는 지번의 변경으로 인한 경우 및 등록명의인의 표시변경 또는 경정으로 인한 경우는 제외한다) · 취소 · 말소 또는 회복등록료 : 매건 5천 원

11 위 법 규정의 내용과 일치하지 않는 것은?

① 출원서를 서면으로 제출하는 경우가 전자문서로 제출하는 경우보다 특허출원 관련 수수료가 높다.

② 법인의 분할·합병에 의한 경우에 출원인 변경신고료는 매건 6천 5백 원이다.

③ 특허권의 실시권 중 통상실시권이 전용실시권보다 보존등록료가 낮다.

④ 기업구조조정 촉진법 제15조 제1항의 규정에 따른 영업양도의 경우가 상속에 의한 경우보다 특허권의 이전등록료가 낮다.

12 다영은 한 건의 특허출원을 위해 특허출원서를 작성하였다. 다영이 작성한 출원서의 첨부서류 중에서 명세서는 12장, 도면 및 요약서는 27장이었고, 이를 서면으로 제출하였다. 다영은 특허출원료로 얼마를 내야 하는가?

① 76,000원   ② 77,000원
③ 78,000원   ④ 79,000원

13 다음 중 한 건당 두 번째로 높은 금액의 수수료를 내야 하는 상황은?

① 법인의 분할·합병에 의해 출원인 변경을 해야 하는 경우

② 특허권의 통상실시권을 설정하는 경우

③ 특허출원서를 전자문서로 제출하는 경우

④ 특허권 등록사항의 회복등록료를 내야 하는 경우

14 다음 중 특허권의 이전등록료의 금액이 나머지와 다른 경우는?

① 법인회사 A가 법인회사 B에 합병되어 B가 A의 특허권을 이전받는 경우

② 법인회사 C가 회사 D와 E로 분할되면서, C가 가지고 있던 특허권을 E가 이전받는 경우

③ 법인회사 F가 법인회사 G에게 특허권을 판매하는 경우

④ 아버지의 특허권을 아들이 상속받는 경우

15   기훈은 증조부로부터 두 건의 특허권을 상속받아 그 특허권의 등록을 자신의 명의로 이전하였다. 기훈은 상속받은 두 건의 특허권 중 한 건에 대해서는 전용실시권을 가지고 있으며, 다른 한 건에 대해서는 통상실시권을 가지고 있다. 기훈이 이 두 건의 특허권에 대해 지불한 수수료의 총액은 얼마인가?

① 129,000원
② 143,000원
③ 152,000원
④ 168,000원

※ 다음 자료를 읽고 주어진 질문의 답을 고르시오[16~20].

〈자료1〉

제○○조(입학전형)
① 고등학교 신입생의 선발은 전기와 후기로 나누어 행하되, 전문계고등학교, 예·체능계고등학교, 특수목적고등학교, 특성화고등학교, 자율형사립고등학교(이하 '전기 고등학교')는 전기에 선발하며, 후기에 선발하는 고등학교는 전기에 해당되지 아니하는 모든 고등학교(이하 '후기 고등학교')로 한다.
② 평준화지역의 전기 고등학교 및 비평준화지역의 모든 고등학교는 입학전형을 실시한다.
③ 평준화지역의 후기 고등학교에 입학하고자 하는 자는 학교를 선택할 필요없이 해당 지역의 교육감에게 입학의사를 밝히면 된다.

제○○조(입학전형의 지원)
① 평준화지역의 전기 고등학교 및 비평준화지역의 고등학교의 입학전형에 응시하고자 하는 자는 그가 졸업한 혹은 졸업예정인 중학교가 소재하는 지역의 1개 학교를 선택하여 해당 학교에 지원하여야 한다. 다만 다음 각 호의 어느 하나에 해당하는 자는 그가 거주하는 지역의 1개 학교를 선택하여 해당 학교에 지원하여야 한다.
ㄱ. 특성화중학교 졸업예정자 및 졸업자
ㄴ. 자율학교로 지정받은 중학교 졸업예정자 및 졸업자
② 제1항의 규정에도 불구하고 전기 고등학교 중 다음 각 호의 어느 하나에 해당하는 고등학교의 입학전형에 응시하려는 자는 그가 졸업한 혹은 졸업예정인 중학교가 소재하는 지역(제1항 각 호의 어느 하나에 해당하는 자는 그가 거주하는 지역)에 관계없이 1개 고등학교를 선택하여 해당 고등학교에 지원하여야 한다.
ㄱ. 특수목적고등학교
ㄴ. 특성화고등학교
③ 제1항 본문의 규정에도 불구하고 비평준화지역의 후기 고등학교에 입학하고자 하는 자는 2개 이상의 학교를 선택하여 지원할 수 있다.

〈자료2〉

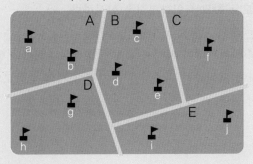

– 지역 A, B, C, D, E의 고등학교 분포 –

A, B : 평준화지역
C, D, E : 비평준화지역

a 고등학교	특수목적고등학교	f 고등학교	일반계고등학교
b 고등학교	예 · 체능계고등학교	g 고등학교	특수목적고등학교
c 고등학교	자율형사립고등학교	h 고등학교	예 · 체능계고등학교
d 고등학교	전문계고등학교	i 고등학교	일반계고등학교
e 고등학교	일반계고등학교	j 고등학교	특성화고등학교

16 다음 중 입학희망자가 학교를 선택할 필요 없이 해당 지역의 교육감에게 입학의사를 밝히면 되는 학교는?

① a 고등학교　　　　　　　　　② b 고등학교
③ e 고등학교　　　　　　　　　④ f 고등학교

17 A~E 지역의 고등학교 입학전형에 대한 다음의 정보 중 잘못된 내용은?

① C, D, E 지역의 모든 고등학교는 입학전형을 실시한다.

② D 지역에 살고 있는 특성화중학교 졸업예정자 및 졸업자는 g 고등학교나 h 고등학교에 지원해야 한다.

③ 자율학교로 지정받은 중학교 졸업예정자 및 졸업자는 그가 졸업한 혹은 졸업 예정인 중학교가 소재하는 지역의 1개 학교를 선택하여 해당 학교에 지원하여야 한다.

④ f 고등학교나 i 고등학교에 입학하고자 하는 자는 2개 이상의 학교를 선택하여 지원할 수 있다.

18 A~E 지역의 고등학교 및 입학조건에 대한 다음의 정보 중 옳은 것은?

① B 지역의 모든 학교는 입학전형을 실시한다.

② D 지역에는 후기 고등학교가 없다.

③ a 고등학교에 지원하기 위해서는 A 지역에 거주해야만 한다.

④ c 고등학교에 지원하기 위해서는 B 지역 소재의 중학교의 졸업자거나 졸업예정자여야만 한다.

19 다희, 지연, 민영, 성원은 모두 중학교 졸업자이다. 다음 중 입학 희망 고등학교에 대한 지원이 불가능한 경우는?

	학 생	거주지역	출신 중학교 소재지	출신 중학교 특성	입학 희망 고등학교
①	다 희	A	B	자율학교 지정	b 고등학교
②	지 연	C	C	일반중학교	f 고등학교
③	민 영	B	D	일반중학교	d 고등학교
④	성 원	E	D	특성화중학교	g 고등학교

20 정민은 A 지역에 거주하는 특성화중학교 졸업자이다. 다음 중 정민이 지원할 수 없는 학교는?

① b 고등학교

② c 고등학교

③ g 고등학교

④ j 고등학교

4장

집중력

>> 유형분석

구 분	출제유형
집중력	• 제시된 문자와 같은 문자의 개수를 구하는 유형 • 표에 없는 문자를 찾는 유형

집중력은 제시된 문자와 같은 문자의 개수 구하는 문제와 표에 없는 문자 찾는 문제가 출제된다.

한글, 영어 알파벳, 한자, 특수문자 등 다양한 문자들이 1개에서 많게는 4~5개까지 제시되며 비교적 간단한 문제가 출제되지만 신속성과 정확성을 요구한다. 또한 보기에는 서로 비슷한 문자들이 주어지므로 짧은 시간에 많은 문제를 풀려다 보면 자칫 실수하기 쉽다.

따라서 본 도서의 문제들을 통해 지문의 문자를 입술로 조용히 되새기며 빠르게 펜으로 체크를 해가며 개수를 세는 등 자신만의 노하우를 터득해 두는 것이 좋다.

유형 맛보기

기출

다음 제시된 문자와 같은 것은 몇 개인가?

넨											

겐	핸	랜	펜	챈	벤	텐	넨	멘	센	엔	넨
덴	젠	첸	텐	댄	렌	샌	넨	잰	밴	긴	빈
갠	딘	넨	팬	깬	앤	뺀	켄	젠	넨	앤	전
뗀	넨	런	넌	넨	건	힌	잰	민	천	컨	넨

① 2개
③ 5개
② 3개
④ 7개

답 ④

※ 다음 제시된 문자와 같은 것의 개수를 구하시오[1~30].

01

拍											

阿	珀	茶	自	呪	主	珍	拍	球	棧	兜	多
眼	碼	戊	但	迫	迫	是	尸	舶	拍	朴	搏
拍	泊	押	相	吐	森	牧	放	沓	搏	琠	抵
捨	恃	身	挑	拍	珏	汗	胛	疽	柯	合	引

① 1개
③ 3개
② 2개
④ 4개

02

QO

QO	OQ	FI	HK	FO	SX	KL	LJ	AI	XS	BC	NP
MN	DE	QQ	CU	ER	QO	SV	UU	YW	TJ	AQ	IT
PQ	ZR	BG	EH	SI	QA	QO	RX	WP	VI	JW	PC
FK	QN	YR	AB	XO	CQ	OC	MQ	NJ	QO	GH	DX

① 1개 ② 2개
③ 4개 ④ 5개

03

r

n	m	j	d	u	n	o	l	b	d	e	s
r	a	l	p	q	x	z	w	i	v	a	b
c	u	v	e	k	j	t	f	h	r	x	m
b	y	g	z	t	n	e	k	d	s	j	p

① 1개 ② 2개
③ 3개 ④ 4개

04

5248

2489	5892	8291	4980	2842	5021	5984	1298	8951	3983	9591	5428
5248	5147	1039	7906	9023	5832	5328	1023	8492	6839	7168	9692
7178	1983	9572	5928	4726	9401	5248	5248	4557	4895	1902	5791
4789	9109	7591	8914	9827	2790	9194	3562	8752	7524	6751	1248

① 1개 ② 2개
③ 3개 ④ 4개

05

間

閘	江	匣	家	歌	柯	茄	感	敢	坎	却	覺
件	簡	間	改	記	開	起	杆	呵	俱	求	勾
日	擧	聞	客	鉀	葛	問	刭	間	訶	竿	澗
間	妓	機	鈿	告	碣	賈	坎	岡	舡	間	碉

① 1개 ② 3개
③ 4개 ④ 5개

06

CUV

CUP	COI	CJY	CHI	CSQ	COL	CNY	CUW	CXZ	CVV	CUV	CBA
CZQ	CRP	CUV	CUU	CUA	CLF	CTD	CWE	CII	CUX	CUJ	CPM
CAR	CTY	CYU	CEA	CYT	COL	CUV	CUV	CYY	CEZ	CVB	CKH
CUV	CUR	CRS	CYI	CWR	COP	CRF	CEW	CIO	CYZ	CUO	CUV

① 2개 ② 3개
③ 5개 ④ 6개

07

아

가	①	B	빠	⑪	⑫	G	라	F	K	J	아
35	아	자	O	H	A	나	빠	18	W	차	①
마	E	40	타	라	아	33	Z	N	사	6	하
아	다	T	D	V	25	Y	R	카	C	아	S

① 1개 ② 2개
③ 4개 ④ 5개

08

5690

5190	5123	5918	2756	3829	5027	5321	4827	9301	5912	5690	5990
5417	5001	5890	1204	2940	9690	4920	5960	5690	4011	7207	7923
5690	5690	3479	1246	3272	5178	5698	5973	1268	6784	2561	8928
5228	7912	2546	5690	5680	1456	5690	5390	8257	9031	3683	1234

① 2개 ② 3개
③ 5개 ④ 6개

09

羅

難	羅	卵	落	諾	拉	衲	捼	廊	朗	尼	内
奈	老	怒	路	懦	蘿	瑙	泥	多	羅	羅	茶
對	代	臺	道	都	羅	搗	儺	邏	頭	杜	羅
羅	徒	團	但	答	踏	蘿	累	淚	畓	荳	屠

① 2개 ② 3개
③ 5개 ④ 6개

10

569

560	572	578	591	502	589	587	593	521	569	523	507
569	562	520	571	530	572	512	588	572	553	597	569
572	569	589	515	566	596	522	555	569	500	543	568
529	560	542	569	558	587	517	524	584	516	534	569

① 3개 ② 5개
③ 7개 ④ 8개

1장
2장
3장
4장
핵심콕콕!! 암기쏙쏙!!

11

갠

갠	앤	벤	덴	뺀	깬	젠	넨	엔	핸	펜	탠
쟌	센	멘	맨	캔	쟨	쎈	렌	갠	샌	현	진
편	겐	샌	변	앤	넨	뺀	헨	짼	겐	앤	짼
탠	먼	옌	갠	쩬	멘	샌	전	펜	텐	랜	갠

① 2개   ② 3개
③ 5개   ④ 6개

12

TI

TI	TL	II	FL	RI	QL	DI	JL	CI	TL	TI	AI
SL	ZI	VL	OT	UL	GI	TT	XL	WI	YL	RL	JL
AI	QI	AT	EI	BL	ZT	XI	QT	PL	KI	AL	TY
XT	QL	ZI	UY	SI	CT	BI	DL	TI	GL	IL	LT

① 2개   ② 3개
③ 5개   ④ 6개

13

p

p	i	y	f	b	j	n	r	c	n	i	h
d	c	n	j	m	l	m	h	u	k	o	p
d	x	d	b	h	q	i	p	g	p	v	q
f	q	s	a	b	x	z	m	y	e	w	p

① 2개   ② 3개
③ 5개   ④ 6개

14

磨

馬	買	每	昧	枚	磨	美	米	眉	楣	摩	武
貿	茂	汝	蕪	无	刕	物	網	忘	萬	閔	磨
珉	抹	母	冒	磨	魔	密	娩	万	麻	悶	們
茉	埋	梶	渼	某	牡	罔	莽	痲	孟	盲	萌

① 2개   ② 3개
③ 4개   ④ 5개

15

6812

8739	5710	1638	7839	7812	1739	3289	1938	4622	6812	8193	9182
7921	1435	2461	5879	1487	6812	4819	8593	8729	8271	8264	4784
8472	6812	1489	4178	8729	1487	4781	4197	6287	6124	2892	7923
6824	3278	1265	1468	4178	7128	3157	3268	3598	8213	2164	4187

① 1개   ② 2개
③ 3개   ④ 4개

16

0.27

0.41	0.24	0.12	0.21	0.73	0.53	0.42	0.56	0.91	0.98	0.13	0.55
0.27	0.37	0.93	0.01	0.06	0.93	0.33	0.67	0.18	0.29	0.97	0.88
0.75	0.58	0.67	0.28	0.04	0.27	0.12	0.38	0.29	0.27	0.35	0.58
0.08	0.12	0.11	0.79	0.23	0.19	0.89	0.99	0.24	0.27	0.18	0.42

① 1개   ② 2개
③ 3개   ④ 4개

1장

2장

3장

4장

핵심문제!! 읽겨속속!!

17

ち

あ	な	へ	や	ん	じ	ゆ	む	め	の	よ	ち
ち	た	が	り	さ	ゐ	き	て	す	ち	ら	な
づ	ば	ま	ち	ひ	う	ぷ	れ	ぉ	る	づ	え
ち	よ	か	わ	ぐ	い	ぜ	ち	ぱ	み	あ	ぬ

① 2개 ② 3개
③ 5개 ④ 6개

18

YOL

YIA	YHI	YOL	YGG	YKL	YIOL	YGG	YCO	YHI	YIOL	YGG	YHI
YGG	YIOL	YCO	YHI	YHI	YGG	YOL	YIA	YOL	YCO	YIA	YKL
YIOL	YHI	YGG	YKL	YIA	YIOL	YGG	YKL	YHI	YHI	YIOL	YCO
YIA	YKL	YIOL	YHI	YCO	YKL	YIA	YIOL	YGG	YIA	YKL	YGG

① 2개 ② 3개
③ 5개 ④ 6개

19

♣

♣	☆	♥	♡	★	♣	☆	♥	♠	♥	☆	♡
★	♡	♣	♣	♠	★	♠	■	■	★	♣	☆
♠	☆	♥	★	■	♡	♣	♠	♠	♡	♣	♠
☆	★	♠	♡	☆	♠	♥	☆	♡	♥	♠	★

① 2개 ② 3개
③ 5개 ④ 6개

20

③

⑤	⑥	⑨	⑦	⑤	⑧	④	⑥	⑤	⑦	③	⑧
⑧	⑤	②	④	⑦	⑥	①	⑨	④	①	②	⑥
⑦	②	③	⑨	⑧	⑦	⑤	⑧	②	⑦	⑧	④
⑨	④	⑤	⑦	⑥	③	⑨	⑦	①	③	⑥	⑤

① 1개 ② 2개
③ 3개 ④ 4개

21

傍

方	芳	配	傍	徘	北	杯	氷	聘	反	伴	斑
發	拔	魃	跋	彬	賓	牝	頻	不	府	扶	傅
否	傍	粉	扮	佛	崩	傍	棚	雰	俯	赴	保
補	譜	奉	峰	封	甍	費	肥	庇	傍	裨	鼻

① 1개 ② 2개
③ 3개 ④ 4개

22

정

정	창	탕	경	향	펑	탕	챵	팅	향	정	경
경	펑	향	펑	경	챵	경	펑	탕	경	펑	팅
챵	펑	정	경	탕	향	정	경	챵	향	탕	펑
펑	정	향	챵	경	펑	탕	향	경	펑	챵	정

① 2개 ② 3개
③ 5개 ④ 6개

23

H

J	K	I	H	T	F	E	I	F	K	T	J
T	F	I	E	K	T	K	H	E	J	I	K
I	T	F	J	E	F	I	T	H	I	E	T
K	J	E	T	F	H	J	K	T	H	F	H

① 2개　　　　　　　　② 3개
③ 5개　　　　　　　　④ 6개

24

娑

思	射	寫	娑	似	詐	祠	算	散	珊	商	床
象	裳	淋	喪	參	苌	殺	撒	挿	澁	塞	生
甥	施	試	審	裟	芯	失	修	授	穗	狩	森
藪	裟	所	昭	炤	梳	松	術	娑	順	巡	盾

① 1개　　　　　　　　② 2개
③ 4개　　　　　　　　④ 5개

25

9543

9201	9402	9361	9672	9043	9543	9848	9904	9201	9361	9672	9543
9361	9672	9043	9904	9672	9848	9402	9043	9904	9043	9201	9672
9672	9543	9672	9402	9543	9201	9904	9361	9848	9402	9543	9361
9201	9043	9361	9543	9361	9043	9402	9543	9201	9672	9043	9201

① 2개　　　　　　　　② 3개
③ 6개　　　　　　　　④ 7개

26

蛾

牙	餓	安	眼	斡	峨	蛾	押	笠	李	利	梨
雨	祐	佑	盂	韻	殞	芸	汚	梧	鳴	寱	敖
溫	穩	邑	蛾	乙	陰	吟	逸	壹	蛾	剩	仍
蛾	駰	廿	央	鳶	軋	菴	餓	狎	俄	娥	蛾

① 3개
② 5개
③ 7개
④ 8개

27

↓

① 2개
② 3개
③ 5개
④ 6개

28

텽

탕	컹	펑	청	켱	텽	턍	컹	헝	팽	탱	켱
팽	탱	텽	뎽	헝	탱	텽	펄	캥	행	헝	떰
컹	헝	펑	펑	행	뎽	팽	펑	뎽	텽	펑	헝
펄	탕	켱	텽	텽	펑	켱	텽	탕	컹	컹	펄

① 2개
② 3개
③ 5개
④ 6개

29

恣

姿	炙	姉	再	載	恣	栽	指	祉	資	州	珠
宙	炷	趙	恣	操	兆	俎	朝	存	諍	裝	匠
掌	恣	棧	進	唇	袗	諮	只	廚	恣	種	從
悰	仲	徵	集	什	雜	戰	殿	顚	琠	咨	茨

① 1개   ② 2개
③ 3개   ④ 4개

30

0.58

0.75	0.24	0.58	0.18	0.67	0.28	0.56	0.48	0.62	0.53	0.82	0.58
0.18	0.48	0.11	0.53	0.49	0.58	0.98	0.82	0.71	0.58	0.64	0.82
0.51	0.85	0.51	0.53	0.82	0.38	0.68	0.18	0.26	0.49	0.45	0.27
0.58	0.61	0.79	0.82	0.38	0.53	0.49	0.58	0.48	0.28	0.14	0.53

① 2개   ② 3개
③ 5개   ④ 6개

기출   **유형 맛보기**

다음 표에 제시되지 않은 문자는 무엇인가?

17	26	64	14	82	10	42	19	67	88	28	45
61	71	30	76	93	54	75	29	16	43	83	98
99	47	69	52	62	25	38	66	30	50	21	80
79	55	34	61	90	83	49	23	22	39	11	95

① 17   ② 25
③ 30   ④ 72

답 ④

※ 다음 표에 제시되지 않은 문자를 고르시오[31~60].

31

자각	촉각	매각	소각	기각	내각	후각	감각	둔각	망각	각각	엇각
기각	내각	청각	조각	갑각	해각	종각	자각	주각	간각	매각	시각
망각	지각	갑각	엇각	주각	촉각	매각	청각	부각	내각	조각	기각
대각	후각	촉각	자각	후각	망각	조각	내각	기각	촉각	청각	감각

① 지각　　　　　　② 소각
③ 부각　　　　　　④ 두각

32

ten	turtle	tube	tab	tell	twins	trap	tall	ton	tint	trip	tent
tor	travel	tone	toy	tag	toxic	try	tax	tate	tear	top	torch
tiny	target	true	take	talk	touch	time	tip	tilt	turn	then	think
tomb	tight	tune	tire	tort	taste	task	tidy	test	topic	taw	title

① tag　　　　　　② term
③ tor　　　　　　④ tab

33

家	價	可	羅	裸	螺	多	茶	喇	馬	麻	社
事	思	亞	自	兒	車	者	次	借	加	他	波
河	打	字	韓	産	塞	水	需	難	志	只	足
存	培	伯	卜	絢	刻	釜	負	愷	价	芷	裳

① 思　　　　　　② 泊
③ 塞　　　　　　④ 培

34

독재	독도	독감	독주	독배	독일	독사	독니	독창	독단	독채	독진
독자	독학	독점	독대	독고	독거	독초	독무	독서	독백	독학	독특
독촉	독방	독해	독락	독설	독도	독주	독려	독점	독초	독파	독채
독단	독채	독배	독무	독니	독종	독자	독도	독락	독고	독진	독촉

① 독립　　　　　　　　　② 독해
③ 독일　　　　　　　　　④ 독서

35

학교	종교	선교	수교	국교	사교	시교	하교	주교	불교	조교	휴교
기교	도교	가교	정교	고교	회교	한교	연교	장교	죽교	김교	구교
현교	황교	경교	양교	보교	재교	단교	등교	아교	치교	포교	어교
석교	호교	서교	상교	풍교	모교	유교	광교	지교	제교	이교	자교

① 아교　　　　　　　　　② 종교
③ 회교　　　　　　　　　④ 천교

36

easy	echo	eddy	eight	elate	elect	effect	early	elder	erst	elicit	ego
elute	each	ept	edit	ethic	eel	eagle	edit	eject	end	enow	elf
epris	epic	eco	eat	elfin	elite	egypt	elint	edict	elm	enfin	egg
edu	elide	east	edge	earn	era	effort	emic	eye	else	elvan	ear

① each　　　　　　　　　② edit
③ entry　　　　　　　　④ epris

37

643	352	637	156	965	135	437	324	275	432	974	235
125	463	374	943	436	324	866	223	525	634	536	453
733	342	215	326	525	256	325	623	743	129	345	743
354	162	743	522	326	437	754	341	275	108	740	262

① 125
② 215
③ 965
④ 727

38

감	울	한	앗	죽	콩	국	합	투	각	김	사
애	키	송	매	넌	북	센	줄	종	그	차	길
릴	앵	추	티	크	지	버	예	물	촌	단	피
리	모	계	돈	술	쟁	집	군	해	진	새	즙

① 국
② 북
③ 버
④ 몰

39

☞	↑	▶	♤	♫	▼	＊	♥	○	☎	♣	®
◇	▲	◁	→	#	▣	♪	↔	◑	↓	♨	■
◆	△	■	☎	⊙	♧	□	&	◀	®	₩	▽
▷	●	★	◈	◑	♡	@	♠	※	←	☏	★

① ↑
② ☆
③ ▶
④ ♥

40

反	半	般	班	潘	斑	貧	彬	斌	賓	嬪	濱
頻	牝	浜	玭	各	角	覺	陝	沈	金	審	深
甚	尋	芯	諶	什	拾	新	申	愼	愼	臣	迅
娠	莘	晨	燨	蜃	侁	善	線	選	瑄	船	鮮

① 半　　　　　　　　② 芯
③ 角　　　　　　　　④ 粕

41

rice	run	ruler	rose	race	rinse	rind	rib	role	ratio	rude	roam
read	rap	rank	rigid	refer	reply	robot	riot	rise	room	raw	robin
root	roar	ring	rate	rob	ray	roll	ride	rural	rapid	rye	rant
rule	rime	rapt	raise	risk	ruin	right	rim	roof	rival	robe	rust

① room　　　　　　② rapt
③ refer　　　　　　④ rent

42

지도	지갑	지주	지하	지출	지뢰	지참	지표	지로	지연	지대	지반
지방	지구	지식	지조	지성	지탄	지식	지지	지층	지갑	지구	지진
지출	지적	지대	지진	지빈	지참	지적	지연	지빈	지탄	지도	지성
지조	지지	지주	지로	지하	지방	지층	지반	지뢰	지출	지연	지표

① 지성　　　　　　② 지적
③ 지침　　　　　　④ 지층

43

で	あ	び	ぶ	う	ぬ	め	よ	え	わ	か	わ
ぢ	と	お	つ	せ	ろ	へ	い	の	べ	ぴ	と
っ	わ	で	め	え	お	ぶ	ぢ	ゎ	せ	べ	の
び	う	か	ろ	あ	ぢ	い	び	え	ぬ	よ	へ

① ぶ   ② ぴ

③ ぺ   ④ う

44

gold	gene	gate	gell	give	golf	goat	grow	get	gap	gilt	girl
gist	geek	ghost	gite	girth	gene	get	give	gilt	gist	geek	goal
gene	give	gite	gap	geek	grow	gell	girl	goat	goal	girth	gilt
gell	girl	ghost	golf	goal	gold	gate	gap	gite	gold	gap	gist

① give   ② gate

③ geek   ④ grew

45

235	261	298	204	274	290	247	219	228	242	230	202
248	239	211	200	248	267	281	277	210	206	221	283
200	235	267	206	298	274	202	248	239	228	277	221
290	204	242	261	211	248	219	281	247	210	283	230

① 200   ② 293

③ 211   ④ 247

46

經	慶	京	境	警	競	敬	傾	卿	鏡	庚	瓊
耕	硬	輕	環	驚	炅	莖	擎	磬	耿	絅	竟
警	硬	鏡	絅	驚	耕	京	境	敬	莖	竟	耿
輕	慶	炅	瓊	經	傾	環	競	擎	庚	卿	磬

① 璟   ② 竟

③ 耕   ④ 憬

47

고생	고도	고국	고비	고막	고기	고독	고추	고모	고려	고대	고민
고무	고백	고속	고부	고수	고니	고조	고소	고래	고택	고국	고수
고통	고소	고민	고생	고독	고택	고속	고부	고려	고모	고기	고무
고막	고추	고조	고래	고대	고백	고비	고지	고무	고아	고니	고도

① 고추   ② 고무

③ 고생   ④ 고취

48

0.24	0.63	0.52	0.16	0.27	0.73	0.93	0.12	0.21	0.46	0.72	0.25
0.61	0.14	0.35	0.83	0.88	0.92	0.51	0.78	0.44	0.74	0.03	0.57
0.16	0.03	0.46	0.52	0.63	0.25	0.44	0.27	0.35	0.12	0.93	0.51
0.83	0.61	0.24	0.57	0.72	0.92	0.73	0.88	0.21	0.78	0.74	0.14

① 0.63   ② 0.21

③ 0.61   ④ 0.54

49

ㄲ	ㅛ	ㅃ	ㅣ	ㅍ	ㅎ	ㅠ	ㅋ	ㅉ	ㄸ	ㅗ	ㅊ
ㅌ	ㅇ	ㄹ	ㅟ	ㅂ	ㅆ	ㅅ	ㅁ	ㅒ	ㅑ	ㅈ	ㄱ
ㅊ	ㅍ	ㅂ	ㄲ	ㅉ	ㅅ	ㅒ	ㅊ	ㅃ	ㅇ	ㅍ	ㅑ
ㅛ	ㄹ	ㅣ	ㅗ	ㅎ	ㅟ	ㅈ	ㅋ	ㄱ	ㅘ	ㅁ	ㄸ

① ㅃ   ② ㅍ

③ ㅠ   ④ ㅟ

50

HUB	HID	HCL	HHV	HGY	HDT	HKJ	HXO	HCP	HWI	HJL	HFL
HVY	HAO	HRP	HSE	HEW	HQK	HHP	HSN	HME	HZO	HGP	HKH
HDT	HSE	HQK	HGP	HVY	HCL	HME	HAO	HKH	HCP	HGY	HZO
HID	HFL	HHV	HWI	HXO	HRP	HSN	HUB	HKJ	HEW	HHP	HJL

① HCI   ② HHV

③ HID   ④ HJL

51

방송	방비	방수	방청	방목	방조	방어	방지	방법	방도	방점	방석
방문	방사	방위	방침	방통	방치	방안	방재	방학	방광	방향	방화
방재	방송	방도	방지	방석	방향	방광	방수	방치	방위	방어	방통
방목	방법	방문	방학	방화	방비	방사	방안	방점	방청	방침	방조

① 방치   ② 방점

③ 방전   ④ 방어

52

한	훗	간	캄	죽	져	밴	맹	앉	예	람	푠
팽	러	탄	얌	규	먀	계	댜	훼	죽	창	퓬
훗	죽	앉	람	계	러	얌	훼	튠	댜	간	규
팽	밴	캄	탄	먀	맹	빈	한	창	져	예	푠

① 캄   ② 규

③ 뱀   ④ 앉

53

1.5	3.6	3.5	7.2	5.1	5.8	7.8	9.2	5.4	1.7	2.6	2.2
3.4	6.6	6.4	7.1	4.9	7.8	9.0	0.4	0.2	4.5	9.4	2.9
1.6	1.5	5.8	3.6	5.1	9.2	1.7	3.4	7.1	1.6	0.2	0.4
2.2	9.0	7.2	5.4	7.8	6.4	3.5	2.6	4.5	7.8	6.6	4.9

① 9.2   ② 3.4

③ 6.6   ④ 3.7

54

보리	보유	보강	보초	보증	보고	보배	보건	보충	보기	보라	보부
보람	보드	보조	보편	보행	보풀	보훈	보험	보관	보두	보물	보루
보강	보고	보건	보부	보두	보험	보편	보루	보드	보리	보증	보기
보배	보물	보조	보관	보유	보라	보훈	보람	보초	보행	보충	보풀

① 보래   ② 보행

③ 보건   ④ 보기

55

감각	감기	감옥	감성	감소	감찰	감시	감염	감수	감독	감세	감사
감자	감봉	감별	감지	감정	감동	감안	감내	감마	감행	감초	감흥
감개	감성	감사	감동	감수	감기	감염	감독	감자	감정	감개	감지
감내	감찰	감안	감옥	감별	감행	감시	감봉	감소	감각	감흥	감세

① 감소   ② 감회
③ 감시   ④ 감각

56

UI	GN	WG	LA	GM	WI	CA	GU	LQ	MB	AL	ZJ
OK	RP	AI	NF	KW	VS	FI	EQ	FL	WJ	CA	QW
KW	CA	WJ	MB	QW	WG	CA	WI	RP	FI	FL	EQ
GN	ZJ	AI	GM	UI	OK	LQ	LA	VS	GU	NF	AL

① UI   ② FI
③ AK   ④ WG

57

4768	5678	8931	7689	1789	5081	1490	1487	9890	1092	3689	2598
5983	1247	3907	1948	2988	3781	4676	7987	8347	2148	3890	4875
4912	7895	8516	9867	3461	2985	2678	2348	7910	5032	5701	7894
5875	2589	1498	5622	2569	6279	7148	1590	6378	2148	1598	4359

① 2569   ② 1948
③ 8347   ④ 4772

1장

2장

3장

4장

확산력쑥쑥!! 일쳐속쑥!!

58

콩	쿵	칸	쿡	쿨	콘	키	캔	켐	컁	콜	켠
계	캥	퀘	쾌	쾨	쾡	쿳	캅	쿤	캘	컵	쿵
퀘	콜	쿤	컵	캘	칸	켐	쿨	키	캅	쾨	컁
쿵	캥	콘	계	콩	쾌	쿡	쾡	쿰	켠	캔	쿳

① 켐 ② 캅
③ 계 ④ 쿡

59

유행	유도	유연	유자	유고	유배	유지	유포	유출	유모	유명	유로
유대	유추	유독	유보	유리	유종	유치	유령	유방	유찰	유랑	유정
유래	유행	유출	유추	유방	유도	유대	유래	유리	유명	유고	유배
유지	유보	유자	유찰	유모	유로	유포	유독	유연	유령	유종	유치

① 유독 ② 유리
③ 유대 ④ 유창

60

hole	hush	hunt	hip	hub	hale	hell	him	hand	have	hate	hope
habit	hack	half	hue	hall	hug	head	hail	hear	hob	hair	heat
hoist	heat	hub	habit	hate	hell	have	hack	hair	hue	hunt	hand
hush	head	hail	hug	hip	hope	hear	hole	hall	hale	half	him

① hunt ② hold
③ head ④ hair

※ 다음 중 앞의 문자열이 서로 다르면 ①, 뒤의 문자열이 서로 다르면 ②, 둘 다 같거나 다르면 ③을 표기하시오[61~65].

61

限政悅未末姓謁一 – 限政悅未末姓謁一　69078240 – 69078240

① ② ③

62

회원의소유권유보 – 회원의소유권유보　あじつとのねはく – あじつどのねはく

① ② ③

63

◉▶♠♡◁♣☞ – ♥▶♠♡◁♣☞　sngisusa – sngisusa

① ② ③

64

AUIETOOK – AUIEPOOK　트레인타이누에베 – 트레인타이누에베

① ② ③

65

ㄹㄱㅇㅁㄱㅌㅍㅎㅂ – ㄹㄴㅇㅁㄱㅌㅍㅎㅂ　epfpalck – epfpalok

① ② ③

※ 다음 중 좌우가 서로 다른 것을 고르시오[66~70].

66
① INQEOGUH – INQEOGUH
② 하사날고미다히여 – 하사날고마다히여
③ こやゆすどふいひ – こやゆすどふいひ
④ 13419760 – 13419760

67
① ㅈㅇㅃㅍㅊㄷㄹㄱ – ㅈㅇㅃㅍㅊㄷㄹㄱ
② aspoifhn – aspoifhn
③ @#/*+〉=& – @#/*+〉=&
④ 河裡幕固蝦璃莫高 – 河裡幕固蝦璃幕高

68
① 98729835 – 98429835
② ⓞⓜⓛⓘⓗⓡⓐⓕ – ⓞⓜⓛⓘⓗⓡⓐⓕ
③ つびもめぬみはく – つびもめぬみはく
④ 검은하늘노란바다 – 검은하늘노란바다

69
① いえとちるぬそれ – いえとらるぬそれ
② odubgues – odubgues
③ ㅋㅌㄴㅇㅃㅂㄷㄱ – ㅋㅌㄴㅇㅃㅂㄷㄱ
④ 羅武備呪術師强邦 – 羅武備呪術師强邦

70

① 고용환경안정조사 – 고용환경안정조사

② $%*&~〉〈= – $%*&~〉〈=

③ POUBDNSI – POUBDMSI

④ ⑥④②①⑧⑭③⑫ – ⑥④②①⑧⑭③⑫

71 다음 제시된 문자 또는 숫자와 다른 것은?

> POS:0102–0371

① POS:0102–0371 ② POS:0102+0371
③ POS:0102–0371 ④ POS:0102–0371

72 다음 제시된 문자 또는 숫자와 같은 것은?

> 01-920569-49828

① 01-920569-49828 ② 01-920589-49828
③ 01-920569-59828 ④ 01-920569-49823

73 다음 제시된 문자 또는 숫자와 다른 것은?

> ☆★▽●◉♣◎♠♡☆

① ☆★▽●◉♣◎♠♡☆ ② ☆★▽●◉♣◎♠♡☆
③ ☆★▽●◉♣◎♠♡☆ ④ ☆★▽●◉♣◎♥♡☆

I wish you the best of luck!

2편

계열검사

제1장 경영·경제·상식
제2장 공학기초

I wish you the best of luck!

㈜시대고시기획
㈜시대교육

www.**sidaegosi**.com

시험정보·자료실·이벤트
합격을 위한 최고의 선택

시대에듀

www.**sdedu**.co.kr

자격증·공무원·취업까지
BEST 온라인 강의 제공

정답 및 해설 p. 347

대표유형   경영 · 경제 · 상식

다음 자료에 대한 옳은 설명을 〈보기〉에서 모두 고른 것은?

- 오 과장 : 이봐, 장그래. ㉠ 저번 달에 가격을 조금 내리면 판매 수입이 증가할 거라며? 이게 뭐야! 판매 수입이 오히려 줄었잖아. 수요 예측도 못하고 도대체 잘하는 게 뭐야?
- 장그래 : 그래, ㉡ 당신이 나보다 뭐든지 잘한다 이거지. ㉢ 그렇게 잘하면 자기가 다 하지, 왜 나한테 일을 시켜? ㉣ 다른 직장을 알아보던가 해야지, 원.

보기

ㄱ. ㉠으로부터 장그래는 수요가 가격에 대해 비탄력적이라고 생각했음을 알 수 있다.
ㄴ. ㉡은 비교 우위의 개념과 관련된다.
ㄷ. ㉢은 기회비용의 관점에서 옳지 않다.
ㄹ. ㉣을 이유로 장그래가 현재 다니던 직장을 그만두면 마찰적 실업에 해당된다.

① ㄱ, ㄴ   ② ㄱ, ㄷ
③ ㄴ, ㄷ   ④ ㄷ, ㄹ

[해설] ㉢ – 직무를 감안할 때 오 과장은 장그래보다 중요한 일을 한다고 생각하는 것이 합리적이다. 따라서 ㉢에서와 같이 오 과장이 장그래가 해야 할 일까지 모두 해야 한다는 것은 정작 본인이 해야 할 중요한 일을 하지 못하게 되므로 기회비용의 관점에서 옳지 않다.
     ㉣ – 직장을 옮기는 과정에서 일시적으로 발생한 실업은 마찰적 실업에 해당한다.
     ㉠ – 가격을 내릴 때 판매 수입이 증가하려면 수요가 가격 변화에 탄력적으로 반응해야 한다.
     ㉡ – 비교 우위가 아닌 절대 우위의 개념과 관련된다.
     답 ④

01 다음 중 비트코인에 대한 설명으로 옳지 않는 것은?

① 비트코인은 가상화폐이자, 이 화폐가 작동하는 방식을 말한다.

② 국가 간 거래에 비트코인을 쓰면 환율을 걱정할 필요가 없다.

③ 비트코인은 무제한으로 발행할 수 있다.

④ 비트코인은 광부가 돼 수학 문제를 풀고 돈을 캐야 한다.

02 다음 그림처럼 '복지 강화를 원하지만 그 비용을 내가 부담하고 싶어 하지 않는 현상'을 의미하는 용어를 고르시오.

① NIMBY   ② BANANA

③ NOOMP   ④ ZEROING

03 다음 글에서 설명하는 마케팅기법은?

> 교묘히 규제를 피해가는 마케팅기법이다. 대개 행사중계방송의 텔레비전 광고를 구입하거나 공식스폰서인 것처럼 속이기 위해 개별 선수나 팀의 스폰서가 되는 방법을 사용한다. 규정상 올림픽 마크나 올림픽 단어, 국가대표선수단 등과 같은 용어는 IOC(International Olympic Committee : 국제올림픽위원회)나 KOC(Korea Olympic Committee : 대한올림픽위원회) 등과 공식후원계약을 맺은 업체들만 사용할 수 있다.

① 니치 마케팅　　　　　　　② 앰부시 마케팅
③ 버즈 마케팅　　　　　　　④ 플래그십 마케팅

04 다음의 주장과 가장 관련 깊은 정부 정책을 〈보기〉에서 모두 고른 것은?

> 산과 바다 자원을 부유한 자가 마음대로 이용하는 것을 금지하면 백성은 도산하지 않을 것이고, 물가가 일정하면 백성이 의심하지 않을 것입니다. 이권이 있는 곳은 반드시 깊은 산과 넓은 바다 속이므로 부유한 자가 아니면 그 이익을 개발할 수 없습니다. … 중략 … 지금 염철(鹽鐵)*의 관영(官營)을 폐지하면 부유한 자가 천하의 재물을 차지하여 그 이익을 독점할 것입니다. 그러고는 집에서 시장을 통제하여 물가의 높고 낮음이 그들의 입에 의지하게 됩니다.
> *염철 : 소금과 철제 농기구
>
> － 「염철론」

보기
ㄱ. 소비자 보호　　　　　ㄴ. 민간 독점 규제
ㄷ. 해외 유전 개발　　　　ㄹ. 공기업 민영화

① ㄱ, ㄴ　　　　　　　　② ㄱ, ㄷ
③ ㄴ, ㄷ　　　　　　　　④ ㄴ, ㄹ

05 다음 자료를 통해 추론할 수 있는 현상으로 적절하지 않은 것은?

> 올 하반기 이후 외국인 투자자들이 주식과 채권 등을 매도해 자금 이탈이 가속화함에 따라 우리나라 금융시장 전반에 큰 부담이 되고 있다. 이러한 외국인 자금의 이탈은 자국의 금융 위기로 신용 경색에 맞닥뜨린 외국인들이 현금 유동성을 확보하려고 국내 보유 자산을 빠르게 처분하고 있기 때문이다. 세계 금융 및 경제 위기가 진정될 때까지는 신흥 시장 중에서도 풍부한 유동성으로 자금 회수가 비교적 수월한 우리나라에서 외국인의 자금 이탈은 당분간 지속될 것이다.

① 주가 하락   ② 채권수익률 상승
③ 달러 대비 원화가치 하락   ④ 수입물가 하락

06 다음 자료에서 밑줄 친 조치의 근거로 들 수 있는 경제 개념을 〈보기〉에서 고른 것은?

> A 국가는 상업용 주파수 이용에 제한을 두지 않았다. 그 결과, 주파수 자원은 한정된 반면 이를 이용하여 자신의 방송 신호를 송신하려는 방송국들은 너무 많아서 방송 신호 간에 간섭이 생겼고, 결국 청취자들이 방송 신호를 제대로 수신하지 못하는 상황이 발생했다. 이에 따라 A 국가는 '라디오 법'을 제정하여 라디오 방송 간에 전파 간섭이 발생하지 않도록 했다.

보기
ㄱ. 공공재   ㄴ. 외부 효과
ㄷ. 공유 자원   ㄹ. 시장 지배력

① ㄱ, ㄴ   ② ㄱ, ㄷ
③ ㄴ, ㄷ   ④ ㄴ, ㄹ

07 다음과 같은 시장을 일컫는 경제용어를 바르게 나타낸 것은?

> 원래 물건을 팔고 난 그 다음에 그 물품과 관련하여 발생하게 되는 여러 가지 수요가
> 증가하는 현상에 착안하여 이를 하나의 관련 시장으로 보면서 등장한 개념으로, 미국
> 의 경우 1970년대 이후부터 시작되었다.
> 예를 들어 자동차의 정비나 액세서리 용품, 텔레매틱스, 중고차 매매 등이나 프린터의
> 경우 잉크 · 카트리지 판매나 유지 · 보수, 디지털카메라의 경우 메모리나 부속장비, 디
> 지털 인화 서비스 등과 같은 경우이다.

① 니치마켓　　　　　　　　　② 애프터마켓
③ 블랙마켓　　　　　　　　　④ 오픈마켓

08 다음 자료에서 ㉠이 실현될 경우 A 국가에서 나타나게 될 상황을 가장 적절하게 나타
낸 것은?

> A 국가는 2012년 시행되었던 소득세율 인하의 시한이 최근 만료되었다. 최근 A 국가
> 의 부채수준은 법적 상한선에 근접하였는데, 이 때문에 2015년 1월 1일부터 모든 소
> 득계층에 대한 소득세율을 인상하고 정부 재정 지출의 급격한 감축이 의무적으로 시행
> 되는 ㉠ 재정절벽(Fiscal Cliff)에 관한 논의가 급부상하고 있다.

① 총수요에 대한 충격이 총공급에 대한 충격보다 더 크게 나타난다.
② 고용은 일시적으로 증가할 수 있다.
③ 가구당 평균 세율은 감소한다.
④ 민간 소비는 증가한다.

09 다음 설명과 관련 있는 것은?

> 한국 사람들은 여름에 보양식으로 삼계탕을 찾는다. 하지만 봄에 조류 독감으로 폐사한 닭이 많아 삼계탕 값이 오르게 되었다. 많은 사람들이 찾지만 감당을 할 수 없는 경우, 즉 어떤 한 재화의 수요가 늘어날 때 함께 수요가 늘어나는 재화를 경제적 용어로 무엇이라 하는가?

① 대체재 ② 보완재
③ 독립재 ④ 절대재

10 다음에서 설명하는 용어는?

> 타인으로부터 빌린 차입금을 지렛대로 삼아 자기자본이익률을 높이는 것으로 '지렛대 효과'라고도 한다. 예를 들어 100억 원의 자기자본으로 10억 원의 순익을 올리게 되면 자기자본이익률은 10%가 되지만, 자기자본 50억 원에 타인자본 50억 원을 도입하여 10억 원의 순익을 올리게 되면 자기자본이익률은 20%가 된다.

① 스티그마 효과 ② 파레토의 법칙
③ 레버리지 효과 ④ 슈바베의 법칙

11 다음은 어떤 단어에 대한 설명인가?

> 처음에는 사업이 잘되는 것처럼 보이다가 더 이상 발전하지 못하고 마치 깊은 수렁에 빠지는 것과 같은 심각한 정체 상태에 이른 것을 말한다. 특히 인터넷 비즈니스에 이런 현상이 심각하다. 벤처기업이 활짝 꽃을 피우기 전에 상당 기간의 침체기를 갖게 되는 것을 가리킨다. 실리콘밸리에서 활동하는 컨설턴트인 제프리 무어 박사가 1991년에 이 이론을 만들었다. 원래 지질학 용어로, 지층 사이에 큰 틈이나 협곡이 생긴 것을 말하는데 벤처기업의 경우 계속해서 성장하는 것이 아니라 성장하다 단절이 생기는 것을 피할 수 없다는 뜻으로 빗대어 이른 말이다. 아무리 뛰어난 기술도 일반인들이 쉽게 사용하기까지는 시간이 걸리기 때문이다.

① 쓰나미 ② 캐 즘
③ 스노우빌 ④ 지각변동

12 환율제도에 대한 설명 중 틀린 것은?

① 고정환율제 - 외환시세의 변동을 전혀 인정하지 않고 고정시켜 놓은 환율제도

② 시장평균환율제 - 외환시장의 수요와 공급에 따라 결정되는 환율제도

③ 복수통화바스켓 - 자국과 교역비중이 큰 복수국가의 통화들의 가중치에 따라 결정하는 환율제도

④ 공동변동환율제 - 역내에서는 변동환율제를 채택하고, 역외에 대해서는 제한 환율제를 택하는 환율제도

13 다음에서 설명하는 것과 유사한 것은?

> 하나의 기업 내에 있는 모든 근로자 또는 일부 근로자의 근로시간을 줄여 보다 많은 근로자들이 일자리를 갖도록 하는 제도이다. 일자리 나누기, 시간분할제 또는 대체근로제로도 불린다. 프랑스, 독일 등 유럽에서 기업이 일시적으로 발생한 유휴 노동력의 해고를 피하기 위한 단기적 전략으로 이 제도가 주로 사용되어왔다. 경기불황으로 3만 명의 인원감축이 불가피했던 독일 폴크스바겐사의 경우 94~95년 2년간 주 4일 근무제(28.8시간)를 실시했으며, 2교대제를 운영했던 이탈리아 피아트사도 93년 1일 3교대, 주 6일 근무제(48시간)를 실시해 대량실업을 극복했다.

① 레이오프제   ② 타임오프제

③ 플렉스타임제   ④ 임금피크제

14   다음 그래프는 경제 지표의 추이를 나타낸 것이다. 이와 같은 추이가 계속된다고 할
      때, 나타날 수 있는 현상으로 적절한 것을 〈보기〉에서 모두 고르면?(단, 지표 외 다른
      요인은 고려하지 않는다)

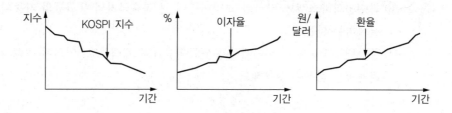

보기
    ㄱ. KOSPI 지수 추이를 볼 때, 기업은 주식시장을 통한 자본 조달이 어려워질 것이다.
    ㄴ. 이자율 추이를 볼 때, 은행을 통한 기업의 대출 수요가 증가할 것이다.
    ㄷ. 환율 추이를 볼 때, 수출제품의 가격 경쟁력이 강화될 것이다.

① ㄱ   ② ㄴ
③ ㄱ, ㄷ   ④ ㄴ, ㄷ

15   다음 일기에 나타난 보험 관련 내용에 대한 설명으로 옳은 것을 〈보기〉에서 고른 것은?

2019년 11월 ○일 흐림

    승용차로 출근 중 조그만 사고가 있었다. 잠깐 딴 생각하는
사이 승용차가 주행로를 벗어나 길가의 전봇대와 충돌하여
범퍼가 파손되었다. 보험회사에 연락하고 경비 공장에 도착
해 견적을 받아보니 차량수리비로 50만원이 나왔다. 다행히
수리비 전액을 보험회사에서 지급한다고 했다.
    이는 내가 ○○보험회사의 자동차 보험에 가입하였기 때
문이다. 보험 가입시 내가 납입한 돈은 70만 원이며 자동차
의 시가는 2,000만 원이다.

보기 ㄱ. ○○보험회사는 보험자이다.

ㄴ. 차량 수리비 50만 원은 보험가액이다.

ㄷ. 자동차의 시가 2,000만 원은 보험금이다.

ㄹ. 보험회사에 납입한 70만 원은 보험료이다.

① ㄱ, ㄴ   ② ㄱ, ㄹ

③ ㄴ, ㄹ   ④ ㄷ, ㄹ

16   다음 내용이 설명하는 '이것'이 영향력을 미치는 것은?

일시적으로 자금이 부족한 금융기관이, 자금이 남는 다른 곳에 자금을 빌려달라고 요청하는 것이 콜(Call)이며, 이러한 금융기관 간에 발생한 과부족(過不足) 자금을 거래하는 시장이 콜시장이다. 잉여자금이 있는 금융기관이 콜론(Call Loan)을 내놓으면 자금이 부족한 금융기관이 콜머니(Call Money)를 늘리는 것을 이것이라 한다.

① 환 율   ② 펀 드

③ 채 권   ④ 주 식

17   다음 글에서 밑줄 친 '곤충'에 비유할 수 있는 기업을 〈보기〉에서 모두 고르시오.

후기 공룡의 화석이 툰드라 지대처럼 열악한 지역에서 발견되는 이유는 그들이 따뜻한 곳의 숲을 다 먹어치워서 황폐화되자, 추운 북쪽까지 먹이를 찾아 옮겨가야 했기 때문이다. 이에 반해, 공룡보다 훨씬 약한 존재였던 곤충들은 자기에게 먹이를 대어주는 현화 식물*을 위해 가루받이를 해줌으로써 곤충과 현화 식물 모두가 번성하게 된 것이다.

*현화 식물 : 꽃이 피는 식물

– 윤석철, 「경영 · 경제 · 인생 제45강좌」

보기 ㄱ. 친환경적인 경영 활동에 중점을 두는 기업

ㄴ. 고객 만족을 위해 소비자 상담실을 운영하는 기업

ㄷ. 하청 업체에게 납품 단가를 대폭 인상해주는 기업

① ㄱ   ② ㄴ

③ ㄱ, ㄴ   ④ ㄴ, ㄷ

18 다음 표의 (가)~(라)에 해당하는 사례를 옳게 연결한 것을 〈보기〉에서 모두 고른 것은?

구 분		GDP	
		A국	B국
GNP	A국	(가)	(나)
	B국	(다)	(라)

<보기>
ㄱ. (가) – A국 영화계에 진출한 B국 국적 배우의 출연료
ㄴ. (나) – A국 국적의 근로자가 B국에 진출한 다국적 기업에서 일하고 받은 임금
ㄷ. (다) – B국에서 공부하는 A국 국적의 유학생이 B국에서 아르바이트를 하고 받은 임금
ㄹ. (라) – B국 국적의 식당 주인이 자국의 관광지에서 A국 국적의 여행객에게 판매한 음식 대금

① ㄱ, ㄴ   ② ㄱ, ㄷ   ③ ㄱ, ㄹ   ④ ㄴ, ㄹ

19 다음은 이동 통신 기술에 관한 기사이다. 이로 인해 나타날 수 있는 우리나라의 경제 현상으로 적절한 것을 〈보기〉에서 고르시오.

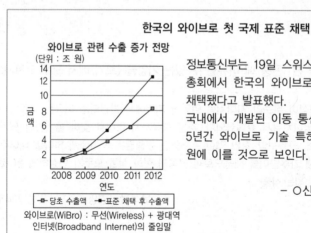

한국의 와이브로 첫 국제 표준 채택

와이브로 관련 수출 증가 전망
(단위 : 조 원)

정보통신부는 19일 스위스에서 열린 ITU 전파통신 총회에서 한국의 와이브로 기술이 3세대 표준으로 채택됐다고 발표했다.
국내에서 개발된 이동 통신 기술의 채택으로 향후 5년간 와이브로 기술 특허권 관련 수출액은 31조 원에 이를 것으로 보인다.

– O신문, 2011년 10월 20일자

당초 수출액 / 표준 채택 후 수출액
와이브로(WiBro) : 무선(Wireless) + 광대역 인터넷(Broadband Internet)의 줄임말

<보기>
ㄱ. 노동 집약 산업이 발달할 것이다.
ㄴ. 라이선싱 방식의 수출이 늘어날 것이다.
ㄷ. 관련 산업의 부가 가치가 창출될 것이다.
ㄹ. 이동 통신 기술에 대한 중계 무역이 발달할 것이다.

① ㄱ, ㄴ   ② ㄱ, ㄷ

③ ㄱ, ㄹ   ④ ㄴ, ㄷ

20 다음 (가)와 (나)는 서로 다른 형태의 자금 흐름을 나타낸 것이다. 이에 대한 설명으로 옳지 않은 것을 고르시오.

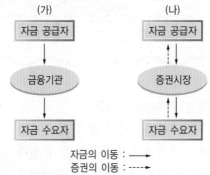

① 은행 대출을 통한 자금 조달은 (가)에 해당한다.

② 사업 확장을 위한 사채 발행은 (나)에 해당한다.

③ 주식 발행을 통한 자금의 조달은 (나)에 해당한다.

④ (가)에서의 투자자는 금융 리스크를 직접 부담한다.

21 IPO에 대한 설명 중 옳지 않은 것은?

① 주식공개나 기업공개를 의미한다.

② IPO 가격이 낮아지면 투자가의 투자수익이 줄어 자본조달 여건이 나빠진다.

③ 소유권 분산으로 경영에 주주들의 압력이 가해질 수 있다.

④ 발행회사는 주식 발행가격이 높을수록 IPO 가격도 높아진다.

22 다음은 주식 시세표의 일부이다. 이에 대한 설명으로 옳은 것을 고르시오.

종 목	종 가	전일비	거래량
A 은행	6,120	▲ 120	650
B 통신	10,600	▽ 100	400
C 섬유	4,235	▲ 135	170
D 무역	11,500	↑ 1,500	1,000

① A 은행의 어제 종가는 5,470원이다.
② B 통신의 오늘 거래 최저가를 알 수 있다.
③ C 섬유의 오늘 거래 가격 변동폭을 알 수 있다.
④ D 무역의 주가는 가격 제한폭까지 상승하였다.

23 다음 그림은 발생 원인에 따른 인플레이션의 두 유형을 보여주고 있다. 이에 대한 설명으로 옳지 않은 것을 고르시오.

A 유형	B 유형
물가 상승 ↑	물가 상승 ↑
 임금과 원자재 가격 상승	 소비 · 투자 증가로 경기 과열

① A 유형의 경우 경기 침체를 수반하기도 한다.

② A 유형의 예로는 석유 파동에 따른 물가 상승을 들 수 있다.

③ B 유형의 경우 총수요 곡선은 오른쪽으로 이동한다.

④ B 유형에 대한 대책으로는 재할인율 인하를 들 수 있다.

24 다음은 국제 수지에 대한 수업 장면이다. 강사의 질문에 대한 대답으로 옳은 것을 고르시오.

① 소득 수지이고, 국제 수지의 감소 요인입니다.

② 투자 수지이고, 국제 수지의 증가 요인입니다.

③ 투자 수지이고, 국제 수지의 감소 요인입니다.

④ 서비스 수지이고, 국제 수지의 감소 요인입니다.

25　다음은 소비자의 기본적 권리 중 일부이다. 밑줄 친 부분에 저촉되는 사례로 가장 적절한 것은?

> 제4조(소비자의 기본적 권리) 소비자는 다음 각 호의 기본적 권리를 가진다.
> 1. 물품 또는 용역으로 인한 생명·신체 또는 재산에 대한 위해로부터 보호받을 권리
> 2. <u>물품 등을 선택함에 있어서 필요한 지식 및 정보를 제공받을 권리</u>
> …〈하략〉…
> – 소비자 기본법 제4조

① 음식점에서 식사를 한 후 식중독에 걸렸다.

② 어린이가 장난감의 품질 불량으로 인해 상해를 입었다.

③ 제약 회사의 과장 광고 제품을 구입하여 피해를 입었다.

④ 불량 상품에 대해 판매 회사에 환불을 요청하였으나 응하지 않았다.

26　다음 대화에 나타난 유통 경로 정책에 대한 설명으로 옳은 것은?

① 취급 점포를 통제하기 쉽다.

② 편의품 판매에 주로 이용된다.

③ 자사 제품 간의 경쟁을 유도한다.

④ 시장에 상품 노출을 최대화시킨다.

27 다음 기사를 읽고 기업이 물류비를 절감하기 위한 방안으로 가장 적절한 것은?

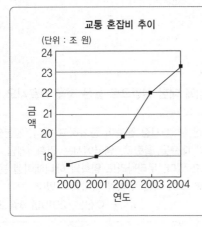

교통 혼잡비 추이

(단위 : 조 원)

2004년 우리나라 교통 혼잡비는 GDP 대비 2.97%에 이르는 것으로 나타났다. 이는 경부고속도로를 2.5개 건설할 수 있는 규모이다. 이러한 교통 혼잡비는 기업 물류비 증가의 주요 요인으로 작용하고 있다.

– ○신문, 2004년 9월 3일자

① 분치 보관을 한다.
② 하역 장비에 대한 투자를 늘린다.
③ OA를 적극적으로 도입한다.
④ CVO 등 물류 정보망의 활용도를 높인다.

28 다음은 무역 이론에 대한 보고서의 일부이다. 이를 통해 알 수 있는 내용으로 옳은 것을 〈보기〉에서 고른 것은?

무역 이론에 대한 보고서

1. 아담 스미스(A. Smith)의 이론
   외국에 비해 자국의 낮은 비용으로 생산할 수 있는 재화를 많이 생산하여 이를 외국의 재화와 교환함으로써 무역이 발생한다.

5. 예시

A 국	B 국
2인이 냉장고 1대 생산	6인이 냉장고 1대 생산
3인이 휴대전화 1대 생산	1인이 휴대전화 1대 생산

단, 노동력을 제외한 다른 조건은 모두 동일하며, 생산된 제품은 A국과 B국 간 1대 1로 교환됨

보기
ㄱ. A국은 휴대전화를 생산하는 데 절대 우위를 가지고 있다.
ㄴ. A, B국 간 생산비의 차이로 인해 분업이 촉진된다.
ㄷ. A, B국이 특화된 제품을 교역하면 양국은 이익을 얻는다.
ㄹ. B국은 유치산업을 보호 육성하기 위하여 교역한다.

① ㄱ, ㄴ   ② ㄱ, ㄹ

③ ㄴ, ㄷ   ④ ㄴ, ㄹ

29 다음 기사에 나타난 해외 시장 진출 방식에 대한 설명으로 옳은 것을 고르시오.

> 기술 이전이나 특허권, 저작권 등을 통한 해외 시장 진출이 증가하고 있다. 일본의 경우, 하나의 애니메이션으로 수천억 엔의 매출을 올렸고, 영국에서는 영화, 게임, 각종 캐릭터로 수십억 달러의 수익을 창출하고 있다. 우리나라도 영화와 애니메이션 분야에서 이 방식의 해외 진출이 증가하고 있어 그에 따른 수익이 기대되고 있다.
>
> – ○신문, 2019년 9월 2일자

① 유형 재화를 거래 대상으로 한다.

② 특정 기업의 경영을 대행하는 형태이다.

③ 계약 상대 기업에 대한 경영 참가를 목적으로 한다.

④ 기업이 보유한 권리나 노하우를 제공하고 대가를 받는 형태이다.

30 유로화 절상이 가져온 결과를 잘못 이야기하고 있는 사람은?

① 프랑스에 점포를 많이 갖고 있는 대형 마트업체 르클레르는 지분법 평가 이익이 늘어날 것이다.

② 독일에 완제품이 아닌 소재나 부품, 재료 등을 공급하는 업종들은 효과가 반감될 것이다.

③ 국제 치즈가격은 최근 옥수수 재배량 감소로 인하여 가격 상승이 있었으나 네덜란드 치즈 가격이 하락하면서 국제 치즈 시장에 악영향을 주었다. 유로화가 절상되면 달러화 환산 가격이 감소하여 국제 치즈 가격은 상승할 것이다.

④ 이탈리아가 자동차를 수출할 때 가격경쟁력이 떨어지면서 중간재에 대한 수입이 줄게 되면 악재로 작용할 수도 있다.

31 다음에서 설명하는 것은 무엇인가?

> 자진 신고자 감면제를 말하며 담합행위를 한 기업들에게 자진신고를 유도하게 하는 제
> 도다. 담합 사실을 처음 신고한 업체에게는 과징금 100%를 면제해주고, 2순위 신고자
> 에게는 50%를 면제해준다. 이 제도는 상호 간의 불신을 자극하여 담합을 방지하는 효
> 과를 얻을 수 있다.

① 신디케이트   ② 리니언시

③ 카르텔   ④ 모라토리엄

32 다음 (가), (나)의 밑줄 친 현상을 설명할 수 있는 그림을 〈보기〉에서 골라 순서대로 바르게 배열한 것은?

> (가) ○○회사는 난치병을 치료할 수 있는 신약을 개발했다. 그러나 이 약은 판매 <u>가격</u>
> <u>이 너무 높아서 전혀 이용되지 못했다.</u>
> (나) △△사는 지붕이 높은 소형차를 개발했다. 이 차는 지붕이 높아서 머리에 터번을
> 쓰는 국가에서는 승차하기 편리했기 때문에 선풍적인 인기를 모았다. 그러나 국내
> 에서는 안정감이 없다는 인식 때문에 <u>출시된 가격에는 사려는 사람이 없었다.</u>

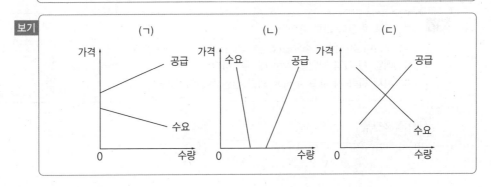

    (가)   (나)   (가)   (나)

① (ㄱ) (ㄱ)   ② (ㄱ) (ㄷ)

③ (ㄴ) (ㄱ)   ④ (ㄴ) (ㄴ)

33 다음 밑줄 친 부분에 속하는 계정과목으로 옳지 않은 것은?

상장사 '이익의 질' 나빠졌다

△△경제연구원은 증권선물거래소에 상장된 12월 결산법인의 손익계산서에서 본연의 경영활동으로 인한 영업이익은 줄고, <u>영업외 활동으로 인한 이익</u>의 비중이 커졌다고 발표했다. 기업 본래의 주된 영업활동 이외의 부수적인 활동으로 발생하는 수익은 2016년부터 급속히 비중이 커졌다. 따라서 기업들은 주된 영업활동에서 수익 창출을 높이는 데 힘써야 할 것이다.

– ○신문, 2019년 9월 27일자

---

① 임대료
② 감자차익
③ 외환차익
④ 유형자산처분이익

34 다음 글에 나타난 매입 방법의 특성에 해당하는 것을 〈보기〉에서 고른 것은?

청과물 가게를 개업한 철수는 상품의 특성상 산지에서 직접 배달이 가능한 거래처를 선정하였다. 또한 상품의 신선도를 고려해서 필요할 때마다 수시로 매입하는 방법을 채택하였다.

보기
ㄱ. 상품 회전이 빠른 편이다.
ㄴ. 보관비용이 많이 소요된다.
ㄷ. 매입 시 가격 할인을 받는 데 유리하다.
ㄹ. 시세 하락 시 재고 누적에 의한 손실 위험이 적다.

---

① ㄱ, ㄴ
② ㄱ, ㄹ
③ ㄴ, ㄷ
④ ㄴ, ㄹ

35 개인 또는 기업으로부터 특허기술을 사들여 로열티 수입을 챙기는 회사를 일컫는 말로서, 블랙베리폰의 RIM사가 6억 달러를 이 회사에 지불한 것이 유명한 사례이다. 이를 지칭하는 말과 가장 관련 깊은 것은?

①

②

③

④

36 다음 글의 밑줄 친 ㉠~㉢에 대한 타당한 설명을 〈보기〉에서 모두 고른 것은?

> 미국에서는 부유층을 흔히 3가지 유형으로 나눈다. 먼저 록펠러나 포드 같은 가문은 ㉠ '조상 대대로 내려오는 부자(Old Money)'들로서, 주로 상속된 돈으로 생활한다. 이런 부유층은 불후의 명성을 가진 록펠러 대학이나 휘트니 박물관과 같은 공공 서비스와 자선(慈善)의 역사를 계승한다. 두 번째로 ㉡ '벼락 부자(Nouveau Riches)'가 있다. 이들은 자수성가한 백만장자이지만 '과도 낭비자' 집단으로 분류된다. 세 번째로 고급 상품과 서비스에 흥미를 갖는 사람들이다. 이들은 대중을 상류층 양식의 구매 습관으로 이끌면서 유행을 창조하는 사람들로, ㉢ '신성(新成 : New Grown-ups)'이라는 용어로 불린다. 이 집단은 미국 구매력의 70%를 차지하는 것으로 나타났다.

보기
ㄱ. ㉠은 배당소득이 이전소득보다 클 것이다.

ㄴ. ㉡의 사례는 '위대한 개츠비'에서 볼 수 있다.

ㄷ. ㉢은 주로 밴드왜건 효과에 기초한 소비를 한다.

ㄹ. ㉠은 ㉡과 달리 비경상 소득을 원천으로 부를 누린다.

① ㄱ, ㄷ

② ㄱ, ㄹ

③ ㄴ, ㄷ

④ ㄱ, ㄴ, ㄹ

37 다음 그래프에 대한 설명으로 옳지 않은 것은?

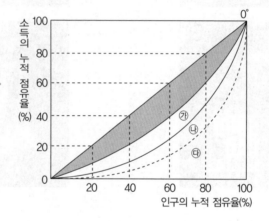

① 이탈리아의 통계학자 지니(Corrando Gini)가 고안하였다.

② 지니계수가 1에 가까울수록 빈부격차가 줄어든다.

③ 색칠된 부분의 면적이 작을수록 공평 분배가 이루어진 것이다.

④ ㉮ → ㉯ → ㉰ 순으로 부의 형평 분배가 이루어졌음을 보여 준다.

38 다음 사례와 관련된 경제용어는?

염소를 키워 생계를 꾸려나가던 마을이 있었다. 마을 사람들은 염소에게 풀을 먹이기 위해 뒷동산에 있는 목초지를 이용했다. 그러던 어느 날부터 풀이 무성하던 목초지가 조금씩 사라져 가더니 결국 완전히 메말라 버렸다.

① 시장실패   ② 도덕적 해이

③ 공유지의 비극   ④ 공공재의 비배제성

39 **다음 중 애그플레이션(Agflation)에 대한 설명으로 옳지 않은 것은?**

① 식량자립도가 낮은 국가는 엥겔지수가 낮아진다.

② 농산물 가격이 오르면서 일반 물가도 오르는 현상을 말한다.

③ 통화공급 과잉보다는 농산물의 수요와 공급의 변화로 발생한다.

④ 세계인구 증가와 육류 소비의 증가, 도시화 · 사막화가 중요한 원인이다.

40 **다음 자료에 대한 설명으로 적절한 것을 〈보기〉에서 모두 고른 것은?**

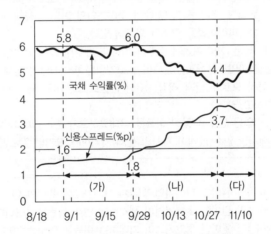

> **보기**
> ㄱ. 국채 수익률은 '무위험 수익률(Risk Free Rate)'로 간주하기도 한다.
> ㄴ. '신용스프레드(Credit Spread)'는 무위험 수익률에서 회사채 수익률을 뺀 값이다.
> ㄷ. 정부가 회사채에 대해 지급을 보증한다면 회사채의 가격은 상승할 것이다.
> ㄹ. (나) 시기의 국채 수요는 감소하는 추세이다.

① ㄱ, ㄴ   ② ㄱ, ㄷ

③ ㄴ, ㄷ   ④ ㄴ, ㄹ

41 다음 글의 내용에 포함되어 있지 않은 경제용어 또는 개념을 바르게 고른 것은?

> 조민은 영화 '마션'을 보기 위해 영화관에 갈지, 아니면 나중에 IPTV를 통해 집에서 볼지 고민하다 결국 영화관에 가서 보기로 마음먹었다. 영화 관람료를 아끼기 위해 조민은 조조할인을 받고자 아침 일찍 극장에 갔고, 상영관에서 마실 수 있는 콜라를 구입했다. 영화관 내 매장에서 판매하는 콜라는 시중가격보다 비싸서 구입을 망설였지만, 외부 음식 반입을 금지하는 이 영화관 안에서는 어쩔 수 없는 일이라 생각했다.

① 외부효과　　　　　　　　　　② 대체재
③ 진입장벽　　　　　　　　　　④ 수요의 가격탄력성

42 다음 자료에 대해 옳은 설명을 〈보기〉에서 모두 고른 것은?

> • 초코기업과 파이기업은 사업 분야가 유사하다. 초코기업과 파이기업이 합병하면 시너지 효과가 생겨 초코기업에게 파이기업의 가치는 실제 가치의 1.5배가 되므로 초코기업은 파이기업을 인수할 의향이 있다.
> • 초코기업은 '파이기업의 주주가 이미 자기 기업의 실제 가치를 정확히 알고 있다.'는 사실을 파악하고 있다. 그러나 초코기업은 파이기업의 실제 가치가 정확히 얼마인지는 아직 모르고 단지 각각 1/3의 확률로 0원, 1만 원, 2만 원 중 하나일 것으로만 추측하고 있다.
> • 초코기업은 인수를 통해 이득을 극대화하고자 한다. 파이기업의 주주는 ㉠ 초코기업이 제시한 인수 금액이 자사의 실제 가치보다 크거나 같으면 인수에 동의한다.

> ㄱ. ㉠이 1만 원이고 파이기업의 실제 가치가 2만 원이면 인수가 성사된다.
> ㄴ. ㉠이 1만 원이면 초코기업이 생각하는 인수 확률은 2/3이다.
> ㄷ. ㉠이 1만 원이면 초코기업이 기대하는 이득은 0.5만 원이다.
> ㄹ. 초코기업이 합리적이라면 파이기업의 실제 가치가 얼마든지 ㉠은 0원이다.

① ㄱ, ㄴ　　　　　　　　　　② ㄱ, ㄷ
③ ㄴ, ㄷ　　　　　　　　　　④ ㄴ, ㄹ

대표유형 한국사 상식

정답 및 해설 p. 354

다음과 같은 말을 남긴 인물은 누구인가?

내가 한국독립을 회복하고 동양평화를 유지하기 위하여 3년 동안을 해외에서 풍찬노숙하다가 마침내 그 목적을 달성하지 못하고 이곳에서 죽노니, 우리들 2천만 형제자매는 각각 스스로 분발하여 학문을 힘쓰고 실업을 진흥하며, 나의 끼친 뜻을 이어 자유 독립을 회복하면 죽는 여한이 없겠노라.

①

②

③

④

[해설] ④ 안중근, ① 이승만, ② 김구, ③ 안창호

답 ④

01 다음과 같은 상황이 전개될 무렵의 역사적 사실로 적절하지 않은 것은?

아첨하는 소인들이 왕의 곁에 있어 정권을 농간하매 기강은 문란하여 해이해지고, 기근이 들어 백성들이 떠돌아다니고 도적들이 벌 떼처럼 일어났다. 이에 견훤이 은근히 반심을 품고 무리를 모아 서울(경주) 서남쪽 주현들로 진격하니, 가는 곳마다 호응하여 무리가 한 날 사이에 5,000여 인에 이르렀다. … (중략) … "지금 내가 도읍을 완산(전주)에 정하고, 어찌 감히 의자왕의 쌓인 원통함을 씻지 아니하랴." 하고, 드디어 후백제왕이라 스스로 칭하고 관부를 설치하여 직책을 나누었다.

– 「삼국사기」

① 문무관리에게 관료전을 지급하고 녹읍을 폐지하였다.

② 견훤은 백제의 부흥을 내세워 주변 호족들을 포섭하였다.

③ 대토지 소유가 확대되면서 몰락 농민은 초적이 되기도 하였다.

④ 6두품 세력은 골품제를 비판하며 새로운 정치 이념을 제시하였다.

02   다음 지도에서 알 수 있는 시기의 상황으로 옳은 것은?

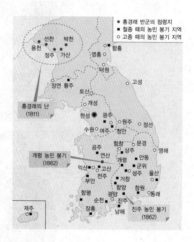

① 집권 무신들의 부정부패 만연

② 서인과 남인의 예송 논쟁

③ 문벌 귀족들의 불법적인 대토지 소유

④ 세도 정치에 따른 정치 기강의 문란

03 다음은 일본과 체결한 조약의 일부이다. 이 조약의 특징을 〈보기〉에서 고른 것은?

> 1조 : 조선국은 자주의 나라이며, 일본국과 평등한 권리를 가진다.
> 4조 : 조선국은 부산 외에 두 곳의 항구를 개항하고 일본인이 와서 통상을 하도록 한다.
> 7조 : 조선국은 일본국 항해자가 자유로이 해안을 측량함을 허가한다.
> 10조 : 일본국 인민이 조선국 지정 각 항구에 머무르는 동안에 죄를 범한 것이 조선국 인민에게 관계되는 사건일 때에는 모두 일본국 관리가 심판한다.

보기

| ㄱ. 치외법권 인정 | ㄴ. 최혜국 대우 인정 |
| ㄷ. 청의 종주권 부인 | ㄹ. 근대적 평등 조약 |

① ㄱ, ㄴ   ② ㄱ, ㄷ
③ ㄴ, ㄷ   ④ ㄴ, ㄹ

04 다음 자료와 관련된 인물에 대한 설명으로 옳은 것은?

님의 침묵

님은 갔습니다.
아아, 사랑하는 나의 님은 갔습니다.
        ⋮
날카로운 첫 키스의 추억은 나의 운명의
지침을 돌려놓고 뒷걸음쳐서 사라졌습니다.
        ⋮

① 조선혁명선언을 작성하여 독립 운동을 활성화하였다.
② 광복 후 남북 협상에 참여하였다.
③ 민족종교인 동학을 천도교로 개칭하였다.
④ 불교를 통한 청년 운동 강화에 노력하였다.

05 다음 자료와 같은 시대에 볼 수 있는 유물로 옳은 것은?

> • 조, 피, 수수 등의 농경이 시작됨
> • 특정한 동식물을 자기 부족의 수호신이라 생각하여 숭배한 토테미즘
> • 바닥은 원형 또는 둥근 네모 형태이며, 대체로 반지하 형태임

①

②

③

④

06 다음에서 설명하는 국가에 대한 설명으로 옳은 것은?

> 제가들은 별도로 사출도를 주관하였다. …… 옛 풍속에 가뭄이나 장마가 계속되어 5곡이 영글지 않으면 그 허물을 왕에게 돌려 '왕을 마땅히 바꾸어야 한다'고 하거나 '죽여야 한다'고 하였다. …… 전쟁을 하게 되면 하늘에 제사를 지내고, 소를 잡아 발굽을 보고 길흉을 점쳤다.

① 가족 공동무덤인 큰 목곽에 뼈를 추려 안치하였다.
② '소도'라 불리는 신성한 지역이 있었다.
③ 빈민을 구제하기 위하여 진대법을 시행하였다.
④ 12월에는 '영고'라는 제천 행사를 지냈다.

07 다음 연표에 활동했던 백제의 왕을 소재로 영화를 제작하려고 한다. 등장할 수 있는 장면으로 옳은 것은?

346	백제 제13대 왕위 등극
369	왜 왕에게 칠지도 하사
	황해도 치양성 전투에서 태자 근구수의 활약으로 고구려군을 상대하여 승리함
371	평양성 전투에서 고구려 고국원왕을 전사시킴
○○○	요서 지역을 공격하여 차지함

① 중앙집권을 위해 율령을 반포하는 장면
② 동맹국인 신라의 왕에게 배신당하여 고민하고 있는 장면
③ 사상의 통합을 위해 불교를 공인하는 장면
④ 「서기」라는 역사책을 편찬하는 고흥

08 다음 지도와 같은 형세를 이루던 시기의 역사적 사실로 옳은 것은?

① 백제는 중국의 요서 지방과 산둥 지방에 진출하였다.
② 고구려는 국내성으로 도읍을 옮기고 정복 활동을 전개하였다.
③ 고구려는 중원고구려비를 건립하였다.
④ 신라는 인재 양성을 위해 화랑도를 국가 조직으로 개편하였다.

09 연표의 (가) 시기에 볼 수 있는 장면으로 옳은 것은?

648	660	668	675	698
나·당 동맹	사비성 함락	평양성 함락	매소성 전투	발해 건국

(가) 시기는 668과 675 사이

① 평양성으로 수도를 옮기는 장수왕
② 기벌포에서 대치 중인 신라 군대와 당나라 군대
③ 살수에서 전투 준비 중인 을지문덕
④ 백제의 부흥을 위해 노력하는 왕자 '풍'

10 다음 사료에 나타난 시기의 신라 사회 모습에 대한 설명으로 옳은 것을 〈보기〉에서 모두 고른 것은?

> 진성여왕 3년(889) 나라 안의 여러 주·군에서 공부(貢賦)를 바치지 않으니 창고가 비고 나라의 쓰임이 궁핍해졌다. 왕이 사신을 보내어 독촉하자 도적이 벌 떼 같이 일어났다. 이에 원종·애노 등이 사벌주(상주)에 의거하여 반란을 일으키니 왕이 나마 벼슬의 영기에게 명하여 잡게 하였다. 영기가 적진을 쳐다보고는 두려워하여 나아가지 못하였다.
>
> – 「삼국사기」

 보기

ㄱ. 선종과 풍수지리사상이 유행하였다.
ㄴ. 문무 관리에게 관료전이 지급되고 녹읍이 폐지되었다.
ㄷ. 진골 귀족들은 사병을 거느리고 권력 다툼을 벌였다.
ㄹ. 지방에서는 호족이라 불리는 새로운 세력이 성장하였다.

① ㄱ, ㄴ   ② ㄱ, ㄹ
③ ㄴ, ㄷ   ④ ㄱ, ㄷ, ㄹ

11 다음 신분제도의 사회적 특징으로 옳은 것은?

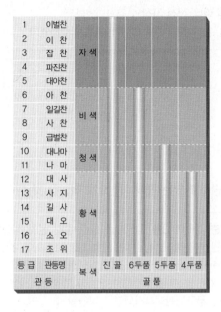

등급	관등명	복색	진골	6두품	5두품	4두품
1	이벌찬	자색				
2	이 찬					
3	잡 찬					
4	파진찬					
5	대아찬					
6	아 찬	비색				
7	일길찬					
8	사 찬					
9	급벌찬					
10	대나마	청색				
11	나 마					
12	대 사	황색				
13	사 지					
14	길 사					
15	대 오					
16	소 오					
17	조 위					

ㄱ. 관등에 따라 관리의 복색이 달랐다.
ㄴ. 6두품은 자색의 공복을 입을 수 있었다.
ㄷ. 5두품은 10등급인 대나마까지 오를 수 있었다.
ㄹ. 신분에 관계없이 능력과 실력이 우선시되는 사회였다.

① ㄱ, ㄴ   ② ㄱ, ㄷ
③ ㄴ, ㄷ   ④ ㄴ, ㄹ

12 다음 고분 벽화에 나타난 사상에 대하여 옳게 설명한 것을 〈보기〉에서 고른 것은?

<보기>

ㄱ. 충과 효, 그리고 예를 강조하였다.
ㄴ. 불로장생과 현세구복을 추구하였다.
ㄷ. 산천 숭배나 신선 사상과 결합되었다.
ㄹ. 업설을 통해 진골 귀족의 특권을 합리화하였다.

① ㄱ, ㄴ
② ㄱ, ㄷ
③ ㄴ, ㄷ
④ ㄴ, ㄹ

13 자료에서 설명하고 있는 탑의 사진으로 적합한 것은?

이 탑은 2층 기단에 3층 탑신부를 올린 통일 신라 석탑의 전형으로 전체의 균형이 잘 잡힌 뛰어난 작품이다. 창건 후 원형대로 보존되어 왔으나, 1966년 도굴꾼들에 의해 석탑이 훼손되는 안타까운 사건이 발생하기도 하였다. 정부는 도굴꾼이 훼손한 탑을 복원하기 위해 탑신부를 해체했는데, 이 과정에서 현존하는 세계에서 가장 오래된 목판 인쇄물인 무구정광대다라니경을 발견할 수 있었다.

①

②

③

④

14 (가) 왕의 무덤에서 출토된 유물로 옳은 것은?

> ○○ 신문
>
> ○○○○년 ○월 ○일
>
> 1971년 송산리 고분군의 배수로 공사 중에 우연히 발견되었다. 중국 남조의 영향을 크게 받아 연꽃 등 우아하고 화려한 무늬를 새긴 벽돌로 무덤 내부를 쌓았다. 무덤의 주인공이 (가)와 왕비임을 알리는 지석이 발견되어 연대를 확실히 알 수 있는 무덤이기도 하다. (가)와 왕비의 부장품 등을 통해 이 나라의 귀족적 특성을 알 수 있다.

①

②

③

④

15 다음 왕이 실시한 정책으로 옳은 것은?

① 관리에게 토지를 지급하는 전시과 제도를 시행하였다.

② 지방에 경학박사를 파견하여 유학을 진흥시켰다.

③ 광덕, 준풍 등의 연호를 사용하여 국가의 위상을 높였다.

④ 정방을 폐지하고 신진관료를 등용하였다.

16 다음 ㉮와 같은 세력에 대한 설명으로 옳은 것은?

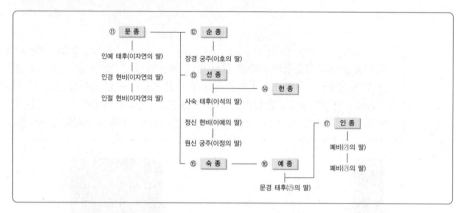

① 친원 세력으로 대농장을 소유하였다.
② 향촌 자치를 내세우며 왕도 정치를 강조하였다.
③ 정방을 설치하고 인사권을 행사하였다.
④ 음서와 공음전을 통해 사회·경제적 지위를 보장받았다.

17 다음 자료에 들어갈 (가), (나)를 옳게 고른 것은?

〈이 달의 위인〉
○○왕

생몰연대 : 1330~1374
1349   원의 노국대장공주와 혼인
1351   고려 왕위 등극
1352   몽골풍의 폐지, 정방 폐지
1356   고려 관제 복구, 기철일파 숙청
        유인우를 보내 (가)를 공략
1366   신돈 등용, (나)를 설치하여 불법적인 토지와 노비를 환원

	(가)	(나)
①	동녕부	전민변정도감
②	탐라총관부	교정도감
③	쌍성총관부	정동행성
④	쌍성총관부	전민변정도감

18 지도의 (가) 국가를 세운 민족과 관련된 설명으로 옳은 것을 〈보기〉에서 고른 것은?

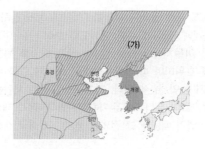

보기
ㄱ. 고구려의 후손들은 한때 이들의 조상을 오랫동안 지배하였다.
ㄴ. 묘청은 이들을 정벌하여 자주성을 회복하려 하였다.
ㄷ. 고려와 송의 교류를 끊기 위해 여러 차례 침략하였다.
ㄹ. 조선 초에는 이들의 침략에 대응하여 최윤덕과 김종서를 파견하였다.

① ㄱ, ㄴ 　　　　　② ㄴ, ㄷ
③ ㄷ, ㄹ 　　　　　④ ㄱ, ㄴ, ㄹ

19 지도의 색칠한 부분의 영토를 회복하였던 시기에 살았던 농민의 생활 모습으로 옳은 것은?

① 공납으로 토산물 대신 쌀이나 무명 등을 납부하였다.
② 일부 농민은 광작 농업으로 부농이 되기도 하였다.
③ 밭농사에서 조, 보리, 콩의 2년 3작이 시작되었다.
④ 모내기법의 확대로 농업 경영 방식이 변화되었다.

20 다음의 사료를 보고 당시의 사회 모습에 대해 옳게 설명한 것을 〈보기〉에서 고른 것은?

> 박유가 왕에게 글을 올려 말하기를 "청컨대 여러 신하, 관료들로 하여금 여러 처를 두게 하되, 품계에 따라 그 수를 줄이도록 하여 …… 여러 처에게서 낳은 자식들도 역시 본가가 낳은 아들처럼 벼슬을 할 수 있게 하기를 원합니다." 연등회 날 저녁 박유가 왕의 행차를 호위하며 따라갔는데 어떤 노파가 그를 손가락질하면서 "첩을 두고자 요청한 자가 저 놈의 늙은이이다."라고 하니, 듣는 사람들이 서로 전하여 서로 가리키니 거리마다 여자들이 무더기로 손가락질하였다. 당시 재상들 가운데 그 부인을 무서워하는 자들이 있었기 때문에 그 건의를 정지하고 결국 실행되지 못하였다.
>
> ― 「고려사」

보기
> ㄱ. 재혼한 여성의 자녀를 사회적으로 차별하였다.
> ㄴ. 아들뿐 아니라 사위에게도 음서의 혜택을 주었다.
> ㄷ. 혼인에 있어 친영제도가 정착되었다.
> ㄹ. 태어난 차례대로 호적에 기재하여 남녀 차별을 하지 않았다.

① ㄱ, ㄴ   ② ㄱ, ㄷ

③ ㄴ, ㄷ   ④ ㄴ, ㄹ

21 다음 서적에 대한 설명으로 옳은 것은?

> 1. 세가
>   ⋮
> 1. 열전
>   후비(后妃), 종실, 제신(諸臣), 반역 열전의 순서로 서술한다.
>   … *신우, 신창은 신돈의 자손인데 부당하게 왕위에 있었으므로 여기에서는 세가가 아니라 열전에 넣어 역적을 규탄하는 대의를 밝힌다.
>
> *신우, 신창 : 우왕, 창왕

① 정도전이 고려의 역사를 연대순으로 서술한 책이다.

② 태조 때부터 철종까지의 사실에 관해 각 왕대별로 기록하였다.

③ 15세기에 고려 시대의 역사를 기전체로 정리한 역사서이다.

④ 이제현이 성리학적 유교 사관에 입각하여 저술한 역사서이다.

22 (가)~(다) 인물과 관련된 설명으로 옳은 것은?

> (가) 아미타 신앙을 직접 전도하며 불교 대중화 운동을 펼쳤다.
> (나) 화엄일승법계도를 지어 모든 존재의 상호의존적인 관계를 설명하였다.
> (다) 국청사를 창건하여 천태종을 창시하였다.

① (가)는 교종 중심에서 선종을 통합하려 하였다.
② (나)는 관음 신앙을 일반인에게 널리 알렸다.
③ (다)는 정혜쌍수를 바탕으로 철저한 수행을 강조하였다.
④ (가), (다)는 화엄사상을 바탕으로 교단을 형성하였다.

23 연표의 (가) 시기에 시행한 정책으로 옳은 것은?

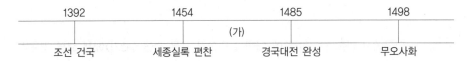

1392	1454	1485	1498
조선 건국	세종실록 편찬	경국대전 완성	무오사화

(가)는 1454~1485 사이

① 현량과를 실시하여 신진 관리를 등용하였다.
② 사병을 혁파하여 공신들의 세력을 약화시켰다.
③ 4군과 6진을 설치하여 북방 영토를 확장하였다.
④ 언관의 활동을 억제하기 위하여 집현전을 없앴다.

24 다음 서적을 관장했던 당시 기구의 기능으로 가장 적절한 것은?

〈승정원 일기〉

인조 1년(1623)부터 융희 4년(1910)까지 승정원에서 처리한 모든 사항을 기록한 일기이다. 우리나라 국보 303호로 지정되어 있으며, 2001년 9월에 그 가치와 중요성을 인정받아 유네스코 세계 기록 유산으로 등록되었다.

① 국가의 중범죄를 다스리는 업무를 하였다.
② 문필 활동과 언론 기능을 담당하였다.
③ 왕의 명령을 받들어 관리에게 하달하였다.
④ 왕의 잘못을 논하는 간쟁의 업무를 담당하였다.

25 다음에서 밑줄 친 '이들'에 대한 설명으로 옳은 것을 〈보기〉에서 고른 것은?

김종직과 그 문인들이 성종 때 중앙에 진출하면서 정치적으로 성장하기 시작한다. 이들 대부분은 중소 지주적인 배경을 가지고 있는 성리학에 투철한 지방 사족들로 영남과 기호 지방을 중심으로 성장하였다. 이들은 즉위하면서 중앙에 대거 진출하여 정국을 주도하게 되었다.

보기
ㄱ. 도덕과 의리의 숭상을 주장하였다.
ㄴ. 조선 건국에 적극적으로 참여하였다.
ㄷ. 현량과를 통해 중앙 관료로 대거 등용되었다.
ㄹ. 중앙 집권과 부국강병을 위해 노력하였다.

① ㄱ, ㄴ   ② ㄱ, ㄷ
③ ㄴ, ㄷ   ④ ㄴ, ㄹ

26 다음은 두 왕에 대한 평가이다. (가), (나) 왕에 대한 설명으로 옳은 것은?

> (가) 즉위한 후에는 정치에 노력하였으므로 국내외가 크게 기뻐하였고 태평 세상에 대한 기대를 가졌었다. 그러나 노국공주(魯國公主)가 죽은 후부터는 매우 슬퍼하여 개혁 의지를 상실하고 정치를 신돈에게 일임하였으며, 공훈이 있고 어진 신하들을 내쫓거나 죽이는 등의 행동을 하여 백성의 원망을 샀다.
>
> (나) 임진왜란 때 명의 도움을 받은 조선은 명의 지원병 요구를 거절할 수 없었고, 새롭게 성장하는 후금과 적대 관계를 맺을 수도 없었다. 이에 왕은 강홍립을 도원수로 삼아 1만 3,000명의 군대를 이끌고 명을 지원하게 하되, 적극적으로 나서지 말고 상황에 따라 대처하도록 명령하였다. 결국 조−명 연합군은 후금군에게 패하였고, 강홍립 등은 후금에 항복하였다. 이후에도 명의 원군 요청은 계속되었지만, 왕은 이를 적절히 거절하면서 후금과 친선을 꾀하는 중립적인 정책을 취하였다.

① (가) − 화통도감을 설치하여 왜적에 대비하였다.
② (가) − 교정도감을 설치하여 권력을 장악하였다.
③ (나) − 경기도 지방에 대동법을 실시하였다.
④ (나) − 4군 6진을 설치하여 북방을 개척하였다.

27 다음 O 표시된 지역에서 15세기에 볼 수 있었던 모습으로 옳은 것은?

① 농민 봉기를 준비하고 있는 몰락 양반 홍경래
② 부족한 곡식을 대신하기 위해 감자를 심는 농민
③ 무역소를 통해 북방 민족과 물품을 교역하는 상인
④ 안용복의 일본에 대한 항의

1
편

2
편

3
편

4
편

5
편

해
설

28 어느 조직의 기능 변화를 정리한 것이다. (가)에 들어갈 수 있는 내용으로 가장 적절한 것은?

고 려	(가)
	↓
조선 전기	불교와 민간 신앙 등을 바탕으로 동계와 같은 공동체 조직의 성격을 띠었다. 주로 상을 당하였을 때에나 어려운 일이 생겼을 때에 서로 돕는 역할을 하였다. 상여를 메는 사람인 상두꾼도 여기서 유래하였다.

① 성현의 제사와 유생들의 교육 등에 힘썼다.

② 노비와 관련된 문제를 전담하여 처리하였다.

③ 수령을 보좌하고 향촌 사회의 풍속을 바로잡았다.

④ 향나무를 땅에 묻어 국난을 극복하고자 하였다.

29 다음 자료에서 밑줄 친 '왕'의 업적으로 옳은 것은?

〈훈민정음 언해본〉

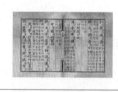

「훈민정음」에서 왕이 쓴 서문과 예의(例義) 부분만을 한글로 풀이하여 간행한 것이다.

① 홍문관을 설치하였다.   ② 〈농가집성〉을 편찬하였다.

③ 〈경국대전〉을 완성하였다.   ④ 역법서인 〈칠정산〉을 만들었다.

30 다음의 자료를 볼 때, (가)에서 볼 수 없는 일기 제목은?

> ○○년 ○월 ○일
> 적들의 배가 그 끝이 보이지 않을 정도로 부산포 앞바다를 가득 덮었다. 적들의 공격으로 부산성이 함락되고 첨사 정발이 전사하였다.
>
> ⋮
>
> (가)
>
> ⋮
>
> ○○년 ○월 ○일
> 명과 일본의 휴전회담이 결렬되자, 가토 기요마사 등의 장수가 이끄는 14,500명의 군사를 선봉으로 하여 적군이 다시 쳐들어왔다.

① 훈련도감! 포수, 사수, 살수를 양성하다
② 조·명 연합군! 평양성을 되찾다
③ 국왕 전하! 남한산성에서 포위되다
④ 이순신! 바다는 내게 맡겨라

31 다음 교서를 발표한 국왕의 정책으로 옳은 것을 〈보기〉에서 고른 것은?

> 붕당의 폐단이 요즈음보다 심한 적이 없었다. 처음에는 사문(유교)에 소란을 일으키더니 지금은 한 쪽 사람을 모조리 역적으로 몰고 있다. …… 근래에 들어 사람을 임용할 때 모두 같은 붕당의 사람들만 등용하고자 한다. …… 이제 귀양 간 사람들은 의금부로 하여금 그 가볍고 무거움을 참작하여 잘잘못을 다시 살피도록 하고, 관리의 임용을 담당하는 관리는 탕평의 정신을 잘 받들어 직무를 수행하도록 하라.

보기
ㄱ. 장용영 설치　　　　　　　　ㄴ. 규장각 육성
ㄷ. 균역법 실시　　　　　　　　ㄹ. 속대전 편찬

① ㄱ, ㄴ
② ㄱ, ㄷ
③ ㄴ, ㄷ
④ ㄷ, ㄹ

32 다음 자료를 통해 추론할 수 있는 정책의 공통적인 목적은?

> • 의정부와 비변사를 하나로 합하고 비변사의 관인(官印)을 태워버렸다.
> — 「승정원 일기」
>
> • 대원군이 말하기를 "나는 천리(千里)를 끌어다 지척(咫尺)을 삼겠으며, 태산을 깎아 내려 평지를 만들고, 또한 남대문을 3층으로 높이려 하는데, 여러분들은 어떻게 생각하오?"라고 물었다.
> — 「매천야록」

① 북학파 실학자들의 정권 견제
② 비변사의 권한 강화
③ 국왕 중심의 통치 강화
④ 외세 침략의 견제

33 다음 그림이 제작될 당시의 경제생활 모습으로 옳은 것을 〈보기〉에서 모두 고른 것은?

보기
ㄱ. 광작 농업으로 부농이 생겨났다.
ㄴ. 은광, 금광의 개발이 성행하였다.
ㄷ. 관허 상인 중심으로 상업이 운영되었다.
ㄹ. 장시는 전국적인 유통망으로 연결되었다.

① ㄱ, ㄷ
② ㄱ, ㄴ, ㄹ
③ ㄱ, ㄷ, ㄹ
④ ㄴ, ㄷ, ㄹ

34 (가), (나)의 사건에 대한 설명으로 옳지 않은 것은?

> (가) 평서대원수는 급히 격문을 띄우노니 …… 그러나 조정에서는 관서를 버림이 분토(糞土)와 다름없다. 심지어 권세 있는 집의 노비들도 서토의 사람을 보면 반드시 '평안도 놈'이라고 말한다. 어찌 억울하고 원통하지 않은 자 있겠는가.
>
> – 「순조실록」
>
> (나) 임술년 2월, 진주민 수만 명이 머리에 흰 수건을 두르고 손에는 몽둥이를 들고 무리를 지어 진주 읍내에 모여 …… 백성들의 재물을 횡령한 조목, 아전들이 세금을 포탈하고 강제로 징수한 일들을 면전에서 여러 번 문책하는데, 그 능멸하고 핍박함이 조금도 거리낌이 없었다.
>
> – 「철종실록」

① (가)는 서북민에 대한 차별이 원인이 되었다.
② (가) 사건이 발발한 지역은 대청 무역의 통로로서 상품 유통이 활발하였다.
③ (나)는 동학사상의 영향을 받아 일어났다.
④ (나)는 경상 우병사 백낙신의 수탈이 원인이 되었다.

35 다음 서적을 저술한 인물과 관련 없는 것은?

> 이제 농사짓는 사람은 토지를 갖고 농사짓지 않는 사람은 토지를 갖지 못하게 하려면 여전제를 실시하여야 한다. …… 1여마다 여장을 두며 무릇 1여의 인민이 공동으로 경작하도록 한다. …… 가을이 되면 오곡의 수확물을 모두 여장의 집에 가져온 다음 분배한다. 이때 국가에 바치는 세와 여장의 봉급을 제하며, 그 나머지를 가지고 노동 일수에 따라 여민에게 분배한다.
>
> – 「여유당전서」

거중기

경세유표

수원 화성

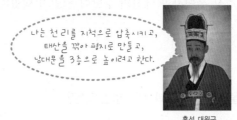
혼천의

36 다음 자료 속 인물의 집권 시기를 영화로 제작할 때, 등장 인물로 적절하지 않은 것은?

나는 천 리를 지척으로 압축시키고,
태산을 깎아 평지로 만들고,
남대문을 3층으로 높이려고 한다.

홍선 대원군

① 정족산성에서 프랑스 군과 전투를 벌이고 있는 양헌수 부대
② 운요호를 보고 놀라는 강화도 백성들
③ 남연군의 묘를 파헤치고 있는 오페르트 일행
④ 광성보에서 미국 군대의 침략에 맞서 싸우는 조선군 수비대

37 다음의 역사적 사실이 발생한 시기를 연표에서 고른 것은?

> 19세기 후반 메이지 유신을 단행하여 급속한 성장을 한 일본은 대원군이 물러나고 고종이 친정을 펼치자 군함 운요호를 조선 연해에 파견하였다. 강화도 초지진 포대가 바닷길을 따라 한강으로 거슬러 올라가려는 운요호에 경고 사격을 하였다.

	(가)	(나)	(다)	(라)		
신미양요		임오군란	갑신정변	방곡령 실시	동학 농민 운동	삼국 간섭

① (가) ② (나)
③ (다) ④ (라)

38 자료는 외세에 대한 대응으로 제기된 주장들이다. 밑줄 친 ㉠~㉤에 대한 설명으로 옳지 않은 것은?

> • 안으로는 관리들로 하여금 사학(邪學)의 무리를 잡아 베시고, 밖으로는 장병으로 하여금 ㉠ 바다를 건너오는 적을 전멸하게 하소서.
> 　　　　　　　　　　　　　　　　　　　　　　　　　　　　　　　　 – 이항로, 「화서집」
> • ㉡ 이 강화는 일본의 강요에 의해 이루어지는 것이므로 곧 닥쳐올 그들의 탐욕을 당해 낼 수 없을 것이다.
> 　　　　　　　　　　　　　　　　　　　　　　　　　　　　　　　　 – 최익현, 「면암집」
> • 미국은 우리가 본래 모르던 나라입니다. 잘 알지 못 하는데 공연히 ㉢ 타인의 권유로 불러들였다가 그들이 재물을 요구하고 과도한 경우를 떠맡긴다면 장차 이에 어떻게 응할 것입니까?
> 　　　　　　　　　　　　　　　　　　　　　　　　　　　　　　　　 – 이만손, 「영남만인소」
> • 국모의 원수를 생각하며 이를 갈았는데, 참혹함이 더욱 심해져 ㉣ 임금께서 머리를 깎으시는 지경에 이르렀다. …… 환난을 회피하기란 죽음보다 더 괴로우며 멸망을 앉아서 기다릴진대 싸우는 것만 같지 못하다.
> 　　　　　　　　　　　　　　　　　　　　　　　　　　　　　　　　 – 유인석, 「창의문」

① ㉠ – 프랑스를 가리킨다.
② ㉡ – 운요호 사건을 계기로 체결되었다.
③ ㉢ – 일본이 청을 견제하고자 권유하였다.
④ ㉣ – 을미개혁과 관련이 있다.

39 밑줄 친 '이 나라'와 관련 있는 내용만을 〈보기〉에서 고른 것은?

> 이 나라 사람 부들러는 당시 조선이 청나라의 후정(後庭)과 같은 위치에 있고, 러시아와 일본과는 국경이 인접해 있기 때문에 그 형세가 어쩔 수 없이 분쟁을 일으키게 되어 있다고 주장하였다. 따라서 그것을 미연에 방지하기 위해서는 서양의 예에 따라 청나라, 러시아, 일본이 상호 조약을 체결하여 조선을 영세 중립국으로 하여 영구히 보호해야 한다고 주장하였다.

보기
> ㄱ. 갑신정변 직후 거문도를 불법 점령하였다.
> ㄴ. 러시아, 프랑스와 함께 삼국 간섭을 하였다.
> ㄷ. 오페르트는 남연군의 묘를 도굴하려다 실패하였다.
> ㄹ. 청의 알선으로 조선과 조약을 맺었다.

① ㄱ, ㄴ   ② ㄱ, ㄷ
③ ㄴ, ㄷ   ④ ㄴ, ㄹ

40 다음은 동학 농민 운동을 배경으로 한 시대 상황이다. (가)~(마)를 사건의 전개 과정 순으로 나열한 것은?

① (가) - (나) - (다) - (라) - (마)

② (가) - (다) - (나) - (마) - (라)

③ (나) - (가) - (다) - (라) - (마)

④ (나) - (다) - (가) - (마) - (라)

41 다음 신문기사의 개혁에 대한 설명으로 옳은 것은?

○○ 일보

○○○○년 ○월 ○일

대한제국, 일대 개혁!

대한제국의 황제는 급변하는 국제 정세에 발맞추어 우리에게 선진문물을 수용하여, 일대 혁신적인 개혁이 절대적으로 필요하다는 입장을 밝혔으며, 개혁의 기본은 구본신참(舊本新參)이라 천명하였다.
개혁의 첫째로는 대한제국 대황제의 군주권은 무한하다는 …

① 개혁의 추진을 위해 홍범 14조를 반포하였다.

② 교육입국조서를 반포하고 소학교를 세웠다.

③ 중단되었던 근대적 우편사무를 재개하였다.

④ 근대적 토지 측량을 하고 지계를 발급하였다.

42 다음은 을사늑약을 묵인한 세계 각국의 국제조약이다. (가), (나) 국가에 대한 설명으로 옳은 것을 〈보기〉에서 고른 것은?

> • 일본은 필리핀에 대하여 어떠한 침략적 의도를 품지 않으며, (가)의 필리핀 지배를 확인한다(1905.7).
> • 영국은 일본이 한국에서 가지는 이익을 옹호하고, 일본이 한국에서 행하는 권리를 승인한다.
> • (나)는 일본이 한국에 있어서 지도 · 보호 및 감리의 조치를 취하는 데 이를 저지하거나 간섭하지 않는 특별 권리를 승인한다(1905.9).

보기
> ㄱ. (가) – 병인박해를 구실로 강화도를 침략하였다.
> ㄴ. (가) – 19세기 말 운산 금광 채굴권을 획득하였다.
> ㄷ. (나) – 제너럴셔먼호 사건을 구실로 조선을 침략하였다.
> ㄹ. (나) – 을미사변 이후 고종에게 공관을 거처로서 제공하였다.

① ㄱ, ㄴ   ② ㄱ, ㄷ
③ ㄴ, ㄷ   ④ ㄴ, ㄹ

정답 및 해설 p. 363

01   수리기초

01 연산 $\otimes$을 $A \otimes B = 2 \times A + A \times B + B$로, 연산 $\oplus$을 $A \oplus B = A \times B + A - 2 \times B$
로 정의할 때, $(3 \otimes 4) \oplus 8$의 값은?

① 175
② 177
③ 180
④ 182

02 다음 세 다항식의 최대공약수는?

- $x^2 + x - 2$
- $(x+2)^2(x-3)$
- $x^3 + 5x^2 - 4x - 20$

① $x+2$
② $x-3$
③ $x^2 + x - 2$
④ $(x+2)^2$

03 임의의 실수 x에 대하여 $[x] + [-x]$의 값이 될 수 있는 것은?(단, $[x]$는 x를 넘지
않는 최대의 정수이다)

① $0, \ -1$
② $0, \ 1$
③ $-1, \ 1$
④ 1

04    $3x^3+4x^2+2$를 $x+1$로 나누었을 때 몫을 $Q(x)$라 하면, $Q(2x+1)$을 $x+1$로 나누었을 때 나머지는?

① -1 ② 0 ③ 1 ④ 3

05   이차방정식 $x^2+4x+2=0$의 두 근을 α, β라고 할 때, $|\alpha-\beta|$의 값은?

① $\sqrt{6}$ ② $2\sqrt{2}$ ③ $4\sqrt{2}$ ④ $3\sqrt{6}$

06   다음 부등식이 항상 성립하기 위한 가장 작은 정수 k는?

$$(k+2)x^2-2(k+2)x-3<0$$

① -7 ② -6 ③ -5 ④ -4

07    $x>0$, $y>0$일 때 $(2x+y)\left(\dfrac{8}{x}+\dfrac{1}{y}\right)$의 최솟값은 얼마인가?

① 9 ② 16 ③ 25 ④ 36

08    $f(x)=\dfrac{2x}{x-2}$, $g(x)=\dfrac{x-2}{2x}$와 같은 함수일 때, $(g \circ f)(x)=\dfrac{x}{4}$를 만족하는 x의 값은?

① 1 ② -1 ③ 2 ④ -2

09 함수 $y=\sqrt{|x-2|}$ 의 그래프는?

①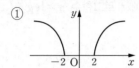

②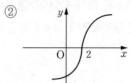

③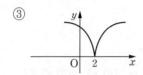

④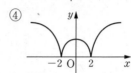

10 역행렬이 존재하고 단위행렬이 아닌 이차정사각행렬 A가 $A^2=E$를 만족할 때, $A-A^{-1}$ 의 모든 성분의 합은?(단, E는 단위행렬, A^{-1}은 역행렬이다)

① 2   ② 0   ③ -1 ④ 1

11 어떤 건설 현장에서 10대의 트럭으로 흙을 운반하는 데 x대의 트럭에는 각각 10톤, y 대의 트럭에는 각각 12톤의 흙을 실어 모두 114톤의 흙을 운반하려 한다. 이때 x와 y 의 값을 구하는 식을 행렬로 나타내면 다음과 같다.

$$\begin{pmatrix} x \\ y \end{pmatrix}=\begin{pmatrix} 6 & a \\ b & 1 \end{pmatrix}\begin{pmatrix} 10 \\ 57 \end{pmatrix}$$

두 수 a, b의 합 $a+b$의 값은?

① -9 ② -8 ③ -7 ④ -6

12 양의 실수 x에 대하여 $x^{\frac{1}{2}}-x^{-\frac{1}{2}}=3$일 때, $x^{\frac{3}{2}}-x^{-\frac{3}{2}}$의 값은?

① 9   ② 14   ③ 27   ④ 36

1편
2편
3편
4편
5편
해설
왜 틀렸을까?! 오답 솔솔!!

13 지수함수 $y=3^x$의 그래프를 x축 방향으로 a만큼, y축 방향으로 b만큼 평행이동 한 후, 직선 $y=x$에 대하여 대칭이동 하였더니, 일부구간에서 로그함수 $y=\log_3 9(x-4)$의 그래프와 일치하였다. $a+b$의 값은?

① 0   ② 4   ③ 6   ④ 8

14 로그방정식 $\left(\log_2 \dfrac{x}{2}\right)^2 - 5\log_2 x + 9 = 0$에서 두 근 α, β의 곱 $\alpha\beta$의 값은?

① 64   ② 128   ③ 256   ④ 512

15 부등식 $\log_{x-2}(3x^2-16x+20) > 1$을 만족시키는 가장 작은 자연수 x의 값은?

① 2   ② 3   ③ 4   ④ 5

16 어느 공장에서 올해 생산한 휴대폰과 컴퓨터 수의 비율은 1 : 1이다. 두 제품의 수를 합한 총생산량은 매년 7%, 휴대폰 생산량은 매년 10%씩 증가한다고 한다. 10년 후 두 제품의 총생산량이 100만 대라면 그 중 휴대폰은 몇 대인가?(단, $\log 1.07 = 0.0294$, $\log 1.1 = 0.0414$, $\log 1.32 = 0.12$)

① 50만 대   ② 59만 대   ③ 66만 대   ④ 73만 대

17 $\displaystyle\lim_{x\to\infty}\left\{\left(\dfrac{x^2}{x+1}\right) - x\right\}$의 값은?

① -1 ② 0   ③ 1   ④ 존재하지 않음

18 다항함수 $f(x)$가 $\lim\limits_{x\to\infty}\dfrac{f(x)}{2x^2+x+1}=1$, $\lim\limits_{x\to2}\dfrac{f(x)}{x^2-x-2}=1$을 만족시킬 때, $f(1)$의 값은?

① -3 ② -2 ③ -1 ④ 1

19 함수 $f(x)=\begin{cases} x^3 & (x<-1) \\ x-1 & (-1\le x<1) \\ 1-x & (x\ge1) \end{cases}$ 에 대하여 다음 중 옳지 않은 것은?

① $\lim\limits_{x\to1-0}f(x)=f(1)$ ② $\lim\limits_{x\to-1-0}f(x)=f(-1)$

③ $\lim\limits_{x\to+0}f(x)=f(2)$ ④ $\lim\limits_{x\to-1+0}f(x)=f(3)$

20 $\lim\limits_{x\to0}\dfrac{|x|}{x}=a$, $\lim\limits_{x\to0}\dfrac{x}{[x]}=b$, $\lim\limits_{x\to0}\dfrac{[x-1]}{x-1}=c$일 때, $a+2b+3c$의 값은?(단, $[x]$는 x보다 크지 않은 최대의 정수이다)

① 6 ② 5 ③ 4 ④ 3

21 미분가능한 함수 $f(x)$에 대하여 $f(1)=-2$, $f'(1)=5$일 때, $\lim\limits_{h\to0}\dfrac{f(1+2h)-(1-2h)f(1)}{h}$의 값은?

① 2 ② 4 ③ 6 ④ 8

22 다항함수 $f(x)$에 대하여 $\lim\limits_{x\to3}\dfrac{x^2-9}{f(x-2)+9}=\dfrac{3}{4}$ 일 때, $f(1)+f'(1)$의 값은?

① -2 ② -1 ③ 0 ④ 2

23 미분가능한 함수 $f(x)$가 다음 조건을 만족한다.

> (가) $f(x+y)=f(x)+f(y)+xy$
> (나) $f'(0)=-2$

$$\lim_{x \to 3} \frac{f(x)-f(3)}{x-3}$$ 의 값은?

① 0   ② 1   ③ 2   ④ 3

24 다음의 부정적분은?

> $$\int (x^2+2x+7)^5(2x+2)\,dx$$

① $\frac{1}{6}(x^2+2x+7)^6+C$ ② $\frac{1}{5}(x^2+2x+7)^5+C$

③ $\frac{1}{2}(2x^2+2x+7)^2+C$ ④ $\frac{1}{7}(2x^2+2x+7)^6+C$

25 다음 조건을 만족하는 다항함수 $f(x)$에 대하여 $\int_3^5 xf(x)\,dx$의 값은?

> (가) 임의의 실수 x에 대하여 $f(-x)=f(x)$
> (나) $\int_{-3}^1 xf(x)\,dx=4,\ \int_{-1}^5 xf(x)\,dx=6$

① 2   ② 4   ③ 6   ④ 10

26 곡선 $y=x^2$과 이 곡선 위의 점 (1, 1)에서의 접선 및 y축으로 둘러싸인 부분의 넓이는?

① $\frac{4}{3}$ ② $\frac{2}{3}$ ③ $\frac{1}{2}$ ④ $\frac{1}{3}$

27 3학년 전체 학생에 대한 남학생의 비율이 48%인 어느 고등학교에서 이들 학생을 대상으로 수시 모집 응시 여부를 조사하였다. 그 결과 응시를 희망한 남학생은 3학년 전체 학생의 30%가 되었다. 이때 이 학교 3학년 전체 학생 중에서 임의로 한 학생을 뽑았더니, 남학생이었다. 이 학생이 수시 모집 응시에 희망했을 확률은?

① $\frac{1}{8}$　　　　② $\frac{3}{8}$　　　　③ $\frac{5}{8}$　　　　④ $\frac{1}{16}$

28 숫자 1이 적힌 카드가 1장, 2가 적힌 카드가 2장, 3이 적힌 카드가 3장, 4가 적힌 카드가 4장 있다. 이 10장의 카드를 모두 섞은 후 두 장의 카드를 임의로 뽑을 때, 두 장의 카드에 적힌 수가 같을 확률은?

① $\frac{1}{9}$　　　　② $\frac{2}{9}$　　　　③ $\frac{1}{3}$　　　　④ $\frac{4}{9}$

29 남자와 여자의 비율이 3 : 1인 어느 학부에서 A, B 두 학과 중 반드시 한 학과를 선택하도록 전공을 결정하였다. 그 결과 남자의 $\frac{5}{6}$가 A 학과를 선택하였고 B 학과를 선택한 학생의 $\frac{2}{3}$가 여자였다. 이 학부에서 A 학과로 전공을 선택한 사람을 임의로 한 명 선택하였을 때, 그 사람이 여자일 확률은?

① 0　　　　② $\frac{1}{8}$　　　　③ $\frac{1}{4}$　　　　④ $\frac{2}{3}$

30 어느 질병의 검진법 중 양성 환자가 음성으로 잘못 판정될 확률이 1차 검진법은 5%이고, 2차 검진법은 1%이다. 그 질병의 양성 환자가 1차 검진에서 음성 판정을 받았지만, 2차 검진에서 양성 판정을 받을 확률은?

① 0.5%　　　　　　　② 0.95%

③ 4.95%　　　　　　　④ 4.99%

31 다음은 확률변수 X의 확률분포를 표로 나타낸 것이다.

X	$a-2$	$a-1$	$a+1$	$a+2$	합 계
$P(X=x)$	$\dfrac{1}{6}$	$\dfrac{1}{3}$	$\dfrac{1}{3}$	$\dfrac{1}{6}$	1

확률변수 $Y=3X+1$의 평균이 10일 때, Y의 분산은?

① 2　　　　　② 6　　　　　③ 12　　　　　④ 18

32 두 개의 동전을 동시에 던지는 시행을 20번 반복할 때, 두 개 모두 앞면이 나오는 횟수를 X라고 하자. 확률변수 X의 평균값은?

① 3　　　　　② 4　　　　　③ 5　　　　　④ 6

33 동전 2개를 동시에 던지는 시행을 64번 반복할 때, 동전 2개 중 적어도 한 개가 앞면이 나오는 횟수를 확률 변수 X라고 하자. $\sigma(X)$의 값은?

① $\sqrt{3}$　　　　　② 2　　　　　③ $2\sqrt{3}$　　　　　④ 12

02 **과학기초**

34 물방울이 둥글게 뭉치는 데 관계있는 것은?

① 만유 인력 ② 장 력
③ 분자력 ④ 구심력

35 다음은 두 힘의 합성에 대한 설명이다. 가장 옳은 것은?

① 두 힘을 합하면 두 힘 중 큰 힘보다 커진다.
② 두 힘을 합성한 힘은 항상 두 힘 중 작은 힘보다 작다.
③ 두 힘을 합성한 힘의 크기는 두 힘의 절대치 합보다 크지 않고, 두 힘의 절대
치 차보다는 작지 않다.
④ 두 힘을 합성한 힘은 항상 두 힘의 차보다는 작다.

36 두 물체가 충돌했을 때 옳지 않은 것은?

① 두 물체가 받은 충격량의 값은 같다.
② 충돌 전후의 운동량은 보존된다.
③ 두 물체에 가해진 충격량의 값은 같다.
④ 운동에너지가 반드시 보존된다.

37 "열은 비가역성 에너지이므로 열효율 100%의 열기관은 존재하지 않는다."와 관계있
는 법칙은?

① 열역학 제1법칙 ② 열역학 제2법칙
③ 에너지 보존 법칙 ④ 뉴턴의 운동 제2법칙

1편

2편

3편

4편

5편

해설

핵심콕콕!! 암기쏙쏙!!

38 다음의 단위 중 에너지의 단위(J)를 갖는 것으로만 짝지어진 것은?

㉠ 질량×속력^2	㉡ 관성 모멘트×거리
㉢ 힘×거리	㉣ 전위×전하량
㉤ 압력×부피	㉥ 기체상수×온도
㉦ 힘의 모멘트	㉧ 플랑크상수×진동수

① ㉠, ㉡, ㉢, ㉣, ㉤, ㉥, ㉦, ㉧
② ㉠, ㉢, ㉣, ㉤, ㉥, ㉦, ㉧
③ ㉠, ㉡, ㉤, ㉥, ㉦, ㉧
④ ㉠, ㉡, ㉢, ㉣, ㉤

39 철수는 초속 100m로 앞서 달리고 있는 기차를 초속 10m로 따라가면서 기차의 기적소리를 들었다. 기적소리의 본래 주파수가 10,000Hz라면 철수가 들을 때의 주파수는?(단, 음속은 300m/s로 계산한다)

① 6,900Hz
② 7,750Hz
③ 13,800Hz
④ 14,500Hz

40 다음 그림과 같이 42W의 전력을 공급하는 저항체로 100초 동안 물을 데웠더니 물의 온도가 10℃ 상승하였다. 이 실험에 대한 내용으로 옳은 것을 모두 고르면?(단, 공급된 에너지는 모두 액체를 데우는 데 사용되며, 액체의 비열은 표와 같다)

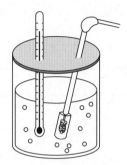

물 질	물	식용유
비열(kJ/kg℃)	4.2	2.1

㉠ 같은 질량의 식용유를 100초 동안 데우면 식용유의 온도는 5℃ 상승할 것이다.
㉡ 저항체에 의해서 100초 동안 공급된 에너지는 4,200J이다.
㉢ 같은 조건에서 물의 양을 2배로 늘리면 온도는 5℃ 상승할 것이다.

① ㉠　　　　② ㉡　　　　③ ㉠, ㉡　　　　④ ㉡, ㉢

41 다음 표는 몇 가지 물질의 비열을 나타낸 것이다.

물 질	비열(kcal/kg · ℃)
알루미늄	0.22
철	0.11
구 리	0.09
납	0.03

이 표의 자료를 이용하여 판단할 때, 다음 중 옳은 진술을 모두 고른 것은?

㉠ 구리 1kg을 10℃만큼 높이는 데 필요한 열량은 9kcal이다.
㉡ 철 2kg과 알루미늄 1kg을 각각 1℃ 높이는 데 필요한 열량은 같다.
㉢ 질량과 초기온도가 같은 알루미늄과 납에 같은 열량을 주면, 알루미늄의 온도가 더 높아진다.

① ㉠　　　　② ㉡　　　　③ ㉠, ㉡　　　　④ ㉠, ㉢

42 다음은 반도체의 특성을 설명한 내용이다.

> A : 전기 전도성이 도체와 부도체의 중간 정도이다.
> B : 온도가 높아지면 전기 전도성이 증가한다.
> C : p형은 전자 한 개가 부족한 홀(Hole)이 전하 운반체이다.
> D : n형은 전자가 전하 운반체이다.

이와 같은 성질을 올바르게 활용한 것을 모두 고르면?

> ㉠ A를 이용하여 옥내 배선용 전선을 만들었다.
> ㉡ B를 이용하여 냉장고, 화재경보기를 만들었다.
> ㉢ C와 D를 이용하여 고밀도 집적회로를 만들었다.

① ㉠   ② ㉠, ㉡   ③ ㉠, ㉢   ④ ㉡, ㉢

43 그림과 같이 전구 A, B, C를 연결한 뒤, 각 전구가 소비하는 전력을 측정하였더니 소비전력의 비가 A : B : C=1 : 1 : 2였다.

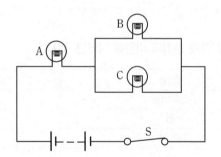

각 전구에 대한 다음 설명 중 옳은 것을 모두 고르면?

> ㉠ A전구와 B전구의 밝기는 같다.
> ㉡ A전구와 B전구에 걸리는 전압은 같다.
> ㉢ B전구의 저항은 C전구의 저항의 2배이다.

① ㉠   ② ㉡   ③ ㉠, ㉡   ④ ㉠, ㉢

44 다음은 200V가 공급되는 어느 가정에서 사용하는 전기기구의 정격소비전력과 정격전압을 나타낸 것이다.

전기기구	정격소비전력(W)	정격전압(V)
형광등	40	200
텔레비전	50	200
전기다리미	1,000	200
진공청소기	500	200
전자레인지	1,200	200

위 표에 대한 다음의 설명 중 옳은 것을 모두 고르면?

> ㉠ 같은 시간 동안 사용할 때, 전자레인지가 가장 많은 전력을 소비한다.
> ㉡ 형광등을 한 달(30일) 동안 하루에 5시간씩 켜두면 소모된 전력량은 6kWh이다.
> ㉢ 모든 전기기구를 동시에 사용할 때 퓨즈에 흐르는 전류는 10A가 넘는다.

① ㉠   ② ㉡

③ ㉠, ㉡, ㉢   ④ ㉠, ㉢

45 전지와 저항을 이용하여 다음 그림과 같은 회로를 만들었다. 물통 (가)에는 200g의 물이 들어 있고, 물통 (나)에는 100g의 물이 들어 있다. 물통 (가)와 (나)에 잠겨 있는 저항에 걸리는 전압의 비는?(단, 회로에 연결된 모든 저항은 같은 종류이다)

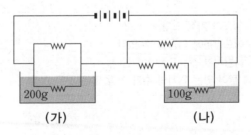

① 1 : 1   ② 2 : 1

③ 3 : 1   ④ 4 : 1

46 열과 관련된 설명 중 옳은 것을 모두 고른 것은?

> ㉠ 금속 고리에 열을 가하면 금속 고리의 구멍이 좁아진다.
> ㉡ 열을 가한 만큼 일을 하게 하는 것은 불가능하다.
> ㉢ 모든 물질에 에너지를 가하면 온도가 올라간다.
> ㉣ 난로 옆에 있을 때 따뜻한 이유는 복사열 때문이다.
> ㉤ 해안에서 온화한 기후가 나타나는 이유는 물의 비열이 상대적으로 낮기 때문이다.

① ㉡, ㉣
② ㉢, ㉣
③ ㉠, ㉡, ㉢
④ ㉡, ㉢, ㉣

47 다음 그래프는 같은 온도와 압력에서 여러 가지 기체 1L의 질량을 나타낸 것이다.

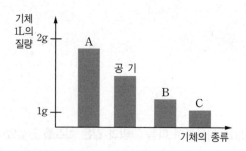

위 그래프에서 알 수 있는 것을 보기에서 모두 고른 것은?

> ㉠ A의 밀도가 가장 크다.
> ㉡ B는 애드벌룬에 이용될 수 있다.
> ㉢ C는 하방치환으로 포집해야 한다.
> ㉣ 1L에 들어 있는 입자의 수가 가장 많은 것은 A이다.

① ㉠, ㉡
② ㉢, ㉣
③ ㉠, ㉡, ㉣
④ ㉡, ㉢, ㉣

48 정지해 있던 질량 2kg의 물체가 10N의 일정한 크기의 힘을 받으며 수평면 위를 운동할 때 4초 사이에 이동한 거리는?(단, 물체와 면 사이의 마찰력은 4N이다)

① 24m
② 28m
③ 32m
④ 34m

49 철수는 분해된 납축전지로부터 서로 다른 두 개의 전극을 얻었다. 전극의 표면을 사포로 문질러 깨끗하게 한 후 40%의 황산 용액에 넣어 그림과 같이 전지를 구성하였다. 이 전지의 전극 반응과 실험 결과는 아래와 같다.

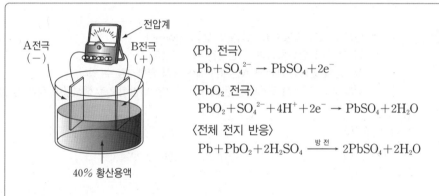

〈Pb 전극〉
$$Pb + SO_4^{2-} \rightarrow PbSO_4 + 2e^-$$

〈PbO₂ 전극〉
$$PbO_2 + SO_4^{2-} + 4H^+ + 2e^- \rightarrow PbSO_4 + 2H_2O$$

〈전체 전지 반응〉
$$Pb + PbO_2 + 2H_2SO_4 \xrightarrow{\text{방전}} 2PbSO_4 + 2H_2O$$

〈실험결과〉
- 전극 A와 B에 연결된 전압계는 약 2V를 가리켰다.
- 전압계 대신 직류 모터를 연결하였더니 회전하였다.
- 모터가 멈춘 후, 관찰된 전극 A와 B의 표면은 흰색의 고체 피막으로 덮여 있었다.

위의 반응과 실험결과에 대한 해석으로 옳지 않은 것은?

① 전극 A는 납(Pb) 전극이다.
② 전극 B에서 환원반응이 일어난다.
③ 전지가 방전되면서 물이 생성된다.
④ 전지가 방전되면서 황산 농도는 증가한다.

50 어떤 화합물이 다음과 같은 화학 반응을 할 때 이와 관련된 에너지 도식에 관한 설명 중에서 맞는 것을 모두 고른 것은?

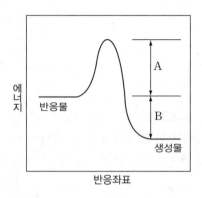

┌──┐
│ ㉠ 반응열 A가 작을수록 생성물이 빨리 생성된다.   │
│ ㉡ 정반응은 흡열반응이며, 역반응은 발열반응이다.   │
│ ㉢ 정반응의 활성화 에너지 A는 촉매에 의해서 변화시킬 수 있다.   │
│ ㉣ 위와 같은 에너지 도식에서 온도가 올라가면 일반적으로 생성물이 적게 생긴다. │
└──┘

① ㉠, ㉡   ② ㉠, ㉡, ㉢
③ ㉡, ㉢   ④ ㉠, ㉢, ㉣

51 A가 분해되어 B로 되는 반응에서, 시간에 따른 A와 B의 농도 변화는 다음 그래프와 같다. 이에 대한 설명으로 옳은 것을 모두 고른 것은?

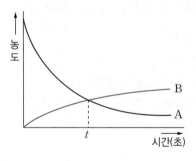

1
편

2
편

3
편

4
편

5
편

해
설

왜 안 풀리지?? 중요 핵심 속속!!

⊙ A가 분해되는 속도는 시간이 지날수록 느려진다.
ⓒ B가 생성되는 속도는 시간이 지날수록 빨라진다.
ⓒ t초에서 반응물질과 생성물질의 농도는 같다.

① ⊙   ② ⓒ

③ ⊙, ⓒ   ④ ⊙, ⓒ

52 다음 그림은 A, B 두 원자가 각각 이온으로 되는 과정을 모형으로 나타낸 것이다. 이에 대한 설명으로 옳은 것을 모두 고른 것은?

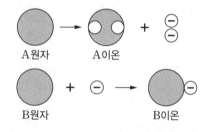

⊙ A이온은 양이온이다.
ⓒ B원자는 전자를 잃고 양이온이 되었다.
ⓒ A원자가 이온으로 되는 식은 A+2⊖ → A^{2+}이다.
ⓔ B원자가 이온으로 되는 식은 B+⊖ → B^-이다.

① ⊙, ⓒ   ② ⊙, ⓒ

③ ⊙, ⓔ   ④ ⓒ, ⓒ

53   그림은 수용액 (가)와 (나)가 반응하여 수용액 (다)로 완전히 중화되는 과정을 나타낸 이온 모형이다.

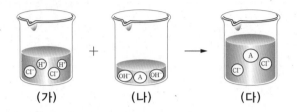

(가)   (나)   (다)

이 반응에 대한 설명 중 옳지 않은 것은?

① A는 +2가 양이온이다.

② 용액의 pH는 (가) < (다) < (나)이다.

③ (다)에서 이온 전하량의 총합은 0이다.

④ 용액의 전기 전도도는 (가) > (나) = (다)이다.

54   〈보기〉에서 염기의 공통적인 성질을 모두 고른 것은?

> 보기
> ㉠ 수용액은 전류가 흐른다.
> ㉡ 페놀프탈레인 용액을 붉게 변화시킨다.
> ㉢ BTB 용액을 넣으면 노란색을 나타낸다.
> ㉣ 마그네슘과 반응하여 수소 기체를 발생시킨다.

① ㉠, ㉡   ② ㉠, ㉢

③ ㉡, ㉢   ④ ㉡, ㉣

55 다음 그림은 반응 조건을 변화시키면서 대리석을 충분한 양의 묽은 염산과 반응시킬 때, 시간에 따른 CO_2의 발생량을 측정한 결과이다. A~C와 같은 결과가 나타나게 할 수 있는 반응 조건을 〈보기〉에서 모두 고른 것은?

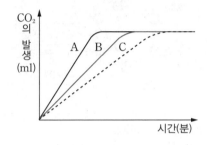

보기
  ㉠ 염산의 온도
  ㉡ 염산의 농도
  ㉢ 대리석의 질량
  ㉣ 대리석 조각의 크기

① ㉠, ㉡   ② ㉡, ㉢
③ ㉢, ㉣   ④ ㉠, ㉡, ㉣

56 다음은 니트로글리세린($C_3H_5(NO_3)_3$)의 분해 반응과 이때 생성되는 기체 (가)~(다)의 성질을 나타낸 것이다(단, (가)~(다)는 공기의 주성분 기체이다). 기체 (가)~(다)에 대한 설명으로 옳은 것은?

$$4C_3H_5(NO_3)_3(l) \rightarrow 6\boxed{(가)}(g)+12\boxed{(나)}(g)+\boxed{(다)}(g)+10H_2O(g)$$
  • (가) : 반응성이 거의 없고 안정하다.
  • (나) : 공기보다 무겁고 물에 약간 녹아 산성 용액을 만든다.
  • (다) : 반응성이 커서 거의 모든 원소와 반응한다.

① (가)는 비행선의 충전 기체로 사용된다.
② (나)는 산성비의 원인물질이다.
③ (다)는 가연성 기체로서 폭발하기 쉽다.
④ (가)는 (다)와 상온에서 반응하지 않는다.

57 다음 그림은 얼음의 구조를 모형으로 나타낸 것이고, 표는 물과 메탄의 특성을 나타낸 것이다. 이에 대한 옳은 설명만을 〈보기〉에서 있는 대로 고른 것은?

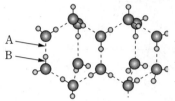

구 분	물	메 탄
끓는점(℃)	100	−162
분자의 상대적 질량	18	16

보기
㉠ 결합력의 세기는 A > B이다.
㉡ 얼음이 녹으면 한 분자당 결합 A의 수가 감소한다.
㉢ 물이 메탄보다 끓는점이 높은 이유는 결합 B 때문이다.

① ㉡   ② ㉢
③ ㉠, ㉡   ④ ㉠, ㉢

58 다음 그림 (가)는 어떤 계면활성제의 구조식을, (나)와 (다)는 계면활성제의 배열 모형을 나타낸 것이다. 이에 대한 설명으로 옳은 것만을 〈보기〉에서 있는 대로 고른 것은?

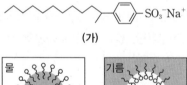

(가)

(나)

(다)

보기
㉠ 센물에서 (가)는 (나)의 배열 모형을 형성할 수 없다.
㉡ 비누의 세척 작용은 (나)로 설명할 수 있다.
㉢ (다)는 기름에 소량의 비눗물이 섞였을 때 형성될 수 있다.

① ㉠   ② ㉡
③ ㉠, ㉢   ④ ㉡, ㉢

59 다음은 $Cl_2(g)$, $I_2(g)$로부터 $ICl(g)$가 생성되는 반응의 열화학 반응식이다.

$$Cl_2(g) + I_2(g) \rightarrow 2ICl(g) \qquad \triangle H$$

그림은 염소(Cl), 요오드(I)로 이루어진 이원자 분자 X~Z의 핵간 거리에 따른 에너지를 나타낸 것이다.

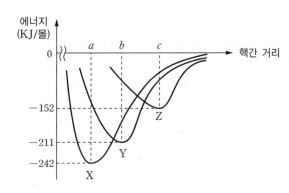

이에 대한 설명으로 옳은 것은?

① X는 I_2이다.
② 끓는점은 X > Z이다.
③ $a + c < 2b$이다.
④ $\triangle H < 0$이다.

60 그림 (가)는 어떤 대도시에서 스모그가 발생한 날의 시간에 따른 NO_2의 농도를 나타내고, (나)는 스모그 생성 과정의 일부를 나타낸 것이다. 이 자료에 대한 설명으로 옳은 것은?

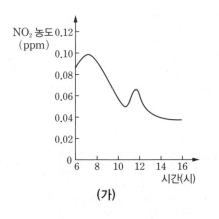

(가)

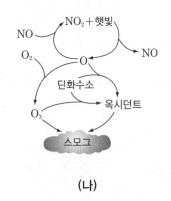

(나)

① 대기 중에서 NO는 NO_2로 변하지 않는다.

② 7시경에 광화학 스모그가 가장 심하다.

③ O_2가 많아지면 산소 원자(O)의 발생량이 증가한다.

④ 탄화수소의 발생량을 줄이면 스모그를 감소시킬 수 있다.

61　다음 반응식을 완결하였을 때 $K_2CrO_4(s)$의 계수는?

$$\square FeCrO_4(s) + \square K_2CO_3(s) + \square O_2(g) \longrightarrow \square K_2CrO_4(s) + 2Fe_2O_3(s) + 4CO_2(g)$$

① 2

② 4

③ 6

④ 8

62　다음은 금속의 부식 방지를 위해 금속의 반응성을 이용한 사례이다. 다음 자료를 토대로 내린 결론으로 옳지 않은 것은?

- 아연이 도금된 철에서는 아연 표면에 흠집이 생겨도 철에 녹이 잘 생기지 않는다.
- 주석이 도금된 철에서는 주석 표면에 흠집이 생기면 철에 녹이 잘 생긴다.
- 주유소에서는 지하에 있는 유류 저장용 철탱크의 부식을 방지하기 위해 철탱크와 마그네슘을 도선으로 연결한다.

① 주석의 반응성이 마그네슘의 반응성보다 크다.

② 철의 반응성이 주석의 반응성보다 크다.

③ 마그네슘의 반응성이 철의 반응성보다 크다.

④ 아연의 반응성이 주석의 반응성보다 크다.

63 다음 표는 몇 가지 연료물질에 대한 자료를 정리한 것이다.

연료물질	탄소 수	대기압에서의 끓는점(℃)	발열량 (kJ/kg)	그을음 발생 정도
메 탄	1	−161	55,600	거의 없음
프로판	3	−42	50,300	
부 탄	4	−0.5	49,300	
가솔린	5~10	30~200	47,000	많 음
경 유	15~20	250~350	45,000	매우 많음

위 표에 대한 해석으로 옳지 않은 것은?

① 메탄은 순물질이다.

② 가솔린은 혼합물이다.

③ kg당 발열량으로만 연료를 선택할 경우 메탄이 가장 적당하다.

④ 탄소 수가 많아지면 완전연소하는 경향이 크다.

MEMO

I wish you the best of luck!

시대접은 win 시대로 www.sdedu.co.kr/winsidaero

3편

인성검사

I wish you the best of luck!

㈜시대고시기획
㈜시대교육

www.**sidaegosi**.com

시험정보·자료실·이벤트
합격을 위한 최고의 선택

시대에듀

www.**sdedu**.co.kr

자격증·공무원·취업까지
BEST 온라인 강의 제공

개인이 업무를 수행하면서 능률적인 성과물을 만들기 위해서는 개인의 능력과 경험 그리고 회사의 교육 및 훈련 등이 필요하지만, 개인의 성격이나 성향 역시 중요하다. 여러 직무분석 연구에서 나온 결과들에 따르면, 직무에서의 성공과 관련된 특성들 중 최고 70% 이상이 능력보다는 성격과 관련이 있다고 한다. 따라서 최근 기업들은 인성검사의 비중을 높이고 있는 추세이다.

현재 기업들은 인성검사를 KIRBS(한국행동과학연구소)나 SHL Korea(한국에스에이치엘) 등의 전문기관에 의뢰해서 시행하고 있다. 전문기관에 따라서 인성검사 방법에 차이가 있고, 보안을 위해서 인성검사를 의뢰한 기업을 공개하지 않을 수 있기 때문에 특정 기업의 인성검사를 정확하게 판단할 수 없지만, 지원자들이 후기에 올린 문제를 통해 인성검사 유형을 예상할 수 있다.

여기에서는 현대오일뱅크의 인성검사와 수검요령 및 검사 시 유의사항에 대해 간략하게 정리하였다. 또한 인성검사 모의연습을 통해 실제 시험 유형을 확인할 수 있도록 하였다.

1. 현대오일뱅크 인성검사

현대오일뱅크의 인재상과 적합한 인재인지 평가하는 테스트로, 지원자의 개인 성향이나 인성에 관한 질문으로 구성되어 있다.

(1) 문항수 : 450문항

(2) 시간 : 45분

(3) 유형 : 각 문항에 대해, 자신의 성격에 맞게 '예', '아니오'를 선택하는 문제가 출제된다.

※ 문항수 및 시간은 변경될 수도 있습니다.

2. 인성검사 수검요령

인성검사는 특별한 수검요령이 없다. 다시 말하면 모범답안이 없고, 정답이 없다는 이야기이다. 국어문제처럼 말의 뜻을 풀이하는 것도 아니다. 굳이 수검요령을 말하자면, 진실하고 솔직한 내 생각이 답변이라고 할 수 있을 것이다.

인성검사에서 가장 중요한 것은 첫째, 솔직한 답변이다. 내가 지금까지 경험을 통해서 축적되어온 내 생각과 행동을 허구 없이 솔직하게 기재를 하는 것이다. 예를 들어, '나는 타인의 물건을 훔치고 싶은 충동을 느껴본 적이 있다.'란 질문에 피검사자들은 많은 생각을 하게 된다. 생각해 보라.

유년기에 또는 성인이 되어서도 타인의 물건을 훔치는 일을 저지른 적은 없더라도, 훔치고 싶은 마음적인 충동은 누구나 조금이라도 느껴보았을 것이다. 그런데 이 질문에 고민을 하는 사람이 간혹 있다. 과연 이 질문에 '예'라고 대답하면 담당 검사관들이 나를 사회적으로 문제가 있는 사람으로 여기지는 않을까 하는 생각에 '아니오'라는 답을 기재하게 된다. 이런 솔직하지 않은 답변이 답변의 신뢰와 솔직함을 나타내는 타당성 척도에 좋지 않은 점수를 주게 된다.

둘째, 일관성 있는 답변이다. 인성검사의 수많은 질문 문항 중에는 비슷한 뜻의 질문이 여러 개 숨어 있는 경우가 많이 있다. 그 질문들은 피검사자의 솔직한 답변과 심리적인 상태를 알아보기 위해 내포되어 있는 문항들이다. 가령 '나는 유년시절 타인의 물건을 훔친 적이 있다.'라는 질문에 '예'라고 대답했는데, '나는 유년시절 타인의 물건을 훔쳐보고 싶은 충동을 느껴본 적이 있다.'라는 질문에는 '아니오'라는 답을 기재한다면 어떻겠는가. 일관성 없이 '대충 기재하자'라는 식의 심리적 무성의성 답변이 되거나, 정신적으로 문제가 있는 사람으로 보일 수 있다.

인성검사는 많은 문항수를 풀어나가기 때문에 피검사자들은 지루함과 따분함, 반복된 뜻의 질문에 의한 인내 상실 등이 나타날 수 있다. 인내를 가지고 솔직하게 내 생각을 대답하는 것이 무엇보다 중요한 요령이 될 것이다.

3. 인성검사 시 유의사항

(1) 충분한 휴식으로 불안을 없애고 정서적인 안정을 취한다. 심신이 안정되어야 자신의 마음을 표현할 수 있다.

(2) 생각나는 대로 솔직하게 응답한다. 자신을 너무 과대포장하지도, 너무 비하시키지도 마라. 답변을 꾸며서 하면 앞뒤가 맞지 않게끔 구성돼 있어 불리한 평가를 받게 되므로 솔직하게 답하도록 한다.

(3) 검사문항에 대해 지나치게 생각해서는 안 된다. 지나치게 몰두하면 엉뚱한 답변이 나올 수 있으므로 불필요한 생각은 삼간다.

(4) 검사시간에 너무 신경 쓸 필요는 없다. 인성검사는 시간제한이 없는 경우가 많으며 시간제한이 있다 해도 충분한 시간이다.

(5) 인성검사는 대개 문항수가 많기에 자칫 건너뛰는 경우가 있는데, 가능한 한 모든 문항에 답해야 한다. 응답하지 않은 문항이 많을 경우 평가자가 정확한 평가를 내리지 못해 불리한 평가를 내릴 수 있기 때문이다.

4. 인성검사 결과로 알아보는 예상 면접 질문

인성검사는 특히 면접질문과 관련성이 높은 부분이다. 면접관은 지원자의 인성검사 결과를 토대로 질문을 하게 된다. 그렇다고 해서 자신의 성격을 꾸미는 것은 바람직하지 않다. 실제 시험은 매우 복잡하여 전문가라 해도 일정 성격을 유지하면서 답변을 하는 것이 불가능하기 때문이다. 따라서 인성검사는 솔직하게 임하되 인성검사 모의연습으로 자신의 성향을 정확히 파악하고 아래 예상 면접질문을 참고하여 자신의 단점은 보완하면서 강점은 어필할 수 있는 답변을 준비하도록 하자.

(1) 사회성

① 득점이 낮은 사람
- 자기가 선택한 직업에 대해 어떤 인상을 가지고 있습니까?
- 부모님을 객관적으로 봤을 때 어떻게 생각합니까?
- 당사의 사장님 성함을 알고 있습니까?

> 수다스럽기 때문에 내용이 없다는 인상을 주기 쉽다. 질문의 요지를 파악하여 논리적인 발언을 하도록 유의하자. 한번에 많은 것을 이야기하려 하면 이야기가 다른 곳으로 빠지게 되므로 내용을 정리하여 간결하게 발언하자.

② 득점이 높은 사람
- 친구들에게 있어 당신은 어떤 사람입니까?
- 특별히 무언가 묻고 싶은 것이 있습니까?
- 친구들의 상담을 받는 쪽입니까?

> 높은 득점은 마이너스 요인이다. 면접에서 보완해야 하므로 자신감을 가지고 발언할 때에는 끝까지 또박또박 주위에도 들릴 정도로 큰 소리로 말하도록 하자. 절대 얼버무리거나 기어들어가는 목소리는 안 된다.

(2) 내향성

① 득점이 낮은 사람
- 학생시절에 후회되는 일은 없습니까?
- 학생과 사회인의 차이는 무엇이라고 생각합니까?
- 당신이 가장 흥미를 가지고 있는 것에 대해 이야기해 주십시오.

> 답변 내용을 떠나 일단 평소보다 천천히 말하자. 생각나는 대로 말해버리면 이야기가 두서 없이 이곳저곳으로 빠져 부주의하고 경솔하다는 인식을 줄 수 있으므로 머릿속에서 내용을 정리하고 이야기하도록 유의하자. 응답은 가능한 간결하게 한다.

② 득점이 높은 사람

- 인생에는 무엇이 중요하다고 생각합니까?
- 좀 더 큰소리로 이야기해 주십시오.
- 애독하는 책이나 잡지는 무엇입니까?

> 과도하게 긴장할 경우 불필요한 생각을 하게 되어 반응이 늦어버리면 곤란하다. 특히 새로운 질문을 받았는데도 했던 대답을 재차 하거나 하면 전체 흐름을 저해하게 되므로 평소부터 이러한 습관을 의식하면서 적절한 타이밍의 대화를 하도록 하자.

(3) 신체활동성

① 득점이 낮은 사람

- 휴일은 어떻게 보냅니까?
- 학생시절에 무엇에 열중했습니까?

> 졸업논문이나 영어회화, 컴퓨터 등 학생다움이나 사회인으로서 도움이 되는 것에 관심을 가지고 있는 것을 적극 어필한다. 이미 면접담당자는 소극적이라고 생각하고 있기 때문에 말로 적극적이라고 말해도 성격프로필의 결과와 모순되므로 일부러 꾸며 말하지 않도록 한다.

② 득점이 높은 사람

- 제대로 질문을 듣고 있습니까?
- 희망하는 직종으로 배속되지 않으면 어떻게 하겠습니까?

> 일부러 긴장시키고 반응을 살피는 경우가 있다. 활동적이지만 침착함이 없다는 인상을 줄 수 있으므로 머릿속에 생각을 정리하는 습관을 들이자. 행동할 때도 마찬가지로, 편하게 행동하는 것은 플러스 요인이지만, 반사적인 언동이 많으면 마이너스가 되므로 주의한다.

(4) 지속성

① 득점이 낮은 사람

- 일에 활용할 수 있을 만한 자격이나 특기, 취미는 있습니까?
- 오랫동안 배운 것에 대해 들려주십시오.

> 금방 싫증내서 오래 지속하지 못하는 것은 마이너스다. 쉽게 포기하고 내팽개치는 사람을 어느 곳에서도 필요로 하지 않는다는 것을 상기한다. 면접을 보는 동안에는 금방 싫증내는 성격으로는 보이지 않겠지만, 대기시간에도 주의하여 차분하지 못한 동작을 하지 않도록 한다.

② 득점이 높은 사람

- 주위 사람에게 욕을 들으면 어떻게 하겠습니까?
- 출세하고 싶습니까?
- 제 질문에 대한 답이 아닙니다.

> 예상외의 질문에 답이 궁해지거나 깊이 생각하게 되면 역시나 신중이 지나쳐 결단이 늦다는 인상을 주게 된다. 주위의 상황을 파악하고 발언하려면 나머지 반응이 늦어지고, 집단 면접 등에서 시간이 걸리게 되면 행동이 느리다는 인식을 주게 되므로 주의한다.

(5) 달성의욕

① 득점이 낮은 사람

- 인생의 목표를 들려주십시오.
- 입사하면 무엇을 하고 싶습니까?
- 지금까지 목표를 향해 노력하여 달성한 적이 있습니까?

> 결과에 대한 책임감이 낮고 지시에 따르기만 할 뿐 주체성이 없다는 인상을 준다면 매우 곤란하다. 목표의식이나 의욕의 유무, 주위의 상황에 휩쓸리는 경향 등에 대해 물어오면 의욕이 낮다는 인식을 주지 않도록 목표를 향해 견실하게 노력하려는 자세를 강조하자.

② 득점이 높은 사람

- 이런 것도 모릅니까?
- 이 직업에 맞지 않는 것은 아닙니까?

> 짓궂은 질문을 받으면 감정적이 되거나 옹고집을 부릴 가능성이 있다. 냉정하고 침착하게 받아넘겨야 한다. 비슷한 경험을 쌓으면 차분하게 응답할 수 있게 되므로 모의 면접 등의 기회를 활용한다.

(6) 신중성

① 득점이 낮은 사람

- 당신에게 부족한 것은 어떤 점입니까?
- 결점을 극복하기 위해 어떻게 노력하고 있습니까?

> 질문의 요지를 잘못 받아들이거나, 불필요한 이야기까지 하는 등 대답에 일관성이 없으면 마이너스다. 직감적인 언동을 하지 않도록 평소부터 논리적으로 생각하는 습관을 키우자.

② 득점이 높은 사람

- 도박을 좋아합니까?
- 다른 사람에게 지지 않는다고 말할 수 있는 것이 있습니까?

> 행동이 따르지 않고 말만 앞선다면 평가가 낮아진다. 목표나 이상을 바라보고 노력하지 않는 것은 한 번 도박으로 일확천금을 노리는 것과 같다는 것을 명심하고 자신이 어떤 목표를 이루기 위해 노력한 경험이 있는지 생각해 두어 행동적인 부분을 어필하는 답변을 하도록 하자.

(7) 활동성

① 득점이 낮은 사람

- 어떤 일을 할 때 주도적으로 이끄는 편입니까?
- 신념이나 신조에 대해 말해 주십시오.
- 질문의 답이 다른 사람과 똑같습니다.

> 의표를 찌르는 질문을 받더라도 당황하지 말고 수비에 강한 면을 어필하면서 무모한 공격을 하기보다는 신중하게 매진하는 성격이라는 점을 강조할 수 있는 답을 준비해 두자.

② 득점이 높은 사람

- 친구들로부터 어떤 성격이라는 이야기를 듣습니까?
- 협조성이 있다고 생각합니까?

> 사고과정을 전달하지 않으면 너무 막무가내이거나, 경박하고 생각 없이 발언한다는 인식을 줄 수 있으므로 갑자기 결론을 내리거나 단숨에 본인이 하고 싶은 말만 하는 것은 피하자.

5. 인성검사 모의연습

※ 다음 질문을 읽고, '예', '아니오'에 ○표 하시오[1~225].

번 호	질 문	응 답	
1	문화제 위원과 체육대회 위원 중 체육대회 위원을 하고 싶다.	예	아니오
2	보고 들은 것을 문장으로 옮기기를 좋아한다.	예	아니오
3	남에게 뭔가 가르쳐주는 일이 좋다.	예	아니오
4	많은 사람과 장시간 함께 있으면 피곤하다.	예	아니오
5	엉뚱한 일을 하기 좋아하고 발상도 개성적이다.	예	아니오
6	전표 계산 또는 장부 기입 같은 일을 싫증내지 않고 할 수 있다.	예	아니오
7	책이나 신문을 열심히 읽는 편이다.	예	아니오
8	신경이 예민한 편이며, 감수성도 예민하다.	예	아니오
9	연회석에서 망설임 없이 노래를 부르거나 장기를 보이는 편이다.	예	아니오
10	즐거운 캠프를 위해 계획세우기를 좋아한다.	예	아니오
11	데이터를 분류하거나 통계내는 일을 싫어하지는 않는다.	예	아니오
12	드라마나 소설 속의 등장인물의 생활과 사고방식에 흥미가 있다.	예	아니오
13	자신의 미적 표현력을 살리면 상당히 좋은 작품이 나올 것 같다.	예	아니오
14	화려한 것을 좋아하며 주위의 평판에 신경을 쓰는 편이다.	예	아니오
15	여럿이서 여행할 기회가 있다면 즐겁게 참가한다.	예	아니오
16	여행 소감을 쓰기를 좋아한다.	예	아니오
17	상품전시회에서 상품설명을 한다면 잘 할 수 있을 것 같다.	예	아니오
18	변화가 적고 손이 많이 가는 일도 꾸준히 하는 편이다.	예	아니오
19	신제품 홍보에 흥미가 있다.	예	아니오
20	열차시간표 한 페이지 정도라면 정확하게 옮겨 쓸 자신이 있다.	예	아니오
21	자신의 장래에 대해 자주 생각해본다.	예	아니오
22	혼자 있는 것에 익숙하다.	예	아니오
23	별 근심이 없다.	예	아니오
24	나의 환경에 아주 만족한다.	예	아니오
25	상품을 고를 때 디자인과 색에 신경을 많이 쓴다.	예	아니오
26	극단이나 탤런트 양성소에서 공부해보고 싶다는 생각을 한 적 있다.	예	아니오
27	외출할 때 날씨가 좋지 않아도 그다지 신경을 쓰지 않는다.	예	아니오
28	손님을 불러들이는 호객행위도 마음만 먹으면 할 수 있을 것 같다.	예	아니오
29	신중하고 주의 깊은 편이다.	예	아니오

번 호	질 문	응 답	
30	하루 종일 책상 앞에 앉아 있어도 지루해하지 않는 편이다.	예	아니오
31	알기 쉽게 요점을 정리한 다음 남에게 잘 설명하는 편이다.	예	아니오
32	생물 시간보다는 미술 시간에 흥미가 있다.	예	아니오
33	남이 자신에게 상담을 해오는 경우가 많다.	예	아니오
34	친목회나 송년회 등의 총무역할을 좋아하는 편이다.	예	아니오
35	실패하든 성공하든 그 원인은 꼭 분석한다.	예	아니오
36	실내장식품이나 액세서리 등에 관심이 많다.	예	아니오
37	남에게 보이기 좋아하고 지기 싫어하는 편이다.	예	아니오
38	대자연 속에서 마음대로 몸을 움직이는 일이 좋다.	예	아니오
39	파티나 모임에서 자연스럽게 돌아다니며 인사하는 성격이다.	예	아니오
40	무슨 일에 쉽게 구애받는 편이며 장인의식도 강하다.	예	아니오
41	우리나라 분재를 파리에서 파는 방법 따위를 생각하기 좋아한다.	예	아니오
42	하루 종일 돌아다녀도 그다지 피곤을 느끼지 않는다.	예	아니오
43	컴퓨터의 키보드 조작도 연습하면 잘 할 수 있을 것 같다.	예	아니오
44	자동차나 모터보트 등의 운전에 흥미를 갖고 있다.	예	아니오
45	인기탤런트의 인기비결을 곧잘 생각해본다.	예	아니오
46	과자나 빵을 판매하는 일보다 만드는 일이 나에게 맞을 것 같다.	예	아니오
47	대체로 걱정하거나 고민하지 않는다.	예	아니오
48	비판적인 말을 들어도 쉽게 상처받지 않았다.	예	아니오
49	초등학교 선생님보다는 등대지기가 더 재미있을 것 같았다.	예	아니오
50	남의 생일이나 명절 때 선물을 사러 다니는 일이 귀찮게 느껴진다.	예	아니오
51	조심스러운 성격이라고 생각한다.	예	아니오
52	사물을 신중하게 생각하는 편이다.	예	아니오
53	동작이 기민한 편이다.	예	아니오
54	포기하지 않고 노력하는 것이 중요하다.	예	아니오
55	일주일의 예정을 만드는 것을 좋아한다.	예	아니오
56	노력의 여하보다 결과가 중요하다.	예	아니오
57	자기주장이 강하다.	예	아니오
58	장래의 일을 생각하면 불안해질 때가 있다.	예	아니오
59	소외감을 느낄 때가 있다.	예	아니오
60	훌쩍 여행을 떠나고 싶을 때가 자주 있다.	예	아니오
61	대인관계가 귀찮다고 느낄 때가 있다.	예	아니오
62	자신의 권리를 주장하는 편이다.	예	아니오
63	낙천가라고 생각한다.	예	아니오
64	싸움을 한 적이 없다.	예	아니오
65	자신의 의견을 상대에게 잘 주장하지 못한다.	예	아니오
66	좀처럼 결단하지 못하는 경우가 있다.	예	아니오
67	하나의 취미를 오래 지속하는 편이다.	예	아니오

번호	질문	응답	
68	한 번 시작한 일은 끝을 맺는다.	예	아니오
69	행동으로 옮기기까지 시간이 걸린다.	예	아니오
70	다른 사람들이 하지 못하는 일을 하고 싶다.	예	아니오
71	해야 할 일은 신속하게 처리한다.	예	아니오
72	병이 아닌지 걱정이 들 때가 있다.	예	아니오
73	다른 사람의 충고를 기분 좋게 듣는 편이다.	예	아니오
74	다른 사람에게 의존적이 될 때가 많다.	예	아니오
75	타인에게 간섭받는 것은 싫다.	예	아니오
76	자의식과잉이라는 생각이 들 때가 있다.	예	아니오
77	수다를 좋아한다.	예	아니오
78	잘못된 일을 한 적이 한 번도 없다.	예	아니오
79	모르는 사람과 이야기하는 것은 용기가 필요하다.	예	아니오
80	끙끙거리며 생각할 때가 있다.	예	아니오
81	다른 사람에게 항상 움직이고 있다는 말을 듣는다.	예	아니오
82	매사에 얽매인다.	예	아니오
83	잘하지 못하는 게임은 하지 않으려고 한다.	예	아니오
84	어떠한 일이 있어도 출세하고 싶다.	예	아니오
85	막무가내라는 말을 들을 때가 많다.	예	아니오
86	신경이 예민한 편이라고 생각한다.	예	아니오
87	쉽게 침울해한다.	예	아니오
88	쉽게 싫증을 내는 편이다.	예	아니오
89	옆에 사람이 있으면 싫다.	예	아니오
90	토론에서 이길 자신이 있다.	예	아니오
91	친구들과 남의 이야기를 하는 것을 좋아한다.	예	아니오
92	푸념을 한 적이 없다.	예	아니오
93	남과 친해지려면 용기가 필요하다.	예	아니오
94	통찰력이 있다고 생각한다.	예	아니오
95	집에서 가만히 있으면 기분이 우울해진다.	예	아니오
96	매사에 느긋하고 차분하게 대처한다.	예	아니오
97	좋은 생각이 떠올라도 실행하기 전에 여러모로 검토한다.	예	아니오
98	누구나 권력자를 동경하고 있다고 생각한다.	예	아니오
99	품으로 부딪혀 노신아는 썬이나.	예	아니오
100	당황하면 갑자기 땀이 나서 신경 쓰일 때가 있다.	예	아니오
101	친구들은 나를 진지한 사람으로 생각하고 있다.	예	아니오
102	감정적으로 될 때가 많다.	예	아니오
103	다른 사람의 일에 관심이 없다.	예	아니오
104	다른 사람으로부터 지적받는 것은 싫다.	예	아니오
105	지루하면 마구 떠들고 싶어진다.	예	아니오

번 호	질 문	응 답	
106	부모에게 불평을 한 적이 한 번도 없다.	예	아니오
107	내성적이라고 생각한다.	예	아니오
108	돌다리도 두들기고 건너는 타입이라고 생각한다.	예	아니오
109	굳이 말하자면 시원시원하다.	예	아니오
110	나는 끈기가 강하다.	예	아니오
111	전망을 세우고 행동할 때가 많다.	예	아니오
112	일에는 결과가 중요하다고 생각한다.	예	아니오
113	활력이 있다.	예	아니오
114	항상 천재지변을 당하지 않을까 걱정하고 있다.	예	아니오
115	때로는 후회할 때도 있다.	예	아니오
116	다른 사람에게 위해를 가할 것 같은 기분이 든 때가 있다.	예	아니오
117	진정으로 마음을 허락할 수 있는 사람은 없다.	예	아니오
118	기다리는 것에 짜증내는 편이다.	예	아니오
119	친구들로부터 줏대 없는 사람이라는 말을 듣는다.	예	아니오
120	사물을 과장해서 말한 적은 없다.	예	아니오
121	인간관계가 폐쇄적이라는 말을 듣는다.	예	아니오
122	매사에 신중한 편이라고 생각한다.	예	아니오
123	눈을 뜨면 바로 일어난다.	예	아니오
124	난관에 봉착해도 포기하지 않고 열심히 해본다.	예	아니오
125	실행하기 전에 재확인할 때가 많다.	예	아니오
126	리더로서 인정을 받고 싶다.	예	아니오
127	어떤 일이 있어도 의욕을 가지고 열심히 하는 편이다.	예	아니오
128	다른 사람의 감정에 민감하다.	예	아니오
129	다른 사람들이 남을 배려하는 마음씨가 있다는 말을 한다.	예	아니오
130	사소한 일로 우는 일이 많다.	예	아니오
131	반대에 부딪혀도 자신의 의견을 바꾸는 일은 없다.	예	아니오
132	누구와도 편하게 이야기할 수 있다.	예	아니오
133	가만히 있지 못할 정도로 침착하지 못할 때가 있다.	예	아니오
134	다른 사람을 싫어한 적은 한 번도 없다.	예	아니오
135	그룹 내에서는 누군가의 주도하에 따라가는 경우가 많다.	예	아니오
136	차분하다는 말을 듣는다.	예	아니오
137	스포츠 선수가 되고 싶다고 생각한 적이 있다.	예	아니오
138	모두가 싫증을 내는 일에도 혼자서 열심히 한다.	예	아니오
139	휴일은 세부적인 계획을 세우고 보낸다.	예	아니오
140	완성된 것보다 미완성인 것에 흥미가 있다.	예	아니오

번 호	질 문	응 답	
141	잘하지 못하는 것이라도 자진해서 한다.	예	아니오
142	가만히 있지 못할 정도로 불안해질 때가 많다.	예	아니오
143	자주 깊은 생각에 잠긴다.	예	아니오
144	이유도 없이 다른 사람과 부딪힐 때가 있다.	예	아니오
145	타인의 일에는 별로 관여하고 싶지 않다고 생각한다.	예	아니오
146	무슨 일이든 자신을 가지고 행동한다.	예	아니오
147	유명인과 서로 아는 사람이 되고 싶다.	예	아니오
148	지금까지 후회를 한 적이 없다.	예	아니오
149	의견이 다른 사람과는 어울리지 않는다.	예	아니오
150	무슨 일이든 생각해 보지 않으면 만족하지 못한다.	예	아니오
151	다소 무리를 하더라도 피로해지지 않는다.	예	아니오
152	굳이 말하자면 장거리주자에 어울린다고 생각한다.	예	아니오
153	여행을 가기 전에는 세세한 계획을 세운다.	예	아니오
154	능력을 살릴 수 있는 일을 하고 싶다.	예	아니오
155	시원시원하다고 생각한다.	예	아니오
156	굳이 말하자면 자의식과잉이다.	예	아니오
157	자신을 쓸모없는 인간이라고 생각할 때가 있다.	예	아니오
158	주위의 영향을 쉽게 받는다.	예	아니오
159	지인을 발견해도 만나고 싶지 않을 때가 많다.	예	아니오
160	다수의 반대가 있더라도 자신의 생각대로 행동한다.	예	아니오
161	번화한 곳에 외출하는 것을 좋아한다.	예	아니오
162	지금까지 다른 사람의 마음에 상처준 일이 없다.	예	아니오
163	다른 사람에게 자신이 소개되는 것을 좋아한다.	예	아니오
164	실행하기 전에 재고하는 경우가 많다.	예	아니오
165	몸을 움직이는 것을 좋아한다.	예	아니오
166	나는 완고한 편이라고 생각한다.	예	아니오
167	신중하게 생각하는 편이다.	예	아니오
168	커다란 일을 해보고 싶다.	예	아니오
169	계획을 생각하기보다 빨리 실행하고 싶어한다.	예	아니오
170	작은 소리도 신경 쓰인다.	예	아니오
171	나는 자질구레한 걱정이 많다.	예	아니오
172	이유도 없이 화가 치밀 때가 있다.	예	아니오
173	융통성이 없는 편이다.	예	아니오
174	나는 다른 사람보다 기가 세다.	예	아니오
175	다른 사람보다 쉽게 우쭐해진다.	예	아니오

번호	질문	응답	
176	다른 사람을 의심한 적이 한 번도 없다.	예	아니오
177	어색해지면 입을 다무는 경우가 많다.	예	아니오
178	하루의 행동을 반성하는 경우가 많다.	예	아니오
179	격렬한 운동도 그다지 힘들어하지 않는다.	예	아니오
180	새로운 일에 첫발을 좀처럼 떼지 못한다.	예	아니오
181	앞으로의 일을 생각하지 않으면 진정이 되지 않는다.	예	아니오
182	인생에서 중요한 것은 높은 목표를 갖는 것이다.	예	아니오
183	무슨 일이든 선수를 쳐야 이긴다고 생각한다.	예	아니오
184	다른 사람이 나를 어떻게 생각하는지 궁금할 때가 많다.	예	아니오
185	침울해지면서 아무것도 손에 잡히지 않을 때가 있다.	예	아니오
186	어린 시절로 돌아가고 싶을 때가 있다.	예	아니오
187	아는 사람을 발견해도 피해버릴 때가 있다.	예	아니오
188	굳이 말하자면 기가 센 편이다.	예	아니오
189	성격이 밝다는 말을 듣는다.	예	아니오
190	다른 사람이 부럽다고 생각한 적이 한 번도 없다.	예	아니오
191	결점을 지적 받아도 아무렇지 않다.	예	아니오
192	피곤하더라도 밝게 행동한다.	예	아니오
193	실패했던 경험을 생각하면서 고민하는 편이다.	예	아니오
194	언제나 생기가 있다.	예	아니오
195	선배의 지적을 순수하게 받아들일 수 있다.	예	아니오
196	매일 목표가 있는 생활을 하고 있다.	예	아니오
197	열등감으로 자주 고민한다.	예	아니오
198	남에게 무시당하면 화가 난다.	예	아니오
199	무엇이든지 하면 된다고 생각하는 편이다.	예	아니오
200	자신의 존재를 과시하고 싶다.	예	아니오
201	사람을 많이 만나는 것을 좋아한다.	예	아니오
202	사람들이 당신에게 말수가 적다고 하는 편이다.	예	아니오
203	특정한 사람과 교제를 하는 타입이다.	예	아니오
204	친구에게 먼저 말을 하는 편이다.	예	아니오
205	친구만 있으면 된다고 생각한다.	예	아니오
206	많은 사람 앞에서 말하는 것이 서툴다.	예	아니오
207	반 편성과 교실 이동을 싫어한다.	예	아니오
208	다과회 등에서 자주 책임을 맡는다.	예	아니오
209	새 팀 분위기에 쉽게 적응하지 못하는 편이다.	예	아니오
210	누구하고나 친하게 교제한다.	예	아니오

번 호	질 문	응 답	
211	충동구매는 절대 하지 않는다.	예	아니오
212	컨디션에 따라 기분이 잘 변한다.	예	아니오
213	옷 입는 취향이 오랫동안 바뀌지 않고 그대로이다.	예	아니오
214	남의 물건이 좋아 보인다.	예	아니오
215	광고를 보면 그 물건을 사고 싶다.	예	아니오
216	자신이 낙천주의자라고 생각한다.	예	아니오
217	에스컬레이터에서도 걷지 않는다.	예	아니오
218	꾸물대는 것을 싫어한다.	예	아니오
219	고민이 생겨도 심각하게 생각하지 않는다.	예	아니오
220	반성하는 일이 거의 없다.	예	아니오
221	남의 말을 호의적으로 받아들인다.	예	아니오
222	혼자 있을 때가 편안하다.	예	아니오
223	친구에게 불만이 있다.	예	아니오
224	남의 말을 좋은 쪽으로 해석한다.	예	아니오
225	남의 의견을 절대 참고하지 않는다.	예	아니오

MEMO

I wish you the best of luck!

시대에듀 www.sdedu.co.kr/winsidaero

4편

실전 모의고사

언어이해 / 수리력 / 문제해결 /

집중력 / 경영·경제·상식 /

공학기초

I wish you the best of luck!

㈜시대고시기획
㈜시대교육
www.**sidaegosi**.com

시험정보 · 자료실 · 이벤트
합격을 위한 최고의 선택

시대에듀
www.**sdedu**.co.kr

자격증 · 공무원 · 취업까지
BEST 온라인 강의 제공

01   언어이해

※ 다음 문장을 논리적 순서대로 알맞게 배열한 것을 고르시오[1~5].

01

(A) 이런 방법으로 '그라민은행'은 99%의 높은 상환율을 달성할 수 있었고, 장기 융자 대상자 중 42%가 빈곤선에서 벗어난 것으로 알려졌다.

(B) 이들 단체의 실험은 금융 공공성이라는 가치가 충분히 현실화될 수 있으며, 이를 위해서는 사람들의 행동과 성과에 실질적인 영향을 미칠 유효한 수단을 확보하는 일이 관건임을 입증한 대표적인 사례라고 할 수 있다.

(C) 세계적인 마이크로크레디트 단체인 방글라데시의 '그라민은행'은 융자를 희망하는 최저 빈곤층 여성들을 대상으로 공동 대출 프로그램을 운영하고 있다.

(D) 이 프로그램은 다섯 명이 자발적으로 짝을 지어 대출을 신청하도록 해, 먼저 두 명에게 창업 자금을 제공한 후 이들이 분할 상환 약속을 지키면 그 다음 두 사람에게 돈을 빌려 주고, 이들이 모두 상환에 성공하면 마지막 사람에게 대출을 해 주는 방식으로 운영된다.

① (D) – (A) – (C) – (B)   ② (C) – (D) – (A) – (B)

③ (A) – (B) – (D) – (C)   ④ (C) – (A) – (B) – (D)

02

(A) 광고에서 언어적인 부분을 '문안'이라 하는데, 흔히 AIDMA 즉 '주목(Attention), 흥미(Interest), 욕망(Desire), 기억(Memory), 행동(Action)'을 그 기본 요건으로 든다.

(B) 따라서 광고에서의 언어 표현은 일상적인 언어보다 음운, 어휘, 문체 등의 측면에서 훨씬 치밀하게 의도되고 조직화된 모습을 보여 주게 된다.

(C) 광고 생산자는 어떠한 정보를 수용자의 관심과 흥미를 불러일으킬 만한 방식으로 전달하면서 욕망을 자극하고, 그것이 지속적으로 기억되도록 하여 수용자로 하여금 상품 구매라는 구체적인 행동에 나서도록 해야 한다는 것이다.

(D) 광고는 수용자로 하여금 결핍감을 느끼게 하면서 소비 욕망을 자극하기 위해 교묘한 설득적 장치들을 활용한다.

① (A) − (C) − (D) − (B)　　　　② (B) − (C) − (A) − (D)

③ (D) − (A) − (C) − (B)　　　　④ (D) − (C) − (A) − (B)

03

(A) 지금 우리가 사용하고 있는 대부분의 전기는 화석연료를 연소시켜 발전하는 방식으로 얻는다. 이러한 방식은 중간에 3단계의 과정을 거친다. 그러나 연료전지는 중간 과정 없이 화학에너지에서 바로 전기에너지로 변환된다. 그렇기 때문에 효율이 훨씬 좋다. 또한 생성물이 물밖에 없어 무공해이고, 기계적 에너지 변환 단계가 생략되어 소음이 없음은 물론이다. 그래서 연료전지는 환경 친화적이다.

(B) 이러한 이유로, 만약에 연료전지발전소를 만든다면, 규모가 크고 공해로 인해 도심과 멀리 떨어진 곳에 설치되던 일반적인 발전소와 달리 도심에 설치할 수 있다. 발전소가 도심에 설치되면 송 · 배전 설비를 절약하고 전기가 필요한 곳에 바로 전기를 공급할 수 있다. 또한 연료전지발전소는 에너지 소비량에 따라 그 규모를 쉽게 조절할 수 있고, 또한 설비의 규모에 관계없이 효율이 비슷하므로 연료전지를 소형 · 대형 발전소에 다같이 사용할 수 있다.

(C) 최근 세계 각국은 다가올 우주 시대를 주도하기 위해 노력하고 있다. 그러기 위해서는 우주선 개발이 필수적이나 그리 만만한 일은 아니다. 우주선을 작동시키기 위해서는 대단히 많은 양의 에너지가 필요하고 제한된 공간에서 많은 에너지를 만들어내야 하며, 그 과정에서 발생되는 오염물질은 없어야 한다는 어려움까지 있다. 이런 까다로운 조건을 해결한 것이 연료전지다. 연료전지는 이러한 장점을 갖고 있어 꿈의 전지라 불리고 있다.

(D) 꿈의 전지라고 불리는 연료전지가 실용화된다면 일상생활에서 군사적인 목적에 이르기까지 그 활용 가능성이 무한하다. 앞으로 우리는 출퇴근길에 연료전지발전소에서 생산된 전력으로 움직이는 전철을 이용하게 될 것이며, 가정에 설치된 가정용 연료전지에서 나오는 전력으로 생활할 것이다. 따라서 우리나라를 비롯한 선진국들은 미래의 에너지원이 될 이 기술의 실용화를 위해 활발히 연구하고 있다. 머지않아 연료전지 시대가 올 것이다.

① (A) − (C) − (D) − (B)　　　　② (B) − (A) − (C) − (D)

③ (B) − (D) − (A) − (C)　　　　④ (C) − (A) − (B) − (D)

04

(A) 그런데 우리는 어떠한가? 선진국 사회의 상층과 우리 사회의 상층은 어떤 차이가 있는가? 선진국 사회의 상층은 우리 사회의 상층과 달리 '도덕적 상층'이라 불린다. 이들 사회의 '상층'은 재산과 권력뿐만 아니라 도덕적 수준 또한 그들 국민에 비해 상당히 높다. 이 점이 선진국 사회의 상층이 '존경받는 상층'이 되는 이유다. 이에 비해 우리 사회의 상층은 돈과 힘과 높은 지위는 가지고 있어도 도덕성이 떨어진다는 소리를 듣는다.

(B) '노블레스 오블리주(Noblesse Oblige)'는 높은 지위에 맞는 도덕적 의무감을 일컫는 말이다. '노블레스 오블리주'라는 말은 지위 중에서도 '높은 지위'를 강조하고, 그것도 사회를 이끌어 가는 지도층에 속하는 사람들의 지위를 강조한다. '노블레스 오블리주'는 지도층의 지위에 맞는 도덕적 양심과 행동을 이르는 말로, 사회의 중요 덕목으로 자주 인용된다.

(C) 그렇다면 지도층만 도덕적 의무감이 중요하고 일반 국민의 도덕적 의무감은 중요하지 않다는 말인가? 물론 그럴리도 없고 그렇지도 않다. 한 사회 안에서 수적으로 얼마 안 되는 '지도층'의 도덕성만이 문제될 수는 없다. 화합하는 사회, 인간이 존중되는 사회는 국민 전체의 도덕성이 더 중요하다.

(D) 지금 우리 사회의 혼돈(混沌)과 무질서, 계층적 · 지역적 갈등의 원인을 지도층의 문제에서 찾는 사람들이 많다. 이유는 도덕성이 떨어지는 사회 지도층이 일반 국민에게 신뢰감을 주지 못하기 때문이다. 우리 사회의 건전한 발전을 위해서는 이제 '노블레스 오블리주'가 확고한 사회적 덕목으로 자리 잡아야 한다.

(E) 그런데도 왜 '노블레스 오블리주'인가? 왜 지도층만의 도덕적 의무감을 특히 중요시하는가? 이유는 명백하다. 우리식 표현으로는 윗물이 맑아야 아랫물이 맑기 때문이다. 서구식 주장으로는 지도층이 '도덕적 지표(指標)'가 되기 때문이다. 우리식 표현이든 서구식 생각이든 두 생각이 공통적으로 갖는 의미는 지도층의 도덕적 의무감이 일반 국민을 도덕 체계 속으로 끌어들이는 데 가장 효과적이며 효율적인 방법이라는 것에 있다. 그래서 '노블레스 오블리주'이다.

① (C) - (E) - (B) - (D) - (A)　　② (E) - (A) - (B) - (C) - (D)
③ (B) - (C) - (E) - (A) - (D)　　④ (B) - (E) - (A) - (C) - (D)

05

(A) 그 결과 팝아트는 순수 예술과 대중 예술이라는 이분법적 구조를 불식시켰다. 이런 점에서 팝아트는 당시의 현실을 미술에 적극적으로 수용했다는 긍정적인 측면이 있다.

(B) 팝아트는 텔레비전, 상품 광고, 쇼윈도, 교통 표지판 등 복합적이고 일상적인 것들뿐만 아니라, 코카콜라, 만화 속의 주인공, 대중 스타 등 평범한 소재까지도 미술 속으로 끌어들였다.

(C) 1950년대 후반 추상표현주의의 주관성과 엄숙성에 반대하여 팝아트가 시작되었다. 팝아트는 매스미디어와 대중 문화의 시각 이미지를 적극적으로 수용하고자 했다.

(D) 그러나 팝아트는 다다이즘에서 발원한 반(反)예술 정신을 미학화시켰을 뿐, 상품 미학에 대한 비판적 대안을 제시하기보다는 오히려 소비 문화에 굴복했다는 비판을 받기도 했다.

① (C) – (A) – (B) – (D) ② (C) – (B) – (A) – (D)
③ (B) – (C) – (D) – (A) ④ (B) – (D) – (A) – (C)

06 다음 글의 괄호 안에 들어갈 가장 알맞은 말은?

루소에 의하면, 자연 상태에서 인간은 필요한 만큼의 욕구가 충족되면 그 이상 아무것도 취하지 않았으며, 타인에게 해악을 끼치지도 않았다. 심지어 타인에게 도움을 주려는 본능적인 심성까지 지니고 있었다. 그러나 개인에 대한 인식이 생겨나면서 (   ) 그 결과 사유 재산제도가 형성되고, 불평등한 사회가 등장하게 되었다. 즉, 이기적 욕망으로 인하여 인간은 타락하고, 사회는 대립과 갈등으로 가득 차게 되었다.

① 성선설의 주장에 가까운 특징들이 나타나기 시작했다.
② 자연 상태로 되돌아가려는 마음이 사라지기 시작했다.
③ 인간의 욕망은 필요로 하는 것 이상으로 확대되었다.
④ 타인에게 도움을 주려는 본능이 심화되었다.

07　다음 글에서 말하고 있는 서양 음악의 특징은?

> 서양 음악 양식을 역사적으로 관찰해보면 다방면적으로 펼쳐진 변화의 연속 가운데 한 가지 일관성이 있음을 발견할 수 있다. 예컨대 단성 음악이었던 그레고리오 성가를 시발점으로 보면, 2성부나 3성부 오르가눔(Organum)을 거쳐 음악적 성부가 점차 늘어났다. 교향악도 2관 편성으로부터 3, 4관 편성으로 늘어나서 말러의 '천인(千人) 교향곡'에 이르러서는 독창자와 합창단, 관현악 단원을 합치면 모두 1,000명가량이 무대 위에 서게 된다.

① 양적으로 팽창하는 추세를 보여 왔다.
② 교회 음악의 양식이 주기적으로 변화하였다.
③ 언제나 양식적인 통일을 추구하였다.
④ 작곡가들의 실험 정신이 음악 양식의 변화를 이끌었다.

08　다음 설명에서 유추되는 태풍의 대기 순환 모습이 아닌 것은?

> 태풍의 반경은 수백 km에 달하고, 중심 주위에 나선 모양의 구름띠가 줄지어 있다. 태풍의 등압선은 거의 원을 그리며, 중심으로 갈수록 기압은 하강한다. 바람을 태풍 중심으로부터 일반적으로 반경 40~100km 부근에서 가장 강하게 분다. 그러나 중심부는 맑게 개어 있는데, 여기가 바로 태풍의 눈이다.
> 같은 높이에서 기온은 중심 부분이 높고 주위로 갈수록 낮아진다. 기온이 가장 높은 곳은 태풍의 눈이다. 태풍이 강할수록 태풍의 눈과 주변의 온도 차가 크게 나타난다.

① 태풍의 눈에서는 주변부보다 바람이 약하다.
② 태풍의 중심부로 갈수록 풍속이 빨라진다.
③ 태풍의 눈 속은 주변부보다 온도가 높다.
④ 태풍의 중심부는 기압이 가장 낮다.

09 다음 지문을 읽고 추론할 수 없는 것은?

> 시민이란 민주사회의 구성원으로서 공공의 정책 결정에 주체적으로 참여하는 사람입니다. 시민이 생겨난 바탕은 고대 그리스의 도시국가와 로마에서 찾아볼 수 있습니다. 시민은 권리와 의무를 함께 행하지만, 신민(臣民)에게는 권리는 없고 의무만 있을 뿐입니다. 옛날에는 개인보다 공동체 중심이었습니다. 시민사회가 등장하면서 개인에게 초점이 맞추어졌습니다. 개인화가 되다 보니 서로 간의 이해관계가 대립하게 되고, 나아가서 다양한 집단 간의 이해관계도 대립하게 되었습니다. 우리는 집단 간의 갈등을 해소하여 통합된 사회공동체를 형성해야 합니다.

① 공동사회는 개인의 권리보다 의무를 강조한다.
② 시민사회는 개인의 의무보다 권리를 강조한다.
③ 공동사회는 개인보다 집단에 초점을 맞춘다.
④ 미래의 시민사회는 통합된 사회공동체를 형성해야 한다.

10 다음 제시문과 일치하는 설명을 고르면?

> 17세기에서 20세기 초에 이르는 시간 동안 모더니티에 대한 학문이 어느 정도 완결된 양상을 보이게 되었다. 서양, 백인, 남성, 이성(과학, 기술, 의학), 기독교가 중심부에, 유색인종, 흑인, 광기, 아동, 여성 등은 주변부에 위치하는 도식을 생각해보면 이 시기에 확립된 모더니티의 기초에 대해 대략적으로 파악할 수 있을 것이다. 일단 중심부를 체계화시키고 공고히 한 이후, 모더니티는 점점 주변에 관심을 기울이면서 그것을 포괄해간다. 유색인종, 광기, 아동, 등 수많은 주변부의 지식을 포함하면서 지극히 중심부의 시각(서양인의 시각)으로 유색인종을 연구하는 '인류학', 광기를 다루는 '정신의학' 등이 생겨났다. 이런 맥락에서 현대성의 지식을 타자에 대한 지식, 타자를 발견하는 지식으로 부를 수도 있겠다.

① 모더니티에 대한 지식은 타자를 발견하는 지식이다.
② 정신의학은 정신병자, 광기를 지닌 자의 시선에서 연구된 것이다.
③ 인류학은 유색인종의 시선에서 서양인들을 연구한 것이다.
④ 모더니티에 대한 지식은 중심부를 공고히 하는 데만 힘썼을 뿐, 주변부에는 별 관심을 기울이지 않았다.

11 다음 글의 문체에 드러난 필자의 태도를 가장 적절하게 설명한 것은?

> 물론 경연대회에서 입상을 하지 못했다고 실망할 필요는 없습니다. 단 한번의 참가로 자신의 실력을 재단해서는 안 됩니다. 여러 번 참가하면서 오히려 자신의 실력을 키울 수도 있습니다. 경쟁이 지나치면 크게 좌절하고 상처를 받지만, 하나의 경험이라고 생각하면 좋은 약이 될 수도 있습니다. 꿈은 있지만 도전을 두려워하고 있다면 이제라도 늦지 않았습니다. 꿈을 펼칠 기회는 그 어느 때보다 많아졌습니다. 여러분도 한번 이 인생의 무대에 과감히 도전해 보세요.

① 독자보다 우위에 서서 계몽하고 교훈을 주려는 의무감을 가지고 있다.
② 독자적으로 주장하기보다는 상대방의 입장을 이해하면서 권유하고 있다.
③ 사실에 대한 객관적인 접근을 통해 올바른 정보를 제공하고자 한다.
④ 비유적 표현을 사용하여 독자의 정서적 동화를 유발하고자 한다.

12 제시된 상황 중 다음 글의 마지막 단락에서 경고하는 바와 가장 부합하는 것은?

> 영화는 신화를 만든다. 혹은 벗기기도 한다. 그러나 그 벗겨진 생살 위에 다시 또 다른 신화가 입혀진다. 결국 영화는 기존의 신화를 벗기고, 다른 신화를 덧씌우고, 다시 벗기고, 다시 입히는 과정을 되풀이하고 있는 것이다. 여기 사랑에 관한 영화가 한 편 있다고 가정하자. 이 영화는 사랑에 대한 고전 명제를 되풀이하고 있다. 대중매체가 우리에게 선사한 낭만적 사랑의 환상을 매혹적으로 그려내고 있는 것이다. 그렇다면 이 영화는 사랑의 신화를 복제하고 고착시킨다는 점에서 대중매체의 신화 만들기에 동참한 것이다.
>
> 한편 낭만적 사랑을 허구라고 외치면서 사랑의 부재 혹은 소통 자체의 부재를 지속적으로 환기시키는 영화도 있다. 이런 영화는 신화를 벗기는 영화라고 할 수 있을 것이다. 특히 이런 종류의 영화는 특유의 실험 정신을 발동시켜 더욱 강력한 방식으로 영화적 코드들을 활용하여 관객에게 호소한다. 관객들은 이 영화에 전염되고 영화의 주술에 빠져서 영화의 전언을 믿게 된다. 신화가 태어나는 것이다.
>
> 많은 관객은 영화의 신화를 읽어내지 못한다. 영화란 단지 즐기기 위한 현대 과학기술이 만든 유흥거리에 불과할 뿐이라고 말한다. 여기에는 무시무시한 함정이 있다. 영화를 단순 오락물로 취급할 때 우리는 모르는 사이 영화의 전언을 진실로 믿어버리게 된다. 특히 스크린은 환상적인 거울과도 같아서 관객을 환영에 몰아넣고, 관객이 영화의 매력적인 캐릭터에 열심히 동일시하고 있을 때, 게릴라 전술로 관객의 정신에 강력한 바이러스를 주입한다.

① 거리의 여인이 부자의 사랑을 받게 되는 내용을 담은 영화 「귀여운 여인」은 여성 관객들로 하여금 사랑이 현실 문제를 해결해 줄 것이란 환상에 빠지게 한다.
② 초등학생 달수는 일본 애니메이션 「원령공주」를 본 후 일본 애니메이션만 찾아보므로, 앞으로 우리 전통문화의 가치를 존중하지 않을 것이다.
③ 다큐멘터리 영화 「워낭소리」를 본 관객들이 영화의 주인공이 사는 집을 관광 삼아 무리 지어 찾아가는 바람에 주인공인 할아버지의 건강이 급속하게 악화되었다.
④ 영화 「괴물」은 한편으로는 생태계의 파괴가 우리에게 주는 악영향을 우회적으로 말하면서, 다른 한편으로는 반미의식을 고취시킴으로써 현실의 당면 과제를 혼동하게 한다.

13 다음 글의 제목으로 가장 적절한 것은?

> 청소년기에 신체 변화를 겪으면서 외모에 대해 관심을 가지게 된다. 지금까지 자기의 외모에 무관심했던 아이도 옷차림이나 머리모양, 신발, 가방 등에 부쩍 관심을 가지고 거울 앞에서 오랜 시간을 보낸다. 그런가 하면, 또래 집단의 친구들과 비슷한 외모와 의상을 갖추려고 신경을 쓴다. 비슷한 청바지나 신발은 모두 이들에게 집단과 의사소통을 할 때에 중요한 수단이 되기 때문이다. 의복에 대한 만족감은 청소년의 정서와 행동에 큰 영향을 끼치며, 이에 대한 자신감은 자신의 외모 평가에 영향을 준다. 한 조사에 의하면, 남녀 학생 모두 자신의 외모와 의복에 대한 만족도가 높을수록 일에 적극적으로 참여하려는 동기도 높은 것으로 나타났다.

① 청소년의 사회성　　　　　　② 청소년의 옷차림의 의미
③ 청소년기의 또래 집단의 중요성　　④ 청소년의 사춘기

14 다음 글과 관련된 내용으로 적절하지 않은 것은?

> 혐기성 미생물은 산소에 비해 에너지 대사 효율이 낮은 질소산화물로 에너지를 만든다. 혐기성 미생물이 에너지 대사 효율이 높은 산소를 사용하지 않는 이유는 무엇일까? 생물체가 체내에 들어온 영양분을 흡수하기 위해서는 산소를 매개로 한 여러 가지 화학 반응을 수행해야 한다. 영양분이 산화 반응을 통해 세포 안으로 흡수되면 전자가 나오는데, 이 전자가 체내에서 퍼지는 과정에서 ATP가 생긴다. 그리고 에너지를 생산하기 위해 산소를 이용하는 호흡 과정에서 독성 물질인 과산화물과 과산화수소와 같은 활성산소가 생긴다.
>
> 이 두 물질은 DNA나 단백질 같은 세포 속 물질을 산화시켜 손상시킨다. 일반 미생물은 활성산소로부터 자신을 보호하는 메커니즘이 발달했다. 사람도 몸속에 독성 산소화합물을 해독하는 메커니즘이 있어 활성산소로 인해 죽지는 않는다. 단지 주름살이 늘거나 신체기관이 서서히 노화될 뿐이다. 인체 내에서 '슈퍼 옥사이드 분해효소(SOD)'가 과산화물 분자를 과산화수소와 산소로 바꾸고, 카탈라아제가 과산화수소를 물과 산소로 분해하기 때문이다. 그러나 혐기성 미생물에게는 활성산소를 해독할 기관이 없다. 그렇기 때문에 혐기성 미생물은 활성산소를 피하는 방향으로 진화해 왔다고 할 수 있다.

① 산소는 일반 생물체에 이로움과 함께 해로움을 주기도 한다.
② 체내의 활성산소의 농도가 증가되면 생물체의 생명이 연장된다.
③ 혐기성 미생물은 활성산소를 분해하는 메커니즘을 갖추지 못했다.
④ 활성산소가 생물체의 죽음을 유발하는 직접적인 원인은 아니다.

15 다음 글을 서두에 배치하여 세태를 비판하는 글을 쓴다고 할 때, 이어질 내용으로 가장 적절한 것은?

> 1년, 2년, 때로는 3년까지 그냥 내버려 둔다. 계절이 바뀌고 추위, 더위가 여러 차례 순환한다. 그동안에 상처 났던 바둑판은 제 힘으로 제 상처를 고쳐서 본디대로 유착(癒着)해 버리고, 균열진 자리에 머리카락 같은 희미한 흔적만 남는다.

① 이상과 달리 현실은 매우 가혹하다.
② 시련을 극복하기 위해 노력해야 한다.
③ 위기를 극복하면 더 큰 보람을 얻는다.
④ 엄격한 기준을 가지고 삶을 살아야 한다.

16 다음 글의 제목으로 가장 적절한 것은?

반대는 필수불가결한 것이다. 지각 있는 대부분의 사람이 그러하듯 훌륭한 정치가는 항상 열렬한 지지자보다는 반대자로부터 더 많은 것을 배운다. 만약 반대자들이 위험이 있는 곳을 지적해 주지 않는다면, 그는 지지자들에 떠밀려 파멸의 길을 걷게 될 수 있기 때문이다. 따라서 현명한 정치가라면 그는 종종 친구들로부터 벗어나기를 기도할 것이다. 친구들이 자신을 파멸시킬 수도 있다는 것을 알기 때문이다. 그리고 비록 고통스럽다 할지라도 결코 반대자 없이 홀로 남겨지는 일이 일어나지 않기를 기도할 것이다. 반대자들이 자신을 이성과 양식의 길에서 멀리 벗어나지 않도록 해준다는 사실을 알기 때문이다. 자유의지를 가진 국민의 범국가적 화합은 정부의 독단과 반대당의 혁명적 비타협성을 무력화시키는 정치권력의 충분한 균형에 의존하고 있다. 그 균형이 더 이상 존재하지 않는다면 민주주의는 사라지고 만다. 왜냐하면 한 국가의 모든 시민이 어떤 상황 때문에 강제로 타협하게 되지 않는 한, 그리고 모든 시민이 어떤 정책에 영향을 미칠 수는 있으나 누구도 혼자 정책을 지배할 수 없다는 것을 느끼게 되지 않는 한, 그리고 습관과 필요에 의해서 서로 조금씩 양보하지 않는 한, 자유는 유지될 수 없기 때문이다.

① 민주주의와 사회주의 ② 반대의 필요성과 민주주의
③ 민주주의와 일방적인 의사소통 ④ 권력을 가진 자와 혁명을 꿈꾸는 집단

17 다음 글의 내용과 일치하지 않는 대화는?

결정 이양의 원리란 판단이나 결정의 최종적인 권한을 화자가 청자에게 넘겨주는 원리를 말한다. 화자가 자기 나름으로 판단한 내용을 완전히 결정을 지은 채로 제시함으로써 청자로 하여금 그것을 그대로 받아들이게 하는 것이 아니라, 최종적인 판단 혹은 결정을 청자 스스로 내리게 하는 것이다. 이러한 결정의 이양 곧 넘겨주기는 남겨두기를 통해서 실현된다. 모든 내용을 다 채워서 표현하는 것이 아니라, 일부를 남겨 두어 표현함으로써 그 남겨진 부분을 청자로 하여금 스스로 채워 넣게 하는 것이다.

전달하고자 하는 정보를 모두 제시하지 않고 일부를 남겨둔다는 것은 바로 경제성의 원리와 관계된다. 동일한 효과를 갖는 것으로 가정되는 두 가지 표현이 있다면, 당연히 남겨 두기가 적용된 표현이 더 경제적이라는 것은 자명하다. 적은 비용을 들여서 동일한 효과를 얻을 수 있기 때문이다. 그리고 판단이나 결정의 최종적인 권한을 화자가 가지지 않고 청자에게 넘겨주는 것은 상대방의 관계를 고려한 것으로서 곧 공손성의 원리와 관련을 갖는다. 동일한 정보 전달력을 갖는 두 가지 표현 중에서 결정 이양의 원리가 적용된 표현은 그렇지 않은 표현에 비해 상대방과의 우호적인 관계를 형성하고 유지하는 데 더 크게 기여할 것이라는 점은 두말할 필요가 없다.

① 재인 : 나 배고픈데. 오늘 밥 사주면 다음에 내가 쏠게.

② 남자 : 술 한 잔 더 하고 들어갈래요?

여자 : 내일 일찍 일어나야 해서요.

③ 철수 : (도서관에서 크게 떠드는 친구에게) 여긴 도서관이야.

④ 엄마 : 수진이 요즘 공부 열심히 하니?

오빠 : 앞으로 점점 열심히 하겠죠 뭐.

18 다음 글의 내용과 일치하지 않는 것은?

18세기 사상가 페인은 국민의 양도할 수 없는 권리에 주목했다. 그는 모든 인간은 자유롭고 평등한 권리를 타고났으므로, 사회적인 차별은 공공의 이익을 근거로 해서만 있을 수 있다는 주장에 적극 동의했다. 또 모든 정치적 결사의 목적은 자연적이고 소멸될 수 없는 인간의 권리를 보존하는 것이기에 권리의 보장을 위해 국가에 대한 납세 의무를 불가피한 것으로 인정하면서도, 자유권, 재산권, 안전권, 압제에 대한 저항권을 포함하는 당시로선 다소 급진적으로 여겨지는 권리 개념까지도 수용하였다. 이런 전제 아래, 페인은 국가란 국민 개개인이 스스로 각자 주권을 갖고 지도자와 상호 계약을 체결해서 만들어진 것인데, 그렇다고 해서 국가 통치를 지도자에게 일방적으로 위임하는 것으로는 권리 보호가 보장되지 않는다고 했다. 그러므로 국가나 국가의 지도자는 국민의 기본적 권리를 보호하는 것을 최고의 의무로 삼아야 한다고 했다. 그래서 그는 공정한 국가나 국가의 지도자란 공히 어떤 원칙을 준수해야 하며, 이것이 헌법을 만드는 데에도 반드시 명문화되어야 한다고 주장했다. 그 원칙의 핵심은 소멸될 수 없고 양도될 수도 없는 신성한 인간 권리의 수호이다.

① 국민의 기본적 권리를 보호하는 것이 지도자의 최우선 과제이다.

② 국민은 권리 보장에 따른 자신의 의무를 인정해야 한다.

③ 경우에 따라 사회적인 차별이 있을 수도 있다.

④ 아파트 주민 전체의 안전을 위해서는 아파트 주민들이 외부인들의 단지 내 관통 도로의 차량 통행을 제한할 수 있다.

19 다음 글의 요지로 가장 적절한 것은?

당위적으로 아무리 우수하다 해도 칸트의 도덕관은 현실에 적용될 때에는 많은 한계를 지닌다. 철학자 페기는 "칸트는 순수한 손을 가지고 있지만 손은 가지고 있지 않다."라고 말하면서 칸트 도덕의 비현실성을 비판했다. 인간의 도덕적 행위에는 언제나 이기심과 욕망이 개입할 여지가 있기에 의무만을 강조하는 칸트의 추상적이고 형식적인 도덕관은 구체적 현실 속에서 많은 한계를 지닌다는 것이다.

그러나 이 같은 모순이 발견된다 하더라도 인간의 이기심을 도덕성으로 극복하려 했다는 점에서 칸트의 도덕적 의무론의 가치를 완전히 부인할 수는 없다. 우리가 칸트의 도덕관을 포기할 수 없는 것은 이러한 윤리적 도전조차 없는 사회에서는 정의가 부분적으로나마 지켜질 가능성마저 사라질 것이기 때문이다.

① 우리 사회의 현실
② 칸트 도덕관의 우수성
③ 칸트 도덕관의 단점
④ 도덕적 의무론의 한계와 가치

20 어린이 과보호의 문제점에 대해 글을 쓰고자 한다. 다음 개요의 □□□ 안에 들어가기에 적절한 내용은?

Ⅰ. 서 론
  어린이 과보호의 문제점
Ⅱ. 본 론
  (1) 문제의 배경
    ㉠ 핵가족화 현상으로 인한 가족 우선주의
    ㉡ 자녀에 대한 소유 의식
  (2) 문제점의 규명
    ㉠ 가정 차원의 문제점
      • 아이의 경우 – 자기중심적이고 비자주적인 태도 형성
      • 부모의 경우 – 자녀에 대한 기대가 충족되지 않는 것에서 오는 배신감과 소외감
    ㉡ 사회 차원의 문제점
      • 공동체 의식의 이완
      • 시민 의식의 파괴
Ⅲ. 결 론
  □□□□□□□□□□□□□□□□□□□□□□□

① 과보호 규제를 위한 사회적 · 법적 장치의 필요성
② 과보호 피해를 줄이기 위한 여성 교육의 강화 방안 촉구
③ 과보호에 대한 인식 전환과 건전한 가족 문화 형성의 필요성
④ 과보호 문제의 교육적 해결을 위한 학교 · 사회의 대응 방안 모색

21 다음 글에서 필자가 주장하는 핵심 내용은?

> 현대 사회는 대중 매체의 영향을 많이 받는 사회이며, 그중에서도 텔레비전의 영향은 거의 절대적입니다. 언어 또한 텔레비전의 영향을 많이 받습니다. 그런데 텔레비전의 언어는 우리의 언어 습관을 부정적인 방향으로 흐르게 하고 있습니다.
> 텔레비전은 시청자들의 깊이 있는 사고보다는 감각적 자극에 호소하는 전달 방식을 사용하고 있습니다. 또 현대 자본주의 사회에서의 텔레비전 방송은 상업주의에 편승하여 대중을 붙잡기 위한 방편으로 쾌락과 흥미 위주의 언어를 무분별하게 사용합니다. 결국 텔레비전은 언중의 이성적 사고 과정을 마비시켜 오염된 언어 습관을 무비판적으로 수용하게 합니다. 그렇기 때문에 언어 사용을 통해 발전시킬 수 있는 상상적 사고를 기대하기 어렵게 하며, 창조적인 언어 습관보다는 단편적인 언어 습관을 갖게 만듭니다.
> 따라서 좋은 말 습관의 형성을 위해서는 또 다른 문화 매체가 필요합니다. 이러한 문제의 대안으로 문학 작품의 독서를 제시하려고 합니다. 문학은 작가적 현실을 언어를 매개로 형상화한 예술입니다. 작가적 현실이 작품으로 형상화되기 위해서는 작가의 복잡한 사고 과정을 거치게 되듯이, 작품을 바르게 이해 · 해석 · 평가하기 위해서는 독자의 상상적 사고를 거치게 됩니다. 또한 문학은 아름다움을 지향하는 언어 예술로서 정제된 언어를 사용하므로 문학 작품의 감상을 통해 습득된 언어 습관은 아름답고 건전하리라 믿습니다.

① 쾌락과 흥미 위주의 언어 습관보다는 사고 능력을 기를 수 있는 언어 습관을 가져야 한다.
② 사고 능력을 기르고 건전한 언어 습관을 길들이기 위해서 문학 작품의 독서가 필요하다.
③ 바른 언어 습관의 형성과 건전하고 창의적인 사고를 위해 텔레비전의 악영향을 막아야 한다.
④ 언어는 자신의 사상을 표현하는 매체일 뿐만 아니라 그것을 사용하는 사람의 인격을 가늠하는 척도이므로 바른 언어 습관이 중요하다.

22 다음 글의 제목으로 가장 적절한 것은?

사전적 정의에 의하면 재즈는 20세기 초반 미국 뉴올리언스의 흑인 문화 속에서 발아한 후 미국을 대표하는 음악 스타일이자 문화가 된 음악 장르이다. 서아프리카의 흑인 민속 음악이 18세기 후반과 19세기 초반의 대중적이고 가벼운 유럽의 클래식 음악과 만나서 탄생한 것이 재즈다. 그러나 이 정도의 정의로 재즈의 전모를 밝히기에는 역부족이다. 이미 재즈가 미국을 넘어 전 세계에서 즐겨 연주되고 있으며 그 기법 역시 트레이드 마크였던 스윙(Swing)에서 많이 벗어났기 때문이다.

한편 재즈 역사가들은 재즈를 음악을 넘어선 하나의 이상이라고 얘기한다. 그 이상이란 삶 속에서 우러나온 경험과 감정을 담고자 하는 인간의 열정적인 마음이다. 여기에서 영감을 얻은 재즈 작곡가나 연주자는 즉자적으로 곡을 작곡하고 연주해 왔으며 그러한 그들의 의지가 바로 다사다난한 인생을 관통하여 재즈에 담겨 있다. 초기의 재즈가 미국 흑인들의 한과 고통을 담아낸 흔적이자 역사 그 자체인 점이 이를 증명한다.

억압된 자유를 되찾으려는 그들의 저항 의식은 아름답게 정제된 기존의 클래식 음악의 틀 안에서는 온전하게 표출될 수 없었다. 불규칙적으로 전개되는 과감한 불협화음, 줄곧 어긋나는 듯한 리듬, 정제되지 않은 멜로디, 이들의 총합으로 유발되는 긴장감과 카타르시스……. 당시 재즈 사운드는 충격 그 자체였다. 그렇지만 현시점에서 이러한 기법과 형식을 담은 장르는 넘쳐날 정도로 많아졌고, 클래식 역시 아방가르드라는 새로운 영역을 개척한 지 오래이다. 그러므로 앞에서 언급한 스타일과 이를 가능하게 했던 이상은 더 이상 재즈만의 전유물이라 할 수 없다.

켄 번스(Ken Burns)의 영화 '재즈(Jazz)'에서 윈턴 마살리스(Wynton Marsalis)는 "재즈의 진정한 힘은 사람들이 모여서 즉흥적인 예술을 만들고 자신들의 예술적 주장을 타협해 나가는 것에서 나온다, 이러한 과정 자체가 곧 재즈라는 예술 행위이다."라고 말한다. 그렇다면 우리의 일상은 곧 재즈 연주와 견줄 수 있다. 출생과 동시에 우리는 다른 사람들과 관계를 맺으며 살아간다. 물론 자신과 타인은 호불호나 삶의 가치관이 제각각일 수밖에 없다. 따라서 자신과 타인의 차이가 옳고 그름의 차원이 아닌 '다름'이라는 것을 알아가는 것, 그리고 그러한 차이를 인정하고 그 속에서 서로 이해하고 배려하려는 노력이 필요하다. 이렇듯 자신과 다른 사람과 함께 '공통의 행복'이라는 것을 만들어 간다면 우리 역시 바로 '재즈'라는 위대한 예술을 구현하고 있는 것이다.

① 재즈의 기원과 본질
② 재즈와 클래식의 차이
③ 재즈의 장르적 우월성
④ 재즈와 인생의 유사성과 차이점

23 거석무덤의 축조 관습이 소멸되면서 나타났을 변화에 대한 추론으로 적절하지 않은 것은?

20세기 초까지만 해도 유럽의 거석무덤은 지중해의 크레타와 같이 문명이 발달한 지역으로부터 주민의 이주나 아이디어의 전파에 의해서 유럽 지역으로 확산된 것으로 생각되었다.

그러나 콜린렌프류는 서유럽에서 새롭게 발굴된 신석기 시대의 여러 거석무덤에 근거하여 이주설이나 전파설 대신 자생설을 주장하였다. 그에 따르면 인구증가에 따라 자원과 토지가 부족해졌으며, 부족한 토지를 둘러싸고 공동체 간 경쟁이 발생하는 과정에서 거석무덤이 등장하였다고 한다. 또한 평등한 친족관계에 기반한 공동체의 취락은 산재한 형태로 분포했으며, 거석무덤은 그 공동체의 구심 역할을 하면서 영역 표시의 기능을 했다고 한다. 특히 거석무덤의 인골은 무덤을 축조한 친족공동체에게 매우 중요한 의미를 지녔을 것으로 추정된다고 한다. 왜냐하면 거석무덤은 영역 내에서 제의를 통해 조상의 존재를 확인하는 기능을 하였고, 이를 통해 살아있는 후손들은 그 조상의 땅을 소유하고 이용할 공동의 권리를 정당화할 수 있었기 때문이다. 이후 그러한 기능은 점차 스톤헨지처럼 규모가 큰 제의용 거석기념물이 대신하게 되었으며, 이를 통해 많은 인원을 동원할 수 있는 정치적·종교적 특수계층이 등장했음을 알 수 있다고 한다.

한편 크리스틸리는 연장자나 남성 가운데 일부 개인들이 친족공동체에서 그들의 주도적 역할과 그 안에 존재하는 불평등을 정당화하는 수단으로 거석무덤 및 그와 관련된 의례를 이용하였다고 한다. 그에 의하면, 일차적으로 일정한 육탈(肉脫)의 기간을 거친 공동체 구성원들의 유골 중 다시 갈비뼈와 같은 특정부분만을 모아서 무덤 안에 섞어 놓아, 실제 존재한 경제력에 따른 권력 및 지위의 차이를 은폐하였다는 것이다. 거석무덤은 당시 사회의 두 가지 사회편성원칙, 즉 친족관계 내에서의 평등과 정치적 관계에서의 실제적 불평등 사이에 존재하는 모순을 은폐하는 역할을 하였다고 한다. 후자는 뒷날 시신을 직접 매장하는 개인의 단독 무덤을 출현시키는 토대가 되었으며, 동일한 구조의 무덤에서 성과 연령에 따라 시신이 놓이는 방향의 차이와 함께 부장품의 양과 질의 차이를 가져온 원인이 되었다는 것이다.

존바렛은 거석무덤이 일상생활과 장례의식 및 그 밖의 제의의 과정에서 갖는 역할에 주목하여, 당시 사람들은 거석무덤의 축조과정과 축조 후 그곳에서 행해졌을 장례의식이나 기타 제의를 통해 공동체 의식과 규범을 형성하고 재확인했다고 주장하였다. 그에 따르면 거석무덤에서 치러지는 장례의식 과정에서 살아있는 사람들 사이의 지위와 의무는 죽은 사람과의 관계를 통해 새롭게 결정되었다. 즉, 장례의식에서 거석무덤의 출입구를 통해 조상들의 시신과 유골에 접근할 수 있었던 사람들과 그렇지 못한 사람들을 구별하였고, 이러한 구별을 통해 재조정된 지위와 의무는 이후 계속적인 제의를 통해 살아있는 사람들 사이에서 다시 한 번 정당화되고 기억될 수 있었다는 것이다. 또한 거석무덤의 출입구를 막아서 무덤 내 시신과 부장품에 더 이상 접근할 수 없게 되었을 때 거석무덤은 기념물적 성격을 지니게 되었으며, 이를 통해 조상에 대한 기억을 다른 방식으로 이미지화하여 영속화할 수 있게 되었다고 한다. 따라서 거석무덤은 산 자로 하여금 조상과의 관계를 매개로 자신의 정체성을 경험할 수 있도록 하는 역할을 하였다는 것이다.

이안호더는 유럽 중부와 서부 지역의 거석무덤은 그 이전 또는 동시대의 집들과 형태나 내부 공간 구조에서 유사성이 있음을 주장하였다. 그에 의하면, 농경이 중부 유럽에서 상대적으로 덜 비옥한 서유럽 지역으로 확산되면서, 경작에 적합한 토지가 부족하여 쟁기질 같은 새로운 농경방식이 도입되었다고 한다. 이에 따라 남성의 역할이 보다 중요해졌고, 몇 개의 혈연집단이 느슨한 형태로 하나의 친족공동체를 형성하고 있던 단계에서 남성 중심의 계보적 혈연집단들이 새롭게 등장하게 되었다고 한다. 이 가운데 특정 집단들은 죽은 사람들을 위한 집인 거석무덤의 축조와 제의를 주도하였다. 이 과정에 여타 집단들을 참여시킴으로써 공동체의식을 강화함과 동시에 조상으로 대표되는 '초월적' 권위에 기대어 토지 등의 상속에서 그들의 우월적 지위를 정당화할 수 있었다고 한다.

① 인골을 추려서 이차적으로 매장하는 풍습이 사라졌을 것이다.
② 시신이 한곳에 집단 매장되는 대신 개별무덤에 매장되었을 것이다.
③ 무덤의 구조와 부장품의 매장방식에서 남녀의 구별이 나타났을 것이다.
④ 공동체의 제의가 수행되는 공간이 무덤에서 다른 곳으로 이동하였을 것이다.

24 다음 글의 내용이 잡지에 실린 기사라고 할 때, 표제와 부제로 적절한 것은?

현대자본주의 사회의 대중문화에서 대중들에게 미의 기준이 되는 것은 예술미라기보다는 상품미이다. 현대 도시의 주요 미적 대상인 상품미는 우리들의 취미나 감성, 더 나아가 일상 문화를 형성한다. 상품미란 무엇인가? 상품미라는 것은 이윤을 얻기 위해 대량으로 생산되고 있는 상품들이 가지는 미적 형식을 의미한다. 아주 단순하게는 상품을 많이 팔기 위해서 디자인과 색상에 신경을 쓰는 것이 상품미를 추구하는 예이다. 우리 주위에서 보는 거의 모든 상품들은 상품미를 추구하고 있다. 아이들의 과자 봉지에서부터 책의 표지, 의상, 쇼윈도, 마네킹, 각종 팬시제품, 간판, 내부 장식, 디스플레이, 네온사인, 영화, 연극 포스터 등은 물론이고, 광고 모델이나 상점 점원, 컴퓨터 소프트웨어 등이 다 상품미를 추구하고 있다. 자본주의는 모든 것이 다 상품으로 취급되는 사회이기 때문에 자본주의 체제의 모든 사물들, 그리고 심지어는 인간까지도 상품미의 형식을 추구하게 된다. 상품미는 가상적인 쾌락과 행복으로 인간을 뒤덮고, 파괴된 감성을 자기 식대로 빚어내어 지배를 확립하기 위해 시, 음악, 무용, 드라마, 미술 등의 다양한 예술형식을 빌리고 있다. 이렇게 예술미를 빌려왔기 때문에 내용과 형식이 일치하지는 않지만 겉보기에는 예술미보다 더 풍부한 미적 형식을 갖추고 있다. 그러나 그것은 겉모습일 뿐 참모습은 예술미와 다르다. 예술은 근세 이래 현실에 없는 정신적·초월적인 것을 통해 감성을 순화시킴으로써 욕망으로부터의 해방을 지향했다. 물론 이것은 예술가들의 꿈이었을 뿐 실제로 성공하지는 못했다. 이에 반해 상품미는 선망과 질투를 불러일으켜 이기적인 욕망을 즉각 실현하도록 몰고 간다. 이것은 소비를 체계적으로 재생산해내는 한편, 인간을 욕망으로 귀환하도록 충동하여 총체적인 타락과 파괴의 길로 몰아가고 있다. 자본주의는 대량 생산, 대량 판매를 통해 지속적으로 이윤을 남기기 위해서 대량 소비를 끊임없이 자극하지 않을 수 없다. 상품미는 바로 소비를 자극하는 기능을 하며, 광고는 상품미를 확대·재생산하는 역할을 한다. 교환가치가 사용가치를 압도하는 자본주의 시장 경제에서 생산자는 상품의 외양을 심미적인 것으로 변형시키지 않으면 안 된다. 그럴듯해 보이지 않는 것은 팔리지 않으며, 그럴듯해 보이는 것은 잘 팔리기 때문이다. 상품의 아름다운 겉모습은 이제 실제의 쓰임새와는 별도로 새로운 사용가치를 형성한다. 외양화된 사용가치가 실제 사용가치보다 오히려 더 중요해지는데, 이는 물론 상품의 외양이 판매 행위를 완성시키는 데 중요한 역할을 담당하기 때문이다. 상품의 외양화된 사용가치는 상품을 아름답게 꾸미는 디자인과 포장, 그리고 소비자를 상품에 몰입하게 하는 광고를 통하여 이루어진다. 광고는 상품에 대한 정보를 줌으로써 상품이 소비자의 욕구를 틀림없이 충족시킬 수 있다는 기대를 만들어 내고, 소비자가 상품을 사게 되면 이러저러한 욕망을 충족할 수 있다는 약속을 제시한다. 오늘날 광고는 단순히 물건의 판매를 목적으로 하는 마케팅커뮤니케이션의 성격만 가진 것은 아니다. 광고는 소비주의 문화의 핵심인 외양화된 사용 가치를 만들어 내는 메커니즘일 뿐만 아니라, 소비 유토피아적인 세계관을 전파하는 교육 선전 매체이다. 아이들은 감수성이 예민한 성장기에 광고가 주는 메시지에 익숙해져 '심미적 인간으로 상품미를 추구하라!' 는 소비이데올로기를 첫 번째 계명으로 새겨 간직한다.

	〈표 제〉	〈부 제〉
①	상품미와 광고의 본질	소비의 욕망을 추구하는 광고
②	상품미와 예술미	예술미를 일탈한 욕망의 미학
③	현대사회와 광고의 미학	대중매체에 의한 상품미
④	현대사회의 상품미의 가치	광고와 판매의 전략

25   다음 글을 바르게 이해한 것은?

기술은 무엇인가라는 물음에 대해 누구나 알고 있는 대답은 두 가지이다. 하나는 '기술은 목적을 위한 수단'이라는 것이고, 다른 하나는 '기술은 인간행위의 하나'라는 것이다. 그런데 기술에 대한 이러한 도구적이고 인간학적인 정의는 틀린 말은 아니지만, 기술의 본질을 밝혀주지는 못한다. 이것은 '시(詩)란 단어들의 집합이다.'라는 정의가 틀린 것은 아니지만, 시의 고유하고 본질적인 점을 말해주지 않는 것이나 마찬가지이다.

그렇다면 왜 우리는 기술의 참된 특징을 밝혀야 하는가? 세계 내의 존재인 인간은 세계 안에서 기술과 긴밀한 관계를 맺고 살아가는데, 이러한 관계를 규정하는 것도 바로 기술이기 때문이다. 이 관계에서 인간이 자신의 목적을 실현하기 위해 사용하는 것을 기술이라고 정의하면, 이러한 정의로는 기술의 본질에 도달할 수 없다. 기술은 단지 도구로서만 기능하는 것이 아니라 인간과 세계의 관계를 규정함으로써, 세계 구성에 직접 참여하는 것이다. 따라서 기술은 그저 하나의 수단이 아니라 세계를 열어 밝혀 주는 진리인 것이다. 다시 말해 기술은 탈은폐의 한 방식이다. 기술의 어원인 '테크네'는 본래 수공적인 행위와 능력만이 아니라 예술도 의미한다. 제작과 창작의 공통적인 성격은 '감추어져 있는 어떤 것을 밖으로 끌어내어 앞에 내어놓는 일'에 있는데, 이것은 어떤 것에 대해 잘 알아 그것을 해명해서 밝히는 능력을 의미하며, 이것이 바로 탈은폐인 것이다.

이러한 탈은폐로서의 기술의 본질 규정은 현대기술의 본질을 규정할 때도 여전히 타당하다. 단, 탈은폐의 방식이 다를 뿐이다. 현대기술을 완전히 제압하고 있는 탈은폐는 이제 더 이상 밖으로 끌어내어 앞으로 내어놓는 자연스러운 방식으로는 전개되지 않는다. 현대기술의 탈은폐는 안에 은폐되어 있는 것들을 억지로 밖으로 끌어내려는 도발적 요청이다. 이는 자연을 비롯한 세계일반에 대한 인간의 태도에서 잘 드러난다. 현대기술은 자연에게 에너지를 내놓으라고 무리하게 요구한다. 과거에 농부의 일이란 농토에 무엇을 내놓으라고 강요하는 것이 아니라 씨앗을 뿌려 싹이 돋아나는 것을 그 생장력에 내맡기고 그것이 잘 자라도록 보호하는 것이었다. 그러나 오늘날은 자연을 도발적으로 닦아세운다. 이제 공기는 질소공급을 강요당하고 대지는 곡식공급을 강요당한다. 과거 기술의 탈은폐는 현실을 현실로서 있도록 내버려두면서 그것을 자연스럽게 드러냈다. 풍차의 날개는 바람의 힘으로 돌아가며 바람에 전적으로 직접 자신을 내맡기고 있다. 풍차는 기류의 에너지를 저장하기 위해 개발된 것이 아니다. 반면 현대기술의 탈은폐는 자연에 숨겨져 있는 에너지를 채굴하고, 캐낸 것을 변형하고, 변형된 것을 저장하고, 저장한 것을 다시 분배하고, 분배된 것을 다시 한 번 전환해 사용함으로써 이루어진다. 그것은 기술적 요구에 맞추어 자연을 끄집어내려는 도발적 요청인 것이다.

이 도발적 요청은 세계에 있는 존재에 폭력을 가해서 강제적으로 자신의 모습을 잃어버리게 만든다. 이때 자연은 자신의 고유한 본래적인 존재를 포기하고 단순히 에너지 공급자로서, 재료로서, 기능으로서 하나의 부품처럼 탈은폐된다. 온전하게 파악되는 것이 아니라, 하나의 부품으로 드러나기 때문에, 자연의 한 부분만이 드러나게 되거나 또는 본질이 왜곡되기도 한다. 부품은 현대기술의 도발적 요청에 따라 탈은폐되는 모든 것들이 그 자리에 존재하는 방식이다. 이러한 탈은폐를 수행하는 주체는 인간이다. 인간은 자연을 도발적으로 닦달하여 자연적인 것을 포함한 세계의 존재하는 것들을 부품으로 탈은폐시키는 주체이다. 더 나아가 탈은폐의 과정에서 이 과정의 주체인 인간도 하나의 부품으로 자신을 탈은폐시킨다. 주체가 객체로 전도된 것이다.

현대기술이 수행하는 탈은폐의 방식으로는 기술이 잘못 드러난다는 것이 명확해졌다. 그렇다면 기술이 어떻게 강요된 탈은폐가 아니라 본래의 탈은폐가 될 수 있을까? 그것은 바로 기술이 테크네로서의 탈은폐 그 자체로 돌아가서 스스로 그러한 모습을 드러내 주게 하면 된다. 기술과 예술 그리고 진리가 분리되지 않았던 그 기술로 돌아가면 된다. 예술적 의미에서 테크네는 참된 것에서 아름다움을 이끌어내는 것이다. 근원적 의미에서의 예술은 최고의 탈은폐이다. 예술로서의 기술은 사물들이 가지고 있는 존재의 소리를 잘 듣고 이를 형상으로 가장 잘 드러낸다. 기술이 본래 가지고 있었던 이러한 테크네의 성격을 다시 갖게 되면, 비로소 기술은 자신의 본질을 가장 잘 드러내게 될 것이다. 이로써 인간과 기술 그리고 세계는 조화를 이루게 될 것이다.

① 기술의 본질에 대한 탐색방식으로, 어원분석방법과 통시적 사례비교방법의 상충을 검증하였다.

② 기술의 본질 규정을 위해 수단과 행위영역 사이의 차이점을 해명함으로써 문제의 소재를 명료히 하였다.

③ 기술이 자연에서 드러내고 싶어 하는 바와 자연의 본성이 잘 드러나는 것은 비례관계에 있음을 증명하려고 했다.

④ 기술의 본질을 탐구해야 할 필요성을 제시하고 기술의 본질이 왜곡된 상태에서 벗어나 기술을 그 자체로 이해할 것을 주장하였다.

26 다음 글에 대한 설명으로 적절하지 않은 것은?

지성인은 고인(古人)이 이른 바, 식자인(識者人) 또는 독서인(讀書人)이요 우리말로는 선비다. 을사늑약 이후 많은 지사(志士)가 순국할 때 번민하다가 마침내 합방의 소식을 듣고 음약자결(飮藥自決)한 황매천(黃梅泉) 선생은 그 사세시(辭世詩)에 진실로 인간이 선비 노릇하기 어렵다는 뼈아픈 진실을 토로하였다.

지성인 – 오늘의 식자인들은 어떤가. 지식인으로서의 명분과 긍지까지도 포기해 버린 느낌이 아닌가. 선비의 사명을 반성하고 자각할 성의조차 잃은 것이 아니던가. 지성인은 침체하고, 현실은 혼란하고, 정신은 격동하는 것이 오늘 우리 사회의 현상이다. 침체한 것에는 활기를 불어넣고 고무해야 할 것이요, 혼란한 것은 가다듬고 정리하여야 할 것이며, 격동하는 것은 수습하고 계통 지어야 할 것이다. 과연 오늘의 지성인이 이 중의 어느 한 가지에나마 자기의 사명감을 자각하고 있는 것일까. 격동기의 지성인의 자세는 먼저 냉철하고 확고하고 준열해야 한다. 그러한 마음의 자세에서만 무위(無爲)와 나약(懦弱)은 극복되고 지성인의 사명인 지도성의 자각이 체득될 것이다. 지성인 곧 선비는 나라의 기강(紀綱)이요 사회 정의의 지표이다. 그러므로 한 나라의 기강을 바로잡고 사회 정의의 지표를 확립하자면 무엇보다도 먼저 선비가 기절(氣節)을 숭상함으로써 선비의 명분을 세우지 않으면 안 된다. 선비가 만일 시류(時流)에 부침(浮沈)하거나 권세에 추종하는 것만을 일삼는다면, 선비의 명분이 땅에 떨어질 뿐 아니라 선비의 그러한 자모(自侮)는 마침내 간악한 소인으로 하여금 폭력으로써 선비의 바른 언론을 봉쇄하고 선비의 밝은 도(道)를 억압하게 하는 지경에 이를 것이다. 선비의 성충(誠衷)이 짓밟힌 곳에 어찌 나라의 기강이 바로잡히며 선비의 지성이 무찔린 곳에 어찌 사회 정의의 지표가 설 수 있을 것인가. 고래(古來)로 선비가 기절을 숭상하여 목숨까지 바쳐서 지켜 온 것은 진실로 부정과 불의에 대한 항거로써 선비의 명분을 삼기 때문이다.

오늘날처럼 나라의 기강이 어지럽고 사회 정의의 지표를 잃은 적은 일찍이 우리의 역사에는 없었을 것이다. 불행한 역사에 누적된 악소(惡素)로서 이제 고질이 된 세상은 마음 있는 사람의 가슴을 아프게 하거니와 무엇보다도 더 한심한 것은 이에 대한 우리 지성인의 무관심과 무성의다. 선비의 기절은 헌신짝처럼 저잣거리에 던져져 있고 선비의 명분은 꼭두각시처럼 소인배의 손아귀에 농락되고 있다는 사실이다. 한 때의 명리만을 계산하여 악에 추종하는 타락하는 선비는 늘어 가고 지성인의 양심을 팔아 권력에 붙어서 무소불위(無所不爲)의 억지를 쓰는 가증한 무리들이 백일(白日) 아래 부끄럼 없이 얼굴을 들고 다니는 세상이 되고 말았다는 말이다. 이 어찌 통탄할 일이 아니겠는가?

선비가 다시 기절을 세우고 부정과 불의에 항거하지 않으면 안 될 때가 왔다. 타락한 시속(時俗)의 못된 선비들을 징계하지 않으면 안 될 때에 우리는 봉착한 것이다. 정(正)과 사(邪)가, 의(義)와 불의(不義)가 뒤죽박죽이 된 세상을 백성 앞에 분명히 흑백(黑白)을 가려 줄 사람이 누군가. 지성인을 두고 이 일을 능히 할 사람이 없을 것이다. 난세에 구차히 성명(性命)이나 보전한다는 이른바 명철보신(明哲保身)의 태도나, 내 아니라도 남이 할 터이지 하는 수수방관의 태도나, 내 힘으로는 어쩔 수 없다는 자포자기의 태도는 이제 백성의 이름으로 규탄될 것이다. 나라의 힘으로 길러지고 백성의 신망을 짊어진 식자인의 의무를 저버릴 수 없고 남의 희생만을 요구할 수도 없으며 애국성충(愛國誠衷)을 바치기 전에 앉아서 자멸을 기다릴 수는 더구나 없는 것이다.

① 지성인의 명리적인 삶을 다양한 시각에서 비판하고 있다.

② 비유적 표현보다는 직설적 언어로 지성인을 엄하게 꾸짖고 있다.

③ 가치관과 도덕이 혼돈에 빠진 현실을 나라 흥망의 고비로 보고 있다.

④ 순국하신 선인의 예를 들어 은둔하는 지성인을 높이 평가하고 있다.

27 다음 글에서 ㉠~㉢의 수정 방안으로 적절하지 않은 것은?

> 실제로 예상보다 많은 청소년이 아르바이트를 하고 있거나, 아르바이트를 했던 경험이 있다고 응답했다. ㉠ 청소년들이 가장 많은 아르바이트는 '광고 전단 돌리기'였다. 전단지 아르바이트는 ㉡ 시급이 너무 높지만 아르바이트 중에서도 가장 짧은 시간에 할 수 있는 대표적인 단기 아르바이트로 유명하다. 이러한 특징으로 인해 대부분의 사람들이 전단지 아르바이트를 꺼리기 때문에 돈은 필요하지만 학교에 다니면서 고정적으로 일하기는 어려운 청소년들이 하게 된다고 한다. 전단지 아르바이트 다음으로는 음식점에서 아르바이트를 해보았다는 청소년들이 많았다. 음식점 중에서도 패스트푸드점에서 아르바이트를 하고 있거나 해 보았다는 청소년들이 가장 많았는데, 패스트푸드점은 ㉢ 대체로 최저임금을 받거나 대형 프랜차이즈가 아닌 경우에는 최저임금마저도 주지 않는다는 조사 결과가 나왔다. 또한 식대나 식사를 제공하지 않아서 몇 시간 동안 서서 일하면서도 ㉣ 끼니만도 제대로 해결하지 못했던 경험을 한 청소년이 많은 것으로 밝혀졌다. 근로자로써 당연히 보장받아야 할 권리를 청소년이라는 이유로 보호받지 못하고 있는 것이다.

① ㉠ : 호응관계를 고려하여 '청소년들이 가장 많이 경험해 본'으로 수정한다.
② ㉡ : 문맥을 고려하여 '시급이 너무 낮지만'으로 수정한다.
③ ㉢ : 호응관계를 고려하여 '대체로 최저임금으로 받거나'로 수정한다.
④ ㉣ : 호응관계를 고려하여 '끼니조차'로 수정한다.

28 다음 글의 내용과 일치하지 않는 것은?

> (가) 문화란 말은 그 의미가 매우 다양해서 정확하게 개념을 규정한다는 것이 거의 불가능하다. 즉, 우리가 이 개념을 정확하게 규정하려는 노력을 하면 할수록 우리는 더 큰 어려움에 봉착한다. 무엇보다도 한편에서는 인간의 정신적 활동에 의해 창조된 최고의 가치를 문화라고 정의하고 있는 데 반하여, 다른 한편에서는 자연에 대한 인간의 기술적·물질적 적응까지를 문화라는 개념에 포함시키고 있다. 즉, 후자는 문명이라는 개념으로 이해하는 부분까지도 문화라는 개념 속에 수용함으로써 문화와 문명을 구분하지 않고 있다. 전자는 독일적인 문화 개념의 전통에 따른 것이고, 후자는 영미 계통의 문화 개념에 따른 문화에 대한 이해이다. 여기에서 우리는 문화라는 개념이 주관적으로 채색되기 쉽다는 것을 인식하게 된다. 19세기 중엽까지만 해도 우리 조상들은 서양인들을 양이(洋夷)라고 해서 야만시했다. 마찬가지로, 우리는 한 민족이 다른 민족의 문화적 업적을 열등시하며, 이것을 야만인의 우스꽝스러운 관습으로 무시해 버리는 것을 역사를 통해 잘 알고 있다.

(나) 문화란 말은 일반적으로 두 가지로 사용된다. 한편으로 우리는 '교양 있는' 사람을 문화인이라고 한다. 즉, 창조적 정신의 소산인 문학 작품, 예술 작품, 철학과 종교를 이해하고 사회의 관습을 품위 있게 지켜 나가는 사람을 교양인 또는 문화인이라고 한다. 그런가 하면 다른 한편으로 '문화'라는 말은 한 국민의 '보다 훌륭한' 업적과 그 유산을 지칭한다. 특히 철학, 과학, 예술에 있어서의 업적이 높이 평가된다. 그러나 우리는 여기에서 이미 문화에 대한 우리의 관점이 달라질 수 있는 소지를 발견한다. 즉, 어떤 민족이 이룩한 업적을 '훌륭한 것'으로서 또는 '창조적인 것'으로서 평가할 때, 그 시점은 어느 때이며, 기준은 무엇인가? 왜냐하면, 우리는 오늘날 선진국들에 의해 문화적으로 열등하다고 평가받는 많은 나라들이 한때는 이들 선진국보다 월등한 문화 수준을 향유했다는 것을 역사적 사실을 통해 잘 알고 있기 때문이다. 그리고 또한 비록 창조적인 업적이라고 할지라도 만약 그것이 부정적인 내용을 가졌다면, 그래도 우리는 그것을 '창조적'인 의미에서의 문화라고 할 수 있을까? 조직적 재능은 문화적 재능보다 덜 창조적인가? 기지가 풍부한 정치가는 독창력이 없는 과학자보다 덜 창조적이란 말인가? 볼테르 같은 사람의 문화적 업적을 그의 저서가 끼친 실천적 영향으로부터 분리할 수 있단 말인가? 인간이 이룩한 상이한 업적 영역, 즉 철학, 음악, 시, 과학, 정치 이론, 조형 미술 등에 대해서 문화적 서열이 적용된다는 것인가?

① 문화라는 말은 다양한 의미로 사용된다.

② 문화의 개념은 정확하게 규정하기 어렵다.

③ 문화에 대한 관점은 시대에 따라 다를 수 있다.

④ 문화는 교양 있는 사람이 이해하고 지켜 나가는 것이다.

29 아래 지문의 논리 전개 방식과 같게 〈보기〉의 문단을 재배치한 것으로 알맞은 것은 무엇인가?

향신료는 그 독특하고 기분 좋은 향 덕분에 고래로부터 전염병 예방 및 치유의 효과가 있다고 믿어졌다. 구약성서에서 아론은 향로를 피워 역병을 피하려고 했고, 그리스인들은 향로를 바쳐 아폴론 신을 기쁘게 하면 역병을 막을 수 있다고 믿었다. 이러한 전통 속에서 향신료를 찾아 세계로 무역망을 넓혀가던 서구는 무분별하게 향신료를 좇다가 오히려 흑사병의 역습을 받기도 하였다. 1348년 동양에서 향신료를 실어오는 장거리 무역선을 타고 들어온 쥐 때문에 흑사병이 퍼졌던 것이다. 그리하여 향신료는 찬양의 대상이 되기도 비난의 대상이 되기도 하면서 세계의 역사를 움직여갔던 셈이다.

> **보기**
>
> (가) 테러는 용서받을 수 없는 일이지만, '성역 없는 비판'과 '상대방에 대한 존중'이 상충하는 영역에 대한 인식 역시 필요하다는 것이다.
>
> (나) 그런데 "나는 샤를리다."라는 목소리로 뒷받침받고 있는 이 표현의 자유가 과연 어디까지 허용되어야 하는 문제 제기가 다시금 반대쪽에서 대두되고 있다.
>
> (다) 이처럼 표현의 자유에 대한 문제는 항상 표현의 자유가 표현하려는 내용과 떨어지지 않고 제기되어 왔다고 할 수 있다.
>
> (라) 이슬람 극단주의자들이 주간지 '샤를리 에브도' 본사에서 총격을 가해 편집진 다수가 사망한 이번 사건에서, 표현의 자유를 옹호하는 목소리가 크게 터져 나왔다.
>
> (마) 최근 '샤를리 에브도' 사건을 통해 표현의 자유 문제가 불거졌다.

① (가) - (다) - (라) - (마) - (나)

② (나) - (마) - (가) - (라) - (다)

③ (라) - (마) - (나) - (다) - (가)

④ (마) - (라) - (나) - (가) - (다)

30 다음 중 〈보기〉의 글을 덧붙일 위치로 가장 적당한 곳은?

> (가) 흔히들 '과학이냐 아니냐' 하는 것은 그 주장하는 내용이 진실이냐 아니냐에 따라 구별하는 것으로 판단하고 있다. 다시 말해 주장하는 바가 진실이면 과학이고, 주장하는 바가 거짓이면 비과학이라고 생각하는 것이다. 이러한 구분은 매우 설득력이 있어 보인다. 그러나 과학에 대한 이러한 정의가 의미를 가지기 위해서는 어떤 것이 참이고, 어떤 것이 거짓인지를 가려낼 수 있는 능력이 선행되어야 한다. 무엇이 궁극적으로 진리인지를 가려내는 능력과 방법이 없다면, 과학이냐 아니냐 하는 것을 결론이 참이냐 거짓이냐에 의해 결정할 수는 없다. 따라서 과학이냐 아니냐 하는 것은 결론에 의해서가 아니라, 그 결론을 이끌어 내는 과정에 의해서 구분해야 한다.
>
> (나) 과학이란 인간이 인간의 이성을 이용해서 합리적으로 진실을 추구해 가는 사고 체계이다. 따라서 어떤 결론이 과학적이기 위해서는 그 결론이 유도되는 과정이 합리적이어야 한다. 합리적이라는 것은 정상적인 이성을 가진 사람을 납득시킬 수 있는 것이어야 한다는 뜻이다. 과학을 결론의 학문이 아니라 과정의 학문이라고 하는 것은 이 때문이다. 어떤 운동선수가 경기에 이기기 위해 시합 전에 머리를 깎지 않는다고 하면 그런 생각은 지극히 비과학적이고 미신적이라고 단정하기 쉽다. 그러나 그 선수의 그런 결론이 오랫동안의 통계를 근거로 하고 있다면 그가 얻은 결론을 비과학적이라고는 할 수 없을 것이다. 왜 머리를 깎지 않으면 승률이 올라가는지를 밝히는 것은 과학에게 맡겨진 실타래일 것이다.

(다) 어떤 결론이 과학적이기 위해서는 그 결론을 도출해 내는 과정이 올바른 과학적 방법에 의해 이루어져야 한다. 과학 방법은 기본적으로 귀납법과 연역법이라고 하는 큰 틀을 기본으로 하고 있다. 귀납법은 실험, 관찰, 통계와 같은 방법으로 개별적 사실로부터 일반 원리를 발견해 가는 과정이다. 반면에 연역법은 우리가 확연히 알 수 있는 공리에서부터 논리적 추론에 의해 결론을 이끌어 내는 방법이다. 그러나 실제 과학 연구에 적용되는 구체적인 과학 방법은 연구 대상과 목적, 그리고 여러 가지 현실적인 제약에 따라 달라진다. 그렇기 때문에 어떤 분야에서는 일반적으로 받아들여지는 과학 방법이 다른 분야에서는 그렇지 못한 경우도 있다. 사회학, 생물학, 의학 같은 분야에서는 수학적 연역보다는 관찰과 통계에 의한 귀납적인 방법이 많이 쓰인다. 그러나 물리학이나 화학 같은 분야에서는 수학에 의한 연역에 의해 결론이 도출되고, 이 결론은 실험적으로 검증을 거쳐야 한다.

(라) 문학이나 종교와 인간 내면의 문제를 다루는 분야는 과학적이지 않은 대표적인 분야이다. 문학이나 종교에서 다루는 문제는 지극히 개인적이고 주관적인 경험에 관한 것을 다룬다. 따라서 결론을 이끌어내는 과정을 객관화할 수 없을 뿐만 아니라 객관화할 필요도 없다. 반면에 심리학, 교육학 등은 과학적인 면과 비과학적인 면을 모두 포괄하고 있는 분야라 할 수 있다. 이런 분야에서는 과학에서 사용하는 관찰과 통계를 이용해서 결론에 이르지만, 이러한 결론이 도출되게 된 원인의 설명은 매우 주관일 때가 많다.

(마) 과학을 이야기할 때 꼭 언급하고 지나가야 할 문제는 과학적인 방법으로 얻어진 결과를 어느 정도 신뢰할 수 있느냐 하는 문제이다. 앞에서 이야기한 것처럼 과학은 인간의 이성으로 진리를 추구해 가는 가장 합리적인 방법이다. 따라서 과학적인 방법으로 도출해 낸 결론은 우리가 얻을 수 있는 가장 신뢰할 수 있는 결론이라고 해야 할 것이다. 그러나 인간의 이성으로 얻은 결론이므로 인간이라는 한계를 뛰어넘을 수는 없다. 인간의 지식이나 이성이 완벽하지 못하다는 것은 누구나 인정하고 있는 사실이다. 그러므로 과학적인 방법으로 얻어진 결론도 완벽하다고 할 수는 없다.

 어떤 자극에 대해 어린이들이 어떻게 반응하는가는 통계적으로 분석하고 결론을 이끌어 내지만, 그렇게 반응하게 되는 원인은 어린이들의 이기심, 경쟁심과 같은 가장 비과학적인 인간의 심리에서 찾는 것이 그런 예이다.

① (가) 문단의 뒤
② (나) 문단의 뒤
③ (다) 문단의 뒤
④ (라) 문단의 뒤

02 수리력

01 일정한 규칙에 따라 수를 나열할 때, 마지막 집합의 5번째 수는 무엇인가?

$$(3, 5)=[1, 3, 8, 24, 29, \cdots]$$
$$(2, 7)=[1, 2, 9, 18, 25, \cdots]$$
$$(5, 4)=[\qquad]$$

① 49   ② 50

③ 51   ④ 52

02 일정한 규칙에 따라 수를 나열할 때, $a+b+c+d$의 값으로 알맞은 것은?

$$15=[(1, a), (3, 5)]$$
$$24=[(1, 24), (2, 12), (3, b), (4, 6)]$$
$$30=[(1, 30), (2, 15), (3, 10), (c, d)]$$

① 31   ② 32

③ 33   ④ 34

03 일정한 규칙에 따라 나열할 때, 빈칸에 들어갈 문자로 알맞은 것은?

$$(a, c)=[(d, f), (k, m), (t, v)]$$
$$(x, w)=[(j, i), (n, m), (f, e)]$$
$$(?, u)=[(e, i), (r, v), (k, o)]$$

① a ② i

③ q ④ v

04 일정한 규칙에 따라 수를 나열할 때, $a+b+c$의 값으로 알맞은 것은?

$(4,\ 3,\ 2)=[(7,\ 2,\ 0),\ (5,\ 1,\ 9),\ (6,\ 2,\ 2)]$
$(8,\ 1,\ 3)=[(11,\ 1,\ 0),\ (2,\ 5,\ 1),\ (3,\ 3,\ 2)]$
$(9,\ a,\ 1)=[(5,\ 2,\ 9),\ (7,\ b,\ 5),\ (3,\ 5,\ c)]$

① 5 ② 6
③ 7 ④ 8

05 일정한 규칙에 따라 수를 나열할 때, 마지막 집합의 11번째 수는 무엇인가?

$(8,\ 3)=[8,\ 16,\ 32,\ 40,\ 56,\ \cdots]$
$(5,\ 4)=[5,\ 10,\ 15,\ 25,\ 30,\ \cdots]$
$(6,\ 4)=[\qquad\qquad]$

① 78 ② 84
③ 90 ④ 96

※ 일정한 규칙으로 수를 나열할 때, 괄호 안에 들어갈 알맞은 숫자를 고르시오[6~10].

06

118, 127, 136, 145, 154, 163, 172, 181, 190, (   )

① 201 ② 205
③ 208 ④ 212

07

$$30, \ 15, \ 10, \ (\quad), \ 6$$

① 7

② $\dfrac{15}{2}$

③ 8

④ $\dfrac{17}{2}$

08

$$3, \ 6, \ 11, \ (\quad), \ 37$$

① 17

② 20

③ 23

④ 26

09

$$1, \ 9, \ 36, \ (\quad), \ 225, \ 441$$

① 64

② 81

③ 100

④ 121

10

$$2, \ 2, \ 6, \ 30, \ (\quad), \ 1890$$

① 150

② 180

③ 210

④ 240

11 다음 그림은 출생연대별로 드러난 개인주의 가치성향을 조사한 결과이다. 그림에 대한 해석으로 적절한 것은?

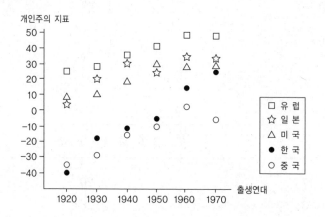

① 세대별로 가치관의 차이는 한국보다 유럽이 큰 편이다.

② 한국을 제외하고는 나이와 개인주의 가치관이 항상 반비례하지 않고 있다.

③ 중국의 1960년대생과 1970년대생은 비슷한 개인주의 성향을 보인다.

④ 전체 인구를 보면 대체로 유럽, 일본, 미국이 한국, 중국보다 개인주의 성향이 더 강하다.

12 경기침체가 계속되면서 공무원 보수에 대해 '공무원 평생소득이 민간기업 평균소득보다 많다.'라는 주장과 '공무원의 보수가 박봉이기 때문에 처우가 개선되어야 한다.'는 주장이 맞서고 있다. 이에 대한 내용으로 옳은 것은?

구 분	공무원(일반 7급)	민간기업 근로자
생애연금	6억 1,851만	2억 6,252만
퇴직금(수당)	6,075만	1억 6,431만
취업 소득	14억 2,681만	15억 722만
생애 총소득	21억 607만	19억 3,407만
민간기업 대비 공무원 생애 총소득 비율	A	100%

> ㉠ 공무원은 민간기업 근로자보다 생애 총소득이 더 높다.
> ㉡ 민간기업 대비 공무원 생애 총소득 비율인 A 값은 105.5%이다.
> ㉢ 민간기업 취업자는 취업 소득과 퇴직금에서 공무원보다 많았지만, 생애연금은 공무원의 42%에 불과했다.
> ㉣ 생애 총소득은 공무원이 더 높지만, 퇴직 후 받는 모든 금액은 민간기업 근로자가 높다.

① ㉠, ㉡

② ㉠, ㉢

③ ㉡, ㉢

④ ㉡, ㉣

13 다음은 공무원단체 가입현황에 관한 통계이다. 아래에서 옳은 것을 모두 고르면?

〈공무원단체 가입현황〉

(단위 : 명, %)

구 분		2014	2015	2016	2017	2018	2019
전 체	가입대상	264,410	275,827	282,100	288,895	300,235	289,057
	가입자	172,190	187,647	135,885	219,587	228,934	185,998
	가입률	65.1	68.0	48.2	76.0	76.3	64.3
중앙부처	가입대상	49,417	46,689	41,284	43,560	56,737	56,651
	가입자	18,511	21,842	33,911	35,488	37,479	31,792
	가입률	37.5	46.8	82.1	81.5	66.0	56.1
지방자치단체 (광역)	가입대상	28,284	30,109	47,476	34,593	34,053	35,778
	가입자	22,696	24,296	23,253	26,701	27,554	26,106
	가입률	80.2	80.7	48.9	77.2	79.2	73.0
지방자치단체 (기초)	가입대상	150,460	158,887	157,203	150,051	147,980	147,221
	가입자	124,382	131,271	49,773	123,319	118,744	102,670
	가입률	82.7	82.6	31.6	82.2	80.2	69.7
교육청	가입대상	36,249	40,142	36,137	51,298	49,859	49,407
	가입자	6,601	10,238	28,948	34,079	35,382	25,430
	가입률	18.2	25.5	80.1	66.4	72.2	51.5

㉠ 공무원 전체 가입률은 2018년에 가장 높고, 2016년에 가장 낮다.
㉡ 중앙부처는 2018년에 가입자 수가 가장 많았지만, 가입률은 전년에 비해 15%p 이상 낮아졌다.
㉢ 교육청이 두 번째로 가입률이 낮았던 해와 가입률이 가장 높았던 해의 가입률을 비교했을 때, 약 69%p 차이가 난다.
㉣ 지방자치단체(광역)를 보면, 가입대상이 많을수록 가입자도 많아짐을 알 수 있다.

① ㉠, ㉡

② ㉠, ㉣

③ ㉡, ㉢

④ ㉠, ㉡, ㉣

14 다음 표는 주요 도시의 대기 오염도에 대한 자료이다. 이에 대한 설명 중 옳지 않은 것은?

〈주요 도시의 대기 오염도〉

구 분 연 도 도 시	연평균 아황산가스 오염도 (ppm)				연평균 오존 오염도(ppm)				빗물의 연중 최저 pH			
	2016	2017	2018	2019	2016	2017	2018	2019	2016	2017	2018	2019
A	0.019	0.006	0.005	0.005	0.014	0.017	0.014	0.013	5.4	4.8	4.9	4.5
B	0.023	0.010	0.006	0.007	0.014	0.022	0.023	0.024	5.2	4.9	4.9	5.0
C	0.038	0.009	0.006	0.006	0.015	0.019	0.020	0.022	5.7	5.8	4.8	5.3
D	0.022	0.008	0.007	0.007	0.014	0.019	0.018	0.020	6.0	5.0	4.7	4.6
E	0.013	0.006	0.004	0.004	0.015	0.017	0.018	0.022	5.8	5.2	5.0	5.2
F	0.021	0.007	0.004	0.005	0.014	0.020	0.018	0.019	5.7	4.7	4.7	4.8
G	0.030	0.013	0.011	0.010	0.014	0.021	0.020	0.022	5.4	5.0	5.0	5.1

※ 1) 연평균 아황산가스 오염도의 적정 환경기준치는 0.02ppm 이하임
  2) 연평균 오존 오염도의 적정 환경기준치는 0.06ppm 이하임
  3) 빗물의 연중 최저 pH의 적정 환경기준치는 pH5.6 이상임
  4) 산도는 pH에 의해서만 결정되며, pH가 낮을수록 산도는 높아짐

① 2017~2019년 동안 매년 연평균 아황산가스 오염도가 가장 높은 도시는 G이고, 동일 기간 매년 연평균 오존 오염도가 가장 높은 도시는 B이다.

② 2019년의 경우, 연평균 오존 오염도가 가장 낮고 빗물의 연중 최저 산도가 가장 높은 도시는 아황산가스 오염도가 가장 낮은 도시와 동일하다.

③ 연평균 오존 오염도가 매년 지속적으로 높아진 도시는 B, C, E이고, 빗물의 연중 최저 산도가 매년 지속적으로 높아진 도시는 D이다.

④ 2016년과 2019년을 비교하였을 때, 연평균 아황산가스 오염도의 감소 폭이 가장 큰 도시는 C이고 가장 작은 도시는 E이다.

15 다음 표는 A~E 다섯 명이 서로에게 직접 소식을 전달하는 관계를 나타낸 것이다. 이에 대한 설명 중 옳지 않은 것은?

〈A~E 소식 전달 여부〉

구 분		전달받는 사람				
		A	B	C	D	E
전달하는 사람	A	—	0	1	1	0
	B	0	—	1	1	0
	C	0	0	—	1	0
	D	1	0	0	—	1
	E	1	1	0	0	—

• 전달하는 사람 기준으로 0은 직접 전달하지 않음을, 1은 직접 전달함을 의미함
• A~E 다섯 명은 그들 이외의 사람들과는 소식을 주고받지 않음

① B가 전달받은 소식은 다른 사람을 거쳐도 A에게 전달될 수 없다.
② 가장 많은 사람으로부터 소식을 직접 전달받는 사람은 D이다.
③ C는 E가 전달하는 소식을 A, B를 통해서 전달받을 수 있다.
④ E가 전달받은 소식은 B와 C를 순서대로 거쳐 D에게 전달될 수 있다.

16 다음은 우표 발행에 대한 현황 자료이다. 아래 표를 보고 해석한 내용 중 옳은 것은?

<우표 발행 현황>

(단위 : 천 장)

구 분	2015	2016	2017	2018	2019
보통우표	163,000	164,000	69,000	111,000	105,200
기념우표	47,180	58,050	43,900	35,560	33,630
나만의 우표	7,700	2,368	1,000	2,380	1,908
합 계	217,880	224,418	113,900	148,940	140,738

① 기념우표 발행은 국가적인 특별한 업적에 대해 기념할 만한 일이 있을 때 발행하는 것인데, 이의 발행 수효가 나만의 우표 발행 수효와 등락을 같이 한다는 점을 보면 국가적 기념업적은 개인의 기념사안과 일치한다고 볼 수 있다.

② 2017년에는 모든 종류의 우표발행수가 가장 적다.

③ 보통우표와 기념우표 발행수가 가장 큰 차이를 보이는 해는 2015년이다.

④ 2017년 전체 발행수에 비해 나만의 우표가 차지하고 있는 비율은 1% 이상이다.

17 다음 표와 그림은 주요 국가의 특허등록 현황에 관한 자료이다. 이에 대한 설명으로 옳지 않은 것은?

〈주요 국가의 특허등록 현황〉

해외 특허등록				국내 특허등록건 (B)	해외 특허등록 비율 (A / B)
순 위	국 가	건(A)	점유율(%)		
1	미 국	106,353	26.7	85,071	1.3
2	일 본	79,563	20.0	111,269	0.7
3	독 일	59,858	15.0	16,901	3.5
4	프랑스	25,467	6.4	10,303	2.5
5	영 국	20,269	5.1	4,170	4.9
6	스위스	13,929	3.5	1,345	10.4
7	이탈리아	11,415	2.9	4,726	2.4
8	네덜란드	11,100	2.8	2,820	3.9
9	스웨덴	8,847	2.2	2,082	4.2
10	캐나다	7,753	1.9	1,117	6.9
· · ·	· · ·	· · ·	· · ·	· · ·	· · ·
14	한 국	7,117	1.8	22,943	0.3
· · ·	· · ·	· · ·	· · ·	· · ·	· · ·
	전 체	398,220	100.0	316,685	1.3

〈한국과 해외 특허등록 상위 5개국의 관계〉

(단위 : 건)

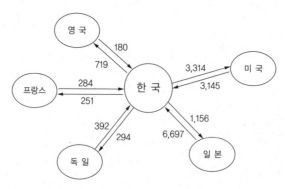

• Ⓐ → Ⓑ : A국에서 B국으로의 해외 특허등록을 의미함

① 해외 특허등록 상위 5개국의 해외 특허등록 건수의 합은 전체 해외 특허등록
  건수의 70% 이상이다.
② 해외 특허등록 상위 10개국 중 국내 특허등록 건수와 해외 특허등록 건수의
  차이가 가장 큰 나라는 독일이다.
③ 한국과 해외 특허등록 상위 5개국의 관계에서 한국과 각 국가 간 해외 특허등
  록 건수의 차이가 가장 큰 나라는 일본이다.
④ 각국의 국내 특허등록 건수는 일본이 1위이고, 미국이 2위, 독일이 3위를 차
  지하고 있다.

18 다음 표는 총자산, 부동산자산, 예금자산, 가구당 총자산의 항목별 상위 7개 동(洞) 자
    산규모를 나타낸 자료이다. 이에 대한 설명 중 옳은 것은?

〈항목별 상위 7개 동의 자산규모〉

구분 순위	총자산(조 원)		부동산자산(조 원)		예금자산(조 원)		가구당 총자산(억 원)	
	동 명	규 모	동 명	규 모	동 명	규 모	동 명	규 모
1	여의도동	24.9	대치동	17.7	여의도동	9.6	을지로동	51.2
2	대치동	23.0	서초동	16.8	태평로동	7.0	여의도동	26.7
3	서초동	22.6	압구정동	14.3	을지로동	4.5	압구정동	12.8
4	반포동	15.6	목 동	13.7	서초동	4.3	도곡동	9.2
5	목 동	15.5	신정동	13.6	역삼동	3.9	잠원동	8.7
6	도곡동	15.0	반포동	12.5	대치동	3.1	이촌동	7.4
7	압구정동	14.4	도곡동	12.3	반포동	2.5	서초동	6.4

※ 총자산은 부동산자산, 예금자산, 증권자산의 합임

① 압구정동의 가구 수는 여의도동의 가구 수보다 적다.
② 이촌동의 가구 수는 2만 이상이다.
③ 내지동의 증권자산은 서초동의 증권자산보다 많다.
④ 여의도동의 증권자산은 최소 4조 원 이상이다.

19 다음 그림은 성인의 문해율 및 문맹 청소년에 관한 자료이다. 이에 대한 설명 중 옳은 것은?

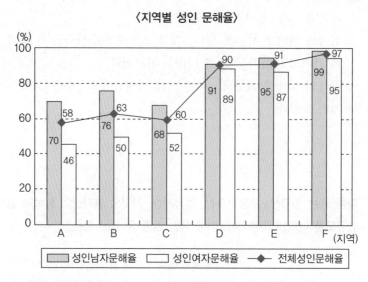

〈지역별 성인 문해율〉

• [문해율(%)]＝100－[문맹률(%)]

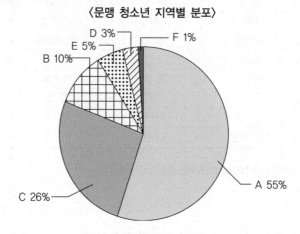

〈문맹 청소년 지역별 분포〉

① 성인 남자 문맹률이 높은 지역일수록 문맹 청소년 수가 많다.
② A 지역의 경우, 성인 남자 문맹자 수는 성인 여자 문맹자 수보다 많다.
③ 남녀 간 성인 문해율의 차이가 가장 큰 지역은 A 지역이다.
④ A 지역의 문맹 청소년 수는 C 지역의 문맹 청소년 수의 2배 이상이다.

20 다음은 연도별 각국의 물가수준 비교에 대한 자료이다. 아래 표에 대한 설명으로 옳지 않은 것은?

〈연도별 각국의 물가수준 비교〉

(해당연도 한국물가수준＝100)

연 도 국 가	2015	2016	2017	2018	2019
한 국	100	100	100	100	100
일 본	217	174	145	129	128
프랑스	169	149	127	127	143
터 키	88	78	84	77	106
캐나다	138	124	126	114	131
멕시코	96	81	84	76	77
미 국	142	118	116	106	107
체 코	86	76	69	72	91
독 일	168	149	128	128	139
헝가리	86	85	72	75	91
영 국	171	145	127	132	141

① 한국보다 물가수준이 높은 나라는 2015년에는 6개국, 2019년에는 7개국이다.
② 2019년 일본의 물가수준 지수는 전년에 비해 약간 하락하였다.
③ 2017～2018년 동안 한국과 프랑스의 물가변동률은 같다.
④ 캐나다와 멕시코의 물가수준 지수의 차이는 2015년보다 2019년이 더 작다.

21 K 회사는 이번 달 초에 새로운 온라인게임을 출시했다. K 회사는 출시 기념 이벤트로 사용자가 친구 추천을 한 번 받을 때, 200점을 마일리지로 적립해준다. 이번 달 말에 마일리지가 높은 순서대로 소정의 상품을 제공했고, 상품을 받은 게임 사용자의 마일리지 평균이 8,000점이었다. 이때, 마일리지를 가장 많이 쌓은 사용자의 점수가 9,000점이면, 상품을 받지 못한 점수는 몇 점 이하부터인가?(단, 모든 사용자의 미일리지는 200점씩 차이가 난다)

① 7,200점   ② 7,000점
③ 6,800점   ④ 6,600점

22 지하철이 A 역에는 3분마다 오고, B 역에는 2분마다 오고, C 역에는 4분마다 온다. 지하철이 오전 4시 30분에 A, B, C 역에서 동시에 출발했을 때, 5번째로 세 지하철 역에서 지하철이 동시에 도착하는 시간은 언제인가?

① 5시   ② 5시 15분

③ 5시 30분   ④ 5시 45분

23 기찬이는 집에 있는 시계를 실제 시간보다 빠르게 맞추어 놓았다. 여자친구와 오전 11시에 서점에서 만나기로 하여, 집에서 10시 30분에 출발했고, 서점에 도착해서 시계를 보니 약속시각보다 10분 먼저 도착했다. 여자친구와 책을 사고, 서점에서 오후 2시 20분에 출발했고, 집에 도착해서 시계를 보니 오후 2시 50분이었다. 기찬이가 서점에 갈 때와 집에 올 때 같은 속도로 걸었다면, 집에 있는 시계는 실제 시간보다 몇 분 빠른가?(단, 서점에 있는 시계는 실제 시간과 일치한다)

① 5분   ② 10분

③ 15분   ④ 20분

24 한 번 충전했을 때 자동차가 40km를 갈 수 있는 배터리가 있다. 이 배터리를 전기자동차에 달았을 때, 1km 주행할 때마다 1%씩 충전된다. 배터리를 완전히 충전했을 때, 전기자동차가 갈 수 있는 거리는?(단, 소수점 둘째 자리에서 반올림한다)

① 63.9km   ② 64.6km

③ 66.0km   ④ 66.7km

25 A 통신사의 기본료는 24,000원, 1분당 통화료는 70원, 무료통화는 250분이고, B 통신사의 기본료는 32,000원, 1분당 통화료는 50원, 무료통화는 350분이다. 통화량이 몇 분 초과일 때, B 통신사를 이용하는 것이 A 통신사를 이용하는 것보다 이득인가?

① 300분   ② 350분

③ 400분   ④ 450분

26 A가 컴퓨터를 수리하는 데 2시간 10분이 걸린다. 컴퓨터 수리를 오후 3시 35분부터 시작했을 때, 시침과 분침이 이루는 각도는 얼마인가?

① 95°   ② 97.5°

③ 100°   ④ 102.5°

27 누리와 수연이는 같이 운동을 하기로 했다. 누리는 걸어서, 수연이는 자전거를 타고 운동을 한다. 누리가 15km를 간 뒤에, 수연이가 자전거를 이용해서 누리보다 10km/h 빠르게 움직인다. 수연이가 자전거를 타고 40km를 이동해서 누리를 만났다면, 두 사람이 함께 운동한 시간은 얼마인가?

① 1시간   ② 1시간 30분

③ 2시간   ④ 2시간 30분

28 냉장고 88대와 창고 10개가 있다. 한 창고에 냉장고를 9대까지 보관이 가능하다면 냉장고를 창고에 보관할 수 있는 경우의 수는?

① 40가지   ② 45가지

③ 50가지   ④ 55가지

29　A전자 로봇청소기에는 투과율이 일정한 필터가 있다. 30g의 먼지를 두 번 필터링 했을 때, 남은 먼지가 2.7g이다. 이 필터의 투과율은 얼마인가?

① 22%　　　　　　　　　　② 24%

③ 28%　　　　　　　　　　④ 30%

30　성진이의 집 근처에는 휴대폰 판매점 A, B, C가 있다. 휴대폰 판매점에서 살 수 있는 휴대폰의 종류는 S, L사의 제품 각각 1개이다. 이때, 성진이가 6개의 휴대폰을 살 수 있는 방법은 몇 가지인가?

① $(6 \times 5 \times 4 \times 2)$가지　　　② 6!가지

③ (2×6^5)가지　　　　　④ 6^6가지

03 문제해결

※ 다음 법 규정을 읽고 주어진 물음에 답을 고르시오[1~5].

제○○조

제1항 이 법의 규정에 의하여 만 20세가 되기 전에 대한민국의 국적과 외국 국적을 함께 가지게 된 자(이하 '이중국적자'라 한다)는 만 22세가 되기 전까지, 만 20세가 된 후에 이중국적자가 된 자는 그때부터 2년 내에 하나의 국적을 선택하여야 한다. 다만, 제1국민역에 편입된 자는 편입된 때부터 3개월 이내에 하나의 국적을 선택하거나, 제3항 각 호의 어느 하나에 해당하는 때부터 2년 이내에 하나의 국적을 선택하여야 한다.

제2항 제1항에 따라 국적을 선택하지 아니한 자는 제1항의 만 22세 또는 2년이 지난 때, 그리고 제1국민역에 편입된 지 3개월이 지난 때 또는 제3항 각 호에 해당하는 때부터 2년이 지난 때에 대한민국 국적을 상실한다.

제3항 직계존속이 외국에서 영주할 목적 없이 체류한 상태에서 출생한 자는 병역의무의 이행과 관련하여 다음 각 호의 어느 하나에 해당하면 국적이탈신고를 할 수 있다.

    1. 제1국민역 복무를 마치거나 마친 것으로 보게 되는 경우
    2. 병역면제처분을 받은 경우
    3. 제2국민역에 편입된 경우

    * 제1국민역 : 현역 · 상근 · 예비역 · 보충역
    * 제2국민역 : 제1국민역 이외의 군사지원업무
    * 직계존속 : 부모, 조부모 등 조상으로부터 직계로 내려와 자기에 이르는 사이의 혈족
    * 국적이탈신고 : 대한민국의 국적을 이탈하기 위하여 법무부장관에게 신고하여야 하는 민원

제○○조

제1항 대한민국 국민으로서 자진하여 외국 국적을 취득한 자는 그 외국 국적을 취득한 때에 대한민국 국적을 상실한다.

제2항 대한민국의 국민으로서 다음 각 호의 어느 하나에 해당하는 자는 그 외국 국적을 취득한 때부터 6개월 내에 법무부장관에게 대한민국 국적을 보유할 의사가 있다는 뜻을 신고하지 아니하면 그 외국 국적을 취득한 때로 소급하여 대한민국 국적을 상실한 것으로 본다.

    1. 외국인과의 혼인으로 그 배우자의 국적을 취득하게 된 자
    2. 외국인에게 입양되어 그 양부 또는 양모의 국석을 취득하게 된 사

제○○조

이 법에 규정된 신청이나 신고와 관련하여 그 신청이나 신고를 하려는 자가 만 15세 미만이면 법정대리인이 대신하여 이를 행한다.

01 위 법 규정의 내용과 일치하지 않는 것은?

① '이중국적자'란 대한민국의 국적과 외국 국적을 함께 가지게 된 자를 말한다.

② 만 20세가 된 후에 이중국적자가 된 자는 그때부터 2년 내에 하나의 국적을 선택하여야 한다.

③ 현역·상근·예비역·보충역에 편입된 이중국적자는 편입된 때부터 2년 이내에 하나의 국적을 선택하여야 한다.

④ 직계존속이 외국에서 영주할 목적 없이 체류한 상태에서 출생한 자는 병역면제처분을 받은 경우 국적이탈신고를 할 수 있다.

02 다음 네 사람 중 현재 대한민국 국적을 가지고 있지 않은 사람은?

① 갑 : 만 21세에 이중국적자가 되었으며, 만 22세에 대한민국 국적을 선택하였다.

② 을 : 이중국적자로서 제1국민역에 편입된 시점으로부터 2개월 만에 대한민국 국적을 선택하였다.

③ 병 : 이중국적자로서 제2국민역에 편입된 시점으로부터 1년이 지났는데도 국적 선택과 관련된 신고를 아직 하지 않았다.

④ 정 : 1년 전 미국인 배우자의 국적을 취득한 후, 국적 선택과 관련된 신고를 아직 하지 않았다.

03 우진은 만 12세인 이중국적자이다. 우진의 국적에 관한 다음의 서술 중 옳지 않은 것은?

① 우진은 반드시 8년 이내에 하나의 국적을 선택하여야 한다.

② 우진이 법에 규정된 기간 내에 특정 국적을 선택하지 않는다면 대한민국 국적을 상실한다.

③ 우진이 제1국민역에 편입된다면 그때부터 3개월 이내에 하나의 국적을 선택하여야 한다.

④ 우진이 특정 국적을 보유할 의사가 있다는 뜻을 1년 후에 신고하고자 한다면 법정대리인이 필요하다.

04 한서는 대한민국 국적의 만 12세 여자아이로, 프랑스인 부부에게 입양되어 2012년 7월 24일에 프랑스 국적을 취득하게 되었다. 한서의 국적에 관한 다음의 서술 중 옳지 않은 것은?

① 한서가 위의 법 규정에서 언급하는 국적 보유와 관련된 신청이나 신고를 하기 위해서는 법정대리인이 필요하다.

② 한서가 대한민국 국적을 포기하겠다는 뜻을 신고한다면 한서는 대한민국 국적을 상실한다.

③ 한서가 프랑스 국적을 취득한 때부터 6개월 이내에 법무부장관에게 대한민국 국적을 보유할 의사가 있다는 뜻을 신고하지 않는다면 대한민국 국적을 상실한다.

④ 한서가 2013년 1월 24일까지 법무부장관에게 대한민국 국적을 보유할 의사가 있다는 뜻을 신고하지 않는다면 2013년 1월 24일부터 대한민국 국적을 상실한 것이 된다.

05 영규는 1994년 1월 5일에 출생하였고, 출생 당시부터 이중국적자가 되었다. 그리고 영규는 2013년 5월 15일, 만 19세의 나이로 제2국민역에 편입되었다. 영규의 국적에 관한 다음의 서술 중 옳은 것은?

① 영규는 현역 · 상근 · 예비역 · 보충역 중 하나에 편입되었다.

② 영규가 하나의 국적을 선택하여야 하는 시기는 2016년 1월 5일까지다.

③ 영규가 만 22세가 될 때까지 국적을 선택하지 않는다면, 만 22세에 대한민국 국적을 상실한다.

④ 영규는 법정대리인 없이 위의 법에서 언급하는 국적 보유와 관련된 신청이나 신고를 할 수 있다.

※ K회사 직원 정민, 혜정, 진선, 기영, 보람, 민영, 선호 일곱 사람은 오후 2시에 시작될 회의에 참석하기 위해 대중교통을 이용하여 거래처 내 회의장에 가고자 한다. 다음 〈조건〉을 참고하여 물음에 답하시오[6~10].

<조 건>
• 이용가능한 대중교통은 버스, 지하철, 택시만 있다.
• 이용가능한 모든 대중교통의 K회사에서부터 거래처까지의 노선은 A, B, C, D지점을 거치는 직선노선이다.
• 택시의 기본 요금은 2,000원이다.
• 택시는 2km마다 100원씩 추가요금이 발생하며, 2km를 1분에 간다.
• 버스는 2km를 3분에 가고, 지하철은 2km를 2분에 간다.
• 버스와 지하철은 K회사, A, B, C, D 각 지점, 그리고 거래처에 있는 버스정류장 및 지하철역을 경유한다.
• 버스 요금은 500원, 지하철 요금은 700원이며 추가요금은 없다.
• 버스와 지하철 간에는 무료 환승이 가능하다.
• 환승할 경우 소요시간은 2분이다.
• 환승할 때 느끼는 번거로움 등을 비용으로 환산하면 1분당 400원이다.
• 거래처에 도착하여 회의장까지 가는 데에는 2분이 소요된다.
• 회의가 시작되기 전에 먼저 회의장에 도착하여 대기하는 동안의 긴장감 등을 비용으로 환산하면 1분당 200원이다.
• 회의에 지각할 경우 회사로부터 당하는 불이익 등을 비용으로 환산하면 1분당 10,000원이다.

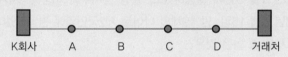

※ K회사-A, A-B, B-C, C-D, D-거래처 각 구간의 거리는 모두 2km이다.

06 거래처에 도착한 이후의 비용을 고려하지 않을 때, K회사에서부터 거래처까지 최단시간으로 가는 방법과 최소비용으로 가는 방법 간의 비용 차는 얼마인가?

① 1,900원
② 2,000원
③ 2,100원
④ 2,200원

07 정민은 K회사에서부터 B지점까지 버스를 탄 후, 택시로 환승하여 거래처의 회의장에 도착하고자 한다. 어느 시각에 출발하는 것이 비용을 최소화할 수 있는가?

① 오후 1시 42분   ② 오후 1시 45분

③ 오후 1시 47분   ④ 오후 1시 50분

08 혜정은 1시 36분에 K회사에서 출발하여 B지점까지 버스를 탄 후, 지하철로 환승하여 거래처에 도착했다. 그리고 진선은 혜정이 출발한 8분 뒤에 K회사에서 출발하여 C지점까지 택시를 탄 후, 거래처까지의 나머지 거리는 버스를 이용했다. 혜정과 진선의 비용 차는 얼마인가?

① 1,200원   ② 1,300원

③ 1,400원   ④ 1,500원

09 기영과 보람은 K회사에서 1시 33분에 함께 출발하여 지하철을 탔다. 그런데 보람은 'D지점에서 6분 동안 볼일이 있다'고 하며 만약 기영이 자신을 기다려준다면 D지점에서부터 거래처까지의 택시비를 혼자서 부담하겠다고 한다. 이때 기영은 어떤 선택을 해야 자신의 비용을 최소화할 수 있겠는가?(단, 보람을 기다리는 시간에 대한 비용은 없으며, 보람의 볼일에 걸리는 시간에 환승 시간은 포함되어 있지 않다)

① 혼자서 계속 지하철을 타고 거래처로 간다.

② D지점에서 내려 보람을 기다려준 후, 거래처까지 택시를 탄다.

③ 혼자서 계속 지하철을 타고 거래처에 도착한 후, 곧바로 회의장으로 가지 않고 근처 카페에서 1,000원짜리 커피를 마시며 보람을 기다렸다가 함께 회의장에 들어간다.

④ 보람과 함께 D지점에 내린 후, 보람을 기다리지는 않고 바로 버스로 환승하여 거래처까지 간다.

10 민영은 버스를 타고 A지점과 B지점 사이에 있었으며 회의시간에 늦지 않게 도착할 예정이었다. 그런데 그때 상사인 선호에게서 연락이 왔다. 선호는 민영에게 C지점에서 자신을 기다려준다면 자신이 C지점에서부터 거래처까지의 택시비를 전부 내겠다고 한다. 민영은 선호를 기다린다면 회의에 지각할 위험이 있겠다는 생각이 든다. 이때 당신이 민영이라면 다음 중 어떻게 행동하겠는가?

① 선호에게 택시를 얻어 탈 수 없다고 말하며 거절한다.
② 선호를 기다리면 회의에 지각할지도 모르겠다고 말하며 정중히 거절한다.
③ 이미 C지점을 지나쳤다고 거짓말한다.
④ 정답 없음

※ 다음 자료를 읽고 주어진 물음에 답하시오[11~15].

〈자료〉
가. 기초생활수급자 선정 기준
 •부양의무자가 없거나, 부양의무자가 있어도 부양능력이 없거나 또는 부양을 받을 수 없는 자로서 소득인정액이 최저생계비 이하인 자

※ 부양능력이 있는 부양의무자가 있어도 부양을 받을 수 없는 경우란, 부양의무자가 교도소 등에 수용되거나 병역법에 의해 징집·소집되어 실질적으로 부양을 할 수 없는 경우와 가족관계 단절 등을 이유로 부양을 거부하거나 기피하는 경우 등을 가리킨다.

나. 매월 소득인정액 기준
 •소득인정액 = 소득평가액 + 재산의 소득환산액
 •소득평가액 = 실제소득 − 가구특성별 지출비용

다. 가구별 매월 최저생계비
(단위 : 만 원)

1인	2인	3인	4인	5인	6인
42	70	94	117	135	154

라. 부양의무자의 범위
 •수급권자의 배우자, 수급권자의 1촌 직계혈족 및 그 배우자, 수급권자와 생계를 같이하는 2촌 이내의 혈족

※ 기초생활수급자 선정과 관련된 다음의 서술 중 옳지 않은 것을 고르시오[11~12].

11 ① 소득인정액이 최저생계비 이하인 자로서 부양의무자가 없으면 기초생활수급자로 선정된다.
   ② 소득인정액은 소득평가액과 재산의 소득환산액을 합한 것이다.
   ③ 소득평가액은 실제소득과 가구특성별 지출비용을 합한 것이다.
   ④ 수급권자의 삼촌은 부양의무자에 해당되지 않는다.

12 ① 소득인정액이 30만 원인 1인 가구는 그 부양의무자가 교도소에 수용되어 있는 경우 기초생활수급자로 선정된다.
   ② 소득인정액이 100만 원인 3인 가구는 부양의무자가 없어도 기초생활수급자로 선정되지 못한다.
   ③ 두 가구의 소득평가액이 같을 때, 재산의 소득환산액이 높은 가구가 다른 가구보다 소득인정액이 더 높다.
   ④ 수급권자의 양아버지는 부양의무자에 해당되지 않는다.

13 다음 네 사람 중 기초생활수급자로 선정되는 사람은?

		가족 수 (자신 포함)	가족의 총 실제소득	가구특성별 지출비용	재산의 소득 환산액	부양의무자로부터의 부양 여부
①	샛 별	3명	80만 원	20만 원	0원	부양의무자로부터 부양받고 있음
②	은 정	4명	100만 원	30만 원	0원	유일한 부양의무자 군복무중
③	창 현	4명	40만 원	30만 원	120만 원	유일한 부양의무자의 부양능력 없음
④	하 솔	6명	240만 원	50만 원	0원	부양의무자 없음

1 편
2 편
3 편
4 편
5 편
해설

14 영수는 어머니와 단둘이 살고 있으며, 영수네 식구의 혈족은 이모 한 명이 전부이다. 영수네 식구의 실제소득은 100만 원이다. 다음의 서술 중 옳은 것은?

① 영수네 식구의 가구특성별 지출비용과 재산의 소득환산액이 0원이라면, 영수네 식구는 기초생활수급자로 선정된다.

② 영수네 식구의 가구특성별 지출비용이 20만 원이고, 재산의 소득환산액이 5만 원이라면, 영수네 식구는 기초생활수급자로 선정된다.

③ 영수네 식구의 소득인정액이 실제소득보다 25만 원 낮고, 영수의 이모가 부양능력이 없다면 영수네 식구는 기초생활수급자로 선정된다.

④ 영수네 식구의 소득인정액이 실제소득보다 35만 원 낮고, 영수의 이모가 가족관계 단절을 이유로 부양을 거부한다면 영수네 식구는 기초생활수급자로 선정된다.

15 고등학생인 민호는 친할머니와 함께 두 식구를 이루어 살고 있다. 민호네 식구의 가장 가까운 친척은 민호의 외삼촌이다. 민호의 친할머니는 매달 100만 원의 실제소득을, 민호는 아르바이트로 매달 30만 원의 실제소득을 얻어, 민호네 식구의 실제소득은 총 130만 원이다. 민호네 식구의 가구특성별 지출비용은 20만 원이고, 재산의 소득환산액은 0원이다. 다음의 서술 중 옳지 않은 것은?

① 민호네 식구에게는 부양의무자가 없다.

② 민호네 식구의 소득인정액은 최저생계비 이상이다.

③ 민호가 아르바이트를 관두면 민호네 식구는 기초생활수급자가 된다.

④ 친할머니의 실제소득이 절반으로 감소한다면, 최저생계비 이상의 소득인정액을 얻기 위해 민호는 자신의 실제소득을 기존보다 3분의 1 이상 높여야 한다.

※ 다음 조건을 참고하여 주어진 물음에 답하시오[16~20].

〈조건1〉
• 경호, 지연, 준일, 새봄은 모두 M아파트에 거주한다.
• 경호와 지연은 K회사 본부에 근무하고, 준일과 새봄은 K회사 지부에 근무한다.
• M아파트와 K회사 본부 사이에는 A와 B의 두 가지 경로가, K회사 본사와 K회사 지부 사이에는 C와 D의 두 가지 경로가 있다.
• M아파트와 K회사 본부, 그리고 K회사 지부 간에는 A, B, C, D 외에 다른 경로가 없다.
• 경로 A, B, C, D에서의 이동 수단은 자가용뿐이다.
• K회사 본부의 출근시간은 오전 9시까지, K회사 지부의 출근시간은 오전 9시 30분까지이다.

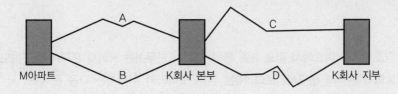

〈조건2〉
〈각 경로의 거리 및 구간별 · 시간대별 자가용 주행속도〉

구 간	경 로	거리(km)	자가용 주행속도(km/h)	
			출근시간대	기타시간대
M아파트 ↔ K회사 본부	A	30	30	45
	B	30	60	90
K회사 본부 ↔ K회사 지부	C	40	40	60
	D	50	50	120

※ 출근시간대는 오전 7시부터 오전 10시까지이며, 그 이외 시간은 기타시간대임

※ 위 조건을 바탕으로 옳지 않은 것을 고르시오[16~17].

16 ① 경로 A의 거리와 경로 B의 거리는 서로 같다.
② 경로 B의 출근시간대 자가용 주행속도와 경로 C의 기타시간내 자가용 주행속도는 같다.
③ 경로 A, B, C, D 각각의 자가용 주행속도는 기타시간대가 출근시간대보다 빠르다.
④ 새봄이 근무하는 곳보다 지연이 근무하는 곳의 출근시간이 더 늦다.

17 ① 경로 A, C, D는 출근시간대에 통과하는 데 걸리는 시간이 서로 같다.

② 오전 8시에 M아파트에서 K회사 본부로 갈 때, 경로 B로 가는 것이 경로 A로 가는 것보다 빠르다.

③ 오후 4시에 K회사 본부에서 K회사 지부로 갈 때, 경로 C로 가는 것이 경로 D로 가는 것보다 빠르다.

④ 준일이 출근시간에 M아파트에서 자신이 근무하는 곳까지 갈 때 걸리는 최소 시간은 1시간 30분이다.

18 경호는 M아파트에서 경로 B를 통해 자신이 근무하는 K회사 본부에 출근하고자 한다. K회사 본부에 출근시간보다 10분 일찍 도착하기 위해서는 다음 중 어느 시각에 출발해야 하는가?

① 오전 7시 50분
② 오전 8시 10분
③ 오전 8시 20분
④ 오전 8시 50분

19 경호, 지연, 준일, 새봄은 K회사 본부에서 오후 3시에 열리는 회의에 참석해야 한다. 경호와 준일, 새봄은 출근시간에 맞게 출근해있었다. 그러나 지연은 몸이 아파 집에서 쉬다가 회의에 참석하려고 한다. 경호는 몸이 아픈 지연을 위해 M아파트로 지연을 데리러가기로 한다. 다음 중 옳지 않은 것은?

① 새봄은 자신의 근무지에서 적어도 오후 3시 35분에는 K회사 본부로 출발해야 한다.

② 준일이 자신의 근무지에서부터 K회사 본부까지 40분에 걸쳐서 도착했다면, 경로 D를 이용한 것이다.

③ 경호가 자신의 근무지에서 지연을 데리러 오후 2시 30분에 출발한다면 회의에 지각하게 된다.

④ 경호가 지연을 데리러 M아파트에 갈 때에는 경로 B를, 지연을 데리고 K회사 본부로 올 때에는 경로 A를 이용한다면, 지연을 데리러 간 시간은 지연과 함께 K회사 본부로 오는 시간의 절반이다.

20 경호와 준일은 고등학교 때 절친했던 친구 사이였다. 그들은 K회사 본부와 지부가 함께하는 회의에서 고등학교 졸업 이후 10년 만에 처음으로 만나게 되었는데, 경호는 준일보다 훨씬 높은 직위에 있었다. 경호는 회의 도중에 준일을 알아보았는데, 경호가 보기에 준일 또한 자신을 알아본 것 같았다. 10분 동안의 휴식 시간이 되었을 때, 당신이 경호라면 다음 중 어떻게 행동하겠는가?

① 휴식 시간이 되자마자 준일에게 다가가 반갑게 인사를 건넨다.

② 조심스럽게 준일에게 다가가 혹시 자신이 기억나는지 묻는다.

③ 직위가 훨씬 높은 자신을 준일이 불편해할 수도 있으니, 일단 아는 체를 하지 않는다.

④ 정답 없음

※ 다음 자료를 읽고 주어진 물음에 답하시오[21~25].

〈자료〉

〈지사별 교육훈련 유형별 직원 참여율〉

(단위 : 명, %)

지사 \ 교육 훈련 유형 / 직원 수	직원 수	교실강의	e-러닝	현장실습	멘토링	액션러닝	팀빌딩
한국	81	59.3	88.9	22.2	23.5	6.2	25.9
홍콩	232	71.6	90.9	21.6	12.1	11.6	25.9
일본	117	59.8	93.2	10.3	38.5	1.7	0.0
중국	42	95.2	61.9	11.9	0.0	0.0	90.5
계	472	68.6	88.6	18.0	19.5	7.2	25.2

※ 이 회사의 지사는 4개이다.

※ 〈자료〉에 대한 다음의 설명 중 옳지 않은 것을 고르시오[21~22].

21 ① 직원 수가 가장 적은 지사는 중국 지사이다.
　　② 한국 지사의 직원 수는 지사들 중 네 번째로 많다.
　　③ 홍콩 지사에서 직원 참여율이 가장 높은 교육훈련 유형은 e-러닝이다.
　　④ 한국 지사와 홍콩 지사의 팀빌딩 직원 참여율은 동일하다.

22 ① 액션러닝은 모든 각 지사에서 직원 참여율이 가장 낮은 교육훈련 유형이다.
　　② 중국 지사를 제외한 나머지 지사에서 직원 참여율이 가장 높은 교육훈련 유형
　　　은 e-러닝이다.
　　③ 모든 지사의 직원을 통틀었을 때, 직원 참여율이 두 번째로 높은 교육훈련 유
　　　형은 교실강의이다.
　　④ 일본 지사에서 현장실습에 참여하는 직원의 수는 11명 이상이다.

23 홍콩 지사의 직원인 효은은 직원 60여 명이 참가하는 교육훈련에 참가하고 있다. 다음
　　중 효은이 참가하고 있는 교육훈련은 무엇인가?
　　① 교실강의　　　　　　　　② 멘토링
　　③ 액션러닝　　　　　　　　④ 팀빌딩

24 한국 지사에 근무하는 소라는 한 가지 교육훈련에 참가하고 있다. 이 교육훈련의 직원
　　참여율은 한국 지사에서는 20%가 넘지만 모든 지사를 통틀었을 때에는 20%를 넘지
　　못한다. 그리고 중국 지사에서는 어떤 직원도 이 교육훈련에 참여하지 않는다고 한다.
　　다음 중 소라가 참가하고 있는 교육훈련은 무엇인가?
　　① 현장실습　　　　　　　　② 멘토링
　　③ 액션러닝　　　　　　　　④ 팀빌딩

25 준호는 100명 이상의 직원이 있는 지사에서 근무한다. 이 지사에서 직원 참여율이 가장 높은 교육훈련 유형은 e-러닝이며, 멘토링에는 약 45명의 직원이 참가한다. 다음 중 준호가 근무하는 지사는 어디인가?

① 한국 지사
② 홍콩 지사
③ 일본 지사
④ 중국 지사

1편
2편
3편
4편
5편
해설
!!뭉쳐야 산다!! !!뭉쳐야 산다!!

※ 20대를 대상으로 남성 200명, 여성 300명 총 500명에게 성형수술 희망 여부 및 희망 성형수술 유형에 대한 설문조사를 실시하였다. 다음 설문조사 결과를 읽고 주어진 물음에 답하시오[26~30].

〈성형수술을 희망한다는 응답자의 비율〉		
		(단위 : %)
남 성	여 성	전 체
20	35	29

※ 설문조사 대상자 중 미응답자는 없음

〈희망 성형수술 유형별 비율〉

(단위 : %)

성형수술 유형 ＼ 성별	남 성	여 성
코 성형	40	40
눈 성형	50	80
치아교정	25	20
피부 레이저 시술	25	60
지방흡입	15	20

※ 성형수술을 희망한다는 응답자만 희망 성형수술 유형에 대해 응답하였으며, 이는 응답자 내에서의 비율이다(복수응답 가능).

※ 설문조사 결과에 대한 다음의 설명 중 옳지 않은 것을 고르시오[26~27].

26 ① 성형수술을 희망하는 20대 남성의 비율이 여성의 비율보다 낮다.
② 성형수술을 희망하는 20대 여성 중 절반 이상은 눈 성형을 희망한다.
③ 200명의 남성 설문 대상자 중 15%가 지방흡입을 희망한다.
④ 남성과 여성 응답자 모두의 경우에서 가장 높은 비율이 희망하는 성형수술 유형은 눈 성형이다.

27 ① 총 설문 대상자 500명 중 성형수술을 희망한다는 응답자는 145명이다.
② 총 설문 대상자 500명 중 성형수술을 희망한다는 여성 응답자는 115명이다.
③ 코 성형을 원하는 남성 응답자는 16명이다.
④ 코 성형을 원하는 여성 응답자는 42명이다.

28 설문조사에서 치아교정을 희망한다고 선택한 남성 응답자의 20%는 일주일 이내에 치아교정을 할 예정이다. 이들은 몇 명인가?

① 1명 ② 2명 ③ 3명 ④ 4명

29 소영은 20대 여성이며, 이 설문조사에서 한 가지 유형의 성형수술을 희망한다고 응답하였다. 소영이 희망하는 성형수술은 여성 응답자 중 두 번째로 높은 비율이 희망하는 유형이다. 다음 중 옳지 않은 것은?

① 여성 응답자 중에는 성형수술 희망 여부에 대해서 소영과 반대되는 응답을 한 사람이 더 많다.
② 소영이 희망하는 성형수술은 10명의 남성 응답자가 희망하는 성형수술 유형이다.
③ 소영이 희망하는 성형수술은 가장 높은 비율의 여성 응답자가 희망하는 성형수술보다 희망자가 20명 더 적다.
④ 소영이 희망하는 성형수술은 가장 낮은 비율의 여성 응답자가 희망하는 성형수술보다 희망자가 42명 더 많다.

30 당신은 ○○화장품 회사 홍보팀 직원으로서 자사 제품 광고에 성형수술의 위험성에 대한 경계를 담아 공익적 성격을 가미하고자 한다. 위 설문조사 결과를 참고했을 때, 당신이 활용할 광고 문구는 다음 중 어느 것인가?

① 어머, 너 레이저 시술했니? 아니, ○○화장품 썼어~

② 성형수술을 원하는 20대 남성 20%여, ○○화장품으로 성형보다 200% 더 매력남이 될 수 있다!

③ 성형수술은 30년 후가 걱정이지만, 천연성분 ○○화장품은 30년 후의 희망입니다.

④ 눈이 예뻐지고 싶다면, 날카롭고 위험한 매스보다는 부드럽고 안전한 ○○화장품을!

04 집중력

※ 다음 제시된 문자와 같은 것의 개수를 구하시오[1~15].

01

IL

Kn	KH	HV	kL	PO	yU	Gd	FI	Mc	LA	KR	Il
Bv	TE	KF	oK	Qv	Ip	Vu	kA	Wd	KM	IL	OE
LA	Il	IL	PO	KM	TE	kA	KH	OE	yU	oK	Mc
KF	Vu	Gd	Bv	HV	IL	Kn	Wd	kL	KR	FI	Ip

① 1개 ② 2개

③ 3개 ④ 4개

02

							輶				

置	値	致	致	輶	恥	稚	熾	峙	輶	侈	緻
馳	痴	幟	淄	梔	緇	癡	嗤	痔	治	稊	輶
輶	癡	雉	馳	幟	痔	値	致	緇	稚	緻	峙
痴	致	梔	輶	稊	置	淄	恥	侈	嗤	熾	輶

① 1개   ② 2개
③ 5개   ④ 6개

03

						↔					

#	○	◇	☆	&	★	△	☆	*	■	※	◆
▼	→	▲	@	←	=	□	●	◎	§	▽	↑
↔	○	↓	▼	#	&	→	▽	□	↑	#	←
◆	※	*	★	=	●	◇	□	△	▲	■	@

① 1개   ② 2개
③ 3개   ④ 4개

04

						-35					

-43	50	34	-59	25	95	-33	46	97	-76	63	-31
94	35	-74	67	-35	16	79	-23	-35	33	62	39
67	97	62	-33	79	33	25	39	34	94	-76	43
-35	35	50	16	46	-43	88	63	-74	95	-23	-31

① 1개   ② 3개
③ 4개   ④ 6개

05

뚱

똘	덩	답	둘	땅	뚱	댜	달	동	딥	댁	뒤
닮	돼	댕	딸	딩	떼	뚱	돌	덤	때	덫	닯
뚱	뒤	둘	떼	닳	댁	덩	댜	딸	됴	땅	뚱
댕	덮	딩	뚱	딥	덤	돼	답	닮	뚱	돌	때

① 1개　　　　　　　　② 2개
③ 5개　　　　　　　　④ 6개

06

ioqr

qoie	uoro	qroi	ruoh	wtuo	wrjw	qjow	oqdn	wfkk	qwuf	abgg	woie
folq	lhma	nadg	eitq	ioqr	lmqi	wklq	csij	ofmi	ajsn	kbdd	sknw
oqdn	nadg	ruoh	lmqi	woie	ajsn	eitq	folq	uoro	ioqr	jiew	wfkk
qoie	csij	qroi	wrjw	lhma	abgg	wtuo	ofmi	sknw	wklq	qjow	qwuf

① 1개　　　　　　　　② 2개
③ 3개　　　　　　　　④ 4개

07

倡

創	窓	倉	唱	彰	艙	蒼	暢	脹	昶	廠	槍
滄	娼	敞	菖	瘡	瘡	艙	漲	猖	昌	倡	敞
娼	倡	脹	瘡	槍	漲	窓	廠	彰	艙	暢	昶
倡	瘡	菖	唱	猖	創	敞	倉	滄	蒼	昌	倡

① 1개　　　　　　　　② 2개
③ 3개　　　　　　　　④ 4개

1편
2편
3편
4편
5편
해설

08

¶

♧	◀	♠	◁	⊙	♣	▣	◖	◀	♡	♧	⊙
◈	¶	♧	♡	♥	▷	♠	¶	♤	▶	♥	◁
▶	▷	♣	◈	♭	¶	♡	♠	¶	◈	▷	♣
♧	♥	¶	▣	▶	♭	◁	⊙	◀	▣	◖	♧

① 1개　　　　　　　　② 2개
③ 4개　　　　　　　　④ 5개

09

0.42

0.23	0.73	0.35	0.37	0.24	0.98	0.45	0.12	0.43	0.84	0.15	0.42
0.25	0.42	0.73	0.53	0.67	0.33	0.56	0.75	0.62	0.21	0.03	0.14
0.54	0.98	0.33	0.12	0.75	0.21	0.62	0.42	0.35	0.14	0.24	0.43
0.73	0.53	0.37	0.67	0.15	0.84	0.25	0.23	0.56	0.45	0.73	0.62

① 1개　　　　　　　　② 3개
③ 5개　　　　　　　　④ 6개

10

쟤

종	잽	잘	짐	줌	장	쟤	잼	잡	정	잿	징
쨍	쟤	점	재	졸	중	잦	찡	젤	전	제	쟁
재	잦	쟉	잼	잘	줌	쨍	졸	젼	즈	재	정
잿	중	잽	종	젤	쟤	점	짐	장	제	잡	찡

① 1개　　　　　　　　② 2개
③ 3개　　　　　　　　④ 4개

11

S

D	g	V	d	J	L	S	c	N	o	P	S
w	X	W	H	Q	I	y	e	B	U	j	N
Q	S	X	q	D	t	v	C	Z	w	i	L
S	o	a	B	m	U	H	L	r	a	O	p

① 1개   ② 2개
③ 3개   ④ 4개

12

綜

種	宗	鐘	鍾	從	終	腫	縱	琮	椶	淙	踵
倧	慫	悰	踪	證	增	症	蒸	贈	甄	淙	繪
椶	證	琮	症	贈	繪	鐘	鍾	悰	終	踵	縱
慫	腫	踪	從	蒸	宗	甄	倧	淙	增	綜	種

① 1개   ② 2개
③ 3개   ④ 4개

13

r73t

c9s8	ofl3	kdo2	r73t	14kl	37nc	95Kl	s092	jd8s	aj2r	gfj81	mf24
f84s	fk2k	fko9	da2k	hnc2	k2k5	a78i	k9sd	j121	kd82	fg9g	df7s
fhj7q	d8g9	j45k	h53j	r73t	fl02k	fuh6	j2kr	mu7i	f76q	5kr1	mh9
kh2d	cfn4	r73t	dj32	kl21	djm2	go1d	jfi21	flou2	14j2	9f73	jf8st

① 1개   ② 2개
③ 3개   ④ 4개

14

3.6

3.6	7.2	0.4	9.2	7.1	9.5	8.3	7.5	6.8	9.1	2.1	3.6
5.8	4.9	8.3	1.3	8.2	3.6	0.2	3.6	4.3	8.9	4.2	6.5
8.3	3.6	8.9	7.2	8.8	0.2	2.5	4.9	2.2	0.4	8.3	5.8
9.2	0.2	8.4	6.5	8.2	4.3	5.8	7.1	3.6	4.2	6.3	2.1

① 1개   ② 2개
③ 5개   ④ 6개

15

훙

행	핫	헹	훙	향	훌	훗	흥	해	혜	흉	험
효	헌	햇	훅	힝	헙	했	흥	훑	핫	훼	휘
훗	훙	했	휘	훑	핫	효	헙	흥	훌	훙	흉
헌	헹	향	힝	혜	험	황	홀	훙	흥	해	핫

① 3개   ② 5개
③ 6개   ④ 8개

※ 다음 표에 제시되지 않은 문자를 고르시오[16~30].

16

jam	judge	join	joke	jump	just	jar	July	jail	jelly
justice	June	junior	juice	job	jean	jolt	jewel	jolly	jest
jelly	judge	job	justice	jolt	juice	join	just	July	jump
junior	jean	jest	jewel	jam	jail	June	jolly	joke	jar

① just
② June
③ juice
④ joy

17

琪	麒	祈	幾	棋	冀	騎	祺	欺	綺	機	崎
飢	沂	嗜	圻	杞	綦	夔	伎	祁	鎭	肌	豈
冀	嗜	欺	璣	夔	肌	飢	麒	豈	幾	伎	騎
沂	祈	祁	綦	祺	崎	杞	琪	圻	鎭	棋	綺

① 幾
② 杞
③ 豈
④ 璣

18

385	325	265	254	795	356	683	357	354	865	346	253
648	368	547	879	354	124	436	568	976	768	436	674
436	875	352	457	254	547	769	897	567	322	212	325
876	564	463	473	659	322	357	789	437	574	323	289

① 368
② 547
③ 322
④ 118

19

신발	신수	신기	신상	신청	신규	신고	신물	신사	신조	신장	신비
신전	신문	신념	신라	신화	신탁	신흥	신촌	신앙	신주	신생	신래
신수	신앙	신래	신사	신념	신생	신기	신화	신흥	신청	신고	신비
신탁	신전	신장	신문	신발	신물	신라	신상	신규	신촌	신주	신조

① 신단　　　　　　② 신발
③ 신청　　　　　　④ 신탁

20

tade	tale	train	tade	tabe	tell	tabe	talk	tane	take
tell	take	task	tame	toad	tame	take	tave	tain	tape
tame	tape	toad	talk	take	tape	task	talk	talk	task
talk	toad	tade	tape	tail	talk	toad	tail	tain	tave

① task　　　　　　② test
③ talk　　　　　　④ take

21

3254	4632	325	256	25	734	46	795	346	658	435	85
23	7	9	372	59	4365	67	37	8568	547	4	36
27	94	56	38	4843	346	278	6752	9787	346	216	56
3	326	34	8	658	46	4326	9	432	45	766	50

① 3　　　　　　② 4365
③ 67　　　　　　④ 423

22

圭	奎	規	珪	揆	糾	硅	鵠	達	叫	葵	窺
赳	槻	竅	均	菌	鈞	龜	昀	谷	穀	曲	哭
栶	斛	昀	叫	均	圭	槻	奎	竅	揆	鈞	達
菌	硅	規	曲	赳	龜	珪	穀	葵	斛	糾	窺

① 揆 　　　　　　② 鵠

③ 赳 　　　　　　④ 闋

23

■	#	◆	◎	□	=	☆	△	@	□	■	◎
●	☆	◇	#	≒	△	%	▼	▽	★	○	&
※	$	▼	■	@	★	◇	◆	※	&	▼	▽
○	◆	▽	≒	%	☆	=	□	◎	△	★	●

① ○ 　　　　　　② ◆

③ ▲ 　　　　　　④ ☆

24

단기	주기	세기	만기	적기	한기	구기	조기	곡기	사기	장기	재기
상기	수기	말기	패기	자기	무기	기기	객기	초기	반기	간기	호기
한기	간기	곡기	초기	수기	장기	단기	반기	재기	만기	구기	말기
자기	세기	패기	사기	상기	호기	객기	무기	주기	기기	적기	조기

① 학기 　　　　　② 만기

③ 곡기 　　　　　④ 객기

25

irony	iolite	ill	iset	ivory	intro	insane	ink	iffy	iron
issue	illegal	iwis	itch	item	ionic	isle	islet	icon	ikan
item	intro	iolite	iron	islet	ill	ionic	ivory	illegal	itch
iset	wis	isle	ink	irony	icon	issue	ikan	insane	iffy

① ivory   ② iffy

③ ionic   ④ ice

26

0.7	0.3	0.2	0.1	0.4	0.9	0.5	0.1	0.8	0.7	0.5	0.3
0.8	0.4	0.7	0.5	0.7	0.2	0.4	0.3	0.9	0.1	0.4	0.9
0.9	0.5	0.9	0.4	0.1	0.3	0.7	0.8	0.3	0.2	0.7	0.2
0.3	0.8	0.4	0.9	0.2	0.8	0.1	0.5	0.2	0.8	0.4	0.7

① 0.7   ② 0.9

③ 0.6   ④ 0.8

27

發	拔	撥	魃	髮	渤	朴	博	舶	薄	迫	搏
駁	拍	泊	剝	縛	撲	璞	膊	粕	雹	樸	魃
撲	博	魃	薄	駁	雹	粕	迫	璞	髮	剝	拍
拔	泊	魃	膊	渤	縛	撥	樸	發	搏	朴	舶

① 拔   ② 朴

③ 珀   ④ 泊

28

社	柶	俟	馴	梭	儏	莎	渣	裟	伺	蓑	籭
些	娑	巳	賜	唆	瀉	祠	徙	嗣	蛇	奢	捨
捨	唆	渣	伺	娑	祠	柶	賜	瀉	梭	儏	奢
俟	籭	蛇	些	娑	社	巳	嗣	馴	徙	蓑	莎

① 赦   ② 賜

③ 唆   ④ 徙

29

기구	공구	살구	지구	강구	도구	사구	하구	체구	투구	수구	축구
농구	당구	조구	대구	단구	피구	적구	장구	배구	반구	절구	아구
사구	적구	농구	투구	절구	아구	반구	지구	당구	피구	도구	장구
조구	공구	수구	단구	살구	대구	축구	기구	배구	강구	하구	체구

① 살구   ② 조구

③ 하구   ④ 저구

30

て	ざ	ぢ	づ	ぞ	ど	そ	ぎ	ど	づ
ど	ぢ	ど	ぜ	ど	ぜ	て	だ	ざ	ぜ
だ	そ	ど	ざ	ぞ	て	ど	ぢ	そ	じ
ぢ	ぢ	だ	て	だ	そ	ざ	そ	だ	ど

① て   ② ぞ

③ そ   ④ で

1편
2편
3편
4편
5편
해설

05 경영 · 경제 · 상식

01 다음 내용과 관련 있는 사람은?

> ㄱ. 한국의 화가(1916~1956)이며, 호는 대향(大鄕)이다.
> ㄴ. 야수파의 영향을 받아 향토적이고 개성적인 그림을 남겼으며 우리나라에 서구 근
>   대화의 화풍을 도입하는 데 공헌하였다.
> ㄷ. 생활고로 담뱃갑 은종이에 그림을 많이 그렸는데, 예리한 송곳으로 그린 선화(線
>   畵)는 표현의 영역을 넓혔다는 평가를 받는다.
> ㄹ. 작품에 〈소〉, 〈흰소〉, 〈게〉 등이 있다.

① 김환기   ② 백남준
③ 천경자   ④ 이중섭

02 다음에서 설명하는 장르에 해당하는 작품이 아닌 것은?

> ㄱ. 미국에서 발달한 현대 음악극의 한 형식이다.
> ㄴ. 음악, 노래, 무용을 토대로 레뷔(Revue), 쇼(Show), 스펙터클(Spectacle) 따위의
>   요소를 가미하여, 큰 무대에서 상연하는 종합 무대예술이다.

① 오페라의 유령   ② 나비부인
③ 미스 사이공   ④ 명성황후

03 인도 카스트 제도에 의한 신분 계급이 아닌 것은?

① 브라만   ② 크샤트리아
③ 부라쿠민   ④ 수드라

04 다음 중 직장 내 전화 예절로 올바르지 않은 것은?

① 3번 이상 울린 후에 전화를 받을 때에는 "늦어서 죄송합니다."라며 받아야 한다.
② 회사 대표전화라면 회사명을 말하고 전화를 받는다.
③ 회사 내선전화라면 자신의 소속과 이름을 밝힌다.
④ 상사의 전화일 때는 용무를 확인한 후 내선으로 바로 돌린다.

05 다음 중 기내 예절로 올바르지 않은 것은?

① 지정된 좌석에 앉아야 한다.
② 휴대전화는 가능한 사용을 자제한다.
③ 장거리 구간의 취침 시간에 대화는 조용하게 한다.
④ 기내는 금연이므로 기내화장실에서 흡연을 한다.

06 다음 중 웹 서버와 사용자의 인터넷 브라우저 사이에 문서를 전송하기 위해 사용되는 통신규약을 뜻하는 것은?

① URL
② FTP
③ TLD
④ HTTP

07 다음 중 정약용의 업적으로 옳지 않은 것은?

① 전제 개혁안으로 여전론을 주장하였다.
② 화성 축조에 사용된 거중기를 설계하였다.
③ 「목민심서」에서 지방관의 치민(治民)의 도리에 대해 제시하였다.
④ 상공업 발전을 위해 화폐 사용을 활성화하고 수레를 적극 이용해야 한다고 주장하였다.

08 노벨 문학상은 "이상(理想)적인 방향으로 문학 분야에서 가장 눈에 띄는 기여를 한 분
께 수여하라."는 '알프레드 노벨'의 유언에 따라 1901년부터 해마다 전 세계의 작가
중 한 사람에게 주는 상이다. 다음 중 노벨 문학수상자가 아닌 사람은?

① 레프 니콜라예비치 톨스토이
② 윈스턴 처칠
③ 라빈드라나트 타고르
④ 헤르만 헤세

09 다음 중 이동통신표준으로 옳은 것은?

① 1세대 – CDMA
② 2세대 – WCDMA
③ 3세대 – LTE
④ 4세대 – LTE-Adavaced

10 다음 중 베토벤의 교향곡으로 옳은 것은?

① 비창교향곡　　　　　　　　② 영웅교향곡
③ 환상교향곡　　　　　　　　④ 군대교향곡

11 국제적으로 금융시장을 이동하는 단기자금은?

① 핫머니　　　　　　　　　　② 헤지펀드
③ 콜머니　　　　　　　　　　④ 역외펀드

12 다음 중 제2금융이 아닌 것은?

① 새마을금고　　　　　② 우체국
③ 상호저축은행　　　　④ 대구은행

13 농번기 때 일을 돕기 위해 마을 주민이 공동으로 조직한 것은?

① 가 배　　　　　　　② 두 레
③ 품앗이　　　　　　　④ 향 약

14 다음과 같은 현상이 발생한 이유를 바르게 말한 것은?

> 앞으로 결혼적령기에 이른 우리나라의 남자 4명 가운데 1명은 짝을 찾지 못해 방황하게 되고, 이로 인하여 엄청난 사회 문제가 발생하게 될 것이라고 한다. 1980년에는 결혼 적령기인 20~24세의 신붓감이 25~29세의 신랑감보다 40만 명이나 많았지만, 2000년에는 결혼 적령기의 남자가 여자보다 19.4%나 더 많았고, 2010년에는 28.6%나 더 많았다.

① 고연령 저출산　　　② 외모지상주의
③ 남아선호사상　　　　④ 연상 연하 트렌드

15 사마천의 〈사기(史記)〉의 전체적인 구성에서 다음의 설명이 모두 포함되는 부분은?

> ㄱ. 기전체(紀傳體)의 역사서
> ㄴ. 인접 국가에 관한 역사가 기록
> ㄷ. 다양한 인물상을 분류하고 기술하여 서구의 〈플루타르코스〉 영웅전과 비교

① 본기(本紀)　　　　　② 표(表)
③ 세가(世家)　　　　　④ 열전(列傳)

16 PPL(Product Placement)과 관련된 말이 아닌 것은?

① 영화나 드라마 화면에 기업의 상품을 배치하는 것이다.

② 상품명은 프로그램 하단에 별도로 표시한다.

③ 드라마 여주인공이 들고 나온 가방은 다음 날 품절되기도 한다.

④ 관객들의 무의식 속에 그 이미지를 자연스럽게 심는 마케팅 기법이다.

17 다음 설명에 해당하는 것은?

> ㄱ. 〈청구도(青邱圖)〉를 증보 수정한 대축척 지도로 분첩절첩식(分帖折疊式) 지도첩이다.
> ㄴ. 우리나라의 남북을 120리 간격으로 22층으로 구분하고, 동서를 80리 간격으로 끊
> 어 19판으로 구분했다.
> ㄷ. 동서방향은 구획된 판을 접어서 연결시켜 1첩으로 만들어 쉽게 볼 수 있도록 했다.
> ㄹ. 남북은 동서의 방향을 연결시킨 각 첩을 펼쳐서 순서대로 이어 대면 연속된 남북
> 을 볼 수 있게 했다.

① 대동여지도(大東輿地圖)

② 동국지지(東國地誌)

③ 동국여지승람(東國輿地勝覽)

④ 수선전도(首善全圖)

18 다음 중 워크아웃(Work-out)에 대한 설명으로 옳지 않은 것은?

① 기업재무구조 개선작업을 말한다.

② 감자, 출자전환 등의 과정이 선행된 연후에 금융권의 자금지원이 이루어진다.

③ 채권상환유예를 통한 부도의 유예조치와 협조융자, 출자전환까지 포괄한다.

④ 금융기관이 기업으로부터 매출채권 등을 매입하고, 이를 바탕으로 자금을 빌
려준다.

19 다음 중 주식시장에서 주가가 급등 또는 급락하는 경우 주식매매를 일시 정지하는 제도는?

① 사이드카 　　　　　　　　　② 스톡옵션

③ 트레이딩칼라 　　　　　　　　④ 서킷브레이커

20 다음 중 각 나라의 통화 종류로 옳지 않은 것은?

① 미국/캐나다/홍콩 – 달러화 　　② 프랑스/영국/독일 – 유로화

③ 그리스/포르투갈 – 유로화 　　　④ 중국 – 위안화

21 다음 중 지방세에 해당하는 것은?

① 증여세 　　　　　　　　　　② 부가가치세

③ 소득세 　　　　　　　　　　④ 재산세

22 다음 중 페이퍼컴퍼니에 대한 설명으로 옳지 않은 것은?

① 우리나라에서는 최초로 대우증권이 설립됐다.

② 실질적인 영업활동은 자회사를 통해서 한다.

③ 기업활동에 드는 제반 경비를 절감하기 위해 설립한다.

④ 유령회사처럼 서류로만 존재하는 회사이다.

23 휴대폰, 노트북, 이어폰 · 헤드폰 등의 휴대기기를 서로 연결해 정보를 교환하는 근거리 무선 기술 표준을 뜻하는 용어는?

① 블루투스 　　　　　　　　　② 와이파이

③ 와이브로 　　　　　　　　　④ 로 밍

24 웹 게시판, 개인 홈페이지 기능이 혼합된 '웹상에 기록된 일지'라는 뜻을 지닌 SNS는?

① 블로그   ② 트위터
③ 페이스북   ④ 유튜브

25 다음 글이 설명하고 있는 것은?

> 이것은 인터넷 공간에서 지켜야 할 예의범절이다. 법적 제재에 의존하는 타율적 해결보다는 네티즌 스스로 자율적으로 사이버공간의 문제를 미리 방지하고 이성적으로 해결해 나가자는 적극적인 의미를 갖는다.

① 선플 달기   ② 모티켓
③ 네티켓   ④ 애플리케이션

26 명함을 주고 받을 때의 예절이 아닌 것은?

① 명함은 손아랫사람이 윗사람에게 먼저 건네야 한다.
② 명함은 반드시 일어서서 건네야 한다.
③ 건네받은 명함은 바로 지갑에 넣어둔다.
④ 명함에 어려운 글자가 있을 경우 바로 물어본다.

27 상갓집 조문 예절이 아닌 것은?

① 남자는 오른손을 위로, 여자는 왼손을 위로 하고 두 번 절한다.
② 상가(빈소)에 도착하면 문밖에서 외투나 모자 등을 미리 벗어 둔다.
③ 문상이 끝나고 물러나올 때에는 두세 걸음 뒤로 물러난 뒤, 몸을 돌려 나온다.
④ 고인의 사망 원인, 경위 등을 유족에게 상세하게 물어보며 위로의 뜻을 전한다.

28 어디서나 인터넷 단말기를 이용해서 지속적으로 인터넷을 이용할 수 있는 서비스는?

① 랜   ② 와이맥스

③ 와이브로   ④ 와이파이

29 다음 중 제5세대 컴퓨터에 해당하는 것을 고르시오.

① AI   ② IC

③ LSI   ④ VLSI

30 직장에서 상사와 부하 간의 보고 예절이 아닌 것은?

① 상사에게 보고를 할 때는 상사의 얼굴을 주시한다.

② 상황에 변화가 있는 경우 서면으로 정리하여 최종보고를 한다.

③ 서면보고일 경우에는 자신의 것과 상사의 것 2부 이상을 준비한다.

④ 부하직원이 오래 서있는 상태에서 보고하지 않도록 배려한다.

06 공학기초

01 역함수를 갖는 두 함수 $y=f(x)$와 $y=g(x)$의 그래프가 다음 그림과 같을 때, $(g^{-1} \circ f)(5)+(g \circ f^{-1})(6)$의 값은?

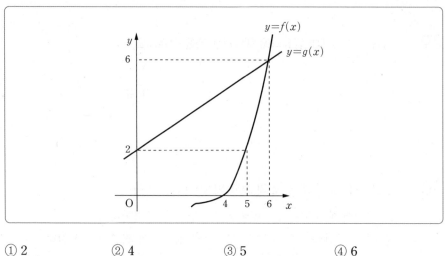

① 2   ② 4   ③ 5   ④ 6

02 이차정사각행렬 A, B에 대하여 〈보기〉에서 옳은 것을 모두 고른 것은?(단, O는 영행렬, E는 단위행렬이다)

> **보기**
> ㄱ. $(A-E)^2 = A^2 - 2A + E$
> ㄴ. $AB=O$, $A \neq O$이면 $B=O$이다.
> ㄷ. $AB=A$, $BA=B$이면 $A^2=A$이다.

① ㄱ   ② ㄴ

③ ㄱ, ㄷ   ④ ㄴ, ㄷ

03 1보다 큰 두 실수 a, b에 대하여 $\log_{\sqrt[3]{a}}3 = \log_b 9$가 성립한다고 할 때, $\log_a\sqrt{b} + \log_{ab}\sqrt[3]{a^2b^2}$의 값은?

① $\dfrac{1}{3}$ ② $\dfrac{2}{3}$ ③ 1 ④ $\dfrac{4}{3}$

04 함수 $f(x) = \dfrac{x^2-2x}{|x-2|}$에 대하여 $\lim_{x\to 2+0}f(x)=\alpha$, $\lim_{x\to 2-0}f(x)=\beta$라고 하자.

$\lim_{x\to \alpha}\dfrac{x^2+\beta x}{x^3-\alpha^3}=\dfrac{q}{p}$일 때, $p+q$의 값은?

① 5 ② 6 ③ 7 ④ 8

05 함수 $f(x) = \begin{cases} \lim_{x\to 2}\dfrac{x^2+ax-10}{x-2} & (x\neq 2) \\ b & (x=2) \end{cases}$ 가 실수 전체의 집합에서 연속일 때,

두 상수 $a+b$의 값은?

① 10 ② 11 ③ 12 ④ 13

06 함수 $f(x)$는 모든 실수 x에 대하여 $f(x+2)=f(x)$를 만족시키고,

$$f(x) = \begin{cases} ax+1 & (-1\leq x<0) \\ 3x^2+2ax+b & (0\leq x<1) \end{cases}$$

이다. 함수 $f(x)$가 실수 전체의 집합에서 연속일 때, 두 상수 a, b의 곱 ab의 값을 구하면?

① -2 ② -1 ③ 0 ④ 1

1편
2편
3편
4편
5편
해설
핵심콕콕!! 문제콕콕!!

07　$a>2$일 때, $\lim\limits_{x \to 2}\dfrac{|x-a|-(a-2)}{x-2}$의 값은?

① -1　　　　② 0　　　　③ $\dfrac{1}{2}$　　　　④ 1

08　다항함수 $f(x)$가 $\lim\limits_{x \to \infty}\dfrac{f(x)-x^3}{x^2}=2$이고 $\lim\limits_{x \to 0}\dfrac{f(x)}{x}=-1$일 때, $f(2)$의 값은?

① 10　　　　② 12　　　　③ 14　　　　④ 16

09　좌표평면에서 두 곡선 $y=x$, $y^2=3x$로 둘러싸인 부분을 x축의 둘레로 회전시켜 생기는 회전체의 부피는?

① 3π　　　　② $\dfrac{7}{2}\pi$　　　　③ 4π　　　　④ $\dfrac{9}{2}\pi$

10　A회사에서 20개의 제품을 만들 때 불량품을 a개 만들고, B회사에서 200개의 제품을 만들 때 불량품을 b개 만든다. 한 소비자가 이 두 제품을 샀을 때, 둘 중 하나의 제품만 불량품일 확률은?

① $\dfrac{10a+10b+ab}{2,000}$　　　　② $\dfrac{10a+10b-ab}{2,000}$

③ $\dfrac{100a+10b+ab}{2,000}$　　　　④ $\dfrac{100a+10b-ab}{2,000}$

11   다음은 직선 길에서 영희와 토끼의 위치를 시간에 따라 나타낸 그래프이다.

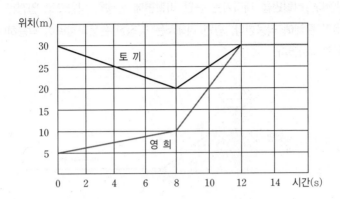

그래프에 대한 설명으로 옳은 것을 모두 고른 것은?

┌──┐
│ ㉠ 4초에서 토끼의 속도는 −1.5m/s였다.   │
│ ㉡ 토끼와 영희 사이의 거리가 10m가 되자, 토끼는 영희보다 빠른 속력으로 되돌아가   │
│   기 시작했다.   │
│ ㉢ 0초에서 10초까지의 영희의 평균속도는 1.5m/s이다.   │
│ ㉣ 10초부터 12초까지 토끼의 이동 거리는 5m이다.   │
└──┘

① ㉠, ㉡   ② ㉡, ㉢
③ ㉡, ㉣   ④ ㉢, ㉣

12 그림과 같이 마찰이 있는 비탈면을 어떤 물체가 정지 상태에서 출발하여 미끄러져 내
려간다. 비탈면을 내려가는 동안 비탈면에 평행한 방향으로 일정한 크기의 알짜힘(합
력)이 물체에 작용한다. 평면 위에서는 일정한 운동마찰력이 작용하여 이 물체는 얼마
후 정지하였다.

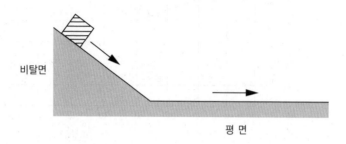

출발에서부터 정지할 때까지 시간에 따른 이 물체의 속력으로 타당한 것은?

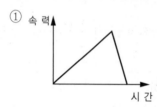

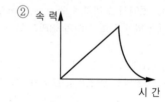

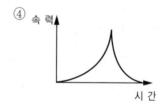

13 다음 표는 몇 가지 조명용 전등을 220V의 전원에 연결하였을 때의 정격소비전력과 밝기에 대한 자료이다. 이에 대한 해석으로 옳은 것을 모두 고른 것은?

전 등	정격소비전력(W)	밝기(루멘스)
형광등	40	3,200
백열전구	100	2,300
수은등	100	5,600

• 루멘스는 전구의 밝기 단위로서 그 값이 클수록 더 밝음

> ㉠ 동일한 시간 동안 켜두면, 형광등 1개가 소모한 전력량은 백열전구 1개의 경우보다 더 크다.
> ㉡ 수은등 1개를 5시간 동안 켜 두면, 사용된 전력량은 0.5kWh이다.
> ㉢ 같은 밝기를 얻는 데 수은등이 백열전구보다 더 많은 전력을 소비한다.

① ㉠   ② ㉡   ③ ㉠, ㉡   ④ ㉡, ㉢

14 그림과 같이 마찰이 없는 수평면에 놓여 있는 물체를 철수와 영수가 반대 방향으로 당기고 있으나, 물체는 움직이지 않고 있다.

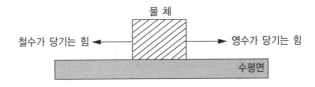

아래 〈보기〉는 위의 상황에서 물체에 작용하는 힘에 대해 생각한 단계이다. 잘못된 단계를 모두 고른다면?

> ㉠ 물체는 정지해 있으므로, 물체에 작용하는 합력은 0이다.
> ㉡ 합력이 0이므로, 철수가 물체를 당기는 힘과 영수가 물체를 당기는 힘은 크기가 같고 방향만 반대이다.
> ㉢ 따라서 위의 두 힘은 뉴턴의 제3법칙에서 말하는 작용과 반작용의 관계에 있다.

① ㉡   ② ㉢   ③ ㉠, ㉡   ④ ㉡, ㉢

15 다음 그림은 건전지에 저항 R을 연결한 회로이다. 건전지는 내부저항 r을 가지므로 전류가 흐르면 열을 발생한다. 이 회로에서 저항 R을 떼어내고 다른 저항으로 다시 연결하였더니 건전지에서 단위 시간당 발생하는 열량은 처음보다 약 4배가 되었다.

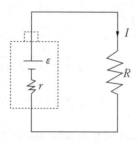

새로 연결된 저항값으로 가장 적합한 것은?(단, 이 회로에서 건전지 내부저항 r의 크기는 저항 R에 비해 매우 작다)

① $\dfrac{R}{4}$ ② $\dfrac{R}{2}$ ③ $2R$ ④ $4R$

16 크기와 모양이 서로 같은 두 은박구가 절연된 실에 의해 매달려 있다. 다음 그림과 같이 처음에는 두 은박구 사이에 인력이 작용하였지만, 두 은박구를 서로 접촉시킨 후에는 척력이 작용하였다.

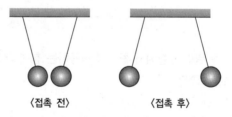

〈접촉 전〉   〈접촉 후〉

다음 중 접촉시키기 전에 두 은박구의 대전 상태로 가능한 것을 모두 고른 것은?

> ㉠ 한쪽 은박구만 전하를 띠었고, 나머지 은박구는 전하를 띠지 않았다.
> ㉡ 두 은박구는 같은 종류의 전하를 띠었으며, 전하량은 서로 같다.
> ㉢ 두 은박구는 서로 다른 종류의 전하를 띠었으며, 전하량도 서로 다르다.

① ㉡   ② ㉠, ㉡   ③ ㉠, ㉢   ④ ㉡, ㉢

17 다음은 어느 과학 잡지의 내용 중 일부이다.

> 무연탄이 주성분인 연탄은 화력이 강하면서도 값이 싸서 널리 사용되어 왔다. 그러나 연탄은 고체 연료인 탓에 불을 붙이는 데 시간이 오래 걸리고, 탄소의 불완전연소로 인하여 생기는 기체 A와 무연탄 속에 들어 있는 황이 연소하면서 나오는 기체 B를 방출한다.

기체 A와 B에 대한 설명으로 옳은 것은?

① A는 불을 끄는 데 사용된다.
② A는 담배 연기에 포함되어 있다.
③ B는 냄새가 없다.
④ B는 LA형 스모그의 원인이 된다.

18 다음은 어떤 환경오염 물질에 관한 연구 내용의 일부이다.

> 휘발성이 크고 중추신경계에 강한 독성을 나타내는 이 물질은 미국 동부 지역과 동유럽 등지에서 문제가 되었으며, 최근 일본, 한국, 중국에서 대기 중 농도가 크게 증가하고 있다. 한반도 상공에서 측정한 결과에 의하면, 이 물질은 자연 농도의 최고 5배 수준까지 증가한 것으로 나타났다. 이것은 석탄을 많이 사용하는 중국의 화력발전소에서 배출된 물질이 편서풍을 타고 한반도 상공으로 유입되었기 때문인 것으로 추정된다. 자연계에도 존재하는 이 물질은 물-공기-먹이사슬 사이의 이동이 활발하다.

이 물질로 인하여 예상되는 피해로 가장 적절한 것은?

① 산성비   ② 기상재해
③ 분진 피해   ④ 중금속오염

19　다음 그림은 일정량의 질산납$(Pb(NO_3)_2)$과 요오드화칼륨(KI) 수용액이 완전히 반응하여 앙금이 생성되는 모형을 나타낸 것이다. 반응 후 혼합 용액에 남아 있는 이온은?

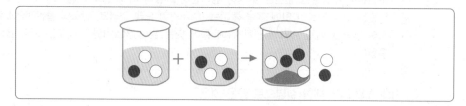

① K^+, I^-
② Pb^{2+}, I^-
③ K^+, NO_3^-
④ Pb^{2+}, NO_3^-

20　산의 이온화 과정을 옳게 나타낸 것을 〈보기〉에서 모두 고른 것은?

보기

　㉠ $HNO_3 \rightarrow H^+ + NO_3^-$
　㉡ $H_2SO_4 \rightarrow 2H^+ + SO_4^{2-}$
　㉢ $H_2CO_3 \rightarrow H_2^+ + CO_3^{2-}$
　㉣ $CH_3COOH \rightarrow CH_3COO^+ + H^-$

① ㉠, ㉡
② ㉠, ㉣
③ ㉢, ㉣
④ ㉠, ㉡, ㉢

5편

편

면접

I wish you the best of luck!

㈜시대고시기획
㈜시대교육

www.**sidaegosi**.com

시험정보 · 자료실 · 이벤트
합격을 위한 최고의 선택

시대에듀

www.**sdedu**.co.kr

자격증 · 공무원 · 취업까지
BEST 온라인 강의 제공

1장

면접 실전 대책 및 유형

1. 면접의 유형

과거 천편일률적인 일대일 면접과 달리 현재는 면접에 다양한 유형이 도입되어 "면접은 이렇게 보는 것이다."라고 말할 수 있는 정해진 유형이 없어졌다. 그러나 대부분의 기업에서 현재까지는 집단 면접과 다대일 면접이 진행되고 있으므로 어느 정도 유형을 파악하여 사전에 대비가 가능하다. 면접의 기본인 단독 면접부터 다대일 면접, 집단 면접 유형과 그 대책에 대해 알아보자.

(1) 단독 면접

단독 면접이란 응시자와 면접관이 1 대 1로 마주하는 형식을 말한다. 면접위원 한 사람과 응시자 한 사람이 마주 앉아 자유로운 화제를 가지고 질의응답을 되풀이하는 방식이다. 이 방식은 면접의 가장 기본적인 방법으로 소요시간은 10~20분 정도가 일반적이다.

① 단독 면접의 장점

필기시험 등으로 판단할 수 없는 성품이나 능력을 알아내는 데 가장 적합하다고 평가받아 온 면접방식으로 응시자 한 사람 한 사람에 대해 여러 면에서 비교적 폭넓게 파악할 수 있다. 응시자의 입장에서는 한 사람의 면접관만을 대하는 것이므로 상대방에게 집중할 수 있으며, 긴장감도 다른 면접방식에 비해서는 적은 편이다.

② 단독 면접의 단점

면접관의 주관이 강하게 작용해 객관성을 저해할 소지가 있으며, 면접 평가표를 활용한다 하더라도 일면적인 평가에 그칠 가능성을 배제할 수 없다. 또한 시간이 많이 소요되는 것도 단점이다.

단독 면접준비 Point

단독 면접에 대비하기 위해서는 평소 1 대 1로 논리 정연하게 대화를 나눌 수 있는 능력을 기르는 것이 중요하다. 그리고 면접장에서는 면접관을 신배니 선생님 혹은 아버지를 대하는 기분으로 면접에 임하는 것이 부담도 훨씬 적고 실력을 발휘할 수 있는 방법이 될 것이다.

---

(2) 다대일 면접

다대일 면접은 일반적으로 가장 많이 사용되는 면접방법으로 보통 2~5명의 면접관이 1명의 응시자에게 질문하는 형태의 면접방법이다. 면접관이 여러 명이므로 다각도에서 질문을 하여 응시자에 대한 정보를 많이 알아낼 수 있다는 점 때문에 선호하는 면접방법이다.

하지만 응시자의 입장에서는 면접관에 따라 질문도 각양각색이고 동료 응시자가 없으므로 숨 돌릴 틈도 없게 느껴진다. 또한 관찰하는 눈도 많아서 조그만 실수라도 지나치는 법이 없기 때문에 정신적 압박과 긴장감이 높은 면접방법이다. 따라서 응시자는 긴장을 풀고 한 명의 면접관이 질문하더라도 면접관 전원을 향해 대답한다는 기분으로 또박또박 대답하는 자세가 필요하다.

① 다대일 면접의 장점

면접관이 집중적인 질문과 다양한 관찰을 통해 응시자가 과연 조직에 필요한 인물인가를 완벽히 검증할 수 있다.

② 다대일 면접의 단점

면접시간이 보통 10~30분 정도로 좀 긴 편이고 응시자에게 지나친 긴장감을 조성하는 면접방법이다.

다대일 면접준비 Point

질문을 들을 때 시선은 면접위원을 향하고 다른 데로 돌리지 말아야 하며, 대답할 때에도 고개를 숙이거나 입속에서 우물거리는 소극적인 태도는 피하도록 한다. 면접위원과 대등하다는 마음가짐으로 편안한 태도를 유지하면 대답도 자연스러운 상태에서 좀 더 충실히 할 수 있고, 이에 따라 면접위원이 받는 인상도 달라진다.

---

(3) 집단 면접

집단 면접은 다수의 면접관이 여러 명의 응시자를 한꺼번에 평가하는 방식으로 짧은 시간에 능률적으로 면접을 진행할 수 있다. 각 응시자에 대한 질문 내용, 질문 횟수, 시간 배분이 똑같지는 않으며, 모두에게 같은 질문이 주어지기도 하고, 각각 다른 질문을 받기도 한다.

또 어떤 응시자가 한 대답에 대한 의견을 묻는 등 그때그때의 분위기나 면접관의 의향에 따라 변수가 많다. 집단 면접은 응시자의 입장에서는 개별 면접에 비해 긴장감은 다소 덜한 반면에 다른 응시자들과 확실하게 비교되므로 응시자는 몸가짐이나 표현력·논리성 등이 결여되지 않도록 자신의 생각이나 의견을 솔직하게 발표하여 집단 속에 묻히거나 밀려나지 않도록 주의해야 한다.

① 집단 면접의 장점

집단 면접의 장점은 면접관이 응시자 한 사람에 대한 관찰시간이 상대적으로 길고, 비교 평가가 가능하기 때문에 결과적으로 평가의 객관성과 신뢰성을 높일 수 있다는 점이며, 응시자는 동료들과 함께 면접을 받기 때문에 긴장감이 다소 덜하다는 것을 들 수 있다. 또한 동료가 답변하는 것을 들으며, 자신의 답변 방식이나 자세를 조정할 수 있다는 것도 큰 이점이다.

② 집단 면접의 단점

응답하는 순서에 따라 응시자마다 유리하고 불리한 점이 있고, 면접위원의 입장에서는 각각의 개인적인 문제를 깊게 다루기가 곤란하다는 것이 단점이다.

집단 면접준비 Point

너무 자기 과시를 하지 않는 것이 좋다. 대답은 자신이 말하고 싶은 내용을 간단명료하게 말해야 한다. 내용이 없는 발언을 한다거나 대답을 질질 끄는 태도는 좋지 않다. 또 말하는 중에 내용이 주제에서 벗어나거나 자기중심적으로만 말하는 것도 피해야 한다. 집단 면접에 대비하기 위해서는 평소에 설득력과 논리력을 계발하는 데 힘써야 하며, 다른 사람 앞에서 자신의 의견을 조리 있게 개진할 수 있는 발표력을 갖추는 데에도 많은 노력을 기울여야 한다.

- 실력에는 큰 차이가 없다는 것을 기억하라.
- 동료 응시자들과 서로 협조하라.
- 답변하지 않을 때의 자세가 중요하다.
- 개성 표현은 좋지만 지나치게 튀는 것은 위험하다.

---

2. 면접의 실전 대책

(1) 면접 대비사항

① 지원 회사에 대한 사전지식을 충분히 갖는다.

필기시험에서 합격 또는 서류전형에서의 합격통지가 온 후 면접시험 날짜가 정해지는 것이 보통이다. 이때 수험자는 면접시험을 대비해 사전에 자기가 지원한 계열사 또는 부서에 대해 폭넓은 지식을 가질 필요가 있다.

> **지원 회사에 대해 알아두어야 할 사항**
> - 회사의 연혁
> - 회장 또는 사장의 이름, 그의 출신학교, 그의 관심사
> - 회장 또는 사장이 요구하는 신입사원의 인재상
> - 회사의 사훈, 사시, 경영이념, 창업정신
> - 회사의 대표적 상품, 특색
> - 업종별 계열회사의 수
> - 해외지사의 수와 그 위치
> - 신 개발품에 대한 기획 여부
> - 자기가 생각하는 회사의 장단점
> - 회사의 잠재적 능력개발에 대한 제언

② 충분한 수면을 취한다.

충분한 수면으로 안정감을 유지하고 첫 출발의 신선한 마음가짐을 갖는다.

③ 얼굴을 생기 있게 한다.

첫인상은 면접에 있어서 가장 결정적인 당락요인이다. 면접관에게 좋은 인상을 줄 수 있도록 화장하는 것도 필요하다. 면접관들이 가장 좋아하는 인상은 얼굴에 생기가 있고 눈동자가 살아 있는 사람, 즉 기가 살아 있는 사람이다.

④ 아침에 인터넷에 의한 정보나 신문을 읽는다.

그날의 뉴스가 질문 대상에 오를 수가 있다. 특히 경제면, 정치면, 문화면 등을 유의해서 보아 둘 필요가 있다.

> ☞ **출발 전 확인할 사항** : 이력서, 자기소개서, 성적증명서, 졸업(예정)증명서, 건강진단서, 추천장, 회사 안내 책자, 스케줄표, 취직 노트, 지도수첩, 지갑, 도장, 신분증(주민등록증), 손수건, 휴지, 연필, 볼펜, 만년필, 지우개, 메모지, 잔돈, 전화카드, 예비 스타킹 등을 준비하자.

(2) 면접요령

① 첫인상을 중요시한다.

상대에게 인상을 좋게 주지 않으면 어떠한 얘기를 해도 이쪽의 기분이 충분히 전달되지 않을 수 있다. 예를 들면 '저 친구는 표정이 없고 무엇을 생각하고 있는지 전혀 알 길이 없다.' 이렇게 생각되면 최악의 상태다. 우선 청결한 복장, 바른 자세로 침착하게 들어가야 한다. 건강하고 신선한 이미지를 주어야 하기 때문이다.

② 좋은 표정을 짓는다.

얘기를 할 때의 표정은 중요한 사항의 하나다. 거울 앞에서는 웃는 얼굴의 연습을 해본다. 웃는 얼굴은 상대를 편안하게 만들고 특히 면접 등 긴박한 분위기에서는 천금의 값이 있다 할 것이다. 그렇다고 하여 항상 웃고만 있어서는 안 된다. 자기의 할 얘기를 진정으로 전하고 싶을 때는 정상적인 얼굴로 상대의 눈을 바라보며 얘기한다. 면접을 볼 때 눈을 감고 있으면 마이너스 이미지를 주게 된다.

③ 결론부터 이야기한다.

자기의 의사나 생각을 상대에게 정확하게 전달하기 위해서는 먼저 무엇을 말하고자 하는가를 명확히 결정해 두어야 한다. 대답을 할 경우에는 결론을 먼저 이야기하고 나서 그에 따르는 설명과 이유를 나중에 덧붙이면 논지(論旨)가 명확해지고 이야기가 깔끔하게 정리된다.

한 가지 사실을 이야기하거나 설명하는 데는 3분이면 충분하다. 복잡한 이야기라도 어느 정도의 길이로 요약해서 이야기하면 상대도 이해하기 쉽고 자기도 정리할 수 있다. 긴 이야기는 오히려 상대를 불쾌하게 할 수가 있다.

면접에서 고득점을 받을 수 있는 성공요령(10가지)

1. 자기 자신을 겸허하게 판단하라.
2. 지원한 회사에 대해 100% 이해하라.
3. 실전과 같은 연습으로 감각을 익혀라.
4. 단답형 답변보다는 구체적으로 이야기를 풀어나가라.
5. 거짓말을 하지 마라.
6. 면접하는 동안 대화의 흐름을 유지하라.
7. 친밀감과 신뢰를 구축하라.
8. 상대방의 말을 성실하게 들어라.
9. 근로조건에 대한 이야기를 풀어나갈 준비를 하라.
10. 끝까지 긴장을 풀지 마라.

2장

현대오일뱅크 실제 면접

1. 현대오일뱅크 면접 유형

현대오일뱅크의 면접은 자기소개서와 직무 관련 또는 순발력이 필요한 질문 등이 주를 이루는 多 대 多 면접으로써 5~6명이 한 조를 이뤄 5명 정도의 면접관과 함께 약 30분 동안 치르게 된다. 면접은 자기소개서의 내용을 바탕으로 지원자가 가지고 있는 역량이 과거의 경험을 통해 어떻게 발휘되었으며, 이를 미래 역량으로 예측하고 평가하는 방식으로 진행된다. 면접관은 지원자의 단체 활동, 창의적인 경험, 힘든 상황의 극복 경험과 같은 주제에 대해 질문을 하여 지원자의 가치관, 행동을 구체적으로 알아보기도 하므로, 이때 지원자는 자신의 다양한 경험에 대해 요약하여 말하고 이 경험이 직무에 어떻게 연결되어 기여를 할 수 있는지 논리적이면서 솔직하게 말하는 것이 중요하다. 단순히 경험만을 전달한다면 충분히 어필할 수 없으므로 경험을 통해 얻은 자신의 역량을 위주로 답변하는 것이 면접관에게 좋은 인상을 남길 수 있다. 질문은 꼬리에 꼬리를 물고 계속되므로 다음 질문을 충분히 예상한 후 답변하는 것 또한 중요하다.

2. 면접 기출 엿보기

> **자기소개서 관련 질문**
> - 자기소개를 해 보시오.
> - 간단한 자기소개와 함께 취미와 특기에 대해 말해 보시오.
> - 자기소개 대신 이름 정도만 말하고, 어떤 여자 친구가 있으면 좋겠는지 말해 보시오.
> - 부모님께 무엇을 배웠고 어떤 성장과정을 겪었는지 말해 보시오.
> - 학창시절에 전교조에 영향을 받은 경험이 있다면 말해 보시오.
> - 자신의 장점과 단점에 대해 말해 보시오.
> - 다른 사람과 비교했을 때 자신의 차별성에 대해 말해 보시오.
> - 자신이 성취감을 느꼈던 일화에 대해 말해 보시오.
> - 대학교 1학년으로 돌아갈 수 있다면 무엇을 할 것인지 말해 보시오.
> - 공부 말고 대학생활 동안 자신이 가장 잘한 일은 무엇인지 말해 보시오.
> - 팀 프로젝트 경험에 대해 말해 보시오.
> - 인생에서 후회하는 것에 대해 말해 보시오.
> - 10년 후 자신의 목표와 현대오일뱅크의 모습을 말해 보시오.
> - 40년 뒤에 현대오일뱅크의 모습을 말해 보시오.

직무 관련 질문

- 지원 분야의 동기와 그 분야가 어떤 일을 하는지에 대해 설명해 보시오.
- 지원 분야에서 필요한 역량은 무엇이라고 생각하는지 말해 보시오.
- 본인의 훈련소 조교 경험을 회사에서 어떻게 활용할 수 있겠는가?
- 인력 관리 면에서 훈련소와 현장은 어떻게 다를지 말해 보시오.
- 현대오일뱅크가 진행하는 프로젝트 중 아는 것에 대해 말해 보시오.
- 지원 분야에서 어떤 연구를 하고 있는지 알고 있는가? 지금까지 배운 것과 차이가 있다는 것을 알고 있는가? 지금까지 배운 것과 다르고 수준이 낮다고 실망할 수도 있는데 괜찮겠는가? 전혀 다른 직무를 하면 어떠하겠는가?
- 현대오일뱅크의 현재 상황과 관련된 기술 과제에 대해 말해 보시오.
- 현대오일뱅크의 장점에 대해 말하고 현대오일뱅크의 단점을 극복할 수 있는 방안에 대해 말해 보시오.

시사 관련 질문

- 준비해온 시사에 대해 말해 보시오.
- 지원자들이 스펙을 쌓는 것에 대해 어떻게 생각하는지 말해 보시오.
- 학력 인플레로 인한 실업자 증가에 대한 대책을 말해 보시오.
- 정년연장법에 대한 본인의 생각을 말해 보시오.
- 노동조합에 대해 어떻게 생각하는지 말해 보시오.
- 신문은 얼마나 자주 읽는가? 신문에서 어떤 부분을 관심 있게 보는가? 왜 그런 것에 관심을 가지고 있는가?
- 담뱃값 인상에 대한 본인의 생각을 말해 보시오.
- 기여입학제에 대한 본인의 생각을 말해 보시오.(릴레이 형식으로 대답)
- 본인이 생각하는 최고의 대통령과 최악의 대통령을 말하고 그 이유에 대해 말해 보시오.
- 한중FTA에 대해 어떻게 생각하는지 말해 보시오.
- 제주 해군기지에 대한 본인의 생각을 말해 보시오.
- 무상급식에 대해 어떻게 생각하는지 말해 보시오.
- 젊은 층의 자살률이 높은데 이유와 그것에 대한 대책을 말해 보시오.
- 남한과 북한은 같은 민족인데 왜 북한은 못사는지 본인의 생각을 말해 보시오.
- 성장과 분배에 대해 어떻게 생각하는지 말해 보시오.
- 분배는 어떻게 하는 것이 좋겠는가?

기타 질문

- 일을 할 때 동료와 갈등이 발생하면 어떻게 해결할 것인가?
- 동료가 일하는 것은 마음에 드는데 술을 마신 다음날마다 지각을 한다면 동료에게 어떤 충고를 해주겠는가?
- 꼭 퇴사해야 하는 한 가지 이유를 고른다면 어떤 것인지 말해 보시오.
- 평소에 본인의 신념을 한마디로 짧게 말해 보시오.
- 본인의 좌우명에 대해 말해 보시오.
- 가장 존경하는 사람에 대해 말해 보시오.
- 자신의 인생에서 가장 큰 영향을 준 사람에 대해 말해 보시오.
- 읽었던 책은 어떤 책이었으며, 어떤 것을 느꼈는지 말해 보시오.
- 일을 함에 있어서 가장 중요시하는 점에 대해 말해 보시오.
- 회사가 위기에 빠졌을 때 어떻게 할 것인지 말해 보시오.
- 발명과 발견의 차이는 무엇이라 생각하는가?
- 발명가와 발견자의 성향에 대해 말해 보시오.
- 고양이와 냉장고의 공통점 2가지에 대해 말해 보시오.
- 최근에 본 영화에 대해 설명해 보시오.
- 본인은 보이스피싱에 당할 것 같은가?
- 직업이란 무엇이라 생각하는가?
- 행복이란 무엇이라 생각하는가?
- 면접이 끝난 후 무엇을 할 것인지 말해 보시오.
- 마지막으로 하고 싶은 말을 해 보시오.
- 면접관에게 하고 싶은 질문이 있다면 해 보시오.
- 변압기가 왜 소리를 내는지 말해 보시오.
- (기계전공) 2차 단면모멘트(관성모멘트)에 대해 말해 보시오.
- [여성지원자에게]
  결혼할 것인가? 육아와 일은 어떻게 할 생각인가? 현장은 위험하고 힘이나 순발력이 좋아야 하는데 할 수 있겠는가?

정답 및 해설

I wish you the best of luck!

㈜시대고시기획
㈜시대교육

www.**sidaegosi**.com

시험정보·자료실·이벤트
합격을 위한 최고의 선택

시대에듀

www.**sdedu**.co.kr

자격증·공무원·취업까지
BEST 온라인 강의 제공

제 1 장 언어이해

01	02	03	04	05	06	07	08	09	10	11	12	13	14	15	16	17	18	19	20	21	22	23	24	25
③	①	④	②	①	②	②	①	③	④	②	①	③	②	④	④	①	③	③	②	④	②	④	③	③
26	27	28	29	30	31	32	33	34	35	36	37	38	39	40	41	42	43	44	45	46	47	48	49	50
④	②	③	③	②	①	④	③	④	①	④	④	①	③	②	①	④	②	④	①	④	④	③	①

01 제시문은 유기농 식품의 생산이 증가하고 있지만, 몇몇 전문가들은 유기 농업을 부정적으로 보고 있다는 내용의 글이다. 따라서 (C) 최근 유기농 식품 생산의 증가 → (A) 몇몇 전문가들은 유기 농업을 부정적으로 봄 → (B) 유기 농가는 전통 농가에 비해 수확량도 적고 벌레의 피해가 잦음 → (D) 유기 농업은 굶주리는 사람을 먹여 살릴 수 없음 순으로 연결되어야 한다.

02 제시문은 S기획 연구소가 소비자의 인식에 대한 조사를 실행하고, 조사 결과에 따라 소비자들의 친환경 제품 구매를 촉진시킬 것이라는 내용의 글이다. 따라서 (D) S기획 연구소가 소비자의 인식과 소비행태에 대한 조사 실시 → (A) 조사 결과는 소비자들은 친환경 인식은 있으나 활동 참여는 부진함 → (C) 원인은 가격과 제품에 대한 신뢰 부족 → (B) 조사 결과를 바탕으로 소비자의 참여를 유도하고, 친환경 제품 구매를 촉진시킬 것 순으로 연결되어야 한다.

03 제시문은 J기획이 직장 내 다양한 최신 시설을 갖춘 보육시설을 개원함으로써 여성인재를 확보하고 유지하는 데 큰 역할을 할 것이라는 내용의 글이다. 따라서 (B) J기획이 보육시설을 개원함 → (A) 보육시설은 다양한 최신 시설을 갖춤 → (D) 내부 인테리어 역시 뛰어남 → (C) 보육시설의 개원으로 인해 여성 인재를 확보·유지하는 데 큰 역할을 할 것 순으로 연결되어야 한다.

04 제시문은 장인들이 옹기를 만드는 과정에 대한 내용의 글이다. 따라서 (C) 옹기를 만드는 목적을 결정 → (D) 흙가래를 만들고, 흙가래를 이용해 몸체를 만듦 → (B) 전체적으로 매끄럽게 손질함 → (A) 자신만의 무늬를 새겨 개성을 나타냄 순으로 연결되어야 한다.

05 제시문은 A전자가 초절전 가정용 난방 에어컨을 출시하면서 나타나는 효과들에 대한 내용의 글이다. 따라서 (B) A전자가 가정용 난방 에어컨을 출시함 → (D) 이 신제품은 여름철 냉방 비용과 겨울철 난방비도 줄여줌 → (A) 또한 다양한 기능을 갖추고 있어 활용도가 높음 → (C) 앞으로 계속해서 세계 시장을 선도해 나갈 것 순으로 연결되어야 한다.

06 제시문은 동물원이 동물들의 자연 서식지에 맞게 재현해 주려고 하지만 동물들의 생존 본능과는 맞지 않다는 내용의 글이다. 따라서 (C) 동물원은 자연 서식지에 맞게 동물원을 재현해 주려고 노력함 → (D) 환경은 야생을 흉내 냈지만, 동물들은 먹이, 포식동물에 대한 걱정이 사라짐 → (A) 하지만 동물들은 바로 옆에 포식동물과 함께 공존하고 있음 → (B) 이는 동물들의 생존 본능에 맞지 않음 순으로 연결되어야 한다.

07 제시문은 A병원 내과 교수팀이 난치성 결핵균에 대한 치료성적이 세계 최고 수준으로 인정받았으며, 이로 인해 많은 결핵 환자들에게 큰 희망을 주었다는 내용의 글이다. 따라서 (C) 난치성 결핵균에 대한 치료성적이 우리나라가 세계 최고 수준임 → (B) A병원 내과 교수팀이 난치성 결핵의 치료 성공률을 세계 최고 수준으로 높임 → (D) 현재 치료 성공률이 80%에 이름 → (A) 이는 난치성 결핵환자들에게 큰 희망을 줌 순으로 연결되어야 한다.

08 제시문은 환경 영향 평가 제도에 대한 개념과 도입된 원인에 대한 내용의 글이다. 따라서 (A) 환경 영향 평가 제도는 부정적인 환경 영향을 줄이는 방안을 마련하는 수단 → (C) 개발로 인한 환경오염과 생태계가 파괴되어 해결이 어려워짐 → (B) 이러한 이유로 환경 영향 평가 제도가 도입됨 → (D) 환경 영향 평가 제도는 환경 보전에 대한 인식 제고와 개발과 보전 사이의 균형을 맞추는 역할을 수행함 순으로 연결되어야 한다.

09 제시문은 S물산이 이색 채용 설명회를 개최하였다는 내용의 글이다. (C) S물산이 연극 공연, 비보이 공연을 통해 이색 채용 설명회를 개최함 → (A) 이 행사는 대학생과 함께 자연스럽게 회사를 알릴 수 있는 내용의 연극 공연을 함 → (D) 연극 공연은 S물산을 이해하기 쉽도록 다양한 소재를 접목함 → (B) 연극 공연 후, 예비 지원자의 다양한 질문에 답하는 토크쇼 형식으로 설명회를 진행함 순으로 연결되어야 한다.

10 제시문은 H회사가 장애인의 날과 사회복지사의 날을 맞아 문화공연 무료 관람을 시행하였다는 내용의 글이다. 따라서 (D) H회사가 장애인의 날과 사회복지사의 날을 맞아 문화공연 무료 관람 기회를 제공 → (C) 장애인의 편리한 이동을 돕기 위해 공연장을 대관함 → (A) 임직원들은 문화 도우미가 되어 장애인들을 도움 → (B) 앞으로도 매월 무료 문화공연 관람 기회를 제공할 계획 순으로 연결되어야 한다.

11 제시문은 메주를 만드는 과정에 대한 내용의 글이다. (C) 콩을 삶아 으깨서 둥글거나 네모나게 만듦 → (B) 메주를 더운 방에 놓아 발효와 숙성시킴 → (D) 숙성 과정에서 메주 특유의 향과 맛을 내게 됨 → (A) 메주가 잘 뜨면 햇볕에 말려 간장과 된장의 재료로 완성시킴 순으로 연결되어야 한다.

12 제시문은 S병원이 국내 스키장 이용자들의 부상률을 조사하고 원인과 부상 예방법을 설명하는 내용의 글이다. (B) S병원이 국내 스키장 이용자들의 부상률을 조사함 → (D) 스키보다 스노보드의 부상률이 더 높게 나옴 → (C) 부상의 대부분은 인대 손상 → (E) 원인은 넘어질 때 손, 어깨를 사용하기 때문임 → (A) 부상을 줄이기 위해 자기 수준에 맞는 슬로프를 선택하고 평소 체력을 단련시킬 것 순으로 연결되어야 한다.

13 제시문은 최근 식도암 발병률이 늘고 있는데 S병원이 식도암은 조기 발견하여 치료하면 치료 성공률을 높일 수 있다는 내용의 글이다. 따라서 (D) 최근 서구화된 식습관으로 식도암이 증가함 → (A) 식도암은 조기에 발견하면 치료 성공률을 높일 수 있음→ (E) S병원이 조사한 결과 초기에 치료할 경우 생존율이 높게 나옴 → (B) 식도암은 조기에 발견할수록 치료 효과가 높았지만 실제로 초기에 치료받는 환자의 수는 적음 → (C) 식도암을 조기에 발견하기 위해서 50대 이상 남성은 정기적으로 검사를 받을 것을 강조 순으로 연결되어야 한다.

14 제시문은 판소리의 3요소와 함께 고수에 대해 설명한 내용의 글이다. 따라서 (C) 판소리의 3요소 → (A) 창, 아니리에 대한 설명 → (D) 발림에 대한 설명 → (E) 판소리를 하려면 고수도 필요함 → (B) 고수의 중요한 역할 순으로 연결되어야 한다.

15 제시문은 이글루가 따뜻해질 수 있는 원리에 대해 설명한 글이다. 따라서 (B) 에스키모는 이글루를 연상시킴 → (D) 이글루는 눈으로 만든 벽돌집임에도 불구하고 따뜻함 → (A) 눈 벽돌로 이글루를 만들고 안에서 불을 피움 → (E) 온도가 올라가면 눈이 녹으면서 벽의 빈틈을 메우고 눈이 녹으면 출입구를 열어 물을 얼림 → (C) 이 과정을 반복하면서 눈 벽돌집은 눈 얼음집으로 변하여 내부가 따뜻해짐 순으로 연결되어야 한다.

16 제시문은 여름에도 감기를 걸리는 이유와 예방과 치료방법에 대해 설명한 글이다. 따라서 (E) 의외로 여름에도 감기에 걸림 → (A) 찬 음식과 과도한 냉방기 사용으로 체온이 떨어져 면역력이 약해짐 → (D) 감기 예방을 위해 찬 음식은 적당히 먹고 충분한 휴식을 취하고, 귀가 후 손발을 씻어야 함 → (B) 감기에 걸렸다면 수분을 충분히 섭취해야 함 → (C) 열이나 기침이 날 때에는 따뜻한 물을 여러 번 나눠 먹는 것이 좋음 순으로 연결되어야 한다.

17 제시문은 로마 제국이 멸망한 이유 중 토양의 영향이 있었다는 내용의 글이다. 따라서 (D) 로마 제국의 멸망한 원인은 토양의 비옥함이 줄고 농작물의 산출 감소임 → (A) 로마의 지배가 시작될 때 이탈리아의 숲은 빽빽하였지만, 통치 말기에는 산림이 벌채되었음 → (E) 목재가 판매됨에 따라 땅은 농경지와 목초지로 바뀜 → (B) 산림 벌채는 토양을 날씨에 노출시키고, 가축의 방목으로 인해 토질을 악화시킴 → (C) 로마의 농업 생산 저하 순으로 연결되어야 한다.

18 제시문은 크리스마스 선물을 포장하게 된 원인에 대해 설명한 글이다. (C) 크리스마스 선물 포장은 미국인의 생활에서 유래된 현상 → (A) 이 현상은 20세기에 점점 기계로 만들어진 상품이 증가로 시작됨 → (E) 기계로 만들어진 제품은 친밀감이 덜 함 → (D) 개인적 손길이 들어간 느낌을 주기 위해 선물을 포장할 것을 권함 → (B) 선물 포장 현상이 시작됨 순으로 연결되어야 한다.

19 제시문은 스트레스로 인한 시간 관리의 미숙을 극복하기 위한 방안을 설명하는 글이다. 따라서 (B) 스트레스를 받으면 집중력이 떨어지고 안절부절못하게 됨 → (D) 심리적 압박감 때문에 시간 관리를 못하게 됨 → (A) 해야 할 일들은 더욱 많아지고 스트레스는 더 커짐 → (C) 스트레스를 받는다면 잠시 휴식을 취할 것 → (E) 그로 인해 스트레스 호르몬 수치가 낮아지고 집중력이 개선됨 순으로 연결되어야 한다.

20 제시문은 코를 고는 것으로 인해 사회적 · 신체적 친밀도에 발생할 수 있는 문제들에 대해 설명한 글이다. 따라서 (A) 코를 고는 것은 사회적 · 신체적 친밀도에 영향을 끼침 → (D) 코골이가 타인의 단잠을 방해할 수 있음 → (B) 같이 자는 타인의 수면의 질과 양은 심각하게 감소 → (E) 결국 서로 다른 방에서 자기로 결정 → (C) 때문에 코를 고는 사람들은 고립되고 신체적 친밀도를 느낄 수 없게 됨의 순으로 연결되어야 한다.

21 ④ 문명인들은 빠른 교통수단을 가지고 있지만 그 교통수단을 위한 부가적인 행위들로 인하여 많은 시간을 소모하게 된다. 이는 문명인들의 이동 속도를 미개인들의 이동 속도와 비교했을 때 큰 차이가 나지 않는 이유이다.

22 제1차 세계대전의 원인을 다방면에서 살펴봄과 동시에 방아쇠이자 효시가 되었던 오스트리아 황태자 부처 암살 사건의 중요성에 대해서도 이야기하고 있는 글이다. 즉, 이 글은 역사의 전개 양상이 필연적인 요소에 의해서만 흘러가는 것이 아니라 우연적인 요소에 의해서도 많이 좌우된다는 것을 강조하고 있다. 따라서 다음에 이어질 부분의 내용으로 알맞은 것은 '역사의 필연성과 우연성'이다.

23 제시문에서는 다문화 사회가 인종, 언어, 풍습 등이 다른 사람들이 각자의 특징을 지닌 채 조화를 이뤄야 한다고 주장하고 있다. 이는 인류 문화는 일원적으로 발전하는 것이 아니라, 제각기 독자적인 방향으로 발전하기 때문에 문화의 우열을 가릴 수 없다고 보는 태도나 관점인 '문화상대주의' 교육을 통해 실현될 수 있다.

24 '한국에서는 한 명의 변사가 영화를 설명하는 방식을 취하였으며, 영화가 점점 장편화되면서부터는 2명 내지 4명이 번갈아 무대에 등장하는 방식으로 바뀌었다.'라는 부분을 통해 ③과 내용이 일치함을 알 수 있다.
① 한국과 일본은 모두 변사의 존재가 두드러졌다.
② 한국에서 극장가가 형성된 것은 1910년대이다.
④ 앞부분에서 미국, 유럽에서는 자막과 반주 음악의 등장으로 변사가 점차 소멸하였다고 언급하고 있다.

25 전제란 내용 전개의 바탕이 되는 것을 말한다. 전제를 찾는 방법은 먼저 필자의 주장이 무엇인지를 파악하고, 주장이 성립하기 위한 요건을 확인하면 된다. 이 글의 중심 내용은 '우리말을 가꾸기 위해서 우리의 관심과 의식이 중요하다.'이다. 이러한 주장이 성립하기 위해서는 우리말을 '왜' 지켜야 하며, '왜' 중요한가를 밝히는 내용이 필요하다.
① 언어가 의사소통의 도구라는 내용은 우리말뿐만이 아니라 인간의 모든 언어가 지니는 공통적 특징이다.
② · ④ 모든 언어가 지니는 본질적 특징으로, ②는 언어의 사회성, ④는 언어의 기호성을 말한다.

26 ④ 김정호가 정밀한 지도 제작이라는 국가 과제를 수행했다는 말은 본문에 없다. 다만 국가적 차원에서 18세기에 상세한 지도가 만들어졌지만 일반인들이 볼 수도, 이용할 수도 없었는데, 김정호가 사회적 욕구와 변화를 인식해 대동여지도를 만들었다는 것을 알 수 있을 뿐이다.

27 ② 첫째 문단은 우리가 비극을 즐긴다는 것과 비극의 효과로서 '카타르시스'를 설명하고 있고, 둘째 문단은 니체가 말한 비극의 기능을 설명하고 있다.

28 정의(定義)란 어떤 말이나 사물의 뜻을 명백히 밝혀 규정하는 것을 말한다. '인간은 생각하는 동물이다'와 같이 '종차+유개념 방식'을 사용하는데 지문에는 정의로 설명하는 부분이 없다.
① 분류 : '아리랑'을 '지방에 따라' 분류함(첫째 문단)
② 비교 : '민요'를 '가락, 가사, 후렴'의 차이로 비교함(둘째 문단)
④ 구체적 예시 : 주지인 '첫 문장'을 둘째 문장부터 사례를 들어 구체화함(둘째 문단)

29 지문의 후반부에서 "그러나 '이기적 유전자' 혁명이 전하는 메시지는 인간이 철저하게 냉혹한 이기주의자라는 것이 아니다. 사실은 정반대이다."를 통해, ③은 진술과 내용이 부합하지 않음을 알수 있다.

30 ② 중심 내용은 '분노'에 대한 것으로, 사람의 경우와 동물의 경우를 나누어 분노가 어떻게 공격과 복수의 행동을 유발하는지에 대해 서술하고 있다.
① 분노에 대한 공격과 복수 행동만 서술할 뿐 공격을 유발하는 원인에 대한 언급은 없다.
③ 탈리오 법칙에 대한 언급은 했으나, 이에 대한 실제 사례 등 구체적은 서술은 없다.
④ 동물과 인간이 가지는 분노에 대한 감정 차이보다는, '분노했을 때의 행동'에 대한 공통점에 주안점을 두고 서술하였다.

31 제시문은 진나라 재상 상앙이 나라의 기강을 세우고 부국강병에 성공하게 된 비결을 서술한 글이다. 상앙의 비결은 공약한 내용을 잘 지킨 것으로, 글의 중심 생각은 '신뢰의 중요성'임을 알 수 있다.

32 제시문은 '쓰기(Writing)'의 문화사적 의의를 기술한 글이다. 제시문에서는 '복잡한 구조나 지시체계'는 이미 '소리 속에서' 발전해왔는데 그러한 복잡한 개념들을 시각적인 코드 체계인 '쓰기'를 통해 기록할 수 있게 되었다고 한다. 또한 그러한 '쓰기'를 통해 인간의 문명과 사고가 더욱 발전하게 되었다고 하였다.
④ '쓰기'가 '복잡한 구조나 지시 체계'를 이루는 시초가 되었다고 보고 있으므로 이는 잘못된 해석이다.

33 제시문은 '사회적 증거의 법칙'에 대한 글로, 다수의 사람들이 행동하는 것에 판단 기준을 세우는 것을 말한다.
①·②·④는 다수에 따라 행동했으나, ③은 직접 '발품을 팔아' 물건을 산 것으로 다수를 따라 행동한 것이 아닌 개인의 가치판단을 중심으로 행동한 것으로 볼 수 있다.

34 제시문은 일본 국립 사회보장인구문제 연구소에서 조사한 '5년간 캥거루족의 증가 추세'에 대한 통계수치만을 언급하고 있다.
'캥거루족의 증가 이유'를 말한 ④는 지문에서는 찾아볼 수 없다.

35 글의 요지, 즉 핵심은 ①로 볼 수 있다. ②·③·④는 ①의 주장을 드러내기 위해 현재의 상황을 서술한 내용이다.

36 제시문은 통계수치의 의미를 정확하게 이해하고 도구와 방법을 올바르게 사용해야 하며 특히 아웃라이어의 경우를 생각해야 한다고 주장하고 있다.
①·② 집단을 대표하는 수치로서의 '평균' 자체가 숫자놀음과 같이 부적당하다고는 언급하지 않았다.
③ 아웃라이어가 있는 경우에는 평균보다는 최빈값이나 중앙값이 대푯값으로 더 적당하다.

37 ①·②·③은 부분적 생각이다. 중심 생각은 '역사추진위(학자, 교사)와 정부가 노력해야 한다.'가 된다.
 • 1문단 : 역사학자와 교사 20명으로 역사추진위 구성
 • 2문단 : 한국사 필수화 문제 논의
 • 3문단 : 집필 기준과 검정 기준을 바로 세워야 함
 • 4문단 : 교육 방법도 쉽고 재미있게 배울 수 있도록 역사추진위와 정부가 노력해야 한다.

38 팩션이라는 장르의 속성을 설명한 글이다.
③ 현실을 비판하기보다는 현실의 모습을 찾는 데 주안점을 둠(세 번째 문단)
① 텍스트의 현실성을 강조(두 번째 단락)
② 실재를 바탕에 둔 허구 이야기(세 번째 단락)
④ 문학 위기에 대한 돌파구(두 번째 단락)
팩션(Faction)
팩트(Fact)와 픽션(Fiction)을 합성한 신조어로, 역사적 사실에 근거하여 새로운 시나리오를 재창조하는 문화예술 장르를 가리킨다. 주로 소설의 한 장르로 사용되었지만 영화, 드라마, 연극, 게임, 만화 등으로도 확대되는 추세이며 문화계 전체에 큰 영향을 미치고 있다.

39 아리스토텔레스의 견해를 인용하여 사랑의 요소에 대한 개념을 규명하고 있다. 완전한 사랑이란 '동일성으로 향하는' 줄기찬 노력의 과정이며, 동일성이 목표가 아니라 '방향'이라고 이야기하고 있다. 이 사례로 가장 인용하기 좋은 문장은 ②이다.

40 문제를 읽고 핵심어를 찾아가면서 제시문을 읽도록 한다.
③ '민중 문학으로서의 특성에 대한 진로 모색'이란 말은 지문 속에 없다.

41 이 글은 글의 서두에 문제로 제기하는 '선천적·숙명적 당파성'을 논박해서 결론을 이끌어 내는 구성 방식을 취하고 있다. 글의 논지는 '붕당의 발생이 역사적 산물이었다.'로, 가장 마지막에 나타난다. 그러므로 논지의 뒷받침이 될 수 있는 것은 민족성이 선천적이 아닌 후천적인 것으로 선택하면 된다.
① 혈통적 민족의 불변성을 언급한 것이라 글 내용과 무관하다.
③ 자연환경에 적응하는 것과 당파성은 아무 관계가 없다.
④ 민족의 고유한 기질이 문화를 만든다는 이야기인데, 그러면 한민족의 당파성을 인정하는 주장의 논거로 쓰이게 된다.

42 지문은 정책 과정에서 주민 참여의 범위가 확대되어 정책 전문가와 관료들의 시각이 아닌 보다 많은 견해를 수용해야 한다고 주장하는 글이다.

43 제시문의 중심 내용은 '거대 회사가 정보를 독점적으로 공유하며, 거대 미디어들이 제공하는 뉴스의 사실성·공정성을 검증할 수 있는 정보 사용자가 없다.'는 것이다. 그에 대한 결론이므로 정보 사회의 단점을 언급한 ④가 답이다. 나머지는 모두 정보 사회의 긍정적인 면만 부각하고 있다.

44 노자의 말을 빌려 글쓴이가 말하는 것은 결국 '안다는 것'의 중요성이다. 지식의 중요성을 언급한 이 글이 앞부분이라면 그런 지식을 학문으로 통해 가지자는 것이 그 다음 내용으로 이어져야 할 것이다. 그러므로 '학문의 목적'이 그 중요한 지식을 가지는 데에 있다는 것이 정답이 된다.

45 낭포성 섬유증 증세를 보이는 사람이 장과 폐로부터 염소 이온을 밖으로 퍼내는 작용을 정상적으로 하지 못한다고는 했으나, 생명이 위험하다고는 하지 않았다.

46 본문에서 영리 병원 도입으로 중장기적 고용 창출 효과가 있을 것이라고 말하고 있다.

47 타인에 대한 배려와 조직에 대한 애정을 갖는 것이 '조직시민행동'이라 할 수 있다. 그런데 비윤리적 행동을 하는 사람을 상사에게 알리는 것은 이에 부합하지 않는다.

48 이혼 후 선량한 남자는 악한 여자를 만나서 악하게 되었고, 선량한 여자는 이혼 후 악한 남자를 만났지만 그 남자가 선량하게 되었으므로 남자는 여자에 의해 변화됨을 알 수 있다.

49 인간에게 자유 의지가 없다면 인간의 행위는 모두 마지못해 한 행위에 불과할 것이라는 사실을 근거로 현대 생물학을 신뢰할 수 없다고 지적하고 있다.

50 ① 현재의 특허법은 인위적으로 분리·확인된 것을 발명으로 간주한다.

제 2 장 수리력

01	02	03	04	05	06	07	08	09	10	11	12	13	14	15	16	17	18	19	20	21	22	23	24	25
①	②	④	③	①	③	③	④	④	④	①	①	④	③	③	②	②	②	③	①	③	②	①	④	②
26	27	28	29	30	31	32	33	34	35	36	37	38	39	40	41	42	43	44	45	46	47	48	49	50
④	①	①	③	③	④	③	①	②	③	②	①	②	③	①	①	①	④	②	②	③	④	①	②	③
51	52	53	54	55	56	57	58	59	60	61	62	63	64	65	66	67	68	69	70	71	72	73	74	75
③	②	②	③	②	③	③	①	①	②	④	④	③	①	②	④	④	①	③	④	④	④	③	④	①
76	77	78	79	80	81	82	83	84	85	86	87	88	89	90	91	92	93	94	95	96	97	98	99	100
③	④	③	④	①	②	②	④	②	④	④	③	④	③	④	②	④	②	①	①	②	④	①	④	④
101	102	103	104	105	106	107	108	109	110	111	112	113	114	115	116	117	118	119	120	121	122	123	124	125
②	③	①	④	①	②	③	③	①	①	④	②	②	②	②	②	②	②	①	④	④	②	③	①	③
126	127	128																						
①	③	④																						

01 올 때의 시속을 x라고 하면, (시간)$=\dfrac{(거리)}{(속력)}$ 이므로

$$\frac{150}{100}+\frac{150}{x}=\frac{300}{75} \rightarrow \frac{1}{100}+\frac{1}{x}=\frac{2}{75}$$

$$\rightarrow \frac{x+100}{100x}=\frac{2}{75} \rightarrow 200x=75x+7,500$$

$$\rightarrow 125x=7,500 \quad \therefore x=60$$

02 $\dfrac{x}{60}-\dfrac{x}{70}=\dfrac{1}{12} \rightarrow 70x-60x=350$

$\rightarrow 10x=350 \quad \therefore x=35$

03 (속력)$=\dfrac{(거리)}{(시간)} \rightarrow$ (시간)$=\dfrac{(거리)}{(속력)}$이므로 평지의 거리를 $x$km, 평지 끝에서 언덕 꼭대기까지의

거리를 $y$km라고 하면

$6=\dfrac{x}{4}+\dfrac{y}{3}+\dfrac{y}{6}+\dfrac{x}{4} \rightarrow \dfrac{x}{2}+\dfrac{y}{2}=6 \rightarrow x+y=12$

따라서 철수가 총 걸은 거리는 $2x+2y$이므로 24km가 된다.

04 두 사람의 걷는 속도를 각각 $x, y(x>y)$라고 하자.

$\begin{cases} x-y=4 \\ \dfrac{x}{2}+\dfrac{y}{2}=4 \rightarrow x+y=8 \end{cases}$

두 식을 연립하면, $x=6, y=2$

$\therefore x=6$km/시, $y=2$km/시

05 x : 걸어간 거리, y : 버스를 타고 간 거리라고 하면

$$\begin{cases} x+y=50 \\ \dfrac{x}{5}+\dfrac{y}{90}=\dfrac{3}{2} \end{cases}$$

$\rightarrow x=5\text{km},\ y=45$ $\therefore$ 5km

06 집에서 학교까지의 거리를 x라고 하면, 걸어간 거리는 $0.5x$, 뛰어간 거리는 $1.5x$이므로

$$\dfrac{0.5x}{2}+\dfrac{1.5x}{6}=3{,}600$$

$\rightarrow \dfrac{1}{2}x=3{,}600$ $\therefore x=7{,}200$

07 강을 거슬러 오를 때의 속력 : (배의 속력)−(강물의 속력)

강을 내려갈 때의 속력 : (배의 속력)+(강물의 속력)

x : 배의 속력, y : 강물의 속력이라고 하면

$$\begin{cases} 40(x-y)=2{,}000 \\ 20(x+y)=2{,}000 \end{cases}$$

$\rightarrow x=75,\ y=25$ $\therefore$ 75m/분

08 (열차의 이동 거리)=(열차의 길이)+(터널의 길이)

x : 터널의 길이라고 하면

$$\dfrac{50+x}{250}=5 \quad \therefore x=1{,}200$$

09 한 열차는 정지해 있고, 한 열차만 움직인다고 가정하면, 움직이는 열차는 시속 80km로 길이 160m를 달린다. 이때의 시속을 초속으로 바꾸면 $80\text{km/시}=\dfrac{80{,}000}{3{,}600}\text{m/초}$이다.

$$\therefore \text{시간}=\dfrac{160\text{m}}{\dfrac{80{,}000}{3{,}600}}=7.2\text{초}$$

10 $x,\ y$를 각각 아버지, 아들의 나이라고 하면

$$\begin{cases} x-y=25 \\ x+3=2(y+3)+7 \end{cases}$$

$\rightarrow x=40,\ y=15$ $\therefore$ 40세

11 경수의 나이를 a라고 하면, 경진이의 나이는 $a-2$이다.

$a^2=(a-2)^2\times3-2=3a^2-12a+12-2=3a^2-12a+10$

$\rightarrow 2a^2-12a+10=0 \rightarrow a^2-6a+5=0$

$\rightarrow (a-1)(a-5)=0$ $\therefore a=5$살 $(\because a-2>0)$

12 (A의 톱니 수)×(A의 회전 수)=(B의 톱니 수)×(B의 회전 수)

x : A의 톱니 수, $x-20$: B의 톱니 수라고 하면

$6x=10(x-20)$ $\therefore x=50$

13 (정가)−(원가)=(이익)

원가를 x라고 하면, 정가는 $1.5x \times (1-0.2)$이므로

$\{1.5x \times (1-0.2)\}-x=1,000$ $\therefore x=5,000$

14 원래 가격을 x라 하면 40% 할인된 제품의 가격은 $(1-0.4)x$이다. 여기에 추가로 10% 할인을 하면, $(1-0.4)x \times (1-0.1)=0.54x$가 판매가격이다. 즉, 할인된 가격은 $x-0.54x=0.46x$이므로 원래 가격의 46%가 할인되었다.

15 처음 물건 하나를 구입할 때의 가격을 a원이라고 하면 다음과 같은 식으로 나타낼 수 있다.

$$40 \times 1.6a+60 \times \left(1.6a-1.6a \times \frac{y}{100}\right)=a \times 100$$

$$64a+96a-\frac{9.6ay}{10}=100a \rightarrow \frac{9.6a}{10}y=60a$$

$$\therefore y=60a \times \frac{10}{9.6a}=\frac{600}{9.6}=62.5$$

16 5% 소금물 400g에 들어있는 소금의 양은 $\frac{5}{100} \times 400=20$g

증발을 시키면 소금의 양은 그대로이고 소금물의 양과 농도만 변화하므로

$\frac{10}{100} \times (400-x)=20$ $\therefore x=200$

17 4%의 소금물의 양을 x라고 하면

$$\frac{4}{100}x+\frac{8}{100} \times 30=\frac{5}{100} \times (30+x)$$

$\rightarrow 4x+240=150+5x$ $\therefore x=90$

18 4% 소금물의 양을 xg이라 하면

$$\frac{24 \times \frac{8}{100}+x \times \frac{4}{100}}{24+x} \times 100=5(\%) \rightarrow \frac{192+4x}{24+x}=5\%$$

$\rightarrow 192+4x=5(24+x) \rightarrow 192+4x=120+5x$

$\therefore x=72$

19 $0.05x+0.12y=0.1(x+y) \rightarrow 5x+12y=10x+10y$

$\rightarrow 5x=2y$ $\therefore x:y=2:5$

20 $\dfrac{9}{100}x+\dfrac{18}{100}y=\dfrac{12}{100}(x+y)$ …… (ⅰ)

잘못 만들어진 소금물의 농도를 X라 하면

$\dfrac{18}{100}x+\dfrac{9}{100}y=\dfrac{X}{100}(x+y)$ …… (ⅱ)

(ⅰ)에서 $x=2y$ …… (ⅲ)

(ⅱ)에서 $(X-18)x+(X-9)y=0$ …… (ⅳ)

(ⅲ)을 (ⅳ)에 대입하면

$\therefore X=15$

21 1분 동안 A가 채울 수 있는 물의 양 : $\dfrac{1}{128}$

1분 동안 B가 채울 수 있는 물의 양 : $\dfrac{1}{64}$

$\rightarrow \dfrac{1}{64}\times 32+\left(\dfrac{1}{128}+\dfrac{1}{64}\right)x=1$ $\therefore x=\dfrac{64}{3}$

22 A, B, C가 각각 하루 동안 할 수 있는 일의 양은 $\dfrac{1}{15}$, $\dfrac{1}{10}$, $\dfrac{1}{30}$이다.

$\left(\dfrac{1}{15}+\dfrac{1}{10}+\dfrac{1}{30}\right)\times x=1$

$\rightarrow \dfrac{1}{5}\times x=1$ $\therefore x=5$

23 a : 피자의 총 조각 수라고 하면

철수가 먹은 피자의 조각 수 : $\dfrac{a}{3}$

민수가 먹은 피자의 조각 수 : $\dfrac{2a}{3}\times\dfrac{5}{6}$

$\rightarrow a-\left(\dfrac{a}{3}+\dfrac{2a}{3}\times\dfrac{5}{6}\right)=4$ $\therefore a=36$

24 7시 x분에 반대 방향으로 일직선을 이룬다고 하면

시침이 움직인 각도 : $7\times30+0.5x$, 분침이 움직인 각도 : $6x$

시침과 분침이 서로 반대 방향으로 일직선을 이룬다는 것은 시침의 각도가 분침의 각도보다 180도 더 크다는 것이므로

$(7\times30+0.5x)-6x=180$

$\rightarrow x=\dfrac{60}{11}$ $\therefore$ 7시 $\dfrac{60}{11}$분

25 x : A가 이긴 횟수(=B가 진 횟수)

y : A가 진 횟수(=B가 이긴 횟수)라고 하면

$$\begin{cases} 2x-y=11 \\ 2y-x=2 \end{cases}$$

→ $x=8$, $y=5$ ∴ 8번

26 남자 회원 수를 x, 여자 회원 수를 y라고 하면

$$\begin{cases} y=0.8x \\ x-5=y+1 \end{cases}$$

두 식을 연립하면, $0.2x=6$

∴ $x=30$명, $y=24$명

27 1학년 학생 수를 x명, 2학년 학생 수를 y명, 3학년 학생 수를 z명이라고 하면

$y+z=350$ …… (ⅰ)

$x+z=250$ …… (ⅱ)

$x+y=260$ …… (ⅲ)

(ⅰ)−(ⅱ) : $y-x=100$ …… (ⅳ)

(ⅲ), (ⅳ)를 연립하면 $2y=360$

→ $x=80$, $y=180$, $z=170$ ∴ 80명

28 3월 1일에서 5월 25일까지 일수는 $31+30+25=86$일이다.

$85÷7=12 \cdots 1$

따라서 5월 25일은 토요일이다.

29 A를 $10x$, B를 y로 놓으면

$10x+y+y=10y+x$ → $9x=8y$

∴ $x=8$, $y=9$

즉, B+A$=9+8=17$이다.

30 의자의 개수를 x라고 하면, 아이들은 $8x+2$ 또는 $9(x-3)+4$이다.

$8x+2=9(x-3)+4$

→ $x=25$ ∴ $8×25+2=202$명

31 360, 648의 최대공약수를 구하면, 타일의 한 변의 길이는 72cm이다. 따라서 가로에 5개, 세로에 9개 들어가므로 총 타일의 개수는 45개이다.

32 원래 가지고 있던 돈을 x원이라 한다면 아르바이트를 한 뒤에 철수가 가지고 있는 돈은 $4x$원이다.

$(4x-20,000)×0.7=14,000$ ∴ $x=10,000$

33 처음 직사각형의 가로, 세로의 길이를 각각 x, $12-x$라고 하면, 늘린 직사각형의 가로, 세로의 길이는 각각 $x+3$, $3(12-x)$이다.

$2\{x+3+3(12-x)\}=50$ $\therefore x=7$

따라서 늘린 직사각형의 가로, 세로의 길이는 각각 10cm, 15cm이므로 넓이는 150cm²이다.

34 전체 여행시간을 x라고 하면

밥을 먹고 쇼핑한 시간 : $\left(1-\dfrac{1}{5}-\dfrac{1}{3}\right)x=14$

$\rightarrow \dfrac{7}{15}x=14$ $\therefore x=30$

35 학생, 어른의 입장료를 각각 x, $1.5x$라고 하면

$5x+6\times1.5x=42,000$ $\therefore x=3,000$

따라서 어른의 입장료는 $1.5x=4,500$원이다.

36 작년의 남학생, 여학생 수를 각각 x, y라고 하면

$x+y=1,200$ $\cdots$ (i)

$0.95x+1.07y=1,200$ $\cdots$ (ii)

(i)$\times95-$(ii)$\times100$을 하여 식을 정리하면 $y=500$명이다.

37 강아지와 닭의 수를 각각 x, $20-x$라고 하면

$4x+2(20-x)=46$

$\rightarrow 2x=6$ $\therefore x=3$

38 3시간은 180분이므로 3번의 쉬는 시간을 가지므로, 총 150분 동안 문제를 풀게 된다.

문제를 푸는 속도 $=\dfrac{90}{60}=1.5$문제/분

$\rightarrow 1.5\times150=225$문제

39 물통의 들이 : $10\times5\times20=1,000$ml

물이 차는 속도 : $150-100=50$ml/s

$\therefore 1,000\div50=20$초

40 $320\times\dfrac{3}{4}\times\dfrac{3}{5}=144$명

41 220원짜리 우표, 300원짜리 우표를 각각 $30-x$, x라고 하면

$220(30-x)+300x=7,400$

$\rightarrow 80x=800$ $\therefore x=10$

42   연속하는 세 짝수를 $x-2$, x, $x+2$라고 하면

$10 < x-2+x+x+2 < 14$

$\rightarrow \dfrac{10}{3} < x < \dfrac{14}{3} \rightarrow x=4$

∴ 가장 큰 수는 6이다.

43   x : 책을 고르는 데 걸린 시간이라 하면

$\dfrac{2}{6}+x+\dfrac{2}{6} \leq 2 \rightarrow x \leq \dfrac{4}{3}$

∴ 1시간 20분

44   직사각형의 넓이의 반은 $20 \times 15 \div 2 = 150cm^2$이다.

가로의 길이를 $x$cm 줄인다고 하면

$(20-x) \times 15 \leq 150$

$\rightarrow x \geq 10$ ∴ 10cm

45   판매 차량 대수를 x라 하면, 차량 판매 금액은 $1,200x$이고, 한 대당 판매 성과급은

$1,200x \times \dfrac{3}{100} = 36x$

즉, 월급은 $80+36x \geq 240 \rightarrow 36x \geq 160 \rightarrow x \geq 4.4444\cdots$

∴ $x=5$

46   {(동전 3개를 던졌을 때, 나올 수 있는 경우의 수)-(모두 뒷면이 나오는 경우의 수)}와 같은 형태의 문제이다.

∴ $2^3-1=7$

47   i) A○○○○○G인 경우

A, G를 제외한 5명 중 C, D, E가 이웃하여 서는 경우의 수는 $3! \times 3! = 36$(가지)

ii) G○○○○○A인 경우

i)과 마찬가지로, $3! \times 3! = 36$가지

∴ $36+36 = 72$가지

48   남자 5명 중 부회장 1명, 여자 3명 중 부회장 1명을 뽑고, 남은 6명 중 대표 1명을 뽑으면 된다.

$\rightarrow 5 \times 3 \times 6 = 90$ ∴ 90가지

49   35   →1가지

40, 41, 42, 43, 45 →5가지

50, 51, 52, 53, 54 →5가지

∴ $1+5+5 = 11$가지

50 500원, 100원, 50원짜리 순으로 순서쌍을 만들어 보면

$(2,\ 2,\ 0),\ (2,\ 1,\ 2),\ (2,\ 0,\ 4),\ (1,\ 5,\ 4)$ ∴ 4가지

51 6개의 점 중 3개를 택하면 된다. 단, 밑변의 세 점을 연결할 경우는 삼각형이 되지 않으므로 이 경우는 제외해야 한다.

$\rightarrow {}_6C_3-1=\dfrac{6\times5\times4}{3\times2\times1}-1=19$ ∴ 19가지

52 ㄱ, ㄴ, ㄷ, ㄹ 순으로 칠한다면

ㄱ은 4가지

ㄴ은 ㄱ과 달라야 하므로 3가지

ㄷ은 ㄱ, ㄴ과 달라야 하므로 2가지

ㄹ은 ㄱ, ㄷ과 달라야 하므로 2가지

$\rightarrow 4\times3\times2\times2=48$ ∴ 48가지

53 사각형이 되려면 가로선, 세로선이 각각 2개씩 필요하다. 즉, 4개의 가로선 중에서 2개를 택하고, 6개의 세로선 중에서 2개를 택하는 경우이다.

$\rightarrow {}_4C_2\times{}_6C_2=\dfrac{4\times3}{2\times1}\times\dfrac{6\times5}{2\times1}=90$ ∴ 90가지

54 n개 팀의 총 토너먼트 게임 횟수 : $n-1$

$\rightarrow 8-1=7$ ∴ 7경기

55 서로 한 번씩 경기를 하는 리그전과 같은 문제이다.

리그전을 할 경우, n개 팀의 총 게임 횟수 : $\displaystyle\sum_{k=1}^{n-1}k=1+2+\cdots+(n-1)$

$\rightarrow 1+2+3+4+5=15$ ∴ 15회

56

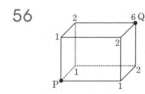

57

A에서 P까지 최단거리는 10가지이다.

P에서 B까지 최단거리는 3가지이다.

∴ $10 \times 3 = 30$가지

58 짝수의 눈이 나올 확률 : $\dfrac{3}{6} = \dfrac{1}{2}$

홀수의 눈이 나올 확률 : $\dfrac{3}{6} = \dfrac{1}{2}$

주사위를 두 번 던졌을 때 짝수가 먼저 나오고, 홀수가 나올 확률 : $\dfrac{1}{2} \times \dfrac{1}{2} = \dfrac{1}{4}$

주사위를 두 번 던졌을 때 홀수가 먼저 나오고, 짝수가 나올 확률 : $\dfrac{1}{2} \times \dfrac{1}{2} = \dfrac{1}{4}$

∴ $\dfrac{1}{4} + \dfrac{1}{4} = \dfrac{1}{2}$

59 동전의 앞면이 나올 확률 : $\dfrac{1}{2}$

두 수의 곱이 홀수가 되는 경우는 두 수가 모두 홀수일 때 뿐이다. 즉, 홀수×홀수=홀수이다.
두 수가 모두 홀수인 경우 : $(1,\ 1),\ (1,\ 3),\ (1,\ 5),\ (3,\ 1),\ (3,\ 3),\ (3,\ 5),\ (5,\ 1),\ (5,\ 3),$
$(5,\ 5) \rightarrow$ 9가지
주사위 두 개의 곱이 홀수가 될 확률 : $\dfrac{9}{36} = \dfrac{1}{4}$

∴ $\dfrac{1}{2} \times \dfrac{1}{4} = \dfrac{1}{8}$

60 걸은 앞면이 1개, 뒷면이 3개 나오는 경우이므로, 앞면을 ○, 뒷면을 ×라고 하면
$(○×××),\ (×○××),\ (××○×),\ (×××○) \rightarrow$ 4가지
전체 경우의 수는 $2^4 = 16$가지

∴ $\dfrac{4}{16} = \dfrac{1}{4}$

예 걸이 나올 확률=도가 나올 확률 : $\dfrac{1}{4}$

개가 나올 확률 : $\dfrac{3}{8}$

윷이 나올 확률＝모가 나올 확률 : $\dfrac{1}{16}$

61 (적어도 한 문항을 맞힐 확률)＝1－(3문항 모두 틀릴 확률)

문항을 맞힐 확률 : $\dfrac{1}{2}$, 틀릴 확률 : $\dfrac{1}{2}$이므로, 모두 틀릴 확률 : $\dfrac{1}{2}\times\dfrac{1}{2}\times\dfrac{1}{2}=\dfrac{1}{8}$

$\therefore 1-\dfrac{1}{8}=\dfrac{7}{8}$

62 (새를 맞힐 확률)＝1－(2발 모두 못 맞힐 확률)

→2발 모두 못 맞힐 확률 : $\dfrac{3}{5}\times\dfrac{3}{5}=\dfrac{9}{25}$

$\therefore 1-\dfrac{9}{25}=\dfrac{16}{25}$

63 B만 합격한다는 것은 A와 C는 불합격한다는 뜻이다.

$\to\left(1-\dfrac{1}{3}\right)\times\dfrac{1}{4}\times\left(1-\dfrac{1}{5}\right)=\dfrac{2}{15}$ $\therefore \dfrac{2}{15}$

64 i) 내일 비가 오고, 모레 비가 올 확률

$\dfrac{1}{3}\times\dfrac{1}{4}=\dfrac{1}{12}$

ii) 내일 비가 안 오고, 모레 비가 올 확률

$\dfrac{2}{3}\times\dfrac{1}{5}=\dfrac{2}{15}$

$\therefore \dfrac{1}{12}+\dfrac{2}{15}=\dfrac{13}{60}$

65 $2x+y>8$를 만족하는 순서쌍 $(x,\ y)$를 나열하면

$(4,\ 1),\ (4,\ 2),\ (4,\ 3),\ (3,\ 4) \to$ 4가지

전체 경우의 수는 $4\times 3=12$가지

$\therefore \dfrac{4}{12}=\dfrac{1}{3}$

66 i) 흰 구슬을 먼저 뽑고, 검은 구슬을 뽑을 확률

$\dfrac{4}{10}\times\dfrac{6}{9}=\dfrac{4}{15}$

ii) 검은 구슬을 먼저 뽑고, 흰 구슬을 뽑을 확률

$\dfrac{6}{10}\times\dfrac{4}{9}=\dfrac{4}{15}$

$\therefore \dfrac{4}{15}+\dfrac{4}{15}=\dfrac{8}{15}$

제2장 · **339**

67 i) 밥을 먹고 설거지를 할 확률

$$\frac{4}{5} \times \frac{3}{7} = \frac{12}{35}$$

ii) 밥을 먹지 않고 설거지를 할 확률

$$\frac{1}{5} \times \frac{2}{7} = \frac{2}{35}$$

$$\therefore \frac{12}{35} + \frac{2}{35} = \frac{14}{35}$$

68 진희를 포함한 친구들이 임의로 야구장에 입장하는 방법의 수는 7!이다. 또한 첫 번째와 마지막에 들어가는 두 명의 남자친구가 입장하는 방법의 수는 4×3이고, 남은 남자친구 2명, 진희, 여자친구 2명이 입장하는 방법의 수는 5!이다.

$$\therefore \frac{4 \times 3 \times 5!}{7!} = \frac{2}{7}$$

69 주사위를 2번 던졌을 때, 나온 눈의 수의 합의 범위는 $2 \sim 12$이고, 도착지점이 C가 되려면, 합은 2, 5, 8, 11이 나와야 한다.

 i) 합이 2인 경우

  $(1, 1) \rightarrow 1$가지

ii) 합이 5인 경우

  $(1, 4), (2, 3), (3, 2), (4, 1) \rightarrow 4$가지

iii) 합이 8인 경우

  $(2, 6), (3, 5), (4, 4), (5, 3), (6, 2) \rightarrow 5$가지

iv) 합이 11인 경우

  $(5, 6), (6, 5) \rightarrow 2$가지

전체 경우의 수는 $6^2 = 36$가지이므로

$$\therefore \frac{1+4+5+2}{36} = \frac{1}{3}$$

70 전체 넓이 : $5^2\pi = 25\pi$,

색칠된 부분의 넓이 : $2^2\pi = 4\pi$

$$\therefore \frac{4\pi}{25\pi} = \frac{4}{25}$$

71 앞의 항에 $+4, +12, +36, +108, +324, \cdots$을 더한다.

72 앞의 항에 $+3, +5, +7, +9, \cdots$을 더한다.

73 (앞의 항)$\times(-2) = $(뒤의 항)

74 앞의 항에 +10, +20, +40, +80, +160, +320, …을 더한다.

75 앞의 항에 −2, +4, −8, +16, −32, …을 더한다.

76 앞의 항에 +7, +14, +28, +56, +112, …을 더한다.

77 앞의 항에 +2, −3, +5, −8, +13, −21, …을 더한다(피보나치 수열을 부호를 바꾸어 더한다).

78 앞의 항에 +5, −10, +15, −20, …을 더한다.

79 (앞의 항)÷5=(뒤의 항)

80 앞의 항에 +3, −6, +9, −12, +15, …을 더한다.

81 분자는 앞의 분자에 5씩 더하고, 분모는 (앞의 분모×3)+1인 수열이다.

82 분모는 +11, +22, +33, …을 더하고, 분자는 −5, −6, −7, …을 더한다.

83 앞의 항에 $+1$, $+\dfrac{1}{2}$, $+\dfrac{1}{3}$, $+\dfrac{1}{4}$, …을 더한다.

84 앞의 항에 ×1, ×2, ×3, …을 한다.

85 앞의 항에 +0.2, +0.25, +0.3, +0.35, …을 더한다.

86 홀수 항은 +3씩 더하는 수열이고, 짝수 항은 6이다.

87 홀수 항은 +2씩 더하는 수열이고, 짝수 항은 +3씩 더하는 수열이다.

88 홀수 항은 10을 더한 후 2로 나누는 수열이고, 짝수 항은 −10씩 곱하는 수열이다.

89 홀수 항은 +1씩 더하는 수열이고, 짝수 항은 +1, +2, +3, …을 더하는 수열이다.

90 홀수 항은 $+1^2$, $+2^2$, $+3^2$, …씩 더하는 수열이고, 짝수 항은 −1, −2, −3, …을 더하는 수열이다.

91 홀수 항은 1을 뺀 후 2를 곱하는 수열이고, 짝수 항은 3씩 나누는 수열이다.

92 홀수 항은 −3, −5, −7, …씩 더하는 수열이고, 짝수 항은 2^2, 4^2, 6^2, …인 수열이다.

93 홀수 항은 ×(−3), 짝수 항은 ÷5이다.

94 홀수 항은 +5씩 더하는 수열이고, 짝수 항은 +1, +4, +7, …을 더하는 수열이다.

95 홀수 항은 1^2-1, 2^2-1, 3^2-1, 4^2-1,…인 수열이고, 짝수 항은 −3, −4, −5, …을 더하는 수열이다.

96 홀수 항은 +1, 짝수 항은 +2이다.

97 첫 번째, 두 번째, 세 번째 수를 기준으로 3칸씩 이동하며 이루어지는 수열이다.
  i) 1   2   3   4
  ii) 10   9   (8)   7
  iii) 4   8   12   16

98 첫 번째, 두 번째, 세 번째 수를 기준으로 3칸씩 이동하며 이루어지는 수열로서, 해당 수를 제곱하는 수열이다.
  i) 2   4   16
  ii) 3   9   (81)
  iii) 4   16   256

99 홀수 항은 ×2+0.1, ×2+0.2, ×2+0.3, …인 수열이고, 짝수 항은 ×2−0.1인 수열이다.

100 홀수 항은 ÷3−1인 수열이고, 짝수 항은 $+\dfrac{1}{6}$씩 더하는 수열이다.

101 +3, ÷2가 반복되는 수열이다.

102 +1, ×(−2)가 반복되는 수열이다.

103 ×(−3), +10이 반복되는 수열이다.

104 ×2+7, ×2−1이 반복되는 수열이다.

105 ×(−2), +4가 반복되는 수열이다.

106 ×2, +3, ×3이 반복되는 수열이다.

107 ×2, +10, ÷4가 반복되는 수열이다.

108 +3, ÷(−2)가 반복되는 수열이다.

109 ×(−2), +5가 반복되는 수열이다.

110 ×$\frac{2}{3}$, −1이 반복되는 수열이다.

111 (앞의 항)×(뒤의 항)=(다음 항)

112 (앞의 항)−(뒤의 항)+7=(다음 항)

113 (앞의 항)+(뒤의 항)−2=(다음 항)

114 (앞의 항)−(뒤의 항)−11=(다음 항)

115 (앞의 항)+(뒤의 항)=(다음 항)

116 $\underline{A \quad B \quad C} \rightarrow A \times B = C$

117 $\underline{A \quad B \quad C} \rightarrow A - B - 1 = C$

118 $\underline{A \quad B \quad C} \rightarrow A^B = C$

119 $\underline{A \quad B \quad C} \rightarrow A + C = 3B$

120 $\underline{A \quad B \quad C} \rightarrow A^2 + B^2 = C$

121 ① · ② 자료에서 2011년에 기타일간은 일간신문보다 수치가 낮다.
③ 자료에서 인터넷 신문은 2005년부터 수치가 기록됐다.

122 ① 자료보다 2000년 원/달러 절상율 수치가 낮다.
③ 자료보다 2008년 엔/달러 절상율 수치는 낮고, 원/100엔 절상율 수치는 높다.
④ 자료에서 1995년은 원/100엔 절상율> 원/달러 절상율> 엔/달러 절상율 순으로 수치가 높다.

123 ① 자료에서 2006년에는 신문 광고비가 옥외 광고비보다 많다.
② · ④ 자료에서 2003년에는 뉴미디어 광고비가 잡지 광고비보다 많다.

124 ② · ④ 자료에서 2003년에는 채권형 수탁액이 혼합형 수탁액보다 많다.
③ 자료에서 2006년에는 채권형 수탁액이 MMF 수탁액보다 적다.

125 ① · ② · ④ 1999년 물가상승률보다 높게 표시됐다.

126 ② · ③ · ④ 2010년 출생아 수는 470.2천 명이다.

127 ① · ④ 2008년 GDP 대비 외환보유액 비중은 21.6%이다.
② 2006년 GDP 대비 외환보유액 비중은 25.1%이다.

128 ④ 2008년 30〜99인 사업체 근로시간은 187.2시간이다.

제 3 장 문제해결

01	02	03	04	05	06	07	08	09	10	11	12	13	14	15	16	17	18	19	20
③	③	②	④	①	③	①	②	④	②	④	②	③	③	②	③	③	②	③	②

01 선약실행 시에 얻을 수 있는 최소의 편익은 선약의 편익에서 자신을 제외한 나머지 부서원의 최대 회식참석 인원인 4를 뺀 만큼의 편익이다.

02 민지가 선약실행을 선택했을 때의 최대 편익은 12로, 회식참석을 선택했을 때의 최대 편익 15보다 작다.
② 민지가 선약실행을 선택했을 때 얻을 수 있는 최소의 편익은 민지를 제외한 4명의 부서원 모두가 회식에 참여했을 때이다.

03 호영을 제외한 나머지 부서원 4명 모두가 회식에 참석한다면, 회식에 참석한 부서원 중 한 명의 편익은 12로, 호영의 편익 11보다 크다.
④ 호영이 얻을 수 있는 편익의 최대치는 15이다. 호영이 회식참석을 선택했을 때에는 모든 부서원이 회식에 참여하는 단 한 가지 경우에만 15의 편익을 얻을 수 있다. 반면 회식불참을 선택했을 때에는 나머지 네 명의 부서원 중 두 명 이상이 회식에 불참하는 모든 경우에서 호영은 15의 편익을 얻을 수 있다.

04 이 경우 수현은 7의 편익을, 회식참석을 선택한 부서원은 9의 편익을 얻는다.

05 선약실행 시 세 번째로 높은 편익의 경우는 회식이 실시가 되고, 회식에 참석한 부서원의 수가 4일 때다. 혜진의 선약이 지닌 편익은 14이므로, 14-4=10이 혜진이 선약을 실행할 경우 얻을 수 있는 편익 중 세 번째로 높은 것이다.

06 접수건수가 제일 높은 지원유형은 신입유형으로, 채용절차에 학업성적심사가 포함되어 있지 않다.

07 업무단계별 1건당 처리비용이 가장 낮은 단계는 '합격여부통지' 이다.

08 찬승이 접수한 유형의 직원채용절차를 처리하기 위해서는 접수확인 500원+직무능력검사 1,000원 +합격여부통지 400원=1,900원의 비용이 필요하다.

09 지원유형 중 가장 합격률이 낮은 유형은 인턴유형으로, 합격률이 12.5%이다. 경력유형의 합격률은 약 16.67%이다.

10 직원채용절차에서 문제가 발생한 단계는 학업성적심사이다. 인턴접수건수 16×{접수 확인 500원 +(학업성적심사 1,500원+합격여부통지 400원)×2}=68,800원

11 기업구조조정 촉진법 제15조 제1항의 규정에 따른 영업양도의 경우와 상속에 의한 경우는 특허권의 이전등록료가 동일하다.

12 58,000원+(명세서, 도면 및 요약서의 합 39-20)×1,000원=77,000원

13 각각의 수수료는 다음과 같다.
① 6,500원, ② 43,000원, ③ 38,000원, ④ 5,000원

14 ①·②는 법인의 분할·합병에 의한 경우, ④는 상속에 의한 경우로, 모두 매건 1만 4천 원의 이전 등록료가 필요하다. ③은 '라' 목에 해당하는 기타 사유이며 매건 5만 3천 원이 요구된다.

15 (상속에 의한 경우의 특허권의 이전등록료 14,000원)×2+(전용실시권 72,000원)+(통상실시권 43,000원)=143,000원

16 입학희망자가 학교를 선택할 필요 없이 해당 지역의 교육감에게 입학의사를 밝히면 되는 학교는 평준화지역의 후기 고등학교이다.

17 자율학교로 지정받은 중학교 졸업예정자 및 졸업자는 그가 거주하는 지역의 1개 학교를 선택하여 해당 학교에 지원하여야 한다.

18 ① e 고등학교는 입학전형을 실시하지 않을 수 있다.

③ 특성화중학교 졸업예정자 및 졸업자 혹은 자율학교로 지정받은 중학교 졸업예정자 및 졸업자에게만 해당된다.

④ 특성화중학교 졸업예정자 및 졸업자 혹은 자율학교로 지정받은 중학교 졸업예정자 및 졸업자에게는 해당되지 않는다.

19 민영이가 특수목적고등학교와 특성화고등학교를 제외한 평준화지역의 전기 고등학교 및 비평준화지역의 고등학교의 입학전형에 응시하고자 한다면 D 지역의 1개 학교를 선택하여 해당 학교에 지원하여야 한다. d 고등학교는 B 지역의 전문계고등학교이기 때문에 민영이는 지원할 수 없다.

20 정민이가 특수목적고등학교와 특성화고등학교를 제외한 평준화지역의 전기 고등학교 및 비평준화지역의 고등학교의 입학전형에 응시하고자 한다면 A 지역의 1개 학교를 선택하여 해당 학교에 지원하여야 한다. c 고등학교는 B 지역의 자율형사립고등학교이기 때문에 정민이는 지원할 수 없다.

제 4 장 집중력

01	02	03	04	05	06	07	08	09	10	11	12	13	14	15	16	17	18	19	20	21	22	23	24	25
④	③	②	③	③	④	④	④	④	③	①	②	③	②	③	④	④	②	②	④	④	④	④	②	④

26	27	28	29	30	31	32	33	34	35	36	37	38	39	40	41	42	43	44	45	46	47	48	49	50
②	③	①	④	④	④	②	②	①	④	③	④	④	④	④	④	④	③	③	④	②	④	④	④	①

51	52	53	54	55	56	57	58	59	60	61	62	63	64	65	66	67	68	69	70	71	72	73
③	③	④	①	②	③	④	②	④	②	③	②	①	①	③	②	④	①	①	③	②	①	④

제 1 장 | **경영 · 경제 · 상식**

[경영 · 경제 · 상식]

01	02	03	04	05	06	07	08	09	10	11	12	13	14	15	16	17	18	19	20	21	22	23	24	25
③	③	②	①	④	③	②	①	②	③	②	④	④	③	②	③	③	④	④	④	④	④	④	④	③

26	27	28	29	30	31	32	33	34	35	36	37	38	39	40	41	42
①	④	③	④	③	②	①	②	②	②	④	②	③	①	②	①	④

01 ③ 비트코인을 만든 사람이 총 2,100만 비트코인만 나오게 만들었다.

02 ③ 눔프(NOOMP ; Not Out Of My Pocket) 현상 : 복지 강화를 원하지만 그 비용을 내가 부담하고 싶어 하지 않는 현상으로, 국민이 복지 혜택 확대는 찬성이지만 내 주머니에서 돈이 나가는 것은 반대하는 이중성을 나타내는 신조어이다. 기획재정부와 경제연구소에 따르면 향후 우리나라를 지배할 주요 현상 가운데 하나가 눔프 현상이라 한다. 복지사회로 가기 위해서는 눔프 현상의 극복이 필수이며, 이를 위해서는 국민들이 먼저 선진국에 걸맞은 마인드를 갖는 것이 무엇보다도 중요하다. 비슷한 용어로 위험시설, 혐오시설 등이 자신들이 살고 있는 지역에 들어서는 것을 강력하게 반대하는 시민들의 행동을 뜻하는 ① 님비현상(NIMBY ; Not In My Back Yard), ② 바나나 현상(BANANA ; Build Absolutely Nothing Anywhere Near Anybody) 등이 있다.

④ 제로잉(Zeroing) : 수출 가격이 내수 가격보다 낮은 경우 정상적으로 덤핑 마진을 산정하지만 반대로 수출 가격이 내수 가격보다 높은 경우는 마이너스로 계산하지 않고 제로(0) 베이스로 산정하는 것을 말한다. 이에 따라, 특정 국가에서 덤핑 관세율을 높이기 위한 정책으로 자주 사용하고 있다. 현재는 미국이 전 세계에서 유일하게 제로잉이라는 덤핑 마진 계산 방식을 사용하고 있다.

03 ① 니치 마케팅(Niche Marketing) : '틈새시장' 이라는 뜻을 가진 말로서 시장이 빈틈을 공략하는 새로운 상품을 잇따라 시장에 내놓음으로써, 다른 특별한 제품 없이도 셰어(Share)를 유지시켜 가는 판매전략

③ 버즈 마케팅(Buzz Marketing) : 소비자들이 자발적으로 메시지를 전달하게 하여 상품에 대한 긍정적인 입소문을 내게 하는 마케팅 기법

④ 플래그십 마케팅(Flagship Marketing) : 시장에서 성공을 거둔 특정 상품을 중심으로 판촉활동을 하는 마케팅 기법

04 제시문의 주장은 부유한 자들의 독점으로부터 백성을 보호하기 위해 소금과 철제 농기구는 정부가 직접 생산·공급해야 한다는 것이다. 이는 현대적 의미에서 소비자 보호 및 민간 독점 규제와 맥락이 같다고 할 수 있다.

05 자금이 이탈하면 주가 하락, 채권가격 하락(채권수익률 상승), 증권투자수지 악화 등의 효과가 직접적으로 나타난다. 이는 외환시장에서 달러화의 수요를 늘려 달러 대비 원화가치가 하락할 것이다. 그 결과 수입품 가격이 올라 수입물가가 상승한다.

06 자료에서 방송 사업을 운영하기 위한 주파수 이용은 배제가 불가능한 반면 경합적이라는 점에서 주파수는 공유 자원에 해당한다. 또한 방송 신호 간에 간섭이 발생하여 방송 신호가 제대로 수신되지 못했다는 사실은 방송국 간에 부정적인 외부 효과가 발생하였음을 의미한다.

07 ① 적소(틈새)시장, 특정분야의 소규모 시장

08 모든 소득계층의 소득세율 인상으로 인해 민간의 가처분소득이 줄어들고 결국 민간소비는 감소한다. 또한, 정부 재정 지출의 급격한 감축은 총수요에 영향을 미치며, 총공급에 직접적인 영향을 미치는 요인이 아니기 때문에 총공급보다는 총수요 측면의 충격이 더 강하다.

09 보완재는 한 재화의 가격이 상승할 때, 그 수요가 감소하는 관계에 있는 재화이다. 이들 재화는 따로 소비하는 것보다 함께 소비할 때 그 효용이 크기 때문에 수요량이 함께 움직인다.

10 ① 스티그마 효과 : 다른 사람들에게 무시당하고 부정적인 낙인이 찍히면 행태가 나쁜 쪽으로 변해 가는 현상
② 파레토의 법칙 : 전체 결과의 80%가 전체 원인의 20%에서 일어나는 현상
④ 슈바베의 법칙 : 소득이 증가하면 증가할수록 주거비로 지출되는 금액은 절대액으로는 커지지만 지출액 전체와 비교하면 상대적으로 감소한다는 법칙

11 ① 바다 밑에서 일어나는 지진이나 화산 폭발 등 급격한 지각 변동으로 인해 수면에 웨이브가 생기는 현상

12 ④ 역내에서는 제한환율제를 채택하고, 역외에 대해서는 공동으로 변동환율제를 채택하는 환율제도

13 제시문은 워크셰어링을 설명하고 있다. 임금피크제는 워크셰어링의 한 형태로, 일정 연령이 된 근로자의 임금을 삭감하는 대신 정년까지 고용을 보장하는 제도를 말한다.
① 레이오프제(Lay Off System) : 경제불황 등으로 조업단축이 불가피해 일손을 줄일 때 사업주가 노동조합과 협의하여 장래 재고용할 것을 약속하고 일시 해고하는 제도
② 타임오프제(Time Off System) : 타임오프제는 노조 전임자에 대한 사용자의 임금지급을 원칙적으로 금지하되 노사교섭, 산업안전, 고충처리 등 노무관리적 성격이 있는 업무에 한해서 근무

시간으로 인정하여, 이에 대한 임금을 지급하는 제도다.

③ 플렉스타임제(Flexible Working Hours System) : 근로자가 정해진 시간대 안에서 취업의 시작과 끝을 자유로이 정할 수 있는 근무시간제. 자유근무시간제 또는 변동근무시간제라고도 한다.

14 ㄱ. KOSPI 지수가 지속적으로 하락하고 있기 때문에 주식시장이 매우 침체되어 있다고 볼 수 있다. 이 경우 주식에 대한 수요와 증권시장의 약세 장세 때문에 주식 발행을 통한 자본 조달은 매우 어려워진다.

ㄷ. 원·달러 환율이 지속적으로 상승하게 되면 원화의 약세로 수출제품의 외국에서의 가격은 달러화에 비해 훨씬 저렴하게 되고, 따라서 상대적으로 외국제품에 비하여 가격 경쟁력이 강화되는 효과가 발생한다.

ㄴ. 이자율이 지속적으로 상승하면 대출 금리도 따라 상승하게 되어 기업의 부담이 커지게 되고 이에 따라 기업의 대출 수요는 감소하게 된다.

15 제시된 일기 내용에 여러 가지 보험 용어를 적용하면 다음과 같다.

- 보험의 종류 – 자동차 보험
- 보험자 – ○○보험회사
- 보험 계약자 – 일기를 쓴 나
- 보험가액 – 2,000만 원
- 보험금 – 50만 원
- 보험료 – 70만 원

16 제시문은 콜금리에 대한 설명이고, 콜금리가 상승하면 채권가격이 상승한다.

17 기업의 사회적 책임에 관한 문항이다. 제시된 글을 보면 공생하는 기업만이 살아남을 수 있음을 알 수 있다. 즉, 공룡은 환경에 적응하지 못했으며, 곤충은 환경에 적응하는 방법을 찾아내어 현화 식물과 공생하게 되었다는 것이다. 그러므로 〈보기〉에서 사회와 공생하는 기업을 찾으면 된다.

ㄷ. 하청 업체에게 납품 단가를 대폭 인상해주는 기업 → 하청 업체에게 특별한 이유 없이 납품 단가를 인상해 준다고 하여 사회적 책임을 지고 있다고 판단할 수는 없다.

18 국내 총생산(GDP ; Gross Domestic Product)은 일정 기간 동안 한 나라의 국경 안에서 생산된 모든 재화와 서비스의 시장 가치를 화폐 단위로 합산한 것이다. 한편, 국민 총생산(GNP ; Gross National Product)은 일정 기간 동안 한 나라의 국민 전체가 생산한 모든 재화와 서비스의 시장 가치를 화폐 단위로 합산한 것이다.

(가)는 A국 국민이 A국에서 생산하고, 시장에서 거래한 부가가치의 합이다. (나)는 A국 국민이 B국에서 생산하고, 시장에서 거래한 부가가치의 합이다. (다)는 B국 국민이 A국에서 생산하고, 시장에서 거래한 부가가치의 합이다. (라)는 B국 국민이 B국에서 생산하고, 시장에서 거래한 부가가치의 합이다. 그러므로 ㄱ은 (다), ㄴ은 (나), ㄷ은 (나), ㄹ은 (라)이다. 따라서 바르게 연결된 것은 ④ ㄴ·ㄹ이다.

19 와이브로 기술은 이동 통신 기술의 한 분야로 특허를 취득하면 관련 산업의 부가 가치는 증가할 것이며, 특허를 취득한 기술을 해외에 수출할 때 라이선싱 방식으로 할 것이다. 또한 이런 와이브로 기술을 기반으로 한 산업은 지식 기반의 기술 집약 산업을 발전시킬 것이다.

ㄴ. 라이선싱 방식의 수출이 늘어날 것이다. → 자사가 가지고 있는 특허, 노하우, 상표 등과 같은 무형의 산업재산권을 해외의 외국 기업에 일정 기간 동안 사용권을 부여하는 방식이다.

ㄷ. 관련 산업의 부가 가치가 창출될 것이다. → 와이브로 기술 특허를 내면 그와 관련된 무선 이동 통신 장비 산업이 발달할 것이다.

ㄱ. 노동 집약 산업이 발달할 것이다. → 와이브로 기술과 관련 산업은 정보통신 산업에 속해 기술 집약 산업이지 의류나 신발 제조와 같은 제품 생산이 속하는 노동 집약 산업은 아니다.

ㄹ. 이동 통신 기술에 대한 중계 무역이 발달할 것이다. → 와이브로 기술이 특허를 받으면 직접 가 공하여 수출을 하는 비중이 증가할 것으로 예상되며, 중계 무역은 발달하지 않을 것이다.

20 (가)는 금융기관인 은행을 통한 자금 공급이므로 간접 금융, (나)는 증권시장에서의 주식이나 채권을 통한 자금 공급이므로 직접 금융을 나타내고 있다.
직접 금융은 투자자가 이자와 원금을 둘 다 돌려받지만, 회사의 부도가 발생해 대출금을 갚지 못할 경우 그 직접적인 신용 리스크를 직접 부담해야 한다. 반면 간접 금융은 은행이 신용 리스크를 부담하는 대신 예금과 대출이자의 차액을 얻는다.

21 발행회사는 주식 발행가격이 높을수록 IPO 가격이 낮아진다. 그러므로 투자가의 투자수익은 줄어 추가공모 등을 통한 자본조달 여건이 나빠진다. 성공적인 IPO를 위해서는 적정수준에서 기업을 공개하는 것이 중요하며 투자자들의 관심을 끄는 것이 필요하다.

22 제시된 주식 시세표의 종가는 주식 시장이 끝날 때 형성되는 가격, 전일비는 전날의 종가와 오늘의 종가를 비교한 가격이다. 하루 중의 첫 시세를 시가(始價), 끝 시세를 종가(終價)라고 하며, 종가는 그날의 대표시세이다. ▲은 가격 상승, ▽은 가격 하락, ↑은 하루 가격 제한폭까지 오르는 상한가, ↓은 하루 가격 제한폭까지 내려가는 하한가를 나타내고 있다.

① A 은행의 어제 종가는 5,470원이다. → 6,120−120=6,000원이므로 옳지 않다.

② B 통신의 오늘 거래 최저가를 알 수 있다. → 문제의 주식 시세표를 통해서는 알 수 없다.

③ C 섬유의 오늘 거래 가격 변동폭을 알 수 있다. → 문제의 주식 시세표를 통해서는 알 수 없다.

23 A 유형은 비용 인상 인플레이션이고, B 유형은 수요 견인 인플레이션이다. B 유형은 주로 성장하는 경제에서 발생하며, 과도한 수요가 인플레이션의 원인이므로 재할인율을 인상해야 한다.

24 ④ 서비스 수지이고, 국제 수지의 감소 요인입니다. → A국 사례인 '해외 여행 경비 증가'와 B국 사례인 '해외에 지급하는 운임 증가'는 양국의 공통적인 사례로 서비스 수지에 해당되고, 국제 수지의 감소 요인으로 작용한다.

① 소득 수지이고, 국제 수지의 감소 요인입니다. → 소득 수지는 B국에 국제 수지 증가 요인으로만 있고, A, B국에 공통되지 않는다.

② 투자 수지이고, 국제 수지의 증가 요인입니다. → 투자 수지는 B국에 국제 수지 감소 요인으로만 있고, A, B국에 공통되지 않는다.

25 ③ 제약회사의 과장 광고 제품을 구입하여 피해를 입었다. → 정보를 제공받을 권리

① 음식점에서 식사를 한 후 식중독에 걸렸다. → 안전할 권리

② 어린이가 장난감의 품질 불량으로 인해 상해를 입었다. → 안전할 권리

④ 불량 상품에 대해 판매 회사에 환불을 요청을 하였으나 응하지 않았다. → 보상을 받을 권리

26 전속적 유통 경로 정책은 특약점 등을 이용함으로써 생산자가 취급 점포를 통제하기 쉽다는 특징이 있다.

② 편의품 판매에 주로 이용된다. → 전문품을 주로 취급한다.

③ 자사 제품 간에 경쟁을 유도한다. → 특정(일정) 지역에 한 개의 점포에만 상품을 취급하게 해 주므로 자사 제품 간의 경쟁이 오히려 발생되지 않는다.

④ 시장에 상품 노출을 최대화시킨다. → 특약점 등에 한정시켜 상품을 취급하게 하여 오히려 시장에서의 상품 노출을 제한시키는 정책이다.

27 • CVO(Commercial Vehicle Operation) : MDT(온도센서, 타코메타 탑재 가능), PDA, 휴대폰 등의 단말기로 차량 및 화물을 GPS방식이나 Cell방식으로 실시간 추적 관리하며, 각 차량의 위치, 운행상태, 차내 상황 등을 관제실에서 파악하고 실시간으로 최적운행을 지시함으로써 물류 비용을 절감하는 것을 이야기하는 것으로서 물류 정보망 활용으로 기업은 공차율을 줄이고 계획 수송을 할 수 있다. 기업이 부담하는 물류비 중 가장 큰 비중을 차지하는 수송비를 줄이는 것이다.

④ CVO 등 물류 정보망 활용도를 높인다. → 수송비를 줄일 수 있다.

① 분치보관을 한다. → 보관비와 관련된 물류비이고, 분치 보관은 혼합 보관보다 보관비를 증가시킨다.

② 하역 장비에 대한 투자 → 하역비를 절감하는 방안이다.

③ OA의 도입 → 사무처리 자동화를 통해 사무 생산성을 높이는 방안이다.

28 제시된 보고서의 무역 이론은 아담 스미스(A. Smith)의 자유 무역 이론이다. 자유 무역 이론은 외국 제품보다 적은 비용으로 생산할 수 있는 물품을 수출하고, 외국 제품보다 많은 비용으로 생산되는 물품은 수입하는 것이 더 큰 이익을 얻을 수 있기 때문에 자율에 맡긴다는 것이다.

ㄴ. A, B국 간 생산비 차이로 인해 분업이 촉진된다. → A국은 냉장고를 특화하여 생산하면 B국보다 생산비가 저렴하고, B국은 휴대 전화를 특화하여 생산하면 A국보다 생산비가 저렴하여 분업으로 제품을 생산한 후 교역을 하면 유리하다.

ㄷ. A, B국이 특화된 제품을 교역하면 양국은 이익을 얻는다.

ㄱ. A국은 휴대 전화를 생산하는 데 절대 우위를 가지고 있다. → 냉장고를 생산하는 데 절대 우위를 가지고 있다.

ㄹ. B국은 유치산업을 보호 육성하기 위하여 교역한다. → 보호 무역주의를 주장한 내용이다.

29 ④ 기업이 보유한 권리나 노하우를 제공하고 대가를 받는 형태이다. → 라이선싱을 의미하므로 정답이다. 특정 기업이 보유한 기술, 특허권, 상표권 등의 지적 재산권과 노하우 등을 이용할 수 있도록 제공하고 사용료는 받는 라이선싱을 함축적으로 표현한 것이다.

① 유형 재화를 거래 대상으로 한다. → 라이선싱 방식은 기술이나 지식 및 노하우 등 무형 재화를 이전하여 그에 따른 로열티를 받는 방식이므로, 유형 재화가 거래 대상이 된다는 것은 오답이다.

② 특정 기업의 경영을 대행하는 형태이다. → 해외 특정 기업에 경영을 대행하고 대가를 받는 형태는 관리 계약이므로 라이선싱과는 관계없는 오답이다.

③ 계약 상대 기업에 대한 경영 참가를 목적으로 한다. → 경영 참가를 목적으로 해외 진출하는 방식은 해외 직접 투자이다. 라이선싱 방식은 경영 참가와 관계없이 무형 자산을 이전하는 형태이므로 오답이다.

30 유로화 절상이란 유로화의 가치 평가가 올랐다는 뜻으로서 달러 대비 유로화 비율이 내려갔다는 의미와 같다. 결국 유럽시장에서 환율하락이 가져오는 문제점을 묻는 문제이다. ③의 경우 유로화가 절상되면 달러 대비 유로화 비율은 내려가게 되고 결국 달러화 환산 가격이 상승함에 따라 국제 치즈 가격은 오름세가 강화될 것이므로 옳지 않다.

31 ① 신디케이트 : 일반적으로는 기업연합을 말하는 것이지만 증권용어로는 주식이나 공사채 등의 유가증권 발행 시 그 인수를 위하여 결성되는 인수단을 말한다.

③ 카르텔 : 기업 상호 간의 경쟁의 제한이나 완화를 목적으로, 동종 또는 유사산업 분야의 기업 간에 결성되는 기업담합형태를 말한다.

④ 모라토리엄 : 국가가 채무불이행 상태에 빠지거나 채무불이행의 우려가 있는 경우 외국에 대해 채무의 지불을 일정기간 유예하는 것을 말한다.

32 제시된 자료 (가), (나)는 모두 공급자가 받으려는 최소 가격이 수요자가 지불하려는 최대 가격보다 항상 높아 시장에서 거래가 이루어지지 않은 경우이다. 따라서 〈보기〉의 (ㄱ)과 같은 수요·공급 곡선의 모습을 띤다.

(ㄴ)은 수요보다 공급이 너무 많아 시장에서 가격이 형성되지 않은 자유재의 수요·공급 곡선이다.

(ㄷ)은 일반적인 시장의 수요·공급 곡선으로 가격이 형성된다.

33 수익이란 기업이 일정기간 경영활동(상품의 판매 등)을 통하여 얻어진 경제 가치를 말하며, 다음과 같이 분류한다.

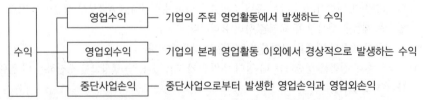

②의 감자차익은 주식발행초과금과 함께 자본잉여금에 속하는 항목이다.

34 매입 수량에 따른 방법으로는 당용 매입, 소량 매입, 대량 매입이 있다. 그중 당용 매입은 판매에 필요할 때마다 매입하는 방법이며, 청과물, 두부, 생선 등과 같이 신선도를 유지해야 할 필요가 있는 상품에 적합한 매입 방법이다.

  ㄴ. 보관비용이 많이 소요된다. → 필요할 때마다 매입하므로 보관비용이 많이 소요되지 않는다.

  ㄷ. 매입 시 가격 할인을 받는 데 유리하다. → 매입 시 가격 할인을 받는 데 유리한 방법은 대량 매입 방법이다.

35 특허괴물(Patent Troll)은 대량의 특허권을 개인 또는 기업으로부터 매입하거나 원천기술을 보유한 소규모 기업을 인수·합병하는 식으로 특허권을 확보한 후 특정기업이 특허기술을 무단으로 사용한 제품이나 서비스를 선보일 경우 그 기업을 상대로 사용료를 요구하는 협상을 하고, 협상이 이루어지지 않을 경우, 수입금지·판매금지 소송 등을 통해 기업을 압박하여 막대한 보상금을 챙긴다.

36 합리적 소비와 바람직한 소비의 개념과 함께 소득의 종류에 대한 이해를 묻는 문제이다.

  ㄱ. 상속된 재단이나 단체로부터 받은 배당 또는 분배금으로 발생한 소득을 배당소득이라 하고, 사회보장급여 같은 소득이 이전소득이다. 따라서 ㉠은 배당소득이 이전소득보다 클 것이다.

  ㄴ. ㉡의 '위대한 개츠비'는 30대에 엄청난 부를 얻게 된 경우이므로 대표적인 벼락부자라고 볼 수 있다.

  ㄹ. ㉠은 상속된 돈을 부의 원천으로 하는데 상속금은 비경상 소득에 해당한다.

  ㄷ. ㉢의 밴드왜건 효과는 부화뇌동 효과라고도 하며, 다른 사람의 유행을 좇아가는 사람이므로 신성의 의미와 부합하지 않는다.

37 지니계수가 0에 가까울수록 빈부격차가 줄어든다.

38 '공유지의 비극'은 공공자원을 구성원의 자율에 맡길 경우 자원이 고갈될 위험에 처할 수 있다는 것을 설명하는 이론이다.

  ① 시장실패는 시장이 제 기능을 발휘하지 못해 자원이 효율적으로 배분되지 못하고, 소득 분배가 고르게 이루어지지 않는 등 경제 질서가 무너진 상태를 말한다.

  ② 도덕적 해이는 정보가 불투명하고 비대칭적이어서 상대방의 향후 행동을 예측할 수 없거나 본인이 최선을 다한다 해도 자신에게 돌아오는 혜택이 별로 없을 때 발생한다.

  ④ 공공재의 비배제성이란 공공재의 경우에는 대가를 지불하지 않는 사람이라 해도 공공재의 소비를 배제할 수 없다는 것을 말한다.

39 식량자립도가 낮은 국가는 엥겔지수가 높아진다.

  • 엥겔지수 : 총 가계 지출액 중에서 식료품비가 차지하는 비율

40 ㄴ. 신용스프레드는 회사채 수익률이 무위험 수익률을 초과하는 부분을 말한다.

  ㄹ. (나) 시기에 국채 수익률이 감소하고 있는데, 이는 국채 수요가 증가하여 국채 가격이 상승함을 의미한다.

41 ② 영화관에서 관람하는 것과 IPTV로 관람하는 것은 서로 대체재 관계이다.

③ 외부 음식 반입 금지는 진입장벽 효과를 준다.

④ 조조할인은 영화 관람객 수요의 가격탄력성에 따라 가격을 차별하는 마케팅의 일종이다.

42 초코기업이 1만 원을 인수 가격으로 제시하면 파이기업은 자사 가치가 0원이거나 1만 원일 경우에만 인수에 동의하고, 2만 원일 경우에는 인수에 동의하지 않는다. 따라서 초코기업이 생각하는 인수 확률은 $\frac{2}{3}$이고, 초코기업이 기대하는 이득은 $\frac{1}{3} \times (0 \times 1.5-1) + \frac{1}{3} \times (1 \times 1.5-1) = -\frac{1}{6}$만 원이다.

마찬가지로 초코기업이 2만 원을 인수 가격으로 제시해도 기대할 수 있는 이득은 음(-)임을 알 수 있다. 따라서 초코기업은 인수 가격으로 0원을 제시하는 것이 합리적이며 이때 인수로 기대할 수 있는 이득도 0원이다.

[한국사 상식]

01	02	03	04	05	06	07	08	09	10	11	12	13	14	15	16	17	18	19	20	21	22	23	24	25
①	④	②	④	④	④	④	③	④	④	②	③	①	②	③	④	④	④	③	④	③	②	④	③	②

26	27	28	29	30	31	32	33	34	35	36	37	38	39	40	41	42
③	③	④	④	③	④	③	②	③	④	②	①	③	③	③	④	④

01 신라 말 견훤은 전라도 지방의 군사력과 호족 세력을 통합하여 완산주(전주)에 도읍을 정하고 후백제를 건국하였다(900). 후백제는 충청도 남부와 전라도 일대를 장악하였고, 우세한 경제력을 바탕으로 군사적 우위를 확보하였다. 또한 중국과의 외교 관계를 수립하면서 대외 활동에도 적극적이었다. 견훤은 반신라 정책을 내세우며 후백제를 발전시켰으나, 지나친 조세 수취로 민심을 잃었고, 호족을 포섭하는 데 실패하는 등의 한계를 보였다.

① 7세기 말의 신문왕 때와 관련된 내용으로 경덕왕 때 녹읍의 부활은 귀족 세력의 강성을 뜻한다.

02 제시된 자료는 세도 정치기의 농민 봉기를 나타낸 것이다. 세도 정치기에 몰락 양반 홍경래가 일으킨 난(1811)은 영세 농민과 중소 상인·광산 노동자 등이 합세하여 청천강 이북 지역을 거의 장악하기도 하였으나 5개월 만에 평정되었다. 이와 비슷한 시기에 임술년 진주에서 시작한 진주 농민 봉기(1862)는 세도 정치기 때 '백골징포, 황구첨정' 등 극심한 삼정의 문란으로 인한 농민들의 항쟁이었다.

① 고려 무신 집권기, ② 조선 현종, ③ 고려 문벌 귀족 집권기

03 1조에서 일본은 조선이 자주국임을 명시함으로써 조선과 청의 전통적 관계를 부인하였다. 이는 조선 침략 시 청의 개입을 방지하려는 의도를 보여 주는 것이다(ㄷ). 4조와 7조에서는 강화도 조약이 통상 교역을 위한 경제적 목적뿐만 아니라 조선 침략을 위한 정치·군사적 거점을 마련하려는 일본의 침략적 의도가 담겨 있음을 알 수 있다. 10조는 치외법권으로 개항장에 거주하는 일본인의 불

법 행위에 대해 조선 정부의 사법권을 배제하려는 의도가 담겨 있다(ㄱ).

ㄴ. 1882년 조·미 수호 통상 조약에 대한 설명이다.

ㄹ. 강화도 조약은 조선 최초의 근대적 불평등 조약이었다.

04 한용운은 조선불교유신론에서 미신적 요소의 배격을 통해 불교의 쇄신을 주장하여 불교의 자주성 회복과 근대화를 위한 운동을 추진하였으며, 한국 불교를 일본 불교에 예속시키려는 총독부 정책에 맞서 민족 종교의 전통을 지키려고 노력하였다.

① 신채호, ② 김구, 김규식, ③ 손병희(동학의 3대 교주)

05 신석기 시대에는 조·피·수수 등 농경의 시작으로 정착 생활이 가능하게 되었으며, 애니미즘·샤머니즘·토테미즘·영혼숭배·조상숭배 등의 원시신앙이 발달하였다. 신석기 시대의 움집은 반지하 형태로 바닥은 원형 또는 모서리가 둥근 네모 형태로 되어 있으며, 중앙에 화덕을 설치하여 취사와 난방을 하였다. 출입문은 남쪽을 향하게 하였고, 저장 구덩은 화덕이나 출입문 옆에 위치하게 하였다. 규모는 4~5명이 거주할 정도로 한 가족이 거주하기에 알맞은 크기였다.

④ 빗살무늬 토기(신석기 시대), ① 비파형 동검(청동기 시대), ② 민무늬 토기(청동기 시대), ③ 고인돌(청동기 시대)

06 사출도의 지배, 우제점법 등을 통해 설명하고 있는 국가가 부여임을 알 수 있다.

① 옥저, ② 삼한, ③ 고구려

07 백제의 전성기였던 4세기 근초고왕에 대한 연표이다. 근초고왕은 마한을 완전 정복하였고, 요서·산둥·규슈 지방에 진출하였다(왜에 칠지도 하사). 또한, 황해도 지역을 놓고 고구려와 대결할 정도로 강성하였으며, 왕위를 부자 상속하기도 하였다. 근초고왕은 고흥으로 하여금 역사서인 「서기」를 편찬하도록 하였다.

① 3세기 백제 고이왕, ② 6세기 백제 성왕, ③ 4세기 백제 침류왕

08 제시된 지도는 고구려 전성기 장수왕의 집권기를 나타낸다(5세기). 장수왕은 한강 유역을 장악하고 중원고구려비를 건립하였다. 이때 백제는 신라 소지왕과 결혼동맹을 맺어 고구려에 대항하였다.

① 백제 근초고왕(4세기), ② 고구려 유리왕(1세기), ④ 신라 진흥왕(6세기)

09 (가)는 나·당 연합군의 신라가 황산벌 전투에서 계백의 항전을 물리치고 백제를 멸망시킨 이후부터 고구려를 멸망시키기 전까지의 시기를 나타내고 있나(660~668). 이 시기에는 백제 부흥 운동이 전개되었다. 복신·흑치상지·도침은 왕자 '풍(豊)'을 왕으로 추대하고 주류성과 임존성에서 군사를 일으켰다. 이들은 200여 개의 성을 회복하였고, 사비성과 웅진성의 당군을 공격하며 저항했으나, 결국 부흥 운동은 실패로 돌아갔다. 비슷한 시기에 왜의 수군이 백제 부흥을 지원했으나 나·당 연합군에게 패하여 돌아갔다.

① 고구려 평양 천도(427), ② 기벌포 전투(676), ③ 고구려 살수대첩(612)

10 제시된 자료는 신라 말 상주에서 일어난 원종과 애노의 난을 나타낸다. 당시 중앙 정부는 통제력을 상실하였고 지방에서는 호족이라는 새로운 세력이 골품제를 비판하며 6두품은 반신라 세력으로 성장하였다. 이들은 실천적 성향의 선종사상으로 결탁하여 중앙정부에 대항하였다. 진성여왕 3년 (889), 당시 곳곳에서 조세의 납부를 거절하고 농민 봉기가 발생하였는데, 원종과 애노의 난은 신라 사벌주(상주)에서 일어난 항쟁으로 이 난이 발생하자 중앙정부는 진압군을 파견하였으나, 농민군의 기세에 눌려 제대로 싸워 보지도 못하였다.
ㄴ. 신라 중대, 신문왕

11 골품제의 도표에서 알 수 있듯이 관등에 따라 승진에 제한이 있었고, 관리의 복색이 달랐다. 6두품은 진골 귀족만 입는 자색 공복을 입을 수 없었고, 5두품은 10등급인 대나마까지 오를 수 있었다.
ㄴ. 6두품은 진골 귀족이 입는 자색 공복을 입을 수 없었고, 비색 이하의 관복은 입을 수 있었다.
ㄹ. 능력보다는 골품에 따른 신분이 우선시되는 사회였다.

12 굴식 돌방무덤에는 벽화가 존재하는데, 굴식 돌방무덤인 강서고분의 사신도가 대표적이다. 초기의 벽화는 생활상의 모습이 나타나지만, 점차 추상화되었다. 강서대묘에서 출토된 사신도는 이러한 상징적인 벽화를 증명하고 있다. 자료의 그림은 고구려 고분 벽화 사신도 중 현무도(북쪽)와 청룡도(동쪽)이다. 사신도는 그 외에도 백호도(서쪽), 주작도(남쪽)의 방위신이 있다. 이에는 도교사상이 나타나 있다.
ㄱ. 유교사상에 대한 설명이다.
ㄹ. 신라에서는 사람의 행위에 따라 업보를 받는다는 업설과 미륵불이 나타나 이상적인 불국토를 건설한다는 미륵불 신앙과 왕즉불 사상이 널리 받아들여지기도 하였다.

13 제시된 자료는 다라니경이 발견된 불국사 3층 석탑을 설명한 것이다.
② 익산 미륵사지 석탑, ③ 경주 분황사 모전석탑, ④ 여주 고달사지 승탑

14 (가)는 무령왕에 해당한다. 무령왕릉은 널방을 벽돌로 쌓은 벽돌무덤으로, 당시 백제가 중국 남조와 교류했음을 알 수 있다. 이곳에서 무령왕과 왕비의 무덤을 알리는 지석이 발견되었다.
② 석수 : 백제 웅진 시대의 무령왕릉에서 출토되었다.
① 경주 계림로 보검(황금보검) : 경주 미추왕릉지구 계림 14호분에서 출토된 신라 시대의 칼이다. 이는 중앙아시아에서 유행하던 단검의 형태로 당시 신라와 서역인과의 교류 사실을 알 수 있는 귀중한 유물이다.
③ 기마인물형 토기 : 신라 문화를 대표하는 유물로 경주시 노동동에 있는 금령총에서 발굴되었다.
④ 돌사자상 : 발해의 정혜공주 묘에서 출토된 돌사자상은 매우 힘차고 생동감이 있다.

15 광종은 공신의 자제를 우선적으로 등용하던 종래의 관리 등용 제도를 억제하고 새로운 관리 선발을 위해 쌍기의 건의에 따라 과거 제도를 시행하였다. 또한 지배층의 위계질서를 확립하기 위해 백관의 공복을 제정하였다. 아울러 왕실의 권위를 높이기 위하여 황제의 칭호 및 광덕 · 준풍과 같은 독자적인 연호도 사용하였다.
① 경종, ② 성종, ④ 공민왕

16 ㉮는 이자겸이다. 고려 시대 대표적인 문벌 귀족이었던 이자겸을 비롯한 문벌 귀족은 과거와 음서를 통해 관직을 독점하였고 공음전의 혜택을 누렸으며 비슷한 세력과 혼인 관계를 맺어 권력을 장악하였다.
① 권문세족, ② 조선의 사림, ③ 무신정권(공민왕 이전까지 무신정권과 권문세족은 정방에서 인사권을 행사)

17 제시된 자료는 공민왕의 반원 개혁 정치를 연표화한 것이다. 공민왕은 반원 자주, 왕권 강화를 위하여 유인우로 하여금 쌍성총관부(가)를 공격하게 하여 철령 이북의 영토를 회복하였고, 신돈을 등용하여 전민변정도감(나)을 설치해 권문세족을 견제하였다.

18 (가)는 여진족(읍루 → 물길 → 말갈 → 여진 → 금 → 청)이 세운 금이다.
ㄱ. 발해의 지배 계층인 고구려 유민은 말갈족을 지배하였다.
ㄴ. 묘청은 서경 천도 운동으로 금나라 정벌을 주장하였다.
ㄹ. 세종 때 북쪽 국경 지대에 최윤덕과 김종서를 보내 4군 6진을 설치하고 남방의 백성을 북방으로 이주시키는 사민 정책을 실시하여 국경 지대를 공고히 하였다.
ㄷ. 거란족에 대한 설명이다.

19 지도에서 색칠한 지역은 고려 말 공민왕이 회복한 영토이다. 고려 시대 밭농사는 2년 3작 윤작법이 보급되면서, 2년 동안의 보리 · 조 · 콩의 돌려짓기가 이루어졌다.
① 조선 광해군, ② · ④ 조선 후기

20 제시된 사료는 고려 시대의 상황으로 당시 여성의 사회적 지위를 엿볼 수 있다. 이를 통해 당시는 일부일처제가 일반적이었던 혼인 형태였음을 추론할 수 있다. 그리고 아들뿐 아니라 사위에게도 음서의 혜택을 주었고, 태어난 차례대로 호적에 기재하여 남녀 차별을 하지 않았다.
ㄱ · ㄷ. 조선 후기의 상황

21 제시된 자료는 고려사에 해당한다. 기전체는 왕의 기록인 본기, 뛰어난 인물에 대한 전기인 열전, 제도나 풍속 등을 소개한 지(志), 연표 등으로 구성되었다. 고려사는 본기의 명칭을 세가로 하였다. 특히 공민왕을 이어 즉위하여 이성계의 위화도 회군 이후 폐위되었던 우왕과 창왕을 신돈의 자식으로 비하하여 신우, 신창으로 표기한 것이 특징이다.
① 고려국사, ② 조선왕조실록, ④ 사략

고려 시대 역사서
- 전기 : 6두품+호족 집권기(자주적 사관) – 7대 실록
- 중기 : 문벌귀족 집권기(보수적, 합리적 유교 사관) – 삼국사기
- 후기 : 무신 집권기(자주적, 민족적 의식) – 동명왕편, 해동고승전
  권문세족 집권기(자주적, 민족적 의식) – 삼국유사, 제왕운기
- 말기 : 신진사대부 성장기(성리학적 유교 사관) – 사략

역사 서술 방법
- 기전체 : 본기, 열전, 세가, 지, 표 등으로 구분하여 편찬 – 삼국사기, 고려사
- 편년체 : 연월(연도)을 중심으로 편찬 – 고려사절요, 동국통감, 조선왕조실록
- 기사본말체 : 원인과 결과를 구분하여 편찬 – 연려실기술, 삼국유사

22 (가) 원효(통일 신라), (나) 의상(통일 신라), (다) 의천(고려)

(가) 원효는 불교의 사상적 이해의 기준을 확립하기 위하여 대승기신론소와 금강삼매경론을 저술하였고, 모든 것이 한마음에서 나온다는 일심사상(화쟁사상)을 바탕으로 종파 간의 사상적 대립을 조화하려 노력하였다. 또한, 불교의 분파 의식을 극복하기 위해 십문화쟁론을 저술하기도 하였다. 불교의 대중화에도 관심이 많았는데, 자신이 직접 아미타 신앙을 전도하였고, 정토종을 보급하였으며, 법성종을 개창하였다.

(나) 의상은 모든 존재가 상호 의존적인 관계[一卽多多卽一]에 있으면서 서로 조화를 이루고 있다는 화엄사상을 정립하였고, 화엄일승법계도를 남겼다. 또한, 의상은 화엄사상을 바탕으로 교단을 형성하였고, 부석사 등 많은 사원을 건립하였다. 의상은 아미타 신앙과 함께 현세에서 고난을 구제받고자 하는 관음 신앙을 설파하여 불교를 일반인에게 널리 알렸다.

(다) 문종의 왕자로서 승려가 된 의천은 11세기에 이미 종파적 분열상을 보인 고려 불교계의 교단 통합 운동을 펼쳤다. 그는 흥왕사를 근거지로 삼아 화엄종을 중심으로 교종을 통합하려 하였으며, 또 선종을 통합하기 위하여 국청사를 창건하여 천태종을 창시하였다. 의천은 교종 중심에서 선종을 통합하려 노력하였다. 이를 뒷받침할 사상적 바탕으로 의천은 이론의 연마와 실천의 양면 모두를 강조하는 교관겸수를 제창하였다. 또한, 의천은 원효를 화정국사라 칭하며 높이 평가했고, 원효의 화쟁사상을 토대로 불교사상을 통합하려 하였다. 의천은 교장(속장경)을 조판하기도 하였다.

① 의천, ③ 지눌, ④ 의상

23 세종실록은 단종 3년에 편찬되었고, 경국대전은 성종 때 완성되었다. 자료의 (가) 시기는 단종, 세조, 예종, 성종 때에 해당한다. 정변을 일으켜 왕위에 오른 세조는 강력한 왕권을 행사하기 위해 통치 체제를 6조 직계제로 고치고 공신이나 언관들의 활동을 견제하기 위해 집현전을 없앴다.

① 중종, ② 태종, ③ 세종

24 자료는 왕을 보좌하면서 왕명 출납을 담당하였던 승정원에 대한 설명이다.

① 의금부, ② 홍문관, ④ 사간원

25 '이들'은 사림이다. 15세기 중반 이후, 중소 지주적인 배경을 가지고 성리학에 투철한 지방 사족이 영남과 기호 지방을 중심으로 성장하였는데, 이들을 사림이라 하였다. 훈구 세력이 중앙 집권 체제를 강조한 데 비해, 사림 세력은 향촌 자치를 내세우며 도덕과 의리를 바탕으로 하는 왕도 정치를 강조하였다.

ㄴ · ㄹ. 훈구파

26 (가)는 노국공주의 남편이며 신돈에게 정치를 맡긴 고려 말 공민왕을 나타내고 있다. 공민왕은 북방의 원 · 명교체기를 이용하여 대외적으로는 쌍성총관부를 공격하여 영토를 회복하는 등 반원정책의 개혁을 추진하였고, 대내적으로는 신돈을 등용하여 전민변정 사업을 실시하는 등 왕권의 강화를 꾀하였다. 공민왕은 이러한 개혁정치에 대항하는 세력에 의하여 시해당하였다.

(나)는 강홍립에게 밀명을 보내 후금에 항복시키고 중립 외교 정책을 펼친 광해군이다. 광해군은 대외적 중립 외교를 추진하여 국난을 해결하려 하였으나, 당시 서인들의 반발로 결국 반정세력에 의해 왕위에서 물러나게 되었다. 한편 광해군은 경기도 지방에 대동법을 실시(1608)하였다.

① 고려 말 우왕 때, 최무선의 건의로 화통도감 설치(1377)

② 최충헌 집권기에 교정도감 설치

④ 세종 때 4군 6진 설치

27 조선 전기인 세종 때 4군 6진을 설치하고 회유책으로 무역소를 설치하였다.

① 서북 지방에서 홍경래의 난(1811)이 일어났다.

② 감자는 19세기 순조 때 청에서 유입되었다.

④ 숙종 때 안용복은 울릉도에 출몰하는 일본 어민들을 몰아내고, 일본에 건너가 울릉도와 독도가 조선의 영토임을 확인받고 돌아왔다.

28 고려 시대의 향도는 미륵 신앙을 바탕으로 하여 위기가 닥쳤을 때에 미륵을 만나 구원을 받고자 하는 염원에서 향나무를 땅에 묻는 매향활동을 하였다. 또한, 이들은 불상, 석탑, 절 등을 지을 때 주도적인 역할을 하였으며, 이후 고려 후기나 조선 때 그 성격이 바뀌어 공동체 생활을 주도하는 농민 조직으로 발전해 갔다.

① 서원, ② 장례원, ③ 유향소

29 세종은 집현전 학자들과 연구하여 훈민정음을 창제한 후 반포하였다(1446). 또한 농경과 관련해서 태양의 그림자로 시간을 측정하는 앙부일구를 만들었으며, 서울을 기준으로 천체 운동을 계산한 〈칠정산〉이라는 역법서를 만들었다.

① · ③ 조선 성종, ② 조선 신속

30 자료의 첫 번째 일기는 임진왜란의 시작, 두 번째 일기는 정유재란(1597)을 나타낸다. 따라서 (가) 부분에는 전란 초기 패배를 거듭하면서 선조가 의주까지 피난하는 상황, 명의 원군의 도움으로 평양성 탈환과 행주산성 전투의 승리, 휴전 협상 기간 중 정부의 훈련도감 설치 및 속오법 실시, 무기 개발 등의 내용이 적절하다.
③은 1636년 병자호란에 적절한 문구이다. 인조는 남한산성으로 피난하여 청군에 대항하였으나, 청의 12만 대군이 남한산성을 포위했으며, 이 시기에 조정은 결사항전을 주장하는 척화파와 화의를 하자는 주화파로 분쟁하게 된다.

31 제시된 사료는 영조의 탕평교서이다. 영조는 탕평교서를 발표하여 정국을 안정시키려 하였고, 균역법 실시, 가혹한 형벌의 폐지, 삼심제 실시 등을 통해 민생안정과 산업진흥을 위한 개혁을 추진하였다. 또한, 속대전을 편찬하고 법전 체계를 정리하여 제도와 권력 구조 개편에 힘썼다.
ㄱ·ㄴ. 정조

32 비변사의 혁파와 외척 세력 견제, 인재의 고른 등용은 국왕 중심의 통치를 강화하려는 조치이다.
① 안동 김씨 일파를 견제하려 한 것이다.
② 비변사를 폐지하고 의정부와 삼군부의 기능을 부활시켜 각각 정치와 군사의 최고 기관으로 삼았다.
④ 양요 및 척화비 건립 등과 관련 있다.

33 제시된 그림은 조선 후기 김홍도의 작품으로 경작도, 대장간, 자리짜기이다. 조선 후기에는 선대제 수공업이 성행하였고 은광, 금광의 개발이 성행하였으며 장시는 전국적인 유통망으로 연결되었다.
ㄷ. 관허 상인인 시전 상인을 중심으로 상업이 운영되던 때는 조선 전기의 일로 조선 후기에는 사상과 보부상을 중심으로 상업이 운영되었다.

34 (가) 세도 정치기에 몰락 양반 홍경래가 일으킨 난(1811)을 설명하고 있다. 몰락 양반인 홍경래와 영세 농민, 중소 상인, 광산 노동자 등이 합세하여 청천강 이북 지역을 거의 장악하기도 하였으나 5개월 만에 평정되었다.
(나) 임술년 진주에서 시작한 농민 봉기(1862)를 나타낸다. 진주 농민 봉기는 세도 정치기에 '백골징포, 황구첨정' 등 극심한 삼정의 문란으로 인한 농민들의 항쟁이었다.
③ 1862년에 진주 농민 봉기가 일어났고, 동학 농민 운동은 1894년에 발생하였다.

35 정약용은 정조 때 벼슬하였으나, 신유박해 때 강진으로 유배 생활을 하게 되며, 이 시기에 「여유당전서」에 500여 권의 저술을 남기며 실학을 집대성했다. 그는 여전론을 처음 내세웠다가, 후에 현실에 맞게 정전제를 실시할 것을 주장하였다. 또한, 과학 기술과 상공업 발달에도 많은 관심을 보여 서양 선교사가 중국에서 펴낸 기기도설을 참고하여 거중기를 만들었는데, 이 거중기는 수원화성을 쌓을 때에 사용되어 공사 기간을 단축하고 공사비를 줄이는 데 크게 공헌하였다. 정약용은 정조가 수원에 행차할 때 한강을 안전하게 건너도록 배다리를 설계하기도 하였다.
④ 홍대용이 만든 혼천의는 천체의 운행과 그 위치를 측정하여 천문시계의 구실을 하였다.
정약용의 저서

- 목민심서 : 지방관(목민)의 정치적 도리를 저술
- 경세유표 : 중앙 정치제도의 폐단을 지적하고 개혁의 내용을 저술
- 흠흠신서 : 형사법과 관련한 형옥의 관리들에 대한 법률 지침서
- 기예론 : 인간이 동물과 다른 것은 기술임을 말하며, 과학기술의 혁신과 교육을 실생활에 활용해야 한다는 내용을 저술, 이로 인해 거중기와 배다리를 창안
- 마과회통 : 홍역에 대한 연구를 담은 의서로 종두법을 연구하였고, 천연두 치료법도 수록

36 자료의 정책을 추진한 인물은 흥선 대원군이다. '나는 천 리를 지척으로 압축시키고, 태산을 깎아 평지로 만들고, 남대문을 3층으로 높이려고 한다.'는 것은 종친을 높이고, 남인을 기용하며, 노론을 억제하겠다는 뜻이다. 병인양요와 오페르트 도굴 사건, 신미양요 이후 흥선 대원군은 전국 각지에 척화비를 세웠다. 1873년 최익현의 탄핵 상소로 흥선 대원군이 물러나고 고종이 친정을 선포하였다. 따라서 흥선 대원군의 집권시기인 1863년에서 1873년 사이의 역사적 사실을 묻는 문제이다. ② 1875년 운요호 사건, ① 1866년 병인양요, ③ 1868년 오페르트 도굴 사건, ④ 1871년 신미양요

37 자료는 일본의 운요호 사건을 나타내며 1875년 운요호 사건을 빌미로 일본은 조선에 개항을 요구하여 포함의 위협하에 1876년 강화도 조약을 체결하게 된다.
신미양요(1871), 임오군란(1882), 갑신정변(1884), 방곡령 실시(1889), 동학 농민 운동(1894), 삼국간섭(1895)

38 사학의 무리는 천주교도를 말하며, ㉠은 프랑스이다. ㉡은 강화도 조약, ㉢은 청의 권유로 체결된 조·미 수호 통상 조약, ㉣은 을미개혁으로 인한 단발령을 각각 나타내고 있다.
③ 「영남만인소」는 일본 주재 청국 외교관인 황쭌셴이 쓴 「조선책략」이 국내에 유포되자 그 내용을 반박하며 올린 상소이다. 청은 러시아를 견제하기 위해 조선이 청, 일본, 미국과 가까이 할 것을 권유하였다.

개화 정책의 추진에 대한 반발

통상반대운동(1860년대, 이항로, 기정진)	서양의 통상 요구에 대응하여 교역을 반대 → 대원군의 통상 수교 거부 정책을 지지(척화주전론)
개항반대운동(1870년대, 최익현, 유인석)	왜양일체론(倭洋一體論), 개항 불가론
개화반대운동(1880년대, 홍재학, 이만손)	• 조선책략 유포와 정부의 개화 정책에 반발 • 유생들의 집단적 상소 운동 발발 • 척사 상소(홍재학), 영남만인소(이만손)
항일의병운동(1890년대, 문석봉, 이소응)	일본의 침략에 대한 의병 운동으로 발전

39   '이 나라'는 독일을 가리킨다. 부들러는 조선 주재 독일 부영사로 갑신정변 이후에 중립화론을 주
      장하였다. 독일은 러시아, 프랑스와 함께 삼국 간섭을 주도하였고 독일 상인 오페르트는 남연군의
      묘를 도굴하려다 실패하였다.
      ㄱ. 영국, ㄹ. 미국

40   (가)는 1차 봉기(1894.4), (나)는 고부 농민 봉기(1894.1), (다)는 황토현 전투 승리 이후에 체결된 전
      주 화약(1894.5), (라)는 2차 봉기의 배경(1894.9)인 일본의 경복궁 점령, (마)는 2차 봉기의 결과
      (1894.11)와 관련된 내용이다.

41   양전을 실시하고 지계를 발급한 정부는 대한제국이다. 대한제국은 대한제국의 헌법이라 할 수 있
      는 군주권의 무한함을 밝힌 대한국 국제를 제정하였다.
      ① 갑오개혁(1894), ② 갑오개혁의 일환(1895), ③ 을미개혁(1895)

42   첫 번째 지문의 가쓰라 · 태프트 밀약은 일본과 미국 간에 한국과 필리핀에 대한 지배권을 인정하
      는 것으로 (가)는 미국이다. 미국은 국내의 운산 금광 채굴권을 강제 침탈하여 획득하였다. 두 번째
      지문은 제2차 영 · 일 동맹이다(1905.8). 세 번째 지문의 포츠머스 조약은 일본과 러시아 간에 체결
      된 것으로 (나)는 러시아이다. 러시아는 국내의 친러 인사들과 함께 고종을 공관으로 피신시키는
      아관파천을 주도하였고, 청 · 일 전쟁 이후에는 청에게 요동 반도를 할양받은 일본에 대하여 프랑
      스, 독일과 함께 압력을 넣은 이른바 삼국 간섭을 하기도 하였다.
      ㄱ. 프랑스, 병인양요(1866)
      ㄷ. 미국, 신미양요(1871)

제 2 장 **공학기초**

01	02	03	04	05	06	07	08	09	10	11	12	13	14	15	16	17	18	19	20	21	22
④	①	①	③	②	④	③	④	③	②	④	④	③	②	③	③	①	③	②	②	③	②
23	24	25	26	27	28	29	30	31	32	33	34	35	36	37	38	39	40	41	42	43	44
②	①	④	④	③	②	①	③	④	③	③	③	③	④	②	②	②	④	②	④	④	③
45	46	47	48	49	50	51	52	53	54	55	56	57	58	59	60	61	62	63			
②	①	①	①	④	④	④	④	③	④	①	④	④	①	④	④	④	①	④			

01 연산 $\otimes$, $\oplus$의 정의에 의해

$(3 \otimes 4) \oplus 8 = (2 \times 3 + 3 \times 4 + 4) \oplus 8 = 22 \oplus 8 = 22 \times 8 + 22 - 2 \times 8 = 182$

02 · $x^2 + x - 2 = (x+2)(x-1)$

· $(x+2)^2(x-3)$

· $x^3 + 5x^2 - 4x - 20 = (x-2)(x+2)(x+5)$

따라서 세 다항식의 최대공약수는 $x+2$이다.

03 $f(x) = [x] + [-x]$라고 하면

(i) x가 임의의 정수일 때, $f(1) = [1] + [-1] = 1 + (-1) = 0$

(ii) x가 정수 외의 실수일 때, $f(0.5) = [0.5] + [-0.5] = 0 + (-1) = -1$

따라서 $[x] + [-x]$의 값이 될 수 있는 것은 0, -1뿐이다.

04 $3x^3 + 4x^2 + 2$를 $x+1$로 나누었을 때 나머지를 r, $Q(2x+1)$을 $x+1$로 나누었을 때의 몫을 $Q'(x)$, 나머지를 r'이라 하면

$Q(2x+1) = (x+1)Q'(x) + r' \rightarrow Q(-1) = r'$

$3x^3 + 4x^2 + 2 = (x+1)Q(x) + r$에 $x = -1$을 대입하면 $r = 3$이다.

즉, $3x^3 + 4x^2 + 2 = (x+1)Q(x) + 3 \rightarrow 3x^3 + 4x^2 + 2 - 3 = (x+1)Q(x)$

$\rightarrow (x+1)(3x^2 + x - 1) = (x+1)Q(x)$

$\rightarrow 3x^2 + x - 1 = Q(x)$

$\therefore r' - Q(-1) = 3 - 1 - 1 = 1$

05 근과 계수의 관계에 의해

$\alpha + \beta = -4$, $\alpha\beta = 2$

$|\alpha - \beta|^2 = (\alpha + \beta)^2 - 4\alpha\beta = (-4)^2 - 4 \cdot 2 = 16 - 8 = 8$

$\therefore |\alpha - \beta| = \sqrt{8} = 2\sqrt{2}$

06 $ax^2+bx+c<0$이 모든 실수 x에 대하여 성립하기 위해서는 $a<0$, $D<0$이 되어야 한다.

(ⅰ) $k+2<0 \rightarrow k<-2$

(ⅱ) $D/4=(k+2)^2-(-3)(k+2)=k^2+7k+10=(k+2)(k+5)<0 \rightarrow -5<k<-2$

따라서 두 조건을 만족하는 가장 작은 정수 k는 -4이다.

07 $(2x+y)\left(\dfrac{8}{x}+\dfrac{1}{y}\right)=\dfrac{2x}{y}+\dfrac{8y}{x}+17$

$x>0$, $y>0$이므로 산술$-$기하평균 부등식을 이용하면

$\dfrac{2x}{y}+\dfrac{8y}{x}+17\geq 2\sqrt{\dfrac{2x}{y}\times\dfrac{8y}{x}}+17=25$

그러므로 최솟값은 25이다.

08 $(g\circ f)(x)=g(f(x))=\dfrac{\left(\dfrac{2x}{x-2}\right)-2}{2\left(\dfrac{2x}{x-2}\right)}=\dfrac{1}{x}$

조건에 의해 $(g\circ f)(x)=\dfrac{x}{4}$이므로 $\dfrac{1}{x}=\dfrac{x}{4} \rightarrow x^2=4$

$\therefore x=-2(\because x\neq 2)$

09 $y=\sqrt{|x-2|}$는

$x\geq 2$일 때 $y=\sqrt{x-2}$이고, $x<2$일 때 $y=\sqrt{-(x-2)}$이다.

$y=\sqrt{x-2}$는 $y=\sqrt{x}$ 그래프를 x축 방향으로 2만큼 평행이동시킨 그래프이고,

$y=\sqrt{-(x-2)}$는 $y=\sqrt{-x}$ 그래프를 x축 방향으로 2만큼 평행이동시킨 그래프이다.

10 $A-A^{-1}$에 A를 곱해주면 $A(A-A^{-1})=A^2-E=E-E=0 \ (\because A^2=E)$

즉, $A-A^{-1}=A^{-1}\cdot 0=0$

따라서 $A-A^{-1}$의 모든 성분의 합은 0이다.

11 트럭이 총 10대 있으므로, $x+y=10 \cdots$ ㉠

두 트럭이 총 114톤의 흙을 운반하므로, $10x+12y=114 \cdots$ ㉡

㉠, ㉡을 연립하여 풀면 $x=3$, $y=7$이다.

$\begin{pmatrix} x \\ y \end{pmatrix}=\begin{pmatrix} 6 & a \\ b & 1 \end{pmatrix}\begin{pmatrix} 10 \\ 57 \end{pmatrix}=\begin{pmatrix} 60+57a \\ 10b+57 \end{pmatrix}$

$x=60+57a=3 \rightarrow a=-1$

$y=10b+57=7 \rightarrow b=-5$

$\therefore a+b=-6$

12 $(x^{\frac{1}{2}}-x^{-\frac{1}{2}})^3=x^{\frac{3}{2}}-3x^{\frac{1}{2}}+3x^{-\frac{1}{2}}-x^{-\frac{3}{2}}=27$

$\therefore x^{\frac{3}{2}}-x^{-\frac{3}{2}}=27+3(x^{\frac{1}{2}}-x^{-\frac{1}{2}})=27+9=36$

13 $y=3^x$의 그래프를 x축 방향으로 a만큼, y축 방향으로 b만큼 이동시키면 $y-b=3^{x-a}$가 되고, $y=x$에 대하여 대칭이동이므로 y와 x를 바꿔주게 되면, $x-b=3^{y-a}$이다. 이때 양변에 $\log_3$을 취하면 $\log_3(x-b)+a=y$에서 로그의 성질을 이용하면 $y=\log_3 3^a(x-b)$이므로 $a=2$, $b=4$이다. 따라서 $a+b=6$이다.

14 $\log_2 x=t$라고 하면 주어진 방정식은 $(t-1)^2-5t+9=0$ 즉, $t^2-7t+10=0$이므로 t에 대한 방정식의 근은 $\log_2 \alpha$, $\log_2 \beta$이고 두 근의 합은 $\log_2 \alpha\beta$가 된다.

이차방정식의 두 근의 합의 관계에 의해서 $\log_2 \alpha\beta=7$이므로 $\alpha\beta=128$이다.

15 주어진 부등식에서 밑과 진수는 항상 0보다 커야 하므로

밑의 조건 $x-2>0 \to x>2$

진수의 조건 $3x^2-16x+20=(3x-10)(x-2)>0 \to x>\dfrac{10}{3}$ 또는 $x>2$

밑과 진수 조건에서 $x>\dfrac{10}{3}$이 되어야 한다.

부등식을 풀게 되면

$\log_{x-2}(3x^2-16x+20)>\log_{x-2}(x-2)$이 되므로

$3x^2-16x+20>x-2 \to 3x^2-17x+22>0 \to (3x-11)(x-2)>0 \to x>\dfrac{11}{3}$

따라서 가장 작은 자연수는 4가 된다.

16 올해 휴대폰과 컴퓨터의 총생산량을 a라고 하면

10년 후 휴대폰의 비율은 $\dfrac{(1.1)^{10}\cdot\frac{1}{2}a}{(1.07)^{10}a}=\dfrac{(1.1)^{10}}{2(1.07)^{10}}$ 이다.

$\dfrac{(1.1)^{10}}{(1.07)^{10}}=k$라고 두면

$\log k=10\log 1.1-10\log 1.07=0.12=\log 1.32$

$\therefore k=1.32$이므로 $\dfrac{1}{2}k=0.66$

따라서 휴대폰은 100만(대)$\times 0.66=66$만 대이다.

17 (준식)$=\lim\limits_{x\to\infty}\dfrac{x^2-(x^2+x)}{x+1}=\lim\limits_{x\to\infty}\dfrac{-x}{x+1}=-1$

18 $\lim\limits_{x\to\infty}\dfrac{f(x)}{2x^2+x+1}=1$에서 $f(x)$의 최고차항은 이차항이고 그 계수는 2임을 알 수 있으므로

$f(x)=2x^2+ax+b$가 된다.

$\lim\limits_{x\to 2}\dfrac{f(x)}{x^2-x-2}=1 \to f(2)=0$

로피탈의 정리에 의해 $\lim\limits_{x\to 2}\dfrac{f'(x)}{2x-1}=1 \to f'(2)=3$

따라서 $f(2)=8+2a+b=0$, $f'(2)=8+a=3$이므로 $a=-5$, $b=2$

$\therefore f(x)=2x^2-5x+2$

19 ② $\lim\limits_{x\to -1-0}f(x)=-1$, $f(-1)=-2$

① $\lim\limits_{x\to 1-0}f(x)=0$, $f(1)=0$

③ $\lim\limits_{x\to +0}f(x)=-1$, $f(2)=-1$

④ $\lim\limits_{x\to -1+0}f(x)=-2$, $f(3)=-2$

20 $\lim\limits_{x\to -0}\dfrac{|x|}{x}=a$에서 $x\to -0$일 때, $|x|=-x$이므로 $a=-1$이 된다.

$\lim\limits_{x\to -0}\dfrac{x}{[x]}=b$에서 $x\to -0$일 때, $[x]$는 $-1<x<0$ 구간에서 $[x]=-1$이므로 $b=0$이 된다.

$\lim\limits_{x\to -0}\dfrac{[x-1]}{x-1}=c$에서 $x\to -0$이면

$[x-1]$는 $-1<x<0$ 구간에서 $[x-1]=-2$가 되고 $x-1$은 -1이 되므로 $c=2$가 된다.

따라서 $a+2b+3c=-1+0+6=5$

21 주어진 식을 정리해보면

$\lim\limits_{h\to 0}\dfrac{f(1+2h)-f(1)+2hf(1)}{h}=\lim\limits_{h\to 0}\left(\dfrac{f(1+2h)-f(1)}{2h}\times 2+2f(1)\right)$

이때 앞의 항은 미분의 정의에 의해 $f'(1)$로 바꿀 수 있으므로 $2f'(1)+2f(1)=10+(-4)=6$

22 $\lim\limits_{x\to 3}\dfrac{x^2-9}{f(x-2)+9}$ 의 분자 x^2-9에 $x=3$을 대입하면 0이 되므로 분모도 0이 되어야 한다.

즉, $f(3-2)+9=0 \to f(1)=-9$

(준식)의 분자, 분모를 바꾸면

$\lim\limits_{x\to 3}\dfrac{f(x-2)+9}{x^2-9}=\dfrac{4}{3}$이므로

$\lim\limits_{x\to 3}\dfrac{f(x-2)-f(1)}{(x+3)(x-3)}=\lim\limits_{x\to 3}\dfrac{f(x-2)-f(1)}{(x-2)-1}\cdot\dfrac{1}{x+3}$

$=\lim\limits_{x\to 3}f'(x-2)\cdot\dfrac{1}{x+3}=f'(1)\cdot\dfrac{1}{6}=\dfrac{4}{3} \to f'(1)=8$

따라서 $f(1)+f'(1)=-9+8=-1$이 된다.

23 $x=h+3$이라 하면

$$\lim_{x \to 3} \frac{f(x)-f(3)}{x-3} = \lim_{h \to 0} \frac{f(h+3)-f(3)}{(h+3)-3}$$

$$= \lim_{h \to 0} \frac{f(h)+f(3)+3h-f(3)}{h}$$

$$= \lim_{h \to 0} \frac{f(h)+3h}{h} = \lim_{h \to 0} \frac{f(h)}{h}+3$$

$$\lim_{h \to 0} \frac{f(h)}{h} = \lim_{h \to 0} \frac{f(h)-0}{h-0} = \lim_{h \to 0} \frac{f(h)-f(0)}{h-0} = f'(0)$$

$$(\because f(0+0)=f(0)+f(0)+0 \to f(0)=0)$$

$$\therefore \lim_{x \to 3} \frac{f(x)-f(3)}{x-3} = \lim_{h \to 0} \frac{f(h)}{h}+3 = f'(0)+3 = -2+3 = 1$$

24 $x^2+2x+7=t$라 하면, $2x+2=\dfrac{dt}{dx}$

$$\therefore \int (x^2+2x+7)^5(2x+2)dx = \int t^5 dt = \frac{1}{6}t^6 + C = \frac{1}{6}(x^2+2x+7)^6 + C$$

25 $-x=t$로 치환하면, $-dx=dt$

$$\int_{-3}^{1} xf(x)dx=4 \to \int_{3}^{-1} (-t)f(-t)(-dt)=4$$

$$\int_{3}^{-1} tf(-t)dt=4 \to \int_{-1}^{3} tf(-t)dt=-4$$

즉, $\displaystyle\int_{-1}^{3} tf(-t)dt = \int_{-1}^{3} xf(x)dx = -4$

$$\therefore \int_{3}^{5} xf(x)dx = \int_{-1}^{5} xf(x)dx - \int_{-1}^{3} xf(x)dx = 6-(-4) = 10$$

26 점 $(1, 1)$위의 접선은 기울기가 2이고 점 $(1, 1)$을 지나는 직선이므로

$$y-1=2(x-1) \to y=2x-1$$

즉, 구하는 영역은 다음과 같다.

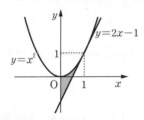

$$\therefore \int_{0}^{1} (x^2-2x+1)dx = \left[\frac{1}{3}x^3 - x^2 + x \right]_{0}^{1}$$

$$= \frac{1}{3}-1+1 = \frac{1}{3}$$

27 전체 학생 수를 x라 하면

남학생 수는 $\dfrac{48}{100}x$이고, 수시 응시를 희망한 남학생 수는 $\dfrac{30}{100}x$이다.

임의로 뽑은 학생이 남학생일 때,

이 학생이 수시 모집 응시에 희망했을 확률 : $\dfrac{\frac{30}{100}x}{\frac{48}{100}x} = \dfrac{30}{48} = \dfrac{5}{8}$

28 10장의 카드에서 2장의 카드를 임의로 뽑는 경우의 수는 $_{10}C_2$이고, 2장의 카드에 적힌 수가 같을 경우의 수는 다음과 같다.

- 2장 모두 1인 경우의 수 : 0
- 2장 모두 2인 경우의 수 : $_2C_2$
- 2장 모두 3인 경우의 수 : $_3C_2$
- 2장 모두 4인 경우의 수 : $_4C_2$

따라서 두 장의 카드를 임의로 뽑을 때, 두 장의 카드에 적힌 수가 같을 확률은

$$\dfrac{0 + {_2C_2} + {_3C_2} + {_4C_2}}{_{10}C_2} = \dfrac{0+1+3+6}{45} = \dfrac{2}{9}$$

29 학부 전체에서 남자를 $3x$명, 여자를 x명이라고 하면

A 학과의 남자의 수는 $3x \times \dfrac{5}{6} = \dfrac{5}{2}x$명, B 학과의 남자의 수는 $3x \times \dfrac{1}{6} = \dfrac{1}{2}x$명임을 알 수 있다.

B 학과의 전체 학생 수를 y명이라고 하면, $\dfrac{1}{3}$이 남자이므로 $\dfrac{1}{3}y = \dfrac{1}{2}x$, 즉 $y = \dfrac{2}{3}x$임을 알 수 있다.

여기서 B 학과 학생의 $\dfrac{2}{3}$가 여자이므로 $\dfrac{2}{3}y = \dfrac{2}{3} \times \dfrac{3}{2}x = x$명이다.

처음 조건에서 여자 전체 인원이 x명이므로, x명 전원이 B 학과를 선택했음을 알 수 있다.

따라서 A 학과를 선택한 여자는 없음을 알 수 있다.

30 1차 검진에서 음성 판정을 받을 확률 : 5%

2차 검진에서 양성 판정을 받을 확률 : 99%

$\therefore 0.05 \times 0.99 \times 100 = 4.95\%$

31 $Y = 3X + 1$에서

Y의 원소들은 $3a-5,\ 3a-2,\ 3a+4,\ 3a+7$

Y의 평균 $E(Y) = \dfrac{1}{6} \times (3a-5) + \dfrac{1}{3} \times (3a-2) + \dfrac{1}{3} \times (3a+4) + \dfrac{1}{6} \times (3a+7) = 10$

이때, $a=3$이므로 Y의 원소들은 4, 7, 13, 16이 된다.

$E(Y^2) = 16 \times \dfrac{1}{6} + 49 \times \dfrac{1}{3} + 169 \times \dfrac{1}{3} + 256 \times \dfrac{1}{6} = 118$

$\therefore V(Y) = E(Y^2) - \{E(Y)\}^2 = 118 - 100 = 18$

32 동전 두 개 모두 앞면이 나올 확률 $p=\dfrac{1}{4}$이고, 20번의 시행은 독립시행이므로

X는 이항분포 $B(n,\ p)$를 따른다.

따라서 평균값 $E(X)=np=20\times\dfrac{1}{4}=5$

33 동전 2개를 던져서 적어도 앞면이 나올 확률은 $\dfrac{3}{4}$이고, 64번 반복하므로

확률 변수 X는 이항분포 $B\left(64,\ \dfrac{3}{4}\right)$를 따른다.

이때, 이항분포에서 표준편차는 $\sigma(X)=\sqrt{n\times p\times(1-p)}$이므로

$\sigma(X)=\sqrt{64\times\dfrac{3}{4}\times\dfrac{1}{4}}=\sqrt{12}=2\sqrt{3}$

34 • 부착력 : 모세관 현상에서와 같이 다른 종류의 분자 부착력
 • 응집력 : 표면 장력 현상에서와 같이 같은 종류의 분자 부착력
 ① 만유 인력 : 모든 물체는 서로 잡아당기려는 힘이 존재
 ② 장력 : 물체를 잡아당겼을 때 탄성적으로 늘어나는 물체에 작용하는 힘
 ④ 구심력 : 직진하려고 하는 물체의 지속적인 힘

35 **두 힘의 합성(해석법)**
 $F=\sqrt{F_1^2+F_2^2+2F_1F_2\cos\theta}$이므로, 두 힘의 절대치 합보다 작고, 두 힘의 절대치 차보다 크다.

36 • 완전 탄성 충돌(탄성 충돌, $e=1$) : 충돌 전의 상대 속도와 충돌 후의 상대 속도가 같고 운동량과 운동에너지가 보존된다.
 • 완전 비탄성 충돌($e=0$) : 충돌 후에 두 물체가 한 덩어리로 움직이는 충돌로 운동량만 보존된다.

 ※ [반발 계수(e)]$=\dfrac{(멀어지려는\ 속도)}{(가까워지려는\ 속도)}$ $(0\le e\le 1)$

37 ② 열역학 제2법칙 : 열은 저절로 고온의 물체에서 저온의 물체로 이동하고 그 반대로는 흐르지 않는다. 즉, 열기관은 고온부에서 흡수한 열을 일로 바꾼 후 외부에 아무런 효과를 남기지 않고 스스로 그 열을 반환받을 수는 없다.

38 관성 모멘트의 단위는 kgm^2이다.
 에너지 또는 일의 단위는 M.K.S단위계에서 $1=1\text{J}=1\text{kgm}^2/\text{s}^2$이다.

39 도플러 효과에 의하면, 음속 $v=300$, 관측자에 대해 멀어지는 음원의 속력 $V'=100$, 음원에 대하여 다가가는 관측자의 속력 $V=10$에 대한 주파수는

$$f = \frac{v+V}{v+V'} \times f \rightarrow f' = \frac{300+10}{300+100} \times 10,000$$

$$\therefore f' = 7,750\text{Hz}$$

40 ⓒ 공급되는 전기에너지 $W = Pt$이므로 $42\text{J/s} \times 100s = 4,200\text{J}$이다.

ⓔ 같은 조건(열량은 동일)에서 물의 질량만 2배로 증가하였으므로 열용량은 2배가 된다. 따라서 열용량과 온도변화는 반비례관계이므로 온도는 5°C 상승한다.

㉠ 열량 $Q = c \times m \times \Delta t$에서 질량과 열량이 동일한 경우 비열과 온도변화는 반비례관계이다. 따라서 식용유의 온도는 2°C 상승한다.

41 ㉠ 구리 1kg을 10°C만큼 높이는 데 필요한 열량은 0.9kcal이다.

ⓒ 비열과 온도변화는 반비례관계이므로 질량과 온도가 같은 알루미늄과 납에 같은 열량을 주면 납의 온도가 더 높아진다.

42 ㉠ 옥내 배선용 전선은 전기전도성이 좋은 도체로 만들어야 한다.

43 전구의 소비전력이 많을수록 밝은 전구이다. 따라서 전구 A와 B는 소비전력이 같으므로 같은 밝기이다. A에 흐르는 전류는 B에 흐르는 전류와 C에 흐르는 전류의 합이므로 전구 A에 흐르는 전류가 B에 흐르는 전류보다 크다. 소비전력이 같은 상태에서 전압은 전류에 반비례하므로 전구 A에는 B보다 작은 전압이 걸린다. B와 C는 병렬연결이라서 전압이 같지만, 소비전력이 C가 B의 2배이므로 전류는 C가 B의 2배로 많이 흐른다(∵ 같은 전압에서 전류는 소비전력에 반비례). 전압이 같은 상태에서 전류와 저항은 반비례 관계이므로 전류가 많이 흐르는 전구 C의 저항은 전구 B의 $\frac{1}{2}$배이다.

44 ⓒ $30 \times 5 \times 40 = 6,000\text{Wh} = 6\text{kWh}$

ⓒ 전력량은 '전력 $\times$ 사용시간'으로 구한다. 모든 전기기구를 동시에 사용하면 총 소비전력은 $2,790\text{W}$이므로 퓨즈에 흐르는 전류 $I = \frac{2,790\text{W}}{200\text{V}}$이므로 10A가 넘는다.

45 저항 1개의 크기를 R이라고 하면 물통 (가)의 합성저항은 $\frac{1}{2}R$이고,

물통 (나)의 합성저항은 $\dfrac{1}{\dfrac{1}{R} + \dfrac{1}{3R}} = \dfrac{3}{4R} = \dfrac{1}{2}R \times \dfrac{3}{2}$이다.

물통 (가)에 잠겨있는 저항에 걸리는 전압을 V라고 할 때, 물통 (나)에 잠겨있는 저항에 걸리는 전압은 $\left(V \times \dfrac{3}{2}\right) \times \dfrac{1}{3} = \dfrac{1}{2}V$이다.

따라서 전압의 비는 $1V : \dfrac{1}{2}V = 2 : 1$이다.

46 ⓛ 열역학 제2법칙에 의해 열이 100% 일로 전환되는 것은 불가능하다.

ⓡ 난로 옆에 있는 경우 열은 복사의 형태로 전달된다.

ⓖ 금속 고리에 열을 가하면 열팽창에 의해서 고리의 구멍이 커진다.

ⓒ 상태 변화시에는 에너지를 가하더라도 온도가 변하지 않는다.

ⓜ 물의 비열이 높기 때문에 해안가는 여름에는 시원하고, 겨울에는 따뜻한 해양성 기후가 나타난다.

47 밀도는 $\dfrac{(질량)}{(부피)}$ 으로, A>공기>B>C이므로 공기보다 가벼운 B와 C는 애드벌룬에 이용될 수 있고, 상방치환으로 포집해야 한다. 같은 온도·압력·부피 속에는 같은 수의 입자가 존재한다는 아보가드로의 법칙을 통해 입자수는 모두 같다.

48 $f - F = ma$, $10 - 4 = 2a$, $a = 3$

$S = V_0 t = 0 + \dfrac{1}{2} \times 3 \times 16 = 24\text{m}$

49 A전극은 (−)극이므로 산화 반응이 일어나는 Pb이고, B전극은 (+)극이므로 환원 반응이 일어나는 PbO_2이다. 방전이 진행될수록 Pb와 PbO_2는 모두 $2H_2SO_4$와 반응하여 $PbSO_4$로 변한다. 따라서 황산의 농도는 감소한다.

50 ⓛ 정반응은 발열반응이며, 역반응은 흡열반응이다.

51 ⓖ 반응물 A는 시간이 지나면서 분해되는 속도는 느려진다.

ⓒ t초에서 두 물질의 y축의 값이 같으므로 반응물질과 생성물질의 농도는 같다.

ⓛ 생성물 B는 시간이 지나면서 생성되는 속도는 감소한다.

52 ⓖ·ⓒ A원자는 전자 두개를 잃어 2가의 양이온이 되었고, $A \rightarrow A^{2+} + 2\ominus$로 표현한다.

ⓛ·ⓡ B원자는 전자 한 개를 얻어 음이온이 되었고, $B + \ominus \rightarrow B^-$로 표현한다.

53 (나)에서 A 1개와 OH^- 2개가 들어 있으므로 A는 +2가 양이온이다. 산성 용액은 pH<7이고, 염기성 용액은 pH>7이므로 용액의 pH는 (가)<(다)<(나)이다. (다)에서 +2가의 A와 −1가의 Cl^-가 2개 들어 있으므로 이온 전하량의 총합은 0이다. 중화반응의 알짜 이온반응식은 $H^+ + OH^- \rightarrow H_2O$이다. 용액 속의 이온 농도가 클수록 전기 전도도가 크다. 따라서 용액의 전기 전도도는 (다)가 가장 작다.

54 ⓖ 염기는 수용액 상태에서 수산화이온(OH^-)을 낼 수 있는 전해질 물질이기 때문에 전류가 흐른다.

ⓛ·ⓒ 염기성 용액에서 지시약 페놀프탈레인은 붉은색을, BTB는 푸른색을 띤다.

ⓡ 마그네슘과 반응하여 수소 기체를 발생시키는 용액은 산성 용액이다.

55 ㉠·㉡·㉣ 초기 반응속도를 빠르게 하려면 온도를 높이거나 농도를 증가시킨다. 또는 반응물질의 표면적을 증가시키거나 정촉매를 넣어주면 된다.
㉢ 대리석 질량이 변화하면 발생하는 이산화탄소의 총 부피가 변화한다.

56 ④ N_2는 O_2와 상온에서 반응하지 않는다.
① (가)는 질소이며, 비행선의 충전 기체로 사용되는 것은 헬륨이다.
② (나)는 이산화탄소이며, 산성비의 원인물질은 질소화합물이다.
③ (다)는 산소이며, 가연성 기체도 아니고 폭발위험도 없다.

57 ㉡ 얼음이 녹으면 결합 A의 일부가 끊어지므로 그 수는 감소한다.
㉠ 결합력의 세기는 A<B이다.
㉢ 물이 메탄보다 끓는점이 높은 이유는 결합 A 때문이다.

58 ㉡ (나)의 배열에서는 기름이 비누 분자에 둘러싸여 있으므로 비누의 세척 작용을 설명할 수 있다.
㉢ (다)는 기름 속에 소량의 물이 들어 있을 때 비누의 배열 모형이다.
㉠ 센물에서 (가)의 계면활성제는 친수성기가 밖으로 향하고 친유성기는 안쪽으로 향하므로 (나)와 같은 배열 모형을 이룬다.

59 ④ $\triangle H = (242+152) - (2 \times 211) < 0$
② I_2를 나타내는 Z는 Cl_2를 나타내는 X보다 분산력이 크므로 끓는점이 높다.

60 ① 대기 중의 NO는 반응성이 크므로 O와 빠르게 반응하여 NO_2로 된다.
② 광화학 스모그는 오존과 옥시던트의 양에 의해 결정되고, 오존과 옥시던트는 햇빛의 존재하에 생성되므로 낮 시간에 가장 심하다.
③ 대기 중의 O는 주로 NO_2의 분해로 발생하므로 O_2와 산소 원자(O)의 발생량은 무관하다.

61 $4FeCrO_4(s) + 4K_2CO_3(s) + O_2(g) \rightarrow 4K_2CrO_4(s) + 2Fe_2O_3(s) + 4CO_2(g)$

62 아연이 도금된 철에 흠집이 생겨도 녹이 잘 생기지 않는 이유는 아연의 반응성이 철보다 크기 때문이고, 주석을 도금한 철에 흠집이 생기면 녹이 잘 생기는 이유는 주석의 반응성이 철보다 작기 때문이다. 또한 철에 마그네슘을 연결하면 철보다 마그네슘의 반응성이 크므로 철의 부식을 방지할 수 있다.
따라서 반응성 순서는 Mg>Zn>Fe>Sn이다.

63 순물질은 끓는점이 일정하다. 탄소 수가 많을수록 끓는점은 점점 높아지고, 그을음이 많이 생긴다. 그을음이 많이 생기는 이유는 불완전연소가 되기 때문이다. kg당 발열량이 가장 큰 것은 메탄이며, 끓는점이 높고 분자량이 큰 물질일수록 액화되기 쉽다.

제 1 장 언어이해

01	02	03	04	05	06	07	08	09	10	11	12	13	14	15
②	③	④	③	②	③	①	②	②	①	②	①	②	②	③
16	17	18	19	20	21	22	23	24	25	26	27	28	29	30
②	①	④	④	③	②	①	③	①	④	④	③	④	④	④

01 제시문은 방글라데시의 '그라민은행'에서 공동 대출 프로그램을 운영했음을 제시하고, 그 운영 방식에 대해 설명하고 있다. 운영 결과 높은 상환율을 달성할 수 있었음을 보여주며, 그 의의에 대해 설명하고 있는 글이다. 따라서 (C) '그라민은행'의 공동 대출 프로그램 운영 → (D) 공동 대출 프로그램의 운영 방식 → (A) 공동 대출 프로그램의 결과 → (B) 공동 대출 프로그램의 의의로 연결되어야 한다.

02 제시문은 광고에서 여러 설득적 장치들을 활용하고 있음을 말하고, 광고의 언어적인 요소인 문안과 그 요소가 무엇인지 설명한다. 이어서 그 요소에 대한 추가적인 설명을 하고 그 결과 나타나는 광고 언어의 특성에 대해 설명하고 있는 글이다. 따라서 (D) 광고 언어에서는 여러 설득적 장치를 사용한다. → (A) 광고의 언어적인 요소인 문안의 종류 → (C) 문안의 종류에 대한 추가 설명 → (B) 그 결과 나타나는 광고 언어의 특성으로 연결되어야 한다.

03 제시문은 연료전지의 탄생 배경에 대해 설명하고 연료전지의 발전 방식과 친환경성에 대해 이야기한다. 또 연료전지발전소를 만들었을 때의 장점에 대해 설명하고, 미래 연료전지 시대에 대한 전망에 대해 설명하고 있는 글이다. 따라서 (C) 연료전지의 탄생 배경 → (A) 연료전지의 발전 방식과 친환경성 → (B) 연료전지발전소의 이점 → (D) 연료전지 시대에 대한 전망으로 연결되어야 한다.

04 제시문은 노블레스 오블리주의 개념에 대해 설명하고, 그에 대한 의문을 제시한다. 이어서 이에 대한 의문을 해소해주고, 우리나라의 노블레스 오블리주의 실태에 대해 말한다. 그리고 우리나라의 노블레스 오블리주의 필요성에 대해 설명하고 있는 글이다. 따라서 (B) 노블레스 오블리주의 개념 → (C) 노블레스 오블리주에 대한 의문 제시 → (E) 의문 해소 → (A) 우리나라 노블레스 오블리주의 실태 → (D) 우리나라의 노블레스 오블리주의 필요성으로 연결되어야 한다.

05 제시문은 팝아트의 발생에 대해 이야기하고, 팝아트의 소재에 대해 설명한다. 그리고 팝아트의 장점과 그를 향한 비판에 대해 말하고 있는 글이다. 따라서 (C) 팝아트의 발생 → (B) 팝아트의 소재 → (A) 팝아트의 장점 → (D) 팝아트에 대한 비판으로 연결되어야 한다.

06 ③ 개인에 대한 인식이 생겨나면서 욕망이 커지고 이로 인해 사유재산과 불평등한 사회가 등장하게 되었다.

07 ① 음악의 성부가 단성 → 2성부 → 3성부로 늘어났으며, 교향악도 2관 → 3관 → 4관으로 늘어났다. 즉, 양적으로 팽창하는 추세를 보였다.

08 태풍의 눈인 중심부는 맑게 개어 있으므로 바람이 약하고, 중심 부분의 기온이 높고 주위로 갈수록 낮아지므로 태풍의 눈 속은 주변부보다 온도가 높다. 또한 중심으로 갈수록 기압은 하강하므로 태풍 중심부의 기압이 가장 낮다.
②제시문의 설명에서 풍속에 관한 내용은 없으므로 태풍의 중심부로 갈수록 풍속이 빨라진다고 유추할 수는 없다.

09 제시문에서 시민은 민주사회의 구성원으로서 공공의 정책 결정에 주체적으로 참여하여 권리와 의무를 함께 행해야 한다고 하고 있다.

10 제시문은 현대성의 지식을 타자를 발견하는 지식으로 부르고 있다. 현대성의 지식이라는 말과 모더니티에 대한 지식이라는 말이 맥락상 같은 뜻으로 사용되었으므로, 정답은 ①이다. 정신의학과 인류학은 중심부의 시각에서 연구된 것이다. 그러므로 광기를 지닌 자의 시선에서 연구했다는 ②와 유색인종(주변부)의 시각에서 서양인들을 연구했다는 ③은 옳지 않다. ④의 경우, 주변부에도 관심을 기울였다는 설명이 본문에도 나오므로, 옳지 않다.

11 제시문은 패배가 두려워 꿈을 펼치는 것을 망설이고 있는 사람들에게 도전을 권유하고 있는 글이다. 글쓴이는 자신의 주장을 피력하며 도전에 뛰어들 것을 권하고 있지만, 한편으로는 독자가 패배하고 좌절하는 상황을 고려하며 말하고 있다. 따라서 이 글의 필자의 태도를 가장 적절하게 설명하는 것은 ② '독자적으로 주장하기보다는 상대방의 입장을 이해하면서 권유하고 있다.' 이다.

12 제시문은 영화가 만들어내는 신화, 어떤 개념에 대한 명제를 다시 쓰거나 덧씌우는 영화의 역할에 대해 이야기하는 글이다. 하지만 이 신화, 명제는 일반 관객이 인식하기 어려우며, 스크린 속의 캐릭터와 자신을 동일시하는 관객의 무의식 속에 파고들어 진실로 자리 잡는다. 마지막 단락에서 글쓴이는 이 동일시를 통한 무의식적인 수용을 경고하고 있으며, 이 경고와 가장 부합하는 것은 ①의 사례이다. 「귀여운 여인」의 주인공과 자신을 동일시하여 신화(현실을 이겨내는 낭만적 사랑)를 주입당한 여성들을 이야기하고 있기 때문이다.

13 제시문은 청소년기에 아이들이 입는 옷차림과 그 옷차림의 목적성, 집단 정서적 효과에 대해 이야기하고 있는 글이다. 따라서 글에 어울리는 제목은 ② 청소년의 옷차림의 의미이다.

14 ② 체내의 활성산소의 농도와 생물체의 생명 연장이 비례한다는 내용은 본문에서 확인할 수 없다. 오히려 활성산소인 과산화수소는 체내에 쌓이면 독소가 된다는 점이 제시되어 있다.

15 상처 났던 바둑판이 제 힘으로 상처를 고쳐 회복한다는 내용을 볼 때, 상처가 났지만 그것을 스스로 극복한 바둑판이 보통의 바둑판보다 더 높은 가치를 가질 것이라는 내용이 이어질 것이라고 추론할 수 있다.

16 제시문의 핵심 내용을 보면 '반대는 필수불가결한 것이다.', '자유의지를 가진 국민의 범국가적 화합은 정부의 독단과 반대당의 혁명적 비타협성을 무력화시키는 정치권력의 충분한 균형에 의존하고 있다.', '그 균형이 더 이상 존재하지 않는다면 민주주의는 사라지고 만다.'로 요약할 수 있다. 이 내용을 토대로 주제를 찾는다면 ②와 같은 의미가 전체 내용의 핵심이라는 것을 알 수 있다.

17 ① 다른 대화들이 청자 스스로 생각하여 판단하고 결정을 내릴 여지를 주고 있는 것에 비해 직접적으로 밥을 사 달라고 요구하고 있다.
② 내일 일찍 일어나야 한다는 정보를 줌으로써 남자가 이제 그만 헤어지고 집으로 돌아가야겠다고 스스로 판단하게 유도하고 있다.
③ 떠드는 친구에게 여기가 도서관이라는 정보를 줌으로써 스스로 생각하여 조용히 하도록 하고 있다.
④ 엄마에게 지금까지는 수진이가 공부를 열심히 하지 않았다고 간접적으로 얘기하고 있다.

18 ④ 공공의 이익을 위한 차별이 아니라 특정 집단의 이익을 위해 다른 사람들의 행위를 제한한 것이라고 볼 수 있다.

19 글의 요지는 글 마지막 부분에 나타나는 ④ 칸트의 도덕적 의무론의 한계와 가치라고 할 수 있다. 앞부분에서는 칸트 도덕관의 한계를 설명하고 결국 그런 한계에도 불구하고 칸트의 도덕적 의무론에 어떤 가치가 있는지 이야기하고 있다.

20 본론에서 어린이 과보호의 배경과 그로 인한 문제점을 가정, 사회 차원에서 드러내고 있으므로 이를 바탕으로 대응 방안을 찾도록 한다.

21 ② 필자가 말한 내용을 요약하여 주장하는 핵심을 파악해야 한다. 제시된 글은 텔레비전의 언어가 개인의 언어 습관에 미치는 악영향을 경계하면서 올바른 언어 습관을 길들이기 위해 문학 작품의 독서를 강조하고 있다.

22 제시된 글은 재즈가 어떻게 생겨났고 재즈가 어떠한 것들을 표현해내고 표출하는 음악인지에 대해 설명하고 있으므로 ①이 가장 적절하다.

23 ③ 제시문의 인용에서 알 수 있듯이 '동일한 구조의 무덤에서 성과 연령에 따라 시신이 놓이는 방향의 차이와 함께 부장품의 양과 질의 차이'에 따라 성별로 차이가 있을 수 있지만 동일한 무덤의 구조 내(內)이기 때문에 올바르지 않은 판단이다.

①·② 세 번째 문단의 '뒷날 시신을 직접 매장하는 개인의 단독 무덤을 출현시키는 토대가 되었으며, 동일한 구조의 무덤에서 성과 연령에 따라 시신이 놓이는 방향의 차이와 함께 부장품의 양과 질의 차이를 가져온 원인이 되었다.'에서 확인할 수 있는 사안이다.

④ 두 번째 문단의 '이후 그러한 기능은 점차 스톤헨지처럼 규모가 큰 제의용 거석기념물이 대신하게 되었으며'에서 추론할 수 있는 내용이다.

24 표제는 글 전체의 화제이고, 부제는 화제의 주제이다. 이 글의 화제는 상품미와 광고의 본질이 무엇인지이며, 화제의 주제는 상품미와 광고가 소비의 욕망을 추구한다는 것이다.

25 이 문제는 내용에 대한 사실판단의 일반형 문제로서 원칙적으로는 제시문의 내용을 완전하게 이해한 후 예항에 대한 진위 판단을 해야 한다. 그러나 보다 빠른 문제 풀이 방법을 소개하자면 다음과 같다.

1) 문단별 내용을 일별해서 내용핵심 개념을 수렴한다. 이 과정이 어렵게 보이지만 실제로는 각 문단의 첫 문장과 끝 문장을 중심으로 파악하면 되기 때문에 무척 쉽다. 자세한 과정을 위해서 상세한 예를 들어 보이면 다음과 같다.

- 첫 문단 : '기술은 목적을 위한 수단'이라는 것이고, 다른 하나는 '기술은 인간행위의 하나'라는 것이다. → 기술의 개념 범주
- 둘째 문단 : '왜 우리는 기술의 참된 특징을 밝혀야 하는가? 제작과 창작의 공통적인 성격은 '감추어져 있는 어떤 것을 밖으로 끌어내어 앞에 내어놓는 일'에 있는데, 이것은 어떤 것에 대해 잘 알아 그것을 해명해서 밝히는 능력을 의미하며, 이것이 바로 탈은폐인 것이다.' → 기술의 특징에 대한 필요성
- 셋째 문단 : '탈은폐로서의 기술의 본질 규정은 현대기술의 본질을 규정할 때도 여전히 타당하다. 현대기술의 탈은폐는 자연에 숨겨져 있는 에너지를 채굴하고, 캐낸 것을 변형하고, 변형된 것을 저장하고, 저장한 것을 다시 분배하고, 분배된 것을 다시 한 번 전환해 사용함으로써 이루어진다.' → 현대기술의 본질과 탈은폐의 의미
- 넷째 문단 : '인간은 자연을 도발적으로 닦달하여 자연적인 것을 포함한 세계의 존재하는 것들을 부품으로 탈은폐시키는 주체이다.' → 부품으로 탈은폐시키는 인간
- 다섯째 문단 : '인간과 기술 그리고 세계는 조화를 이루게 될 것이다.' → 인간과 기술의 조화

2) 위와 같이 문단의 핵심을 정립했다면 예항의 내용에 따라 판단하면 된다.

④ 기술의 본질을 탐구해야 할 필요성을 제시하고 기술의 본질이 왜곡된 상태에서 벗어나 기술을 그 자체로 이해할 것을 주장하였다. → 제시문에 대한 올바른 판단

① 기술의 본질에 대한 탐색방식으로, 어원분석방법과 통시적 사례비교방법의 상충을 검증하였다. → 제시문 내용의 일탈

② 기술의 본질 규정을 위해 수단과 행위영역 사이의 차이점을 해명함으로써 문제의 소재를 명료히 하였다. → 타당하지 않은 판단

③ 기술이 자연에서 드러내고 싶어 하는 바와 자연의 본성이 잘 드러나는 것은 비례관계에 있음을 증명하려고 했다. → 기술과 자연 관계에 대한 부당한 판단

26 제시문에서 필자는 옛 선비들의 기절을 다시 세우고 시대의 부정과 불의에 항거해야 함을 역설하고 있다. 구차하게 성명(性命)이나 보전하는 명철보신의 태도나 수수방관하거나 자포자기하는 것은 지성인의 태도가 아니라는 것이다. 따라서 필자는 은둔하는 지성인을 비판하고 있는 것이므로 ④는 적절한 설명이 될 수 없다.

27 주어가 '패스트푸드점'이기 때문에 임금을 받는 것이 아니라 주는 주체이므로 '대체로 최저임금을 주거나'로 수정하는 것이 적절하다.

28 '교양 있는' 사람을 문화인이라고 사용하는 예를 들기는 하였지만, 문화 자체가 교양 있는 사람이 이해하고 지켜 나가는 것으로 좁게 규정하지는 않았다.

29 주어진 문단은 미괄식의 문단으로, 맨 마지막 문장이 글쓴이가 주제에 대해 평가하고자 하는 일반적인 논의를 집약하여 보여주는 중심 문장이다. 〈보기〉로 주어진 문단에서도 중심 내용의 역할을 하는 문장을 찾아보면 그 순서는 (마) - (라) - (나) - (가) - (다)이다.

30 제시문은 (라) 문단의 뒷부분에 나오는 '반면에 심리학, 교육학 등은 ~ 매우 주관적인 때가 많다.'는 내용을 뒷받침하는 구체적 사례에 해당한다.

제 2 장 수리력

01	02	03	04	05	06	07	08	09	10	11	12	13	14	15
①	④	③	④	②	③	②	②	③	③	④	②	①	②	①
16	17	18	19	20	21	22	23	24	25	26	27	28	29	30
③	④	③	④	④	③	③	①	④	③	②	②	④	④	④

01 (A, B)=[C, D, E, F, G, …]라고 하면, C=1, D=C×A, E=D+B, F=E×A, G=F+B, …이다.

따라서 규칙에 따라 순서대로 나열하면 1, 1×5=5, 5+4=9, 9×5=45, 45+4=49, …이다. 그러므로 마지막 집합의 5번째 수는 49이다.

02 A=[(B, C), …]라고 하면, 두 수를 곱해서 A를 만들 수 있는 수의 집합이다.

따라서 $a=15$, $b=8$, $c=5$, $d=6$이므로, $a+b+c+d=34$이다.

03 주어진 문자를 숫자로 변환하면

> (1, 3)=[(4, 6), (11, 13), (20, 22)]
> (24, 23)=[(10, 9), (14, 13), (6, 5)]
> (?, 4)=[(5, 9), (18, 22), (11, 15)]

(A, B) - A−B의 값이 같은 집합

따라서 빈칸에 들어갈 숫자를 x라 하면

$x-21=5-9 \rightarrow x=17$

그러므로 빈칸에 들어갈 문자는 q이다.

문자추리

1	2	3	4	5	6	7	8	9	10	11	12	13
A	B	C	D	E	F	G	H	I	J	K	L	M
14	15	16	17	18	19	20	21	22	23	24	25	26
N	O	P	Q	R	S	T	U	V	W	X	Y	Z

04 (A, B, C) - A×B+C의 값이 같은 집합

예를 들어 (4, 3, 2)=4×3+2=14이고, 대괄호([ ]) 안에 있는 쌍들도 마찬가지로 결과 값이 14이다. 따라서 (5, 2, 9)=5×2+9=19이므로, $a=2$, $b=2$, $c=4$이다.

∴ $a+b+c=8$

05 (A, B) - A의 배수를 나열할 때, 'B의 배수' 번째 수를 제외한 집합

예를 들어 (8, 3)은 8의 배수를 나열하지만, '3의 배수' 번째 수인 '24, 48, …'은 제외한다는 것이다. 따라서 (6, 4)는 6의 배수 중 '4의 배수' 번째 수인 '24, 48, …'을 제외한 집합이다. 그러므로 11번째 수는 $6 \times 14 = 84$이다.

06 모든 수의 각 자릿수의 합이 10이다.

따라서 208, 217, 226, … 순서로 배열된다.

07 앞의 항에 $\frac{1}{2}, \frac{2}{3}, \frac{3}{4}, \cdots$을 곱하는 수열이다.

08

$$3 \rightarrow 6 \rightarrow 11 \rightarrow (20) \rightarrow 37$$
$$+3 \rightarrow +5 \rightarrow +9 \rightarrow +17$$
$$+2^1 \quad +2^2 \quad +2^3$$

09 $1 = 1^2, \ 9 = 3^2, \ 36 = 6^2, \ 225 = 15^2, \ 441 = 21^2$

$$1 \rightarrow 3 \rightarrow 6 \rightarrow (10) \rightarrow 15 \rightarrow 21$$
$$+2 \quad +3 \quad +4 \quad +5 \quad +6$$

따라서 괄호 안에 들어갈 수는 $10^2 = 100$이다.

10 앞의 항에 1, 3, 5, 7, …을 곱한다.

11 ④ 한국, 중국의 개인주의 지표는 유럽, 일본, 미국의 개인주의 지표보다 항상 아래에 위치한다.

12 ㉠ 공무원의 생애 총소득(21억 607만 원)이 민간기업 근로자의 생애 총소득(19억 3,407만 원)보다 더 높다.

㉢ 공무원 생애연금 6억 1,851만 원에 대하여 민간기업 근로자 생애연금은 2억 6,252만 원이기 때문에 42%에 불과하다.

㉡ 민간기업 대비 공무원 소득 비율은 108.9%이다.

㉣ 퇴직 후 받는 모든 금액은 생애연금과 퇴직금이므로 공무원은 6억 7,926만 원, 민간기업 근로자는 4억 2,683만 원이다. 따라서 퇴직 후 공무원이 민간기업 근로자보다 더 많이 받는다.

13 ㉢ 교육청은 2015년에 25.5%로 두 번째로 가입률이 낮았으며, 2016년 80.1%로 가입률이 가장 높았다. 가입률 차이는 80.1 − 25.5 = 54.6%p 즉, 약 55%p 차이가 난다.

㉣ 지방자치단체(광역)에서 2016년과 2017년을 비교해 보면, 가입대상은 2016년이 더 많지만 가입자는 2017년이 더 많다. 따라서 가입대상이 많을수록 가입자도 많아진다고 할 수는 없다.

14 ② 2019년 연평균 오존 오염도가 가장 낮고 빗물의 연중 최저 산도가 가장 높은 도시는 A이고, 아황산가스 오염도가 가장 낮은 도시는 E이다.

1편

2편

3편

4편

5편

해설

15 ① 'B→C→D→A', 'B→D→E→A', 'B→D→A' 가 가능하다.
② 표를 통해 쉽게 확인할 수 있다.
③ E는 A, B에게 소식을 전달할 수 있고, A, B는 C에게 소식을 전달할 수 있다.
④ E는 B에게 소식을 전달할 수 있고, B는 C에게 소식을 전달할 수 있다. 또한 C는 D에게 소식을
전달할 수 있으므로 옳은 판단이다.

16 ③ 2015년의 차이는 115,820천 장으로 가장 크다.
① 2016년에는 기념우표가 전년보다 증가했지만 나만의 우표는 감소했으며, 2018년에는 그 반대
현상을 보였다는 점에서 볼 때 올바른 판단이 아니다.
② 기념우표의 경우에는 2019년이 가장 적다.
④ 2017년 전체 발행수는 113,900천 장인데 나만의 우표는 1,000천 장이므로 1%가 안 된다. 정
확한 비중은 0.88% 정도이다.

17 ④ 국내 특허등록 건수에서 3위는 한국이다.
① 해외 특허등록 상위 5개국의 점유율을 합하면 73.2%이다.
② 독일의 국내 특허등록 건수와 해외 특허등록 건수의 차이는 42,957건으로, 차이가 가장 크다.
③ 한국과 일본 사이에 해외 특허등록 건수의 차이는 5,541건으로, 차이가 가장 크다.

18 ③ 대치동의 증권자산은 $23.0-17.7-3.1=2.2$조 원, 서초동의 증권자산은 $22.6-16.8-$
$4.3=1.5$조 원이다.
① 가구 수＝총자산/가구당 총자산, 압구정동은 14.4/12.8＞1, 여의도동은 24.9/26.7＜1이므로
압구정동의 가구 수가 더 많다.
② 이촌동의 가구 수가 2만 이상이려면 총자산이 $7.4×20,000=148,000$억 원, 즉 14.8조 원 이상
이어야 한다. 그러나 이촌동은 총자산이 14.4조 원인 압구정동보다도 순위가 낮다. 따라서 이촌
동의 가구 수는 2만 미만이다.
④ 여의도동의 부동산자산은 최대 12.3조 원이다. 따라서 여의도동의 증권자산은 최소 3조 원 이
상이다.

19 ④ 전체 문맹 청소년의 55%가 A 지역에, 26%가 B 지역에 분포하고 있다. $26×2<55$이므로 옳
은 판단이다.
① 성인 남자 문맹률은 C－A－B－D－E－F 순으로 높고, 문맹 청소년 수는 A－C－B－
E－D－F 순으로 많다.
② A 지역의 남녀비율을 알 수 없으므로 판단할 수 없다.
③ B 지역의 남녀 간 성인 문해율의 차이가 26%p로, 가장 큰 차이를 보인다.

20 ④ 2015년은 $138-96=42$, 2019년은 $131-77=54$이다.

21 마일리지를 가장 많이 쌓은 사용자의 점수가 9,000점이고, 상품을 받은 사용자의 마일리지 평균이 8,000점이므로, 상품을 받은 사용자 중 마일리지가 8,000점 이하인 사람도 있다. 8,000점을 기준으로 9,000점까지는 5명의 사용자가 있다. 따라서 8,000점 미만에서 5명의 사용자가 상품을 받아야, 평균이 8,000점이 된다. 그러므로 상품을 받은 사용자 중 마일리지를 가장 적게 쌓은 사용자의 점수는 $8,000-200\times5=7,000$점이다. 즉, 상품을 받지 못한 점수는 $7,000-200=6,800$점 이하부터이다.

22 3, 2, 4의 최소공배수는 12이므로, 세 역에서 처음 동시에 출발한 뒤 12분마다 지하철이 동시에 도착한다. 따라서 5번째로 지하철이 동시에 도착하는 시간은 $12\times5=60$분 뒤인 오전 5시 30분이다.

23 기찬이가 집에 있는 시계를 실제 시간보다 x분 빠르게 맞추어 놓았다면, 서점에 갈 때 걸린 시간은 $(20+x)$분이고, 집에 올 때 걸린 시간은 $(30-x)$분이다.
서점에 갈 때와 집에 올 때 같은 속도로 걸었으므로
$20+x=30-x$
$\therefore x=5$분

24 배터리가 완전히 충전됐을 때를 100%라 하면, 1km를 갈 때 소모되는 배터리의 양은 2.5%이다. 전기자동차는 1km 주행할 때마다 1%씩 충전되므로, 1km 주행할 때, 배터리가 $2.5-1=1.5\%$ 소모된다. 따라서 완전히 충전했을 때, 전기자동차가 갈 수 있는 거리는 $100\div1.5≒66.7$km이다.

25 통화량을 x라 하면
A 통신사의 요금 : $24,000+70\times(x-250)$
B 통신사의 요금 : $32,000+50\times(x-350)$
$32,000+50\times(x-350)<24,000+70\times(x-250)$
$\rightarrow 14,500+50x<6,500+70x$
$\rightarrow 20x>8,000$
$\therefore x>400$
따라서 통화량이 400분이 넘어야 B 통신사를 이용하는 것이 이득이다.

26 오후 3시 35분에서 2시간 10분이 흐르면 오후 5시 45분이다.
시침은 1분에 0.5°, 분침은 1분에 6° 움직인다.
오후 5시 45분일 때의 시침의 각도 : $150°+0.5°\times45=172.5°$
오후 5시 45분일 때의 분침의 각도 : $6°\times45=270°$
따라서 시침과 분침이 이루는 각도는 $270-172.5=97.5°$ 또는 262.5°이다.

27 누리가 15km를 간 뒤에, 수연이가 출발했으므로 수연이가 40km를 이동할 때, 누리는 25km를
    이동했다.
    누리의 걸을 때 속력을 x라 하면, 수연이가 자전거를 타고 움직인 속력은 $x+10$이다.

$$\frac{40}{x+10}=\frac{25}{x} \rightarrow 40x=25(10+x)$$

$$\therefore x=\frac{50}{3}$$

따라서 두 사람이 함께 운동한 시간은 $\dfrac{25}{\frac{50}{3}}=\dfrac{3}{2}$

시간, 즉 1시간 30분이다.

28 i) 창고 9개에 냉장고 9대씩 보관하고, 창고 1개에 냉장고 7대를 보관하는 경우
       창고 10개 중에서 1개를 선택하는 경우의 수와 같다.
       $\therefore {}_{10}C_1=10$
    ii) 창고 8개에 냉장고 9대씩 보관하고, 창고 2개에 냉장고 8대씩 보관하는 경우
       창고 10개 중에서 2개를 선택하는 경우의 수와 같다.
       $\therefore {}_{10}C_2=45$
    따라서 냉장고를 창고에 보관할 수 있는 경우의 수는 $10+45=55$가지이다.

29 로봇청소기에 쓰인 필터의 투과율을 x라 하면

$$30 \times \frac{x}{100} \times \frac{x}{100}=2.7 \rightarrow 3x^2=2,700$$

$$\therefore x=30\%$$

30 1개의 휴대폰을 살 때, 휴대폰 판매점과 종류를 선택할 수 있다. 따라서 휴대폰 1개를 살 수 있는
    방법의 수는 $3 \times 2=6$가지이다.
    성진이는 휴대폰 6개를 구매하므로, 휴대폰을 살 수 있는 방법은 $6 \times 6 \times 6 \times 6 \times 6 \times 6=6^6$가지이다.

제 **3** 장 **문제해결**

01	02	03	04	05	06	07	08	09	10	11	12	13	14	15
③	④	①	④	④	②	③	②	②	②	③	④	②	④	③
16	17	18	19	20	21	22	23	24	25	26	27	28	29	30
④	③	③	②	④	②	①	④	②	③	③	②	②	③	③

1
편

2
편

3
편

4
편

5
편

해
설

01 ③ 제1국민역에 편입된 이중국적자는 편입된 때부터 3개월 이내에 하나의 국적을 선택하여야 한다.

02 ④ 외국인과의 혼인으로 그 배우자의 국적을 취득하게 된 자는 그 외국 국적을 취득한 때부터 6개월 내에 법무부장관에게 대한민국 국적을 보유할 의사가 있다는 뜻을 신고하지 아니하면 그 외국 국적을 취득한 때로 소급하여 대한민국 국적을 상실한 것으로 본다.
③ 제2국민역에 편입된 시점으로부터 2년 이내에 하나의 국적을 선택할 수 있으며 그 전까지는 이중국적의 상태, 즉 대한민국의 국적과 외국 국적을 함께 가지고 있는 상태이다.

03 ① 우진은 만 22세가 되기 전까지 하나의 국적을 선택하면 된다.

04 ④ 외국인에게 입양되어 그 양부 또는 양모의 국적을 취득하게 된 자가 그 외국 국적을 취득한 때부터 6개월 내에 법무부장관에게 대한민국 국적을 보유할 의사가 있다는 뜻을 신고하지 아니하면 그 외국 국적을 취득한 때로 소급하여 대한민국 국적을 상실한 것으로 본다.

05 ① 현역·상근·예비역·보충역은 제1국민역이다.
② 영규가 하나의 국적을 선택하여야 하는 시기는 제2국민역에 편입된 시기로부터 2년 이내인 2015년 5월 15일까지이다.
③ 영규가 제2국민역에 편입된 시기로부터 2년 이내에 국적을 선택하지 않는다면, 2년이 지난 때에 대한민국 국적을 상실한다.

06 최단시간으로 가는 방법은 택시만 이용하는 방법이고, 최소비용으로 가는 방법은 버스만 이용하는 방법이다.
∴ (최단시간으로 가는 방법의 비용)−(최소비용으로 가는 방법의 비용)=2,500−500=2,000

07 대중교통 이용 방법이 정해져 있을 경우, 비용을 최소화하기 위해서는 회의장에서의 대기시간을 최소화하는 동시에 지각을 하지 않아야 한다.
• K회사~B지점(버스, 6분, 1 : 47~1 : 53) → 환승(2분, 1 : 53~1 : 55) → B지점~거래처(택시, 3분, 1 : 55~1 : 58)

08 • 혜정의 비용

버스요금 500원+환승 비용 800원+회의장에서의 대기 비용 1,600원=2,900원

• 진선의 비용

택시요금 2,300원+환승 비용 800원+버스요금 500원+회의장에서의 대기 비용 600원=4,200원

따라서 혜정과 진선의 비용 차는 4,200-2,900=1,300원이다.

09 ①의 비용 : 지하철 요금 700원+회의장에서의 대기비용 3,000원=3,700원

②의 비용 : 지하철 요금 700원+환승 비용 800원+회의장에서의 대기 비용 1,600원=3,100원

③의 비용 : 지하철 요금 700원+커피 값 1,000원+회의장에서의 대기 비용 1,600원=3,300원

④의 비용 : 지하철 요금 700원+환승 비용 800원+회의장에서의 대기 비용 2,400원=3,900원

10 ② 상사와의 관계와 회의시간 준수를 모두 고려한다.

11 ③ 소득평가액은 실제소득에서 가구특성별 지출비용을 뺀 것이다.

12 ④ 수급권자의 1촌 직계혈족 및 그 배우자는 부양의무자의 범위에 포함된다.

13 ② 소득인정액이 최저생계비보다 낮고, 부양의무자가 있으나 병역법에 의해 징집·소집되어 실질적으로 부양을 할 수 없는 경우이다.

14 ①·②·③의 경우 영수네 식구의 소득인정액은 최저생계비 이상이다.

15 ③ 민호가 아르바이트를 관두어도 민호네 식구의 소득인정액은 80만 원으로, 최저생계비 이상이다.

① 가장 가까운 혈족인 외삼촌도 부양의무자 범위 밖에 있다.

② 민호네 식구의 소득인정액=실제소득 130만 원-가구특성별 지출비용 20만 원+재산의 소득환산액 0원=110만 원

④ 친할머니의 실제소득이 절반으로 감소했을 때 민호네 식구의 소득인정액은 60만 원으로, 최저생계비보다 10만 원 적다.

16 ④ 지연이 근무하는 K회사 본부보다 새봄이 근무하는 K회사 지부가 출근시간이 더 늦다.

17 ③ 기타시간대에 경로 C를 지나는 데에는 40/60시간이 걸리고, 경로 D를 지나는 데에는 50/120시간이 걸린다. 즉 오후 4시에 K회사 본부에서 K회사 지부로 갈 때, 경로 C를 이용하는 경우에는 40분이, 경로 D를 이용하는 경우에는 25분이 걸리는 것이다.

18 M아파트에서 K회사 본부까지 경로 B를 통해서는 30분이 소요된다.

19　② K회사 지부에서부터 K회사 본부까지 40분에 걸쳐서 도착했다면, 경로 C를 이용한 것이다.

　　① 기타시간대에 K회사 지부에서부터 K회사 본부까지는 최소한 25분이 경로 D를 통하여 소요된다.

　　③ 기타시간대에 K회사 본부와 M아파트 간에는 최소한 20분이 경로 B를 통하여 소요된다. 따라서 경호는 M아파트로 적어도 오후 2시 20분에는 출발해야 한다.

　　④ 출근시간대든 기타시간대든 경로 B는 경로 A보다 주행시간이 두 배 더 적게 걸린다.

20　④ 올바른 정답이 없다.

21　② 한국 지사의 직원 수는 지사들 중 세 번째로 많다.

22　① 일본 지사에서는 팀빌딩이 직원 참여율이 가장 낮은 교육훈련 유형이다.

　　④ 일본 지사의 총 직원 수 117명 중 10% 이상, 즉 11.7명 이상이 현장실습에 참여한다.

23　④ 홍콩 지사 직원 수 232×홍콩 지사의 팀빌딩 직원 참여율 0.259 = 60.088명

24　② 참여율이 한국 지사에서는 20%가 넘지만 모든 지사를 통틀었을 때에는 20%를 넘지 못하는 교육훈련은 현장실습과 멘토링이다. 이 둘 중에서 중국 지사에서의 직원 참여율이 0%인 것은 멘토링이다.

25　직원 수가 100명 이상인 지사는 홍콩 지사와 일본 지사이다. 멘토링에 참여하는 직원 수는 홍콩 지사에서 약 28명(직원 수 232×멘토링 직원 참여율 0.121=28.072), 일본 지사에서 약 45명(직원 수 117×멘토링 직원 참여율 0.386=45.045)이다.

26　③ 200명의 남성 중 성형수술을 희망한다는 응답자는 20%로, 40명이다. 희망 성형수술 유형별 비율은 성형수술 희망 응답자 내에서의 비율이라고 하였으므로, 이 40명 중에서 15%가 지방흡입을 희망한다.

27　② 총 설문 대상자 500명 중 성형수술을 희망한다는 여성 응답자는 300×0.35=105명이다.

　　① 총 설문 대상자 500명×성형수술을 희망한다는 응답자 비율 0.29=145

　　③ 성형수술을 희망하는 남성 응답자 40명×0.4=16

　　④ 성형수술을 희망한다는 여성 응답자 105명×0.4=42

28　성형수술을 희망하는 남성 응답자 40명×치아교정 희망자의 비율 0.25×치아교정을 할 예정인 남성 응답자의 비율 0.2=2명

29 ③ 소영이 희망하는 성형수술은 피부 레이저 시술로, 가장 높은 비율의 여성 응답자가 희망하는 성형수술인 눈 성형보다 희망자가 21명 더 적다.

① 여성 응답자 중 35%만이 성형수술을 희망한다고 답했으며, 미응답자는 없으므로 나머지 65%는 성형수술을 희망하지 않는 것이 된다.

30 성형수술의 위험성에 대한 경계를 담아 공익적 성격을 지닌 문장은 ③이다.

제 4 장 집중력

01	02	03	04	05	06	07	08	09	10	11	12	13	14	15
③	④	①	②	④	②	④	④	②	④	④	①	③	④	③
16	17	18	19	20	21	22	23	24	25	26	27	28	29	30
④	④	④	①	②	④	④	③	①	④	③	③	①	④	④

제 5 장 경영 · 경제 · 상식

01	02	03	04	05	06	07	08	09	10	11	12	13	14	15
④	②	③	④	④	④	④	①	④	②	①	④	②	③	④
16	17	18	19	20	21	22	23	24	25	26	27	28	29	30
②	①	④	④	②	④	④	①	①	③	③	④	③	①	②

---

01 한국사

제시문은 서양화가 이중섭에 대한 설명이다.

① 김환기 : 한국의 서양화가(1913~1974)로, 호는 수화(樹話)이다. 구체적인 이미지 대신 연속적인 사각 공간 속에 점묘(點描)를 배열해 한국 근대회화의 추상적 방향을 여는 데 선구자 역할을 하였다. 작품으로 〈어디서 무엇이 되어 다시 만나랴〉, 〈론도〉, 〈해와 달〉 등이 있다.

② 백남준 : 한국의 비디오 아티스트(1932~2006)로, 전위적이고 실험적인 공연과 전시회를 선보였다. 비디오 아트를 예술 장르로 편입시킨 비디오 예술의 창시자로 불린다.

③ 천경자 : 한국의 서양화가(1924~)로, 그 자신의 생활감정을 포함하여 자연의 아름다움, 생명의 신비, 인간의 내면세계, 문학적인 사유의 세계 등 폭넓은 영역의 작품을 제작했다. 작품으로 〈정〉, 〈생태〉, 〈꽃무리〉 등이 있다.

02 　문화·예술
제시문에서 설명하는 장르는 뮤지컬로, ①·③·④가 이에 해당된다. ②는 오페라의 작품이다.
나비부인(Madam Butterfly)
이탈리아의 작곡가 G.푸치니의 오페라

03 　사 회
부라쿠민
전근대 일본의 신분 제도 아래에서 최하층에 위치해 있었던 천민 및 신분제 철폐 이후의 근현대 일본에서도 여전히 천민 집단의 후예로 차별 대상이 되고 있는 일본 사회의 특정 계층을 가리킨다.
① 브라만 : 카스트의 가장 높은 계층
② 크샤트리아 : 카스트의 제2등급
④ 수드라 : 카스트의 최하위 등급

04 　예 절
④ 상사의 전화일 때는 용무를 확인한 후 내선으로 바로 돌리지 말고, 상사에게 전화하신 분이 누구인지 전달하고 연결한다.

05 　예 절
④ 대부분의 항공사가 기내의 전 구역을 금연으로 운영하고 있다. 또한 현실적으로 법규상 기내흡연은 불법이므로 답답하더라도 참는 것이 좋다.

06 　IT·컴퓨터
① 웹 문서의 각종 서비스를 제공하는 서버들에 있는 파일의 위치를 표시하는 표준
② 인터넷을 통해 한 컴퓨터에서 다른 컴퓨터로 파일을 전송할 수 있도록 하는 방법
③ 인터넷 주소에서 그 도메인의 목적이나 종류 등을 알 수 있는 도메인의 최상위 부분

07 　한국사
④ 조선 후기 실학자 박제가에 의해 제시된 내용이다.

08 　문화·예술
① 레프 니콜라예비치 톨스토이 : 러시아의 작가 및 사상가. 그의 저작의 대부분은 자본주의가 러시아에서 급속히 성장하는 한편, 가부장제적 농민 생활이 몰락해 가는 1881~1901년의 시대를 반영하고 있다.
② 윈스턴 처칠 : 1953년 「제2차 세계대전」으로 노벨 문학상을 수상했다.
③ 라빈드라나트 타고르 : 1913년 「기탄잘리」로 노벨 문학상을 수상했다.
④ 헤르만 헤세 : 1946년에 「유리알 유희」로 노벨 문학상을 수상했다.

09 IT · 컴퓨터

④ 4세대 : LTE, LTE-Advanced, WiBro-Evolution 등

① 1세대 : 북유럽 NMT, 영국 TACS, 프랑스 RC 2000, 미국 · 한국 AMPS, 독일 C-450 등

② 2세대 : 미국형 CDMA, 유럽형 GSM 등

③ 3세대 : WCDMA, CDMA2000, TD-SCDMA, UWC-136, DECT, HSPA 등

10 문화 · 예술

① 러시아의 작곡가 차이콥스키의 교향곡

③ 프랑스의 작곡가 베를리오즈의 교향곡

④ 오스트리아의 작곡가 하이든의 교향곡

11 경 제

핫머니(Hot Money)

국제금융시장을 이동하는 단기자금으로서 각국의 단기금리 및 환율 차이를 바탕으로 한 투기적 이익을 목적으로 하는 것과 국내통화 불안을 피하기 위한 자본도피 등 두 가지 종류가 있다.

② 헤지펀드(Hedge Fund)는 비공개적으로 거액투자자들을 모집해 자산가치가 저평가된 기업을 매입한 후 회사가 정상 가동되면 기업주식을 되파는 형태로, 투기적인 거래를 하는 금융상품이다.

③ 콜머니(Call Money)는 약칭 콜이라고도 불리며, '부르면 대답한다'는 식으로 극히 단기로 회수할 수 있는 대차를 말한다.

④ 역외펀드(Offshore Fund)는 조세 회피 지역에서 만들어진 펀드이다. 세제 혜택이 많고 규제가 느슨하다는 점을 활용하여 펀드를 만든 뒤, 자기 나라에 역수입해 판매하는 경우가 많다.

12 경 제

제2금융(Non-Banking Sector)

금융기관은 크게 제1, 2금융권으로 나뉜다. 제1금융권(Banking Sector)은 은행을 의미하며 시중, 지방, 특수은행과 농업협동조합중앙회의 신용사업부문, 수산업협동조합중앙회의 신용사업부문을 포함한다. 제2금융권(Non-banking Sector)은 제1금융권인 은행을 제외한 금융기관을 통칭하여 부르는 명칭이다. 보험회사와 증권회사를 비롯하여 신용카드회사 · 상호저축은행 · 우체국 · 새마을금고 · 신용협동조합 · 리스회사 · 벤처캐피털 등이 이에 속한다. 참고로 제3금융권은 제도권 금융기관에 속하지 않는 나머지 금융기관으로 사금융권(소비자 금융이라고도 함)을 의미한다.

13 사 회

두 레

두레는 농촌에서 모심기와 김매기의 공동 작업을 목적으로 조직된 마을의 공동 노동 형태이다. 농민들이 마을 경작지에 대하여 공동 작업을 하고, 각 집의 경지 면적 및 노동력에 따라 임금을 결산해 주고받는 공동 노동체이다. 또한 오락 단체로서의 기능도 지녀서 농악대를 조직하고 주민들에게 농악 연주 및 춤을 가르치기도 하였다.

① 가배(嘉俳)는 추석의 어원이 되는 말로서 〈삼국사기(三國史記)〉에 처음 등장했으며, 신라 여성들이 두 편으로 나뉘어 7월 16일부터 8월 보름까지 한 달에 걸쳐 길쌈 내기를 한 것을 뜻한다.

③ 품앗이는 농번기 때 이웃 농가들이 개인적으로 1:1의 등가적인 노동교환을 하는 것을 의미한다. 이는 협동하여 돕는 두레와의 차이점이라고 할 수 있다.

④ 향약은 조선시대 향촌사회의 자치규약이다. 16세기 사림파(士林派)들은 소농민경제의 안정을 바탕으로 본인의 중소지주층 입지를 확립하기 위해 지방통제 수단의 일환으로 향약의 보급을 주장했다.

14 　사 회

③ 2000년, 2010년 결혼 적령기인 남자가 여자보다 더 많아지는 현상은 1960~70년대 남아선호 사상으로 인해 여아보다 남아를 더 많이 출산한 것을 그 이유로 제시할 수 있다.

15 　한국사

④ 열전(列傳) : 여러 사람의 전기(傳記)를 차례로 벌여서 기록한 책

① 본기(本紀) : 기전체의 역사 서술에서, 왕의 사적(事跡)을 기록한 부분

② 표(表) : 기전체의 역사 서술에서 각종 연대표를 서술하는 부분

③ 세가(世家) : 제후·왕·명족에 대한 기록

16 　경 영

PPL(Product Placement)

영화나 드라마 등에서 특정 제품을 노출시켜 관객이나 시청자들이 무의식중에 해당 업체의 제품에 대해 호의적인 이미지를 갖게 되는 간접광고이다. 그러므로 상품명이나 라벨은 가리거나 별도 표시 없이 그대로 노출해도 상관없다.

17 　한국사

② 동국지지(東國地誌) : 역사, 풍속 및 산천 등을 간략히 기록한 인문지리서

③ 동국여지승람(東國輿地勝覽) : 조선 성종 때 편찬한 지리서로, 우리나라 각 도(道)의 지리·풍속과 그 밖의 사항을 기록. 특히 누정(樓亭), 불우(佛宇), 고적(古跡), 제영(題詠) 따위의 조(條)에는 역대 명가(名家)의 시와 기문도 풍부하게 실려 있음

④ 수선전도(首善全圖) : 조선 순조 때 김정호가 제작한 것으로 추정되는 서울 목판 지도로, 조선시대에 제작된 많은 목판 지도 중에서도 정확성과 정밀함 및 규모의 크기에서 뛰어날 뿐만 아니라, 제작 솜씨가 뛰어난 것으로 평가됨

18 　경 영

④ 금융기관으로부터 매출채권 등을 매입하고, 이를 바탕으로 자금을 빌려주는 것은 팩토링 (Factoring)에 대한 설명이다. 팩토링은 기업들이 상거래 대가로 현금 대신 받은 매출채권을 신속히 현금화하여 기업활동을 돕자는 취지로 도입되었다.

19 `경제`

① 사이드카(Side Car) : 선물시장이 급변할 경우 현물시장에 대한 영향을 최소화함으로써 현물시장을 안정적으로 운용하기 위한 관리제도

② 스톡옵션(Stock Option) : 기업이 임직원에게 자기회사의 주식을 일정 수량, 일정 가격으로 매수할 수 있는 권리를 부여하는 제도

③ 트레이딩칼라 : 다우존스평균지수(DJIA)가 직전 분기 최종월 평균종가의 2% 이상 상승 또는 하락하면 차익프로그램 거래의 매수 · 매도가격이 직전가 이상 또는 이하로 제한되는 제도

20 `경제`

영국의 화폐는 Pound Sterling이고, 화폐 단위는 파운드이다(1파운드=100펜스).

21 `경제`

지방세

지방세는 지방자치단체가 지방재정 수입에 충당하기 위해 관할구역 내의 주민 재산 또는 수익, 기타 행위 등에 대해 강제적으로 징수하는 조세를 의미한다. 국가가 부여하는 국세와는 대조되는 개념이라 할 수 있다. 지방세는 크게 일반적인 경비를 충당하기 위한 보통세(재산세 · 취득세 · 등록면허세 · 주민세 · 자동차세 · 지방소비세 · 지방소득세 · 레저세(마권세) · 담배소비세), 특정 목적을 충당하기 위한 목적세(지역자원시설세 · 지방교육세)로 이원화된다.

22 `경제`

실질적으로 자회사를 통해 영업활동을 하고, 법적 자격도 갖추고 있기 때문에 유령회사와는 구분된다.

23 `IT · 컴퓨터`

② 와이파이(Wi-Fi) : Wireless Fidelity의 약자로 무선 접속 장치(AP)가 설치된 곳에서 전파나 적외선 전송 방식을 이용하여 일정 거리 안에서 무선 인터넷을 할 수 있는 근거리 통신망을 칭하는 기술

③ 와이브로(Wibro) : 'Wireless Broadband Internet'의 줄임말로 무선 광대역 인터넷 서비스, 무선 광대역 인터넷

④ 로밍(Roaming) : 서로 다른 통신 사업자의 서비스 지역 안에서도 통신이 가능하게 연결해 주는 서비스

24 `IT · 컴퓨터`

블로그(Blog)

'인터넷'을 뜻하는 웹(Web)과 '일지'를 뜻하는 로그(Log)의 합성어로, 1997년 미국에서 처음 등장하였다. 웹 게시판, 개인 홈페이지, 컴퓨터 기능이 혼합되어 있고 새로 올리는 글이 맨 위로 올라가는 일지 형식으로 되어 있다. 일반인들이 자신의 관심사에 따라 일기 · 칼럼 등을 자유롭게 업로드할 수 있어 일종의 1인 미디어 역할을 할 수 있다.

② 트위터(Twitter)는 140자 이내 단문으로 개인의 의견이나 생각을 공유하고 소통하는 SNS이다.

③ 페이스북(Facebook)은 하버드대 학생이었던 마크 저커버그(Mark Zuckerberg)가 2004년 2월 4일 개설한 세계 최대의 SNS이다.

④ 유튜브(Youtube)는 전 세계 네티즌들이 올리는 동영상 콘텐츠를 공유하는 세계 최대의 동영상 기반 웹사이트이다.

25 　예절

③ 네티켓[네트워크(Network)+에티켓(Etiquette)] : 가상공간에서의 예절

26 　예절

③ 건네받은 명함을 바로 넣는 것은 실례이며, 명함을 정확히 확인한 후 정중하게 상의 주머니에 넣거나 자신의 바로 앞에 놓고 대화를 진행해야 한다.

27 　예절

④ 문상 할 때에는 고인에게 재배하고 상주에게 절한 후 아무 말도 하지 않고 물러나오는 것이 일반적이며 전통적인 예의이다. 고인의 사망 원인, 경위 등을 유족에게 상세하게 묻는 것은 실례가 된다.

28 　IT · 컴퓨터

와이브로(Wibro)

와이브로(Wibro)는 'Wireless Broadband Internet'의 줄임말로 무선 광대역 인터넷으로 풀이된다. 와이브로는 휴대폰, 스마트폰의 3G 통신망처럼 언제 어디서나 이동하면서 인터넷을 이용할 수 있다.

① 랜(LAN)은 근거리 지역 네트워크이며, 비교적 좁은 구역 내에서 사용되는 컴퓨터 네트워크를 의미한다. 공장이나 회사 등지에서 음성 · 데이터 · 영상 등 종합적인 정보를 교환할 수 있도록 한 소단위 고도 정보통신망을 뜻한다.

29 　IT · 컴퓨터

제5세대 컴퓨터란 처리능력을 비약적으로 높이고 어떤 데이터가 들어왔는지를 스스로 판단하여 그에 적합한 처리를 스스로 생각하여 실행하도록 하는 컴퓨터로, 인공지능(AI)이라고도 한다.

② IC : 제3세대 컴퓨터로, 집적회로를 일컫는다.

③ · ④ : 제4세대 컴퓨터로 LSI는 대규모집적회로를, VLSI는 초대규모집적회로를 말한다.

30 　예절

② 상황에 변화가 있는 경우 반드시 중간보고를 해야 한다.

제 6 장 공학기초

01	02	03	04	05	06	07	08	09	10
④	③	③	③	①	②	①	③	④	④
11	12	13	14	15	16	17	18	19	20
④	①	②	②	①	③	②	④	③	①

01 $(g^{-1} \circ f)(5) + (g \circ f^{-1})(6) = g^{-1}(2) + g(6) = 0 + 6 = 6$

참고 $y = f(x) \leftrightarrow f^{-1}(y) = x$

02 ㄱ. $(A - E)^2 = (A - E)(A - E) = A^2 - AE - EA + E^2 = A^2 - A - A + E = A^2 - 2A + E$

ㄷ. $A^2 = AA = (AB)A = A(BA) = AB = A$

ㄴ. (반례) $A = \begin{pmatrix} 1 & 0 \\ 0 & 0 \end{pmatrix}$, $B = \begin{pmatrix} 0 & 0 \\ 0 & 1 \end{pmatrix}$

03 $\log_{3\sqrt{a}} 3 = \log_b 9 \rightarrow 3\log_a 3 = 2\log_b 3$

$a^{\frac{1}{3}} = b^{\frac{1}{2}} \rightarrow a = b^{\frac{3}{2}} \rightarrow \log_a b = \frac{2}{3}$

$\therefore \log_a \sqrt{b} + \log_{ab} \sqrt[3]{a^2 b^2} = \log_a b^{\frac{1}{2}} + \log_{ab}(ab)^{\frac{2}{3}} = \frac{1}{2} \times \frac{2}{3} + \frac{2}{3} = 1$

04 $\dfrac{x^2 - 2x}{|x - 2|}$ 에서 절댓값 $|x - 2|$ 는 $x = 2$ 에 따라 값이 달라진다.

(ⅰ) $x > 2$ 일 때 $\dfrac{x^2 - 2x}{x - 2} = x \rightarrow a = 2$

(ⅱ) $x < 2$ 일 때 $\dfrac{x^2 - 2x}{-(x - 2)} = -x \rightarrow \beta = -2$

$\displaystyle \lim_{x \to a} \frac{x^2 + \beta x}{x^3 - a^3} = \lim_{x \to 2} \frac{x^2 - 2x}{x^3 - 2^3} = \frac{q}{p} \rightarrow \lim_{x \to 2} \frac{x(x - 2)}{(x - 2)(x^2 + 2x + 4)} = \lim_{x \to 2} \frac{x}{x^2 + 2x + 4} = \frac{1}{6}$

$\therefore p + q = 7$

05 실수 전체의 집합에서 연속으로 2에서 극한값과 함수값이 같아야 한다.

$\displaystyle \lim_{x \to 2} f(x) = f(2)$

$\displaystyle \lim_{x \to 2} \frac{x^2 + ax - 10}{x - 2} = b$

$x \to 2$ 일 때 (분모) $\to 0$ 이므로 (분자) $\to 0$ 이어야 하므로 $4 + 2a - 10 = 0 \rightarrow a = 3$

$\displaystyle \lim_{x \to 2} \frac{x^2 + 3x - 10}{x - 2} = \lim_{x \to 2} \frac{(x + 5)(x - 2)}{x - 2} = 7 \rightarrow b = 7$

따라서 $a + b = 10$ 이다.

06 $f(x+2)=f(x)$에서 주기가 2이고 실수 전체의 집합에서 연속이므로

$f(x)$는 $x=0$에서 연속이고 주기가 2이므로

$b=1$이고 $-a+1=3+2a+b \rightarrow a=-1, b=1$

$\therefore ab=-1$

07 $a>2$이므로 $x \rightarrow 2$일 때, $|x-a|=-(x-a)$

$$\lim_{x \to 2}\frac{|x-a|-(a-2)}{x-2}=\lim_{x \to 2}\frac{-(x-a)-(a-2)}{x-2}=\lim_{x \to 2}\frac{-x+2}{x-2}=-1$$

08 주어진 극한 식에서 $f(x)=x^3+ax^2+bx$이므로$(\because f(0)=0)$

$$\lim_{x \to 0}\frac{f(x)}{x}=\lim_{x \to 0}(x^2+ax+b)=-1 \rightarrow b=-1$$

$$\lim_{x \to \infty}\frac{f(x)-x^3}{x^2}=\lim_{x \to \infty}\left(a+\frac{b}{x}\right)=2 \rightarrow a=2$$

따라서 $f(x)=x^3+2x^2-x$이므로 $f(2)=14$이다.

09 구하는 회전체의 부피를 V라 하면 $x^2=3x \rightarrow x(x-3)=0 \rightarrow x=0, x=3$

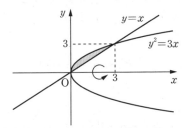

$$\therefore V=\pi\int_0^3 3x\,dx-\pi\int_0^3 x^2\,dx$$

$$=\pi\left[\frac{3}{2}x^2\right]_0^3-\pi\left[\frac{1}{3}x^3\right]_0^3$$

$$=\frac{27}{2}\pi-9\pi=\frac{9}{2}\pi$$

10 A회사, B회사에서 불량품을 만들 확률은 각각 $\dfrac{a}{20}$, $\dfrac{b}{200}$이다.

(ⅰ) A회사에서 정상제품, B회사에서 불량품을 살 확률 : $\left(1-\dfrac{a}{20}\right)\times\dfrac{b}{200}=\dfrac{b}{200}-\dfrac{ab}{4,000}$

(ⅱ) A회사에서 불량품, B회사에서 정상제품을 살 확률 : $\dfrac{a}{20}\times\left(1-\dfrac{b}{200}\right)=\dfrac{a}{20}-\dfrac{ab}{4,000}$

$\rightarrow \dfrac{b}{200}-\dfrac{ab}{4,000}+\dfrac{a}{20}-\dfrac{ab}{4,000}=\dfrac{200a+20b-2ab}{4,000}=\dfrac{100a+10b-ab}{2,000}$

11 ㉠ 4초에서 토끼의 속도는 $-\dfrac{5}{4} = -1.25\text{m/s}$이다.

 ㉡ 거리가 10m되는 곳에서 순간 기울기가 영희가 크므로 영희가 더 빠르다.

12 비탈면에서 물체는 일정한 크기의 힘이 작용하므로 가속도도 일정하다. 그리고 수평면에서는 운동 마찰력이 작용하였는데, 이 운동마찰력은 속력에 관계없이 항상 일정한 값이므로 수평면에서도 가속도는 일정하다. 따라서 속도가 일정하게 증가하다가 일정하게 감소하는 그래프가 된다.

13 ㉠ '(전력량)=(전력)×(사용 시간)'이므로 동일한 시간 동안 켜두었을 때 백열전구 1개가 소모한 전력량은 형광등 1개의 경우보다 더 크다.

 ㉢ 같은 밝기를 얻는 데 백열전구가 수은등보다 더 많은 전력을 소비한다.

14 ㉠ 이 물체는 움직이지 않으므로 물체의 알짜힘은 0이다.

 ㉡ㆍ㉢ 이 물체에 작용하는 힘은 철수가 물체를 당기는 힘과 영수가 물체를 당기는 힘으로서 서로 작용점이 같고, 힘의 평형관계에 있다.

15 건전지의 저항인 r은 R에 비해 아주 작으므로 무시해도 된다. 이때 새로운 저항을 연결하였더니 발생한 열량이 4배라는 것은 이 새로운 저항에서 소비하는 전력이 4배로 증가하였다는 것을 의미한다.

 소비전력 $P \propto \dfrac{1}{R}$(전압 동일)이고 건전지의 전압은 변함없으므로 저항을 $\dfrac{1}{4}$배로 줄이면 소비전력은 4배가 된다.

16 한쪽 은박구만 전기를 띠고 나머지 은박구가 전기를 띠지 않아도 정전기유도에 의해 서로 끌릴 수 있고, 서로 다른 전기를 띠고 있어도 당연히 서로 끌린다. 그러나 이 두 전하량이 서로 같으면, 접촉된 후 총 전하량이 0이 되므로 접촉 후 서로 밀어내지 못한다. 그래서 ㉡은 틀린 것이다. 따라서 서로 다른 전기를 띠면서 전하량도 서로 달라야 한다.

17 탄소가 불완전연소하면 일산화탄소(CO)가 생성되고, 무연탄 속의 황이 연소하면 이산화황(SO_2)이 생성된다. 기체 A는 CO이므로 담배연기에 포함되어 있다.

18 휘발성이 크고 중추신경계에 강한 독성을 나타내는 것은 중금속으로, 중금속은 생물 농축에 의해 먹이사슬 사이의 이동이 활발하다.

19 반응식은 $2\text{KI} + \text{Pb(NO}_3)_2 \rightarrow \text{PbI}_2 \downarrow + 2\text{KNO}_3$이며, 여기서 알짜 이온은 Pb^{2+}, I^-이다. K^+, NO_3^-는 용액 속에서 변화 없이 녹아 있는 구경꾼이온이다.

20 산이 이온화하면 수소는 H^+로 이온화한다.

MEMO

I wish you the best of luck!

시대면접은 win 시대로 www.sdedu.co.kr/winsidaero

MEMO

I wish you the best of luck!

좋은 책을 만드는 길
독자님과 함께하겠습니다.

도서나 동영상에 궁금한 점, 아쉬운 점, 만족스러운 점이
있으시다면 어떤 의견이라도 말씀해 주세요.
시대고시기획은 독자님의 의견을 모아 더 좋은 책으로 보답하겠습니다.

www.sidaegosi.com

2020 최신판 현대오일뱅크/현대케미칼 단기완성 최신기출유형+
모의고사 2회

개정5판1쇄 발행	2020년 04월 30일 (인쇄 2020년 03월 30일)
초 판 발 행	2015년 09월 25일 (인쇄 2015년 09월 04일)
발 행 인	박영일
책 임 편 집	이해욱
저 자	SD적성검사연구소
편 집 진 행	김민준
표지디자인	박수영
편집디자인	장성복 · 최혜윤
발 행 처	(주)시대고시기획
출 판 등 록	제 10-1521호
주 소	서울시 마포구 큰우물로 75 [도화동 538 성지 B/D] 9F
신 회	1000 0600
팩 스	02-701-8823
홈 페 이 지	www.sidaegosi.com
I S B N	979-11-254-7007-6 (13320)
정 가	22,000원

※ 이 책은 저작권법의 보호를 받는 저작물이므로 동영상 제작 및 무단전재와 배포를 금합니다.
※ 잘못된 책은 구입하신 서점에서 바꾸어 드립니다.

시대고시가
취업을 준비하는 당신에게 제안합니다.
성공의 기회! 시대고시를 잡으십시오.
성공의 Next Step!
결심하셨다면 지금 당장 실행하십시오.
시대고시와 함께라면 문제없습니다.
기회란 포착되어 활용되기 전에는
기회인지조차 알 수 없는 것이다.
- 마크 트웨인 -

합격을 위한 최고의 선택!
대기업 필기시험 합격 대표도서

신뢰와 책임의 마음으로 수험생 여러분에게 다가갑니다.

GSAT 삼성 3급

LG그룹

SKCT SK그룹

CAT · CJAT CJ그룹

KT그룹

금호아시아나그룹

GS그룹

HMAT 현대자동차그룹

ESAT 이랜드그룹

아모레퍼시픽

PAT 포스코그룹

샘표식품

DCAT 두산그룹 이공계

LSIT 코오롱그룹

**SKCT SK그룹
봉투모의고사**

**롯데그룹 봉투모의고사
인문계**

현대백화점그룹

**기출이 답이다
SKCT SK그룹**

**기출이 답이다
GSAT 삼성**

**GSAT 삼성3급
봉투모의고사**

※ 도서의 이미지 및 도서명은 변동될 수 있습니다.

기출이 답이다 LG그룹

기출이 답이다 KT그룹

기출이 답이다 금호아시아나그룹

기출이 답이다 L-TAB 롯데그룹

GSAT 삼성 4급

GSAT 삼성 5급

SK그룹 생산직

SK하이닉스 생산직

SK이노베이션 생산직

GS칼텍스 생산기술직

PAT 포스코그룹 생산직

NH농협은행 6급

지역농협 6급

MG새마을금고

IBK기업은행

신한은행

하나은행 봉투모의고사

국민은행 봉투모의고사

우리은행 봉투모의고사

지역농협 6급 봉투모의고사

공기업·대기업 고졸채용

금융권 고졸채용

인적성검사 수리완성

인적성검사 언어완성

인적성검사 추리도형완성

※ YES 24 국내도서 해당분야 월별, 주별 BEST 기준 및 네이버 책 누적판매량(2019년 11월 기준)

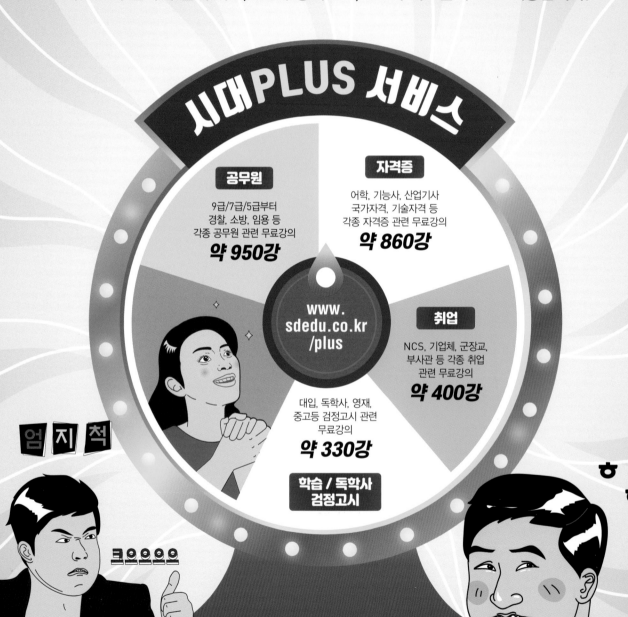

합격의 공식! 시대고시기획 www.sidaegosi.com